D1723118

Bibliothek des Widerstands · Band 28

Herausgegeben von Willi Baer und Karl-Heinz Dellwo

Salvador Allende und die Unidad Popular

LAIKA-Verlag

Inhalt

Biografien

»That son of a bitch, that bastard...«
Richard Nixon, US-Präsident, im Oktober 1970 über Salvador Allende. Bild vom Dezember 1970.

Im November 1970 hatte Allende als Präsidentschaftskandidat der Unidad Popular, des politischen Bündnisses von Sozialisten, Kommunisten und einigen kleineren Linksparteien, die Wahl mit knapper Mehrheit (36,3 %) gewonnen. Da kein Kandidat die absolute Mehrheit hatte, lag die letzte Entscheidung laut Verfassung beim chilenischen Parlament. Im Kongress wurde Allende am 24. Oktober mit 153 Stimmen als Präsident bestätigt. Zuvor musste er zehn Verfassungszusätzen zustimmen.

Das erste Kabinett der Regierung Allende bei der Amtseinführung.

Das erste Kabinett der Regierung Allende in Zivil.

Julio Pinto Vallejos

Die Revolution in Chile machen

Die Revolution: Gemeinsames Ziel[1]

Es ist die Pflicht jeden *Revolutionärs*«, verkündete Fidel Castro in der Zweiten Erklärung von Havanna, »die Revolution zu machen«. Der Sieg der kubanischen Guerilleros im Jahr 1959 schien tatsächlich die soziale Revolution aus dem Rahmen der Utopie zu holen und sie als unmittelbaren und möglichen Schritt für die Völker Lateinamerikas auf die Tagesordnung zu setzen. »Was lehrt die kubanische Revolution?«, fragte Castro im selben Dokument. Und er antwortete sich selbst: »dass die Revolution möglich ist, dass die Völker sie machen können, dass es in der gegenwärtigen Welt keine Kräfte gibt, die in der Lage sind, die Befreiungsbewegung der Völker aufzuhalten.«[2] »Das ist unabhängig vom Ergebnis der heutigen Kämpfe«, so fügte die andere herausragende Führungspersönlichkeit in diesem Prozess, Ernesto Che Guevara, hinzu: »Für das Endergebnis ist es unwichtig, ob eine oder zwei Bewegungen eine zeitweilige Niederlage erleiden. Maßgebend ist die Entscheidung für den Kampf, der Tag für Tag wächst; ein Bewusstsein von der Notwendigkeit der revolutionären Veränderung, die Gewissheit ihrer Möglichkeit.«[3] Inspiriert von dieser Notwendigkeit und dieser angenommenen »Gewissheit« und auch von den praktischen Veränderungsprozessen, die in jenen Jahren auf der karibischen Insel durchgeführt wurden, stürzten sich tausende von lateinamerikanischen Revolutionären in den Wald oder auf die Straße, um die Heldentat zu wiederholen. Bei diesem Versuch begleiteten sie neben dem kubanischen Beispiel die Schriften und persönlichen Zeugnisse von Régis Debray und Che Guevara, den wesentlichen Theoretikern und Verteidigern der revolutionären Guerilla.[4] Sie wurden auch von einem psychologischen Klima nicht nur in Lateinamerika sondern auf der ganzen Welt begleitet, in dem selbst die ehrgeizigsten und tiefsten Veränderungen in Reichweite schienen; indem die allergrößten Hindernisse zu verschwinden schienen, angesichts der Kraft einer klaren Analyse und eines entschlossenen Willens. »Seien wir Realisten«, schrieben die jungen Pariser im Mai 1968 auf die Mauern, »verlangen wir das Unmögliche«.

Auch in Chile, bekannt für seine politische »Nüchternheit« und seine Institutions-Treue, setzten die sechziger Jahre das unmittelbare Bevorstehen der Revolution auf die Tagesordnung. Es stimmt, dass man schon seit Beginn des 20. Jahrhunderts in unserem Land über die Möglichkeit, die Notwendigkeit oder die Gefahr der Revolution gesprochen hat, aber die Diskussion ist im Allgemeinen nicht über die rhetorische oder programmatische Ebene hinausgegangen. Im Gegenteil: seit den dreißiger Jahren haben sich sogar die Parteien, die Kommunisten und die Sozialisten, die sich selbst als zutiefst revolutionär bezeichneten, friedlich in eine politische Ordnung integriert, die besonders durch Stabilität und Respekt gegenüber den »Spielregeln« charakterisiert war.[5] Es änderte sich jedoch alles mit der kombinierten Wirkung der kubanischen Revolution und der Zunahme der Wahlstimmen für die Linke, was 1958 fast dazu geführt hätte, dass Salvador Allende Präsident der Republik geworden wäre. Wie nie zuvor, sei es auf dem einen oder anderen Weg, tauchte in Chile eine konkrete Perspektive für eine Revolution auf. »Die sozialistische Revolution«, so bekräftigte ein Leitartikel der Zeitschrift *Punto Final*, »ist eine unausweichliche Aufgabe unserer Generation«.[6]

Das Jahrzehnt der sechziger Jahre und mit mehr Recht die tausend Tage der Unidad Popular waren von dieser Erwartung durchdrungen. Die Anhänger der Revolution, ungeachtet von Zuschreibungen und Schattierungen, debattierten und stritten fieberhaft über die Verwirklichung der Revolution und über die Bestimmung des Charakters, den diese in unserem Land haben sollte. Ihre Feinde taten alles Menschenmögliche um sie zu verhindern, und als sie dann zeitweise zu gewinnen schien, taten sie alles um sie zu zerschlagen. Und diejenigen, die auf halbem Weg stehen blieben wie die *Radikale Partei* oder die Christdemokraten, spalteten sich genau an dieser Frage und teilten sich in Anhänger und Gegner der Revolution auf.[7] Im Fall dieser letzten Gruppierung, die während eines guten Teils des Jahrzehnts das Land regiert hatte, verführte sie mit revolutionären Argumenten sogar in ihren Wahlvorschlägen. Eduardo Frei Montalva wurde 1964 auf den Flügeln einer »Revolution in Freiheit« Präsident der Republik. Deren Nicht-Erfüllung wurde ihm mehr als einmal entgegengehalten und das nicht nur von seinen Gegnern aus der Linken, sondern auch von vielen seiner eigenen Anhänger. Bei den Präsidentschaftswahlen 1970 konkurrierten die beiden politischen Blöcke, die Christdemokraten und die Unidad Popular, um die Wählerstimmen mit jeweiligen Vorstellungen, die zumindest in einigen Aspekten als ähnlich revolutionär bezeichnet werden können. Im Chile der sechziger Jahre galt es als »politisch korrekt« Anhänger der Revolution zu sein.

Was aber verstand man genau unter Revolution, zumindest bei deren erklärten Anhängern? Es ist bekannt, dass es zwischen den beiden Hauptgruppierungen der chilenischen Linken jener Zeit, der *Kommunistischen* und der *Sozialistischen Partei*, mehr als oberflächliche Differenzen bezüglich Strategie und Programm gab, und diese wiederholten sich mehr oder weniger symmetrisch in den kleineren Parteien und Gruppen innerhalb dieses ideologischen Spektrums. Einig war man sich dagegen in dem Wunsch, die Revolution zu machen und zwar im eigentlichen Sinne des Wortes. »Das höchste Ziel der kommunistischen Partei«, so stand es in ihrem 1969 angenommenen Parteiprogramm, »ist es, den Weg für die chilenische Revolution frei zu machen«. Und weiter wurde dazu ausgeführt:

> »Wir betrachten die chilenische Revolution als die Bewegung der Arbeiterklasse und des organisierten Volkes, die über den Kampf der Massen die heute regierenden Klassen von der Macht verdrängt. Die den alten Staatsapparat und den Prozess der Produktivkräfte bremsenden Produktionsbeziehungen abschafft und tiefgreifende Veränderungen in der ökonomischen, sozialen und politischen Struktur des Landes einführt und so dem Sozialismus den Weg frei macht.«[8]

»Was ist die Revolution«, fragte sich seinerseits der Anwalt und zukünftige sozialistische Bürgermeister Jaime Faivovich, »wenn nicht die vollständige Veränderung des herrschenden Systems?«. Und er führte weiter aus:

> »Unser Ziel ist es, dieses ökonomische und soziale Regime bis in seine Grundmauern zu zerstören, bei dem nicht nur die ökonomische Macht, sondern auch die politische Macht in den Händen einer winzigen privilegierten Gruppe liegt. Wir wollen den Boden kollektivieren und ihn den Bauern übergeben, die Banken nationalisieren und die Produktionsmittel sozialisie-

ren, Chile zum Besitzer und Nutzer seiner nationalen Reichtümer machen, die Monopole abschaffen und die politische Macht für das Volk erringen.«[9]

Nicht viel anders war das, was der entstehende *Movimiento de Izquierda Revolucionaria* (MIR), selbst Folge des herrschenden revolutionären Klimas, in seiner Grundsatzerklärung vom August 1965 darlegt:

> »Zweck des MIR ist der Sturz des kapitalistischen Systems und stattdessen die Einsetzung einer von den Organen der proletarischen Macht geleiteten Arbeiter- und Bauernregierung, deren Aufgabe es sein wird, den Sozialismus aufzubauen und Stück für Stück den Staat abzuschaffen bis zum Erreichen einer klassenlosen Gesellschaft. Die Zerstörung des Kapitalismus bedeutet einen revolutionären Zusammenstoß der antagonistischen Klassen.«[10]

In diesen Jahren wurde in Chile viel über die Reichweite, die Formen und die Bedeutung des revolutionären Projekts debattiert und polemisiert, manchmal mit ziemlicher Leidenschaft und Gewalt. Aber über alle Differenzen hinweg, so bestätigte es ein Leser aus der Region Arica der *Punto Final*, der sich *Caliche* nannte, »unser Ziel ist dasselbe: die marxistische Revolution«. Oder wie die Politische Kommission der KP als Antwort auf eine Stellungnahme der *Partido Socialista* (PS) sagte: »Unsere beiden Parteien haben den Sozialismus zum Ziel, deshalb können ihre Wege nicht gegensätzlich sein.«[11]

Die Revolution wurde also als eine radikale (man sagte damals »strukturelle«) Transformation des bestehenden politischen, ökonomischen und sozialen Regimes, im Falle Chiles des unterentwickelten oder abhängigen Kapitalismus betrachtet. Sie wurde auch mit Namen und Ziel genau gekennzeichnet: die chilenische Revolution sollte sozialistisch sein, das heißt, inspiriert von einem Modell sozialer Organisation, in dem es weder Ausbeuter noch Ausgebeutete gäbe; in dem der gesellschaftliche Reichtum kollektiv angeeignet und verteilt würde (somit das Privateigentum abgeschafft); und in dem sich die Menschen nach den Grundsätzen der Solidarität und sozialer Gerechtigkeit in Beziehung zueinander setzten und nicht nach denen des Individualismus und der Konkurrenz, wie das in der kapitalistischen Ordnung geschah. Die theoretische Unterstützung für diesen Entwurf lieferte schließlich der Marxismus-Leninismus, dem praktisch alle chilenischen Revolutionsparteien anhingen.[12] Eine andere Sache waren die Interpretationen und Bedeutungen, die von dieser Lehre abgeleitet wurden; darüber gab es bekanntlich tiefe und unzählige Meinungsverschiedenheiten.

Andererseits dachte man, dass der Sozialismus der einzige Weg sei, über den Länder wie unseres sich von der uralten kolonialen oder neokolonialen Abhängigkeit oder wie man damals sagte »vom Imperialismus« befreien könnten. »In Chile«, so sagte das Zentralkomitee der Kommunistischen Partei,

> »steht die Notwendigkeit der Revolution auf der Tagesordnung. Kapitalistisches Land, abhängig vom nordamerikanischen Imperialismus und seit mehr als vier Jahrhunderten der Ausbeutung des Menschen durch den Menschen unterworfen – das alles hat zu einer für die große Mehrheit untragbaren Situation geführt. Die Unmöglichkeit, die Probleme der Bevölkerung und des Landes innerhalb des aktuellen Systems zu lösen, erlegt uns die Verpflichtung auf, die Herrschaft des Imperialismus und der Monopole zu beenden, den Großgrundbesitz abzuschaffen und den Weg für den Sozialismus frei zu machen«.[13]

> »Unser halb-koloniales Land«, so erklärte der MIR am andern Ende des linken Spektrums übereinstimmend »muss wegen seiner ökonomischen Struktur ebenso wie wegen seiner Abhängigkeit vom Weltmarkt grundsätzliche Aufgaben in Angriff nehmen: die Zerschlagung des Imperialismus und die Agrarrevolution. Die aus Arbeitern, Bauern und verarmten Mittelschichten zusammengesetzte nationale Mehrheit muss sich dafür mobilisieren. Diese beiden demokratischen Aufgaben sollten ganz eng und ununterbrochen verzahnt sein mit den sozialistischen Zielen«.[14]

Für die einen wie für die andern brachte also die Revolution gleichzeitig eine Lösung für die internen Ungerechtigkeiten, als auch für die externe Abhängigkeit; man schmückte sich zur selben Zeit mit nationalistischen und sozialistischen Kleidern. Im chilenischen wie auch im lateinamerikanischen Kontext konnten nur Revolutionäre die Fahne eines authentischen Patriotismus hochhalten.

Aber es sollten nicht nur die »Strukturen« dank der Revolution neu geschaffen werden: sie sollte auch für den komplexen Bereich der menschlichen Subjektivität einschließlich ihrer ethischen und moralischen Dimension gelten. »Der neue Mensch, der Mensch der Zukunft«, sagte ein Redakteur des *Punto Final*, Che Guevara aufgreifend, «ist das dringlichste Ziel wahrhafter Revolutionen«. In diesem Sinn fuhr er fort, »das fesselndste der kubanischen Revolution liegt vielleicht in den Errungenschaften, die sie auf dem Gebiet des Geistes, der Erziehung, der wahrhaften Moral erzielt hat«. [15] »Damit eine wahrhaftige Revolution entsteht«, so fügte ein Leser derselben Zeitschrift hinzu, ein ehemaliger vom Priesteramt enttäuschter Seminarist, »muss es eine revolutionäre Veränderung im Geist und im Herzen geben, in der ganzen Haltung jeder einzelnen Person«.[16] Die theoretische Zeitschrift des MIR, *Estrategia*, gab in ihrer Nummer 6 einen Text von Che Guevara mit dem Titel *Der Sozialismus und der Mensch* wieder, in dem er hervorhob, was seiner Ansicht nach den »neuen Menschen« charakterisierte, der die sozialistische Gesellschaft tragen sollte: »Das wichtige ist, dass die Menschen sich jeden Tag mehr bewusst werden über die Notwendigkeit, sich in die Gesellschaft einzugliedern und gleichzeitig über ihre eigene Bedeutung als Motoren darin«.[17] Mit anderen Worten war die strukturelle Veränderung nicht mehr als eine Unterstützung für die Entfaltung der wahrhaften Humanisierung der Gesellschaft, während Jahrtausenden verhindert durch die Ausbeutung der einen über die andern und die daraus folgenden Brüche im Klassenkampf. »Wenn uns die kubanische Revolution etwas lehrt«, meinte dazu der andere große Theoretiker der Guerilla der sechziger Jahre, Régis Debray, »dann, dass bei der Herausbildung des neuen Menschen niemand über dem andern steht«. »Es gibt keine menschlichere, keine revolutionärere Aufgabe«, wiederholte er mit Nachdruck, »als die, von heute an eine kommunistische Moral und ein kommunistisches tägliches Leben aufzubauen«.[18]

Insgesamt gab es zwischen den chilenischen Revolutionsanhängern eine ziemlich große Übereinstimmung über die endgültigen Ziele, die verfolgt wurden und über die Art von Gesellschaft, die man aufbauen wollte. Sie sollte sozialistisch, antiimperialistisch (und damit naturgemäß national), humanistisch und egalitär sein. Der Kapitalismus sollte als herrschende Ordnung niedergeschlagen und zerstört werden und damit auch der Individualismus, die Ausbeutung und das Privateigentum.[19] Wie offensichtlich ist, erforderte eine solch ehrgeizige Aufgabe, dass die ausgebeuteten oder einfach besitzlosen Klassen die Macht übernahmen, denn das Prinzip des Klassenkampfs, das alle für gültig erachteten, schloss mit ein, dass die führenden Klassen (die Bourgeoisie oder nationale Oligarchie und der Imperialismus) ihre Vorrechte nicht freiwillig abgeben würden.

> »Um dieses riesige Drama zu beenden«, sagte das Programm der Kommunistischen Partei, »bleibt dem Volk nichts anderes übrig, als seine ganze organisierte Kraft in Bewegung zu setzen, mit dem Ziel, die herrschenden

Klassen zu vertreiben, welche zum heutigen Zeitpunkt die Macht innehaben. Daraus ergibt sich die Schlussfolgerung, dass das Volk die Regierung übernehmen muss, durch eigene Kraft und als Ziel selbst, damit die Probleme des ganzen Landes gelöst werden können. Die Macht ist für das Volk die Devise und der einzige Weg«.[20]

»Die Sozialistische Partei«, so steht es in ihren Resolutionen vom XXII. Kongress, »setzt als marxistisch-leninistische Organisation die Machtübernahme als strategisches Ziel auf die Tagesordnung, das von dieser Generation zu erfüllen ist, um einen revolutionären Staat zu errichten, der Chile aus der Abhängigkeit und der ökonomischen und kulturellen Rückständigkeit befreit und den Aufbau des Sozialismus beginnt.«[21] »Als Revolutionäre«, so stellte der 3. Generalkongress des MIR Ende 1967 übereinstimmend fest, »als Mitglieder einer Partei, die die Avantgarde der Unterdrückten ist, bestimmen wir als einziges und zentrales Ziel die Übernahme der politischen Macht«.[22]

Bei der Frage, wie das umgesetzt werden sollte, ließ dann aber die Übereinstimmung schnell nach, wie wir später sehen werden.[23]

Betrachtet man diese bedeutenden und im Unterschied zu dem, was üblicherweise gedacht wird, relativ zahlreichen Punkte der Übereinstimmung, dann ist es interessant festzustellen, dass die Debatte und die Theorie in der Linken dieser Zeit sich ziemlich wenig mit der besonderen Ausarbeitung der Utopie, die man erreichen wollte, beschäftigte.[24] Bezeichnenderweise wurde das von der Rechten hervorgehoben, die durch den Mund des noch jungen Jaime Guzmán, der später einer ihrer einflussreichsten Ideologen werden sollte, die Aufmerksamkeit auf die Verschwommenheit lenkte, mit der die Linke im Allgemeinen das Thema ihrer Ziele behandelte. Als Antwort auf die erste Botschaft von Salvador Allende als Präsident im Mai 1971 erklärte Guzmán, »alle Diskussionen unter Marxisten drehen sich meist um die Strategien, die zu befolgen seien. Man kann sie nur selten bei der Beschäftigung mit dem Ziel, dem sozialen Modell, für das sie kämpfen, sehen.« Und übereinstimmend mit dem, worauf hier hingewiesen wird, schloss er, »ist das vorherrschende Profil dabei eine schrankenlose, dogmatische und bis zur Unterwürfigkeit reichenden Anhängerschaft«.[25] In der Tat erwies sich die Einheit bei den Zielen als sehr viel weniger dringlich und entscheidend als die Uneinigkeit bei strategischen, taktischen und programmatischen Themen, was schließlich zu dem führte, was Tomás Moulian treffend als »katastrophale Pattsituation«[26] bezeichnete. Gegenüber der Aufgabe die Revolution zu machen zersplitterten sich die Anhänger der sozialistischen Utopie in unterschiedliche, oft offen antagonistische Vorstellungen über Mittel, Zeiten, Bezugsrahmen und Subjekte, die darin Orientierung sein sollten. Zuletzt wurde diese Zersplitterung zu einem wesentlichen Element für die Niederlage der besten historischen Gelegenheit, die Chile bis heute hatte, um die Revolution zu machen: der Regierung der Unidad Popular. Und es gehört nicht zur kleinsten der Ironien bei dieser Erfahrung, dass die Unterschiede in der Strategie mehr Gewicht hatten als die Zustimmung zu einer gemeinsamen Utopie.

Wie macht man die Revolution?

Die Debatte innerhalb der Linken zeichnete sich dadurch aus, dass sie den Mitteln sehr viel mehr Bedeutung beimaß als den Zielen und einer Reihe von »Streitlinien« Raum gab, die mit der Zeit die wesentlichen Energien und Vorschläge absorbierten. Zur Vereinfachung wird im folgenden die Analyse dieser Streitlinien strukturiert, um das, was man als die zwei exemplarischen Haltungen bezeichnen könnte, in Bezug darauf, was das revolutionäre chilenische Denken in den sechziger Jahren und die Organisation der Unidad Popular polarisierte: die Linie der graduellen Veränderung »gradualista« und die Linie des Bruchs »rupturista«.[27] Erstere wurde konzeptionell von der *Kommunistischen Partei* angeführt, erhielt aber auch von einem Teil der *Sozialistischen Partei*, einschließlich von Salvador Allende Unterstützung, was sicher nicht von geringer Bedeutung war. Auch der Sektor von *Movimiento de Acción Popular Unitario* (MAPU), der sich nach der Teilung Anfang 1973 *Arbeiter- und Bauern-MAPU* nennen sollte, gehörte dazu, ebenso wie die *Radikale Partei*. Der rupturistische Sektor wurde gebildet aus der Mehrheit der *Sozialistischen Partei*, der MAPU, die später unter der Leitung von Òscar Guillermo Garretón blieb, der *Christlichen Linken*, und dem MIR. Letzterer unterstützte, ohne Teil der Unidad Popular zu sein, doch diese Regierung, was sie seiner Meinung nach als natürliche Vertreterin des Volkes verdiente, aber er sparte auch nicht mit teilweise ziemlich schwerwiegender Kritik.

Es ist interessant im Rahmen dieses Beitrags anzumerken, dass die rupturistische Linke nur sich für die authentische, revolutionäre Option hielt, wobei die »revolutionäre Linke«, sich immer darauf berief, um sich von ihrem gradualistischen Gegenpart zu unterscheiden. Letztere wurden dagegen als Reformisten, als Kollaborateure und mit anderen noch weniger schmeichelhaften Bezeichnungen verspottet; sie gingen von der Annahme aus, dass es bei jenen keinen wirklichen Willen dazu gab, die Revolution zu machen. Dieses Urteil, das außerdem ignorierte, was die Gradualisten selbst als ihr letztes und grundsätzliches Ziel erklärten, ließ sich nicht so einfach aufrechterhalten. Tatsächlich wurde mehr als einmal dargelegt, sowohl von den Anhängern dieser Strömung als auch später von Analytikern, dass gerade die Vision der Gradualisten die umfassend revolutionärere war, während ihr Modell des Aufbaus des Sozialismus nie wirklich umgesetzt wurde. Und das bezieht sich nicht nur auf strategische Vorschläge wie den berühmten »chilenischen Weg zum Sozialismus«, sondern auch auf konkretere Aspekte wie den Sozialismus und Demokratie im klassischen Wortsinn miteinander zu vereinbaren.[28] Was »Verdienste« dazu angeht, ist es nicht leicht zu entscheiden, welche der beiden Positionen mehr revolutionäre Legitimität für sich beanspruchen kann. Wie man sieht, gefährdet der Streit der sie trennte nicht, sich einer gemeinsamen Utopie zu widmen.

Die erste und sicher die am meisten untersuchte Streitlinie, die Gradualisten von Rupturisten trennte, und die an der Bezeichnung bis zu einem gewissen Grad schon deutlich wird, ist die, die mit den »Wegen« zu tun hatte, auf denen man vom Kapitalismus zum Sozialismus gelangte. Wenn es um Wege ging, dann bezog sich die Diskussion auch auf das Thema der damit eng verbundenen Rhythmen und Zeiten.

Nach Ansicht der gradualistischen Linken machten es die politischen und sozialen Bedingungen, die in Chile vorherrschten, sehr unwahrscheinlich, dass sich die Revolution auf dem klassischen Weg des »Sturm[s] auf das Winterpalais« oder der gewaltsamen Machtergreifung durchführen ließ. In unserem Land, so meinten die Anhänger dieser Position, gebe es eine große Tradition des Respekts für das friedliche Zusammenleben und die geltende Legalität, die Teil einer nationalen politischen Kultur, getragen und geschätzt von den verschiedenen Volksklassen, geworden war. Die Räume und Fortschritte, die sich letztere seit Beginn des 20. Jahrhunderts »erobert« hatten, zeigten auf der anderen Seite die reale Möglichkeit den institutionellen Rahmen zu nutzen, um sich »graduell« (von daher die Bezeichnung Gradualismus) dem Ziel Sozialismus zu nähern und dabei auf jeden Fall weniger traumatische Mittel einzusetzen als bei einem frontalen Aufstand. Der »friedliche Weg«, wie er genannt wurde (später sprach man von dem »nicht bewaffneten« Weg, um nicht Aktionen mit einer gewissen Dosis sozialer Gewalt wie die »Landnahmen« in der Stadt oder auf dem Land auszuschließen)[29], wurde auch der Charakterisierung gerecht, die besonders die KP über den Entwicklungsstand der chilenischen Gesellschaft ausgearbeitet hatte und die auf offensichtliche Rückstände hinwies. Ein Land, das nach Ansicht dieser Partei noch deutliche feudale Züge zeigte und dessen

Unterwerfung unter den Imperialismus, dem Kolonialismus sehr nahekommende Bedingungen aufrechterhielt, konnte kaum in kurzer Zeit zum Sozialismus gelangen. Es war eher notwendig, den Übergang zum Kapitalismus abzuschließen, einschließlich der anstehenden Aufgaben aus der »bürgerlich-demokratischen« Tagesordnung wie der Agrarreform, der Industrialisierung und der Zurückgewinnung der damals unter Kontrolle des imperialistischen Kapitals stehenden Bodenschätze. Nur von da aus, so argumentierte man, würde sich der Aufbau einer sozialistischen Utopie mit größeren Erfolgschancen in Angriff nehmen lassen. Der Weg bestand also aus verschiedenen Etappen (daraus entstand der Begriff »Etapismus«, der auch auf diese Strömung angewendet wurde), die systematisch durchlaufen werden mussten, wenn man solide Grundlagen für die zukünftige Gesellschaft schaffen wollte.[30]

Diese Sichtweise der historischen und politischen Lage hatte einen offensichtlichen Einfluss auf die Allianzen und unmittelbaren Ziele, die alle die zentrale These vom »nicht bewaffneten« Weg zu untermauern schienen. An erster Stelle stand, dass die bei der Aufgabe der Machteroberung führende Klasse (die für die Gradualisten gemäß reinster marxistisch-leninistischer Orthodoxie weiter aus dem Industrieproletariat bestand) sich nicht nur mit anderen ausgebeuteten Teilen der Bevölkerung wie den Landarbeitern oder *Pobladores*[31] verbünden konnte, sondern auch mit wichtigen Teilen der Mittelschichten und der Bourgeoisie, die von der *Kommunistischen Partei* als »progressiv« bezeichnet wurden. Obwohl jene möglicherweise keine allzu große Begeisterung für den Aufbau des Sozialismus hegten, sollten sie das doch zumindest gemäß gradualistischer Analyse gegenüber den demokratischen und entwicklungspolitisch die Aufgabe haben, die der ersten Etappe des Weges entsprach. Schließlich musste sowohl der »Feudalismus« als auch der Imperialismus, die noch in Chile herrschten, für diese Sektoren genauso hassenswert sein wie für die ausgebeutete Bevölkerung, was die Grundlage bildete um ernsthaft an die Schaffung einer Allianz für die strukturelle Veränderung zu denken. In Übereinstimmung mit dieser Linie bestand die KP während dieser Jahre darauf, die chilenische Revolution sei als eine grundsätzlich »anti-imperialistische, anti-oligarchische, anti-monopolistische und ländliche (also anti-latifundistische)« möglich, und »mit Blick auf den Sozialismus«[32] könnten sich Verständigungsebenen mit »progressistischen« Teilen der *Christdemokratischen Partei* und der *Radikalen Partei* entwickeln. Nach dieser Sichtweise wurde der Sozialismus definiert als ein nicht unmittelbares Ziel, das deshalb nicht die Gesamtheit der verbündeten fortschrittlichen Kräfte verpflichtete, sie blieben aber, das sollte auch klar gesagt werden, der Leitung der Arbeiter unterstellt. Wie das Regierungsprogramm der Unidad Popular sagte: »Die revolutionären Veränderungen, die das Land braucht, können nur umgesetzt werden, wenn das chilenische Volk die Macht übernimmt und sie dann wirklich und tatsächlich ausführt.«

Die gradualistische Theorie akzeptierte die Verschiebung einer Umsetzung des endgültigen Ziels und gründete sich darauf, eine unbedingt mehrheitliche soziale Kraft um sich zu sammeln zu können, die den Weg von Wahlen (und deshalb einen friedlichen) möglich machen würde, um an die Macht zu kommen und die programmatischen Vorstellungen zu verwirklichen. Ihrer Meinung nach ging man damit der jedem Aufstandsmodell innewohnenden taktischen Hauptgefahr aus dem Weg – und zwar der physischen oder militärischen Niederschlagung. Aber gleichzeitig bot das auch auf einer sehr viel umfassenderen Ebene die Lösung für das Dilemma der sozialen Legitimation für eine so grundlegende Veränderung der bestehenden Strukturen, unabhängig davon, ob das kurz- oder mittelfristig geschah. Mehr als einmal hat man gesagt, dass es der schlimmste Fehler der *Unidad Popular* gewesen sei, sich eine drastische Neudefinition der Parameter, die die chilenische Gesellschaft bis dahin regelten, vorzunehmen, mit einer im besten Fall 43 prozentigen Unterstützung der Chilenen.[33] Um genau diesen Vorwurf zu vermeiden, trieben die *Kommunistische Partei* und diejenigen, die ihre Einschätzung teilten (unter ihnen Salvador Allende), eine Bündnispolitik voran, die über die Grenzen der traditionellen linken Ansprechpartner hinausging. Das erlaubte ihnen außerdem, sich auf die Prinzipien und Werte der pluralistischen Demokratie in ihrer klassischen aufgeklärten Form zu berufen, sicherlich einer der problematischsten Aspekte der sozialistischen Regime, die bisher bestanden haben oder noch bestehen. Genau in dieser Verbindung, zwischen Sozialismus und Demokratie, die außerdem ohne Blutvergießen (so nahm man an) erreicht werden sollte, steckte die wesentliche Anziehungskraft und die Originalität des nicht bewaffneten Weges der Revolution.

Diese besagte Originalität war aber nicht absolut, zumindest nicht der Theorie nach. Schon auf dem XX. Kongress der *Kommunistischen Partei* der Sowjetunion (1956), auf dem ein großer Teil des stalinistischen Erbes verurteilt wurde, war die Machbarkeit einer friedlichen Eroberung der Macht bei der Durchführung einer Revolution wenn auch nur theoretisch festgehalten worden. Die neue politische Weltlage, mit der Konsolidierung eines sozialistischen Blocks, der bereit war zur friedlichen Koexistenz mit den kapitalistischen Gesellschaften und mit dem deutlichen Anwachsen der Linken bei den Wahlen in einigen von ihnen wie Italien oder Frankreich, brachte die sowjetische Führung dazu, einen nicht gewaltsamen Weg zu einem sozialistischen Aufbau in ihren Verlautbarungen für gültig zu erklären. Für eine Partei wie die chilenische KP, die so sehr auf harmonische Beziehungen zu diesem Orientierungspunkt der KPdSU achtete, war das sicher nicht von geringer Bedeutung. Zumindest erlaubte es weiter auf die These des nicht bewaffneten Wegs zu bauen, ohne die Lehren des Marxismus-Leninismus offen zu verletzen, der weiterhin der konzeptionelle Hauptpfeiler ihrer politischen Identität darstellte. Und im besten Fall erlaubte es den natürlich revolutionären Versuch zu machen, den bisher noch niemand irgendwo gemacht hatte. Das war das große Abenteuer, das sich Unidad Popular nannte.

So setzten die *Kommunistische Partei* und Salvador Allende in den tausend Tagen, die diese nie vorher dagewesene Erfahrung dauerte, alles daran, der Welt zu zeigen, dass sich der Sozialismus einführen lasse ohne den »Rechtsstaat« zu verletzen, indem alle demokratischen Freiheiten strikt beachtet und vor allem die Grausamkeiten eines Bürgerkriegs vermieden würden. Die Vorsicht, mit der sich alle Handelnden bemühten, das Programm der Unidad Popular für Veränderungen anzuwenden, die wiederholten Respektsbezeugungen gegenüber den bestehenden Institutionen und die (am Ende gescheiterte) Versessenheit darauf, Abkommen mit Teilen der Opposition wie der *Democracia Cristiana* (DC) zu erreichen, sind beredetes Zeugnis für die Ernsthaftigkeit mit der diese Strategie in Angriff genommen wurde. Die große politische Wette des Gradualismus setzte darauf, die günstige Konjunktur zu nutzen, um die dringendsten strukturellen Veränderungen durchzusetzen (Vertiefung der Agrarreform, Nationalisierung der Bodenschätze, Verstaatlichung der grundlegenden Produktionseinheiten) gleichzeitig eine mehrheitliche soziale Unterstützung zu schaffen, die erlauben würde, weiter Wahlen zu gewinnen und so die Schritte zum Aufbau des Sozialismus zu festigen. Die positive Haltung der Mittelschichten und der »nicht monopolistischen« Teile der Bourgeoisie war für dieses Ziel ein unverzichtbarer Bestandteil.[34]

Die rupturistische Linke hielt diese ganze ideologische Konstruktion im besten Fall für Naivität und im schlimmsten Fall für Verrat. Ihrer Einschätzung nach, und in Übereinstimmung mit einem großen Teil der klassischen Aussagen des Marxismus-Leninismus und den konkreten revolutionären Erfahrungen, verzichtete eine herrschende Klasse niemals ohne Widerstand auf ihre Macht. Mehr noch: die bürgerliche Legalität, die in Chile wie in allen anderen kapitalistischen Ländern herrschte, war genau dafür geschaffen worden, diese Situation für unabänderlich zu erklären und sie würde sich nur schwer dafür eignen, dass die Revolutionäre darin ihr notwendiges Werk der Zerstörung durchführen konnten. Aber sogar unter der unwahrscheinlichen Annahme, dass es doch möglich sei, wäre die Bourgeoisie selbst (im Fall Chiles unterstützt vom Imperialismus) die erste, die ihren institutionellen Rahmen verschmähen würde, um das für sie Wesentliche zu verteidigen: die Bewahrung des Privateigentums und der Ausbeutungsverhältnisse. Die rupturistischen Stimmen wiesen immer wieder darauf hin, dass es jedes Mal so geschehen war, wenn sich irgendeine reformistische Regierung in Lateinamerika zu sehr dem genähert hatte, was Juan Carlos Gómez »die Grenze der Demokratie« nannte, wie in Guatemala 1954 oder zehn Jahre später in Brasilien. So hatte es auch die nordamerikanische Regierung ausdrücklich in ihrer *Johnson-Doktrin* erklärt, um den Sturz des dominikanischen Präsidenten Juan Bosch 1965 zu rechtfertigen: die Vereinigten Staaten würden keine zweite kubanische Revolution in ihrer »Einflusssphäre« oder weniger euphemistisch gesagt in ihrem »Hinterhof« tolerieren.[35] Um die Revolution in Chile zu machen, war es deshalb unvermeidlich, den Weg des bewaffneten Aufstands zu gehen.

So legte es schon zu einem sehr frühen Zeitpunkt die Zeitschrift *El Rebelde* im März 1962 dar, damals offizielles Organ der *Vanguardia Nacional Marxista*, einer der Gruppen, die drei Jahre später das *Movimiento de Izquierda Revolucionaria* (MIR) gründen sollten: »Wir Marxisten überlassen den Arbeitern die Beantwortung dieser Frage: in welchem Teil der Welt sind die Arbeiter friedlich an die Macht gekommen? Wir dagegen können ganz eindeutig bekräftigen, dass sozialistische Staaten wie die Sowjetunion, die Volksrepublik China und Kuba nur auf revolutionärem Weg entstanden sind«.[36] Nach der Bildung des MIR als Partei mit eigenem Profil bestätigte dessen Grundsatzerklärung vom August 1965:

> »das Movimiento de Izquierda Revolucionaria lehnt die Theorie vom ›friedlichen Weg‹ ab, denn sie entwaffnet das Proletariat politisch und ist nicht anwendbar, denn es wird die Bourgeoisie selbst sein, die sich dem auch mit Hilfe von totalitärer Diktatur und Bürgerkrieg widersetzt, bevor sie die Macht friedlich übergibt. Wir bestätigen das marxistisch-leninistische Prinzip, dass der einzige Weg zum Sturz des kapitalistischen Regimes der bewaffnete Volksaufstand ist«.

»Die revolutionäre Gewalt«, erklärte übereinstimmend die *Sozialistische Partei* auf ihrem berühmten Kongress von Chillán 1967, »ist unvermeidlich und legitim. Sie ist notwendig wegen des repressiven und bewaffneten Charakters der Klassengesellschaft. Nur sie führt zur Übernahme der politischen und ökonomischen Macht und zu deren späterer Verteidigung und Stärkung«. Zur gleichen Zeit verkündete die Zeitschrift *Punto Final*, die allgemein als »Neben«-Sprachrohr der rupturistischen Strömung angesehen wurde, folgendes:

»In der Linken gewinnt die Überzeugung immer mehr Raum, dass die Eroberung der Macht, mit dem Ziel eine Revolution zu machen und nicht um ein reformistisches Regime zu errichten, nicht über Wahlen erreicht werden kann. Auch wenn es Differenzen gibt über die Gelegenheit und die Methoden oder die Taktik, so ist die bewaffnete Aktion in einer bestimmten Etappe unvermeidlich. Also haben politische Wahlbündnisse keinerlei Bedeutung. Sie werden nichts lösen«.[37]

Die kubanische Revolution, unvermeidlicher Bezugspunkt für diese Einschätzungen, genauso wie die mit nordamerikanischer Unterstützung durchgeführten Staatsstreiche, die sich damals überall auf dem Kontinent ausbreiteten, erlaubten nicht sich darüber irgendwelche Illusionen zu machen.

Diese so beschränkende Einschätzung stützte sich im Wesentlichen auf eine strenge Lesart der marxistischen Theorie über Imperialismus und Klassenkampf. In Bezug auf letzteren sagte die Grundsatzerklärung des MIR, die »historische Tatsache des Klassenkampfs« bedeute, dass sich die Zerstörung des Kapitalismus nur über »eine revolutionäre Konfrontation der antagonistischen Klassen« erreichen ließe. Deshalb müssten alle auf eine »Dämpfung« dieses Kampfes ausgerichteten Strategien kategorisch abgelehnt werden:

»Wir bekämpfen jede Vorstellung, die Illusionen über eine ›progressistische Bourgeoisie‹ nährt und Klassenkollaboration praktiziert. Wir vertreten nachdrücklich, dass die einzige Klasse, die demokratische verbunden mit den sozialistischen Aufgaben umsetzen kann, die Bauern und verarmte Mittelschichten anführendes Proletariat sind.« So fiel die gradualistische Argumentation von der Notwendigkeit, zuerst eine national-demokratische Revolution zu schaffen, um danach erst die Aufgabe des Aufbaus des Sozialismus auf die Tagesordnung zu setzen, über Bord: »Wir lehnen deshalb die ›Theorie der Etappen‹ ab, die irrtümlich behauptet, dass zuerst eine von der Industriebourgeoisie geleitete demokratisch-bürgerliche Etappe abgewartet werden muss, bevor das Proletariat die Macht übernimmt.«

In dieser Logik heißt es dann weiter:

»Die bürokratischen Anweisungen der traditionellen Parteien der chilenischen Linken enttäuschen die Hoffnungen der Arbeiter; statt für den Sturz der Bourgeoisie zu kämpfen beschränken sie sich darauf, auf dem Boden der Klassenkollaboration Reformen am kapitalistischen Regime vorzuschlagen; sie täuschen die Arbeiter mit einem ständigen Wahltanz und vergessen die direkte Aktion und die revolutionäre Tradition des chilenischen Proletariats.«

Eine ähnliche Argumentation, die in der damals aufkommenden Theorie der Abhängigkeit[38] offensichtlich ein Echo fand, wurde auf die Formel zur Bekämpfung des Imperialismus angewandt, die bekanntlich eine der Grundlagen bildete, auf die die gradualistische Linke ihre These von den Etappen stützte: zuerst mit Hilfe der Mittelschichten und der nationalen Bourgeoisie den Hauptfeind (den Imperialismus) stürzen und dann den Sozialismus aufbauen. Für die rupturistische Linke machte dagegen die imperialistische Herrschaft jeden Versuch friedlich an die politische Macht zu kommen unmöglich und jegliche Delegierung von Verantwortlichkeiten an eine nationale oder progressive Bourgeoisie illusorisch. Der junge sozialistische Anführer Ricardo Núñez sagte dazu in einem in *Punto Final* veröffentlichten Interview:

> »Nur eine stabile Klassenfront ohne Verpflichtung gegenüber den Sektoren der Bourgeoisie, die diese Situation der Unterentwicklung und der Abhängigkeit vom nordamerikanischen Imperialismus in unserem Land aufrecht erhalten haben, wird sichere Möglichkeiten eröffnen für den bewaffneten, von den Parteien der Arbeiterklasse angeführten Massenaufstand. Deshalb wird jeder Versuch einer Versöhnung mit den Kräften, die den bestehenden Status quo verteidigen und unfähig sind, die Rolle zu übernehmen, die sie in anderen Kontinenten gespielt haben, nichts anderes bewirken als die Verdrängung all jener, die im Sozialismus die Verwirklichung ihrer Wünsche sehen.«[39]

Der 3. Generalkongress des MIR vom Dezember 1967 stimmte mit dieser Einschätzung überein, indem er darauf hinwies, dass der bewaffnete Weg unausweichliche Konsequenz einer imperialistischen Dominanz war, unter deren Führung die herrschenden nationalen Klassen nur eine sekundäre Rolle spielten:

> »Nach einer Analyse der herrschenden Klassen in Chile sind wir zu der Schlussfolgerung gelangt, dass es nicht einfach die vom Imperialismus erzeugte und entwickelte chilenische Bourgeoisie ist, die unser Land beherrscht. Offensichtlich besitzt der Imperialismus die wesentliche Regierungsverantwortung und die wesentliche Herrschaft mittels einer Lakaien-Regierung (so bezeichnete der MIR Eduardo Frei Montalva) und einer Marionetten-

Bourgeoisie, daraus ergibt sich, dass wir zur korrekten Charakterisierung des existierenden Herrschaftstyps und zur korrekten Bestimmung dessen, wer herrscht, diese als ›herrschenden sozialen Komplex‹ bezeichnen.«

Da dieser »herrschende soziale Komplex« in letzter Instanz durch den Imperialismus kontrolliert werde, »erzeugt jeder revolutionäre Prozess, jede Form der Bedrohung der herrschenden Ordnung sofort die bewaffnete Konterrevolution, bei der von Anfang an der Imperialismus präsent ist«.

> »Der Gebrauch von Macht und revolutionärer Gewalt stellt sich nicht mehr als eine Frage der ›Möglichkeit‹, sondern als ›dringende Lösung in jedem Moment‹, so die aus dem vorherigen gezogene Konsequenz. »Das heißt, wir übernehmen die Macht nicht nur, indem wir Gewalt gegen unsere nationalen Feinde, sondern auch und von Anfang an gegen die ausländischen Feinde einsetzen.«[40]

Aus rupturistischer Sicht entstand so der bewaffnete Kampf als ein unvermeidlicher Bestandteil (und sogar ein nützlicher, denn er feuerte die Volksstimmung an) der chilenischen Revolution. Diese Option darf man allerdings nicht, zumindest nicht aus der Perspektive des MIR, der die Gruppe war, die die Verwirklichung des bewaffneten Wegs politisch am meisten herausarbeitete, mit der »foquistischen« Option oder der damals in Mode gekommenen Guerilla in Lateinamerika verwechseln. Man verstand sie auch nicht als eine Wiederholung des allgemeinen Aufstands, der die russische Revolution von 1917 eingeleitet hatte und einen durch eine innere Krise tief geschwächten bürgerlichen Staat sowie eine enorme Organisation und Kampfkraft der Volksmassen voraussetzte. Wegen seiner historischen und strukturellen Besonderheiten konnte Chile den revolutionären Weg nur mittels eines »lang andauernden und irregulären Krieges« beschreiten, wo der eigentliche militärische Teil dem politischen und sozialen Kampf untergeordnet blieb.[41] Das erklärt warum der MIR, auch wenn verschiedene Organe rechter Orientierung nie belegte anderslautende Behauptungen aufstellten, sich in diesen Jahren nie der Bildung von Guerilla-Gruppen widmete. Seine konkreten bewaffneten Aktionen beschränkte sich auf einige Bank- und Supermarktüberfälle während einer kurzen Etappe der Illegalität zwischen Mitte 1969 und Anfang 1970; sie wurde dann beendet als eine Geste der Anerkennung gegenüber der Dynamik, die die Kandidatur von Salvador Allende entwickelte. Die in dieser Etappe geschaffenen politisch-militärischen Gruppen (*Grupo de Política Monetaria*, GPM) hatten vom militärischen kaum mehr als den Namen, denn sie konzentrierten sich vor allem auf das Eindringen in verschiedene »Massenbewegungen«, besonders solche in *Poblaciones* und die der Bauern und auf die Durchführung einiger »direkter Aktionen« im Stil der damals typischen Landbesetzungen.[42]

Was den anderen großen Verfechter des bewaffneten Wegs angeht, die *Sozialistische Partei*, beschränkte sich ihr Handeln auf dieser Ebene auf die zeitweise Unterstützung eines Versuchs von bewaffnetem Widerstand gegen die Räumung eines Landguts Mitte 1968 in der Provinz Aconcagua, das damals von einigen streikenden Bauern besetzt war und der schnell von den Polizeikräften zerschlagen wurden. Die damalige Regierung denunzierte dieses Ereignis als Teil eines »nationalen subversiven Plans«, was allen Arten von Spekulationen über die Entstehung von Guerillagruppen mit ausländischer Hilfe (einschließlich der angeblichen Hilfe durch die zu der Zeit herrschende argentinische Diktatur) die Tür öffnete. Wenn man die bei den Besetzern des Landguts beschlagnahmten Waffen in Betracht zieht, die nicht mehr als Molotow-Cocktails und einige Jagdwaffen umfassten, so scheint das Ausmaß dieses »Guerilla-Fokus« nicht sehr bedeutend gewesen zu sein. Ein Berichterstatter des *Punto Final*, von dem man nicht annehmen konnte, dass er dagegen gewesen wäre etwas herauszustellen, was man als ersten Keim des bewaffneten Kampfes in Chile hätte ansehen können, schrieb: »Jeder Versuch, die Erfahrung des Landgutes San Miguel in eine Taktik des allgemeinen Kampfes der revolutionären Linken zu verwandeln, scheint zum Scheitern verurteilt. Die Haltung der Bauern, offen gegen die Ungerechtigkeit der Situation zu rebellieren, war jedoch eine Energiespritze zur Aktion, den die Linke gebraucht hat.«[43] Diese Energie steckte dann jedoch nicht weiter an.

So blieb die Strategie des bewaffneten Weges in diesen Jahren nicht mehr als ein großes rhetorisches Feuerwerk, das den MIR nicht daran hinderte noch kurz vor den Präsidentschaftswahlen 1970 seine Skepsis gegenüber Wahlen ausdrücken:

> »Wir sind davon überzeugt, dass Wahlen kein Weg zur Machteroberung sind. Wir haben kein Vertrauen darauf, dass die Arbeiter und Bauern auf diesem Weg die Regierung stellen und der Aufbau des Sozialismus beginnt. Wir sind sicher, dass falls dieser schwierige Wahlsieg doch erreicht wird, die herrschenden Klassen nicht zögern werden einen Staatsstreich durchzuführen. Wir sind davon überzeugt, dass die Lehren, die die Massen aus ihrer Erfahrung mit den vergangenen Präsidentschaftswahlkampagnen gezogen haben, nicht diejenigen sind, die auf die Machteroberung vorbereiten.«[44]

Angesichts der Tatsache des Triumphs und der Bestätigung der Unidad Popular sah sich der MIR genötigt, die Legitimität und die Verankerung dieses so umstrittenen Projekts im Volk anzuerkennen.[45] Von diesem Augenblick an richtete sich das Handeln dieser Partei, ohne ausdrücklich auf die Strategie des bewaffneten Kampfes zu verzichten, auf »politischere« Formen der Konfrontation (Besetzungen von Land und von Produktionseinheiten, Verstärkung ihrer Massenbasis, Agitation und Mobilisierung in der Straße), alles innerhalb des Rahmens einer kritischen Unterstützung der Regierung Allende. Die direkten Bezüge auf die Notwendigkeit, das Volk zu bewaffnen und es auf den Krieg vorzubereiten, traten zugunsten eines auf die »Massenmobilisierung« gerichteten Diskurses zurück, die durch autonome und permanente Aktion dazu führen könnte – ohne dabei aber ausdrücklich auf die militärische Komponente abzuzielen – den Klassenkampf für sich zu entscheiden. In diesem Zusammenhang richtete sich die Kritik des MIR immer stärker auf das Zögern der Regierung der Unidad Popular bei der Unterstützung und Dynamisierung dieser Mobilisierung, weil sie es angeblich vorzöge, über die Beruhigung, die eine Demobilisierung der Massen produzieren würde, nach unmöglichen Übereinkünften mit der Christdemokratie zu suchen.[46] Überzeugt von einer seiner Meinung nach bestehenden »vor-revolutionären« Situation, die zu einer Verschärfung des Klassenkampfs führen musste, zögerte der MIR nicht die *Democracia Cristiana* und die rechten Parteien (*Partido Nacional, Democracia Radical, Patria y Libertad*) wie auch die Unternehmerorganisationen als einen großen zur Verteidigung des Kapitalismus und des Privateigentums gebildeten Block zu begreifen; damit verwandelte sich jeder Versuch, den revolutionären Impuls der Massen zu bremsen, in einen Selbstmord. Der Unternehmerausstand vom Oktober 1972, der diese Einschätzung zu bestätigen schien, festigte diese genannte strategische Vorstellung und verdoppelte gleichzeitig die Anstrengung des MIR, zusammen mit der *Partido Socialista*, der *Izquierda Cristiana* und dem *MAPU-Garretón* einen »revolutionären Pol« zu schaffen. Trotzdem wurde der Kampf vor allem auf der Ebene weitergeführt, die soziale Macht mittels direkter, nicht-militärischer Aktion (permanente Besetzung von Landgebieten und von Produktionseinheiten) zu verstärken und gleichzeitig die Unterstützung der Truppen und Unteroffiziere der bestehenden Armee zu gewinnen. So entwickelte sich eine nicht geringe Verschiebung in der Lokalisierung des bewaffneten Arms der Revolution.[47] Als der 11. September 1973 kam, hatten die Anhänger der rupturistischen Linie eine starke Basis sozialer Unterstützung erreicht, aber sie hatten kein Volksheer gebildet, das fähig gewesen wäre sich dem Berufsheer entgegen zu stellen.[48] Zusammenfassend gesagt hat also der bewaffnete Weg nie das Feld von Zukunftsvorstellungen verlassen.

Eine zweite Streitlinie zwischen Gradualisten und Rupturisten, die deutlich weniger historisiert wurde, hatte mit dem geografischen Rahmen zu tun, in dem die Revolution stattfinden sollte. Für die Rupturisten gab es in der Diskussion keine Zweifel: ausgehend von dem Gewicht, das die Präsenz der imperialistischen Macht in der politischen Lage besaß, konnte der Kampf nur ein kontinentaler sein und sein Triumpf nur nach Aufständen in ganz Lateinamerika gelingen. Der kubanische Vorreiter, an den diese Strömung immer wieder erinnerte und ihn verherrlichte, hatte in diesem Zusammenhang eine eindeutig inspirierende Wirkung. Der Gründungskongress des MIR erklärte dazu:

> »Die kubanischen aufständischen Massen mit ihrer revolutionären Regierung an der Spitze, mit ihren Arbeiter- und Volksmilizen und ihrem Rebellen-Heer haben gezeigt, dass die Verteidigung des Rechts auf Selbstbestimmung und nationale Unabhängigkeit sowie die Eroberung der demokratischen Rechte für die Arbeiter und ihre Forderung nach Organisierung des sozialen und ökonomischen Lebens von Kuba Teil einer EINZIGEN, GLOBALEN UND UNUNTERBROCHENEN ENTWICKLUNG [sic!] revolutionären Charakters sind, die in der sozialistischen Transformation des Landes gipfelt.«[49]

Die Zeitschrift *Punto Final* stimmte dem beim Gedenken zum zehnten Jahrestag der genannten Revolution zu: »Der Ansporn des kubanischen Beispiels und die Klärung, welche durch die Glut seiner Existenz entstanden ist, haben eine Anziehungskraft, die bis vor zehn Jahren, als reformistische Theorien herumflatterten, auf dem Kontinent fehlte.«[50] Die Verhärtung der Politik der Vereinigten Staaten in der Hemisphäre nach der Raketenkrise und der gescheiterten konterrevolutionären Schweinebuchtinvasion, die in der *Johnson-Doktrin* formalisiert wurde, machten es jedoch sehr schwer diese Erfahrung des Aufbaus des Sozialismus noch einmal in derselben Form zu wiederholen. So sah es auch der 3. Generalkongress des MIR, indem er erklärte:

> »die Realität von Lateinamerika in diesen letzten Jahren, genauso wie die weltweite Erfahrung in dieser Zeit, sind vor allem gekennzeichnet durch den Vietnamkrieg (ein anderer bedeutender Bezugspunkt der rupturistischen Linken) und stellt die revolutionären Klassen unseres Landes vor einen neuen Feind (der nicht ganz so neu ist), vor eine neue Militärmaschine, die nie-

dergeschlagen, ein neues Repressionsheer, das zerstört werden muss: das der yanquis«.

So nahm also die sich selbst »revolutionär« nennende Linke eine internationalistische These wieder auf, die dem klassischen Marxismus sehr nah kam, und erhob die Fahnen des ganzen Kontinents, deren höchster Ausdruck die *Organizacion Latinoamericana de Solidaridad* (OLAS) war und deren erste Konferenz am 28. Juli 1967 in Havanna unter eben diesem Leitspruch »Es ist die Pflicht jeden Revolutionärs die Revolution zu machen« eröffnet worden war. Der Aufruf zu dieser Veranstaltung lautete:

> »Heute wird in ganz verschiedenen Teilen ›dieses unseres Amerikas‹ gekämpft, und aus diesen Kämpfen entstehen Erfahrungen, die wir untereinander austauschen müssen. Es ist unsere Pflicht, die Resolutionen der Konferenz der Trikontinentale umzusetzen, die das Recht der Völker ausrief, der Gewalt des Imperialismus und der Reaktion die revolutionäre Gewalt entgegen zu setzen. Es ist notwendig, die Schlacht aller ausgebeuteten Völker Lateinamerikas zu einen, zu koordinieren und voranzutreiben.«[51]

Dieses Gefühl drückte sich auch in einem fortwährenden Interesse an den Guerilla-Bewegungen aus, die sich damals überall in Lateinamerika entwickelten und denen die rupturistische Linke ständig nacheiferte.

»Die Solidarität mit den Guerilleros von Lateinamerika«, so erklärte einmal der Kolumnist von Punto Final, Jaime Faivovich, »ist eine Pflicht für die Volksbewegung. Aber das muss in etwas sehr viel Konkreteres umgesetzt werden, als in eine nur moralische oder verbale Unterstützung. Und nur so wird daraus ein wirklicher Beitrag zum antiimperialistischen Kampf und nur so wird das auch einen Widerhall in unserem Land finden.«[52]

»Es war schwierig«, so erinnert sich seinerseits viele Jahre später Tomás Moulián, »sich in der Atmosphäre der Hoffnung, die Kuba und Vietnam auslösten, nicht von der revolutionären Möglichkeit mitreißen zu lassen und sich zu weigern, in den venezolanischen, guatemaltekischen, peruanischen Erfahrungen und denen des Che in Bolivien einen möglichen Weg zu sehen«.[53]

Der Aufstieg der Unidad Popular an die Regierung schuf allerdings eine so offensichtlich nie dagewesene Situation, dass sich die lateinamerikanistische These ernsthaft in Frage gestellt sah, zumindest als Anleitung für die tägliche Praxis. Man gab natürlich nicht die Prinzipien des Internationalismus auf, wie die Reaktion des MIR auf das Zögern der Regierung Allende zeigte, als ein von argentinischen Revolutionären, die der Militärdiktatur von Alejandro Agustín Lanusse entkommen waren, entführtes Flugzeug in Chile landete. »Mit dem Entstehen und der Entwicklung des Imperialismus«, schrieb bei dieser Gelegenheit *El Rebelde*,

> »nahm der Klassenkampf einen immer stärker internationalistischen Charakter an. Der proletarische Internationalismus ist deshalb ein unverzichtbarer Bestandteil des revolutionären Programms, der revolutionären Strategie zur Eroberung und Festigung der Macht. Der proletarische Internationalismus ist das konkrete Werkzeug, das die Völker haben, um sich gegenseitig zu unterstützen im gemeinsamen Kampf gegen die militärische, politische und ökonomische Macht des Imperialismus«.[54]

Praktisch ließ jedoch die komplexe politische Interna die rupturistische Linke über die Entschlüsselung und Darstellung der unmittelbaren Konjunktur nachdenken, von deren Entwicklung die konkrete Zukunft der chilenischen Revolution nicht nur rhetorisch abhing. Diese Verschiebung in der Analyse setzte sich auch um in eine Entlastung zugunsten der Autonomie der nationalen Rechten und Bourgeoisie, die bis dahin nur als der letzte Wagen im Zug des Imperialismus betrachtet worden war und sich jetzt durch eigene Kraft in einen gefährlichen und verschlagenen Feind verwandelte, der in der Lage war, scheinbar versöhnende Maßnahmen (im allgemeinen durch die DC) kreativ zu verbinden mit einem auf den Sturz der Volksregierung gerichteten schonungslosen und direkten Angriff. Es begann sogar seitens der Rechten ein Kampf um die Massenorganisationen, dem herausragenden und bevorzugten Gebiet des »revolutionären Pols«, und genau diese Strategie der Mobilisierung der Straße wurde dann schnell als »faschistisch« abgestempelt.[55] Der Einfluss, den imperialistisches Handeln nicht aufhörte auszuüben – wir erinnern uns lebhaft an Vorkommnisse wie die Destabilisierungsversuche des Telefon-Transnationalen ITT oder das durch die Enteignung der nordamerikanischen Kupfergesellschaften ausgelöste internationale Embargo – wurde von der rupturistischen Linken nie verkannt, aber der Verlauf der tausend Tage der Unidad Popular zwang sie immer mehr dazu, ihre Aufmerksamkeit auf den lokalen Bereich zu richten. Wahrscheinlich sehr zu ihrem Leidwesen zwangen die »Besonderheiten« der chilenischen Situation sie dazu, ihre internationalistische und kontinentale Perspektive an die zweite Stelle zu schieben.

Darauf hatte dagegen von Anfang an die Strömung Nachdruck gelegt, die sich für eine »graduelle« Revolution einsetzte. Es ist natürlich nicht so, dass dieser Teil den proletarischen Internationalismus theoretisch oder gar praktisch abgelehnt hätte. Als die *Sozialistische Partei* der *Kommunistischen Partei* einen Vorhalt machte, weil sie deren Unterstützung für die lateinamerikanische Revolution für ziemlich unentschlossen hielt, antwortete die Politische Kommission der KP vehement, »der XII. Nationalkongress unserer Partei hat eindeutig bekräftigt, dass es die oberste Aufgabe jeden Revolutionärs, die Aufgabe aller Aufgaben ist, die Angriffspläne des Imperialismus zum Scheitern zu bringen und demzufolge solidarisch zu sein mit den Völkern Lateinamerikas, an erster Stelle mit der ruhmreichen kubanischen Revolution«.[56] Aber es stimmte, dass die These von der sozialistischen Revolution auf nicht bewaffnetem Weg oder durch Wahlen stark auf einem Blick auf die nationale Lage beruhte, die mehr auf ihre Besonderheiten als auf die gemeinsamen Elemente auf kontinentaler Ebene achtete. Ihrer Meinung nach hatte die spezifische Geschichte Chiles im 20. Jahrhundert die Durchlässigkeit der bestehenden Institutionen gegenüber dem Eindringen progressiver und revolutionärer Ideen gezeigt, wie auch die objektive Möglichkeit Allianzen mit Sektoren zu bilden, die nicht direkt in die Reihen der Volksmassen gehörten. Sie war auch der Nachweis für die Fähigkeit der nationalen Arbeiterklassen, Positionen zu erobern und größere Machträume zu erhalten, ohne notwendigerweise zu Guerilla-Aktionen oder einem Bürgerkrieg überzugehen, deren psychologische Verankerung zweifelhaft und deren militärischer Ausgang ungewiss waren. Darüber hinaus war es die marxistische Theorie selbst, so argumentierten die Führer der KP, die die Notwendigkeit hervorhob, die revolutionäre Politik an die konkreten Bedingungen jeden Landes anzupassen, denn »die Revolution verläuft jeweils verschieden und bahnt sich mit den unterschiedlichsten Kampfformen ihren Weg nach vorn«.[57] Im konkreten Fall von Lateinamerika, so sagten sie, »haben wir auch sehr unterschiedliche Niveaus ökonomischer, politischer und sozialer Entwicklung«. Das veranlasste den Generalsekretär Luis Corvalán zu der Schlussfolgerung: »Das bestimmt den Charakter der Revolutionen dieses Kontinents, die Verschiedenheit in den Formen und die Zeitdifferenz bei der Befreiung der lateinamerikanischen Völker«.[58]

Für die rupturistische Kritik war diese Überschätzung der nationalen Besonderheiten nichts weiter als ein Vorwand um die Lehren zu vermeiden, die ihrer Meinung nach aus dem kubanischen Beispiel und der nordamerikanischen Reaktion »unausweichlich« gezogen werden mussten. »Chile«, so schrieb die Zeitschrift *Punto Final* im Oktober 1968 in einem Leitartikel, »ist keine Ausnahme«. Und weiter: »Die

Bourgeoisie dieses Landes wird die Macht nicht deshalb übergeben, weil sie von rednerischen Dreistigkeiten im Parlament oder von der Existenz unbewaffneter Massen beeindruckt ist. Ihre Repressionsapparate werden perfektioniert und ausgerüstet, mit Blick darauf sich jedem Disput um die Macht stellen zu können.« Andererseits: »Die wiederholten Bekanntmachungen der Vereinigten Staaten, dass sie kein Regime erlauben würden, das ihren Normen widerspricht, wurden für ganz Lateinamerika einschließlich Chiles erlassen«. Und daraus folgend:

> »Das Blendwerk einer bürgerlichen Demokratie, der es gelungen ist sogar die Kräfte zu täuschen, die zu ihrer Zerstörung geboren wurden, ist vielleicht das größte Hindernis für die freie Entwicklung der revolutionären Strömung in unserem Land. Diejenigen, die vage von einer Revolution reden ohne sich zu sagen trauen, dass sie unvermeidlich gewaltsam sein wird, womit sie das Volk vorbereiten würden, lügen einfach ganz frech.«[59]

Es war also ein Betrug, wie die Strömung, die sich selbst »realistisch« nannte, zu sagen, dass »Chile als ein außergewöhnliches Land auf eine eigene Strategie und Taktik zählen müsse«.[60] Weder die »objektiven Gesetze« des Klassenkampfs, noch ihre weltweite Verbreitung in Zeiten des Imperialismus, erlaubten es sich Illusionen über eine angebliche Außergewöhnlichkeit Chiles zu machen, eine These, die eher von den herrschenden Sektoren des Landes, die schon seit dem 19. Jahrhundert unsere tiefgehenden Unterschiede zum Rest von Lateinamerika verkündeten, als von den Anhängern der Revolution zu erwarten war.[61]

Aber entgegen allen diesen Vorhersagen schien der Wahlsieg von September 1970 und vor allem die Regierungsübernahme durch die Unidad Popular im November desselben Jahres den »Verfechtern der Außergewöhnlichkeit« recht zu geben. Mit noch mehr Nachdruck als die Theoretiker der *Kommunistischen Partei* wagten Salvador Allende und seine engsten Mitarbeiter von diesem Moment an offen von einem »chilenischen Weg« zum Sozialismus zu sprechen, einer alternativen Weise sich den Zugang der revolutionären Kräfte an die Macht, als auch den Charakter der Gesellschaft die sich entwickeln sollte, vorzustellen. »Da es in der Vergangenheit keine Erfahrungen gibt, die wir als Modell benutzen können«, so führte Allende in seiner ersten Botschaft als Präsident an den Kongress dazu aus, »müssen wir die Theorie und Praxis für neue Formen sozialer, politischer und ökonomischer Organisation entwickeln«.[62] Die drei Jahre, die die Koalition unter Allende an der Regierung bleiben konnte, lassen sich in Wirklichkeit als einen verzweifelten Kampf charakterisieren, die Richtigkeit dieses historisch einzigartigen Anspruchs zu zeigen, eingekesselt von beiden Seiten durch die Feindseligkeit der Rechten und die Ungläubigkeit der am stärksten rupturistischen Sektoren, einschließlich jener, die Teil der Unidad Popular waren. Für letztere wurde die Niederlage 1973 zum Beweis dafür, dass der »chilenische Weg« nicht mehr als eine schon immer zum Scheitern verurteilte illusorische Erwartung war. Für die Anhänger jenes »Weges« dagegen war es die Unnachgiebigkeit der Rupturisten, die die Bedingungen und das Gleichgewicht von innen unterminierten, die sie zum Gelingen gebraucht hätten. Wer auch immer recht hatte, sicher ist, dass Chile seit dem 11. September 1973 eindeutig keine Ausnahme mehr war: wie der große Teil der lateinamerikanischen Gesellschaften, die in jenen Jahren die Perspektive die Revolution zu machen in Angriff nahmen, war es sein Schicksal unter der repressiven Vormundschaft einer Militärdiktatur zu enden. Die Demokratie brach gemeinsam mit dem Sozialismus zusammen und wir blieben weiter denn je davon entfernt, »die Engländer (nicht zu reden von den Kubanern) Südamerikas« zu sein.

Die Meinungsverschiedenheiten zwischen Gradualisten und Rupturisten fanden bei der Bestimmung der Hauptleitlinien für die revolutionären Veränderungen noch auf einer dritten Ebene ihren Ausdruck. Die »institutionelle« Strategie der Gradualisten legte ein besonderes Gewicht auf das Eindringen in den staatlichen Apparat, so wie er in Chile existierte, um aus ihm ein Instrument der ökonomischen und sozialen Veränderung zu machen. Weg von jener leninistischen Orthodoxie, für die der bürgerliche Staat – weil von der Ausbeuterklasse geschaffen – unvermeidlich zerstört werden müsse, um den Weg frei machen zu können für eine wirkliche Volksregierung, sahen die Kommunistische Partei und diejenigen die ihre Einschätzung teilten, den Staat in der Praxis eher als einen umkämpften Raum an. Die Verwurzelung der demokratischen Institutionen in Chile, so argumentierten sie, verlieh dem Staat genügend Flexibilität, um die Besetzung eines Teils davon zum Wohl der Arbeiterschaft vorstellbar zu machen und dabei den Klassenfeind zu vertreiben. Nachdem man sich dort einmal festgesetzt hätte und indem man die Tatsache ausnutzte, dass sich der chilenische Staat als Folge des seit den dreißiger Jahren angewandten Entwicklungsmodells in großem Maß im Produktionssektor und in den Netzen sozialer Interaktion eingemischt hatte, schien es machbar stärker in die Basisorganisation der Gesellschaft einzugreifen.

Wie im Programm der Unidad Popular dargelegt zielte diese Strategie darauf den Staatsapparat oder zumindest die unter Kontrolle der Linken stehenden Abschnitte für den Beginn oder die Vertiefung struktureller Veränderungen wie die Agrarreform, die Nationalisierung der Bodenschätze und die Verstaatlichung der Schuldforderung und der großen den Nationalreichtum monopolisierenden Unternehmen einzusetzen und so eine wesentliche Umverteilung der ökonomischen und sozialen Macht anzustreben. Mit den in ihrer materiellen Basis geschwächten Klassen der Besitzenden und mit einer die strategischen Sektoren der Wirtschaft kontrollierenden sozialistischen Regierung dachte der Gradualismus über die notwendigen Elemente zu verfügen, um grundlegend das Lebensniveau der großen besitzlosen Mehrheit verbessern zu können und damit ihre Stärke bei Wahlen auszubauen, was ihnen allmählich erlauben würde die staatlichen Teile zu gewinnen, die noch nicht unter ihrer Kontrolle waren (besonders die Legislative) und so zu »höheren« Etappen beim Aufbau des Sozialismus fortzuschreiten.

In dieser eher étatistischen Sichtweise der Revolution fehlte natürlich nicht die Teilnahme derjenigen, die damals als die »Massen« bezeichnet wurden (heute würde man vielleicht von der »Zivilgesellschaft« sprechen), in deren Interesse alle von den Zentren der Regierungsmacht veranlassten Veränderungen und Maßnahmen inspiriert sein müssten. Die *Kommunistische Partei* zum Beispiel erklärte zum Grundelement ihrer politische Linie »die Aktion der Massen mit der Arbeiterklasse als Zentrum und Motor«. Nur mit ihr, so versicherte sie, könnten die vorgestellten Ziele ihres Programms erreicht werden. Ziele, die außerdem »von der überwiegenden Mehrheit unseres Volkes angestrebt werden. Die Massen sind durchdrungen von der Notwendigkeit zu Veränderungen, was sich in der wachsenden Entwicklung der Kämpfe in den verschiedenen Sektoren der Bevölkerung widerspiegelt. Manche Kämpfe sind absolut reif und können nicht mehr aufgehalten werden«.[63] Für diese Erklärungen bürgte eine seit langem durchgeführte und systematische Arbeit an der sozialen Basis, besonders in Gewerkschaften, Jugendgruppen und Gebieten mit hoher Bevölkerungsdichte, was gleichzeitig Beleg für die unzweifelhafte Zugkraft war, die diese Partei über die Jahre hinweg in der Welt der Arbeiter gewonnen hatte. Die chilenische *Kommunistische Partei* war weit entfernt davon nur ein auf die Spitze des Staates versessener Überbau zu sein. In ihrer strategischen Konzeption aber ging von dort der revolutionäre Prozess aus, wobei »die Massen« darin eher die Rolle einer politischen Unterstützung und sozialen Legitimation einnahmen.

Für die rupturistische Linke dagegen würde der bürgerliche Staat niemals für eine Volksrevolution eingesetzt werden können. Als ganz wesentliches Organ zur Verteidigung der Interessen der Ausbeuterklassen war dieser Staat dazu geschaffen worden, die Ausgebeuteten für immer in dieser Lage zu halten, wenn möglich im Guten, wenn notwendig auch im Bösen. Er konnte also nicht seine eigene Natur verraten und sich in den Dienst des Klassenfeindes stellen. Offensichtlich widerlegt vom Wahlsieg Salvador Allendes wurde die Einschätzung bekräftigt, dass nur die Aufteilung der Bourgeoisie auf zwei verschiedene Kandidaten einen so unerwarteten Ausgang möglich gemacht hätte und dass außerdem das »Eroberte« nur in einem Fragment der staatlichen Macht bestünde, im wesentlichen der Exekutive.

> »Dass die Unidad Popular die Regierung übernommen hat«, so eine Erklärung des MIR kurz nach den Wahlen, »bedeutet nicht, dass damit jetzt die Eroberung der Macht durch die Arbeiter und der Sozialismus in Chile da ist. Die Linke hat eine Wahlmehrheit erreicht, die das Streben der Mehrheit nach Regierungsübernahme ausdrückt. Es wird darum gekämpft, dass die Linke die Regierung stellt, dass also die öffentlichen Ämter des Präsidenten, der Minister usw. von der Linken besetzt werden, aber bisher ist weiter alles intakt vom Unterdrückungsapparat des kapitalistischen Staates, bis hin zur Ausbeutung und zum Elend auf dem Land und in den Städten Chiles. Das Ziel ist die Eroberung der Macht durch die Arbeiter und die gibt es nur, wenn die ausländischen Unternehmen und die Banken tatsächlich dem ganzen Volk gehören, wenn die Fabriken, die Minen und die Landgüter wirklich den Arbeitern und Bauern gehören.«[64]

Im Laufe der Monate, in denen die Volksregierung an der Macht war und im Wissen darüber, welche taktischen Vorteile die Kontrolle der Exekutivmacht für ihre Bestrebungen bot, verschärfte die rupturistische Linke ihre Kritik an denjenigen, die weiter an die Möglichkeit glaubten den bürgerlichen Staat für revolutionäre Zwecke gebrauchen zu können:

> »Während sich die Bourgeoisie zu einer Offensive des Aufruhrs aufgemacht hat, um das Stück verlorener Macht zurückzuholen, herrschen in Teilen der Regierung und der Unidad Popular Tendenzen vor, die blind und kindisch den Weg gewählt haben, Reformen und populäre Maßnahmen über Kanäle der Bürokratie und der Verwaltung durchzuführen, weil sie nicht verstehen, dass nur das Sich-Stützen auf die Mobilisierung und aktive Teilnahme der Massen erlaubt Kräfte für eine revolutionäre Regierung zu gewinnen.«
>
> »Diese Sektoren«, so klagt der Rupturismus an, »rahmen ihr politisches Tun mit einer sorgsamen Achtung der bürgerlichen Legalität ein, was nicht

nur die Möglichkeiten ernsthaft begrenzt, die geplanten Reformen durchzuführen, sondern auch noch die Institutionen der bürgerlichen Macht stärkt und legitimiert. Diese Sektoren, die auch nicht den staatlichen Apparat der Bourgeoisie angreifen, haben es versäumt, die Mittel zu nutzen, die die Regierungskontrolle für Agitation und Propaganda bietet, um die Arbeiterklasse auf die Eroberung der Macht vorzubereiten: stattdessen hat ihre Haltung dazu beigetragen den Mythos und eine Verwirrung darüber zu schaffen, dass die Arbeitermassen heute an der Macht seien, während in Wirklichkeit die Macht weiter in den Händen der Bourgeoisie ist.«[65]

Diese Argumentationslinie hielt eine wirkliche Machteroberung nur dann für durchführbar, wenn sich die politische Hauptaktionslinie von den bürgerlichen Institutionen weg zu den Massen hin verlagerte, die an ihrer natürlichen Front der Arbeit und der Wohnung verankert waren (Fabriken, Minen, Landgüter, *Poblaciones*): »Die Verteidigung der Arbeiter kann nicht wesentlich im institutionellen Apparat (Legalität, Parlament, Regierung) liegen, sondern in den direkt für ihre Interessen und den Sozialismus mobilisierten Massen.«[66] Die rupturistische Linke einschließlich derjenigen, die in den zur Unidad Popular gehörenden Parteien Mitglieder waren, konnte dafür den Vorteil nutzen, dass sie seit Ende der fünfziger Jahre eine gewisse Tradition bei Massenmobilisierungen an der Basis besaß und sie legte das Schwergewicht ihres Handelns auf die soziale Basis mit dem Ziel, aus ihr den wesentlichen Impuls-Geber und die Führung im revolutionären Kampf zu machen. Gegenüber einer gradualistischen, vor allem »von oben« geleiteten und ihrer Meinung nach unvermeidlich zum Scheitern verurteilten Revolution, zog dieser Sektor den persönlich von Arbeitern gebildeten und geleiteten Weg einer Revolution »von unten« vor.[67] So wurde das Konzept der »Volksmacht« geboren, das sich laut einem Leitartikel des offiziellen Organs des MIR so zusammenfassen lässt:

> »[...] den jetzigen bürgerlichen Staat ersetzen durch einen authentischen Arbeiter- und Bauernstaat, in dem durch die Wahl von Repräsentanten, die der Basis gegenüber verantwortlich sind und von ihr abgesetzt werden können, DIE DIREKTE DEMOKRATIE DER MASSEN [sic!] ausgeübt wird. Die in der Fabrik, auf den Landgütern, in den Poblaciones zusammengeschlossenen Arbeiter werden die reale Machtbasis sein und sie gegen jene auszuüben wissen, die sie ausbeuten und belügen.«[68]

Die Volksmacht war also die Losung, um die die rupturistische (im »revolutionären Pol« zusammengeschlossene) Linke in den letzten anderthalb Jahren der Unidad Popular ihre Energien bündelte.[69] Ausgehend von der Annahme, dass zwischen dem Staatsapparat und der Massenbewegung ein unauflöslicher Widerspruch bestünde (»es ist die Gesamtheit des Staatsapparats als Struktur, als soziale Funktion, als politische Funktion, die den grundlegenden Gegensatz zur Massenbewegung bildet«[70]), begannen die Vertreter dieser Strömung Mitte 1972 die Notwendigkeit zu propagieren Volksorgane zur Koordination zu schaffen, die am Ende des Wegs eine alternative Macht zu derjenigen darstellen würden, die durch das Zögern der Regierung Allende begünstigt praktisch den Staat und seine herrschenden Institutionen aufrechterhielten. Diese Linie, die schon in dem drängenden Aufruf des MIR zur Schaffung von *Kommunalräten der Arbeiter* enthalten war und auf der Volksversammlung von Concepción im Juli 1972, an der alle Parteien der regionalen Linken außer der *Kommunistischen Partei* teilnahmen, weiter verstärkt wurde, erreichte unter der mehrheitlichen Leitung der *Sozialistischen Partei* und der vom MIR bevorzugten kommunalen Kommandos mit der Ausbreitung der Industriegürtel ab der Aussperrung vom Oktober desselben Jahres ihren Höhepunkt. Im »Vertrag mit dem Volk«, den diese Gruppierung aus Anlass der erwähnten Aussperrung ins Leben gerufen hatte, wurde erklärt:

> »Das unwiderrufliche Recht, für den Aufbau einer neuen Macht zu kämpfen, die von unten aus dem tiefsten Inneren der Massen entsteht und ausgebaut wird, die direkter Ausdruck der Notwendigkeiten und Wünsche der Mehrheit der Bevölkerung ist, die eine neue Legalität und eine Demokratie neuen Typs, revolutionär und vom Volk in Gang setzt; eine neue Macht, die durch ihre eigene Kraft bei jedem Schritt dem Feind ihre Bedingungen aufzwingt; eine neue Macht, um das zu entscheiden, zu befehlen, zu machen und zu ordnen, was die Massen für ihre Interessen geeignet halten; eine neue Macht dafür, die Revolution zu machen, was nichts anderes ist als die Massen an der Macht.«[71]

Mitten in der Arbeit an der Stärkung der Volksmacht, was ihrer Meinung nach die einzige und beste Verteidigung des chilenischen revolutionären Prozesses war, erlebte die rupturistische Linke den Militärputsch von 1973. Als jedoch der Augenblick der Wahrheit kam, waren weder die isolierten Widerstandskerne, die sich in einigen Vierteln und in Industriegürteln[72] entwickelt hatten (dem letzten Symbol der

Revolution von unten), noch das von Salvador Allende, dem höchsten Symbol der Staatsmacht, in der Moneda gelieferte Gefecht fähig, die Niederlage zu bannen.

Requiem für eine Revolution

Die drei Regierungsjahre der Unidad Popular waren also die Zeit, in der die chilenische Gesellschaft einer Revolution am nächsten kam. Die unversöhnliche Entschlossenheit, mit der ihre Feinde sie bekämpften und noch die letzten Spuren ihres Werks zerstörten, beweist es. Ebenfalls zeigt das die Übereinstimmung zwischen Gradualisten und Rupturisten, die trotz aller Differenzen in ihr die Möglichkeit sahen, die von ihnen angestrebten Ziele nach Jahren und Jahrzehnten des Kampfes in der Realität umzusetzen. Aber sie war auch der Schauplatz, auf dem alle Widersprüche und »Streitlinien« aufbrachen, die dieser Beitrag versucht hat zusammenzufassen. Keiner der beiden revolutionären Strömungen gelang es damals ihre Annahmen vollständig zu bestätigen, noch eine wirkliche Mehrheit aus der linken Welt oder der Bevölkerung in ihre Reihen zu holen. Die Niederlage, zu der diese Dynamik der Uneinigkeit nicht wenig beitrug, traf beide gleichermaßen mit derselben verheerenden Wirkung.

Von September 1973 an zog sich die von der chilenischen Linken erdachte Revolution immer weiter an einen immer weniger vorstellbaren Horizont zurück. Wie eine grausame Ironie waren es stattdessen die Konterrevolutionäre von gestern, die begannen von Revolution zu sprechen und nach Meinung einiger sie sogar zu machen. Es scheint nicht zufällig, dass die Veröffentlichung, mit der die zentrale Symbolfigur der Rechten, Joaquín Lavín, am Ende des Jahrhunderts ihre politische Karriere begann, genau den Titel *Die stille Revolution* hatte; ein Bezug auf das Werk der unter dem Dach der Diktatur von Pinochet durchgeführten kapitalistischen Reorganisierung. Das war natürlich nicht die Revolution, von der die chilenischen Revolutionäre vor 1973 geträumt hatten und in deren Namen sie nach diesem Datum Folter, Exil und Tod gegenüber standen. Nach diesem so schmerzhaften Zeugnis zu urteilen hatten sie sicher recht darin, dass diese Utopie die Macht besaß, das Erhabenste und das Verachtenswerteste des widersprüchlichen Menschseins an die Oberfläche zu bringen.

Anmerkungen

1 Dieser Artikel ist Teil des von Verónica Valdivia de Ortíz de Zárate geleiteten Projekts Fondecyt. Nr. 1040003. Besonderer Dank gilt der Mitarbeit von Sebastián Leiva und Karen Donoso.

2 Castro, Fidel: *Zweite Erklärung von Havanna*, 4. Februar 1962, vollständiger Text siehe: www.ciu-

dadseva.com/textos.

3 Zitat aus *Punto Final,* Nr. 44, Dezember 1967.

4 Zu dem Beispiel von Guevara siehe Castañeda, Jorge: *La vida en rojo*, Buenos Aires, Planeta 1997; Schriften von Ernesto Che Guevara siehe Ders.: *Escritos y discursos*, (9 Bände), La Habana, Edición de Ciencias Sociales, 1977; der Text von Régis Debray mit dem größten Einfluss in diesen Jahren war Debray, Régis: *Revolución en la revolución*, in: Hefte der Zeitschrift Casa de las Américas Nr. 1, La Habana 1967.

5 Zu diesem Thema siehe neben anderen Autoren Moulián, Tomás: *La forja de ilusiones: el sistema de partidos 1932–1973*, Santiago, ARCIS-FLACSO, 1993; und Faúndez, Julio: *Izquierdas y democracia en Chile 1932–1973*, Santiago, Ediciones Bat, 1992.

6 *Punto Final,* Nr. 57, Juni 1968.

7 Im Jahr 1969 spaltete sich die MAPU von den Christdemokraten und 1971 die Christliche Linke ab. Beide schlossen sich dem revolutionären Projekt an. Im Fall der Radikalen Partei bewirkte die Unterstützung ihres Leitungsgremiums für die Unidad Popular den Bruch mit einer rechten Fraktion unter der Leitung von Julio Durán, die sich dann Radikale Demokratie nannte.

8 *El Siglo*, 24. August 1969.

9 *Punto Final,* Nr. 17, August 1966, und Nr. 19, Januar 1967.

10 Wiedergegeben in: Naranjo, Pedro et al. (Hrsg.): *Miguel Enríquez y el proyecto revolucionario en Chile. Discursos y documentos del Movimiento de Izquierda Revolutionaria MIR*, Santiago, LOM, 2004, Seite 99–101.

11 *Punto Final*, Nr. 73, Januar 1969; *El Siglo*, 10. Juli 1966.

12 Moulián, Tomás: Evolución histórica de la izquierda chilena: la influencia del marxismo, in: Ders.: *Democracia y socialismo en Chile*, Santiago, Facultad Latinoamericana de Ciencias Sociales 1983.

13 *El Siglo*, 24. August 1969.

14 *Programm des MIR*, September 1965, in Naranjo: a. a. O., Seite 103–105.

15 *Punto Final*, Nr. 18, Dezember 1966.

16 *Punto Final*, Nr. 51, März 1968.

17 *Estrategia*, Nr. 6, Santiago, September 1966.

18 *Punto Final*, Nr. 13, Oktober 1966.

19 Über die Wirkung, die das beim Widerstand gegen die revolutionären Vorschläge hatte, siehe die exzellente Arbeit von Gómez, Juan Carlos: *La frontera de la democracia*, Santiago, LOM, 2004.

20 *El Siglo*, 24. August 1969.

21 Zit. nach Corvalán Marquéz, Luis: *Del anticapitalismo al neoliberalismo en Chile*, Santiago, Sudamericana, 2001, Seite 54.

22 *La estrategia insurreccional del MIR (1967)*, Dokument Nr. 039 des Centro de Estudios Miguel Enríquez (CEME) siehe: http://www.archivochile.com.

23 Tomás Moulián, bezieht sich in seinem Werk *Socialismo del siglo XXI*, Santiago, LOM, 2000 auf die »Besessenheit« der Machteroberung von der chilenischen – und globalen – Linken.

24 Siehe den Artikel von Tomás Moulián in: Moulián, Tomás: *Socialismo del siglo XXI*, Santiago, LOM, 2000.

25 Zeitschrift PEC, Nr. 403, 28. Mai 1971. Ich verdanke diesen Hinweis Verónica Valdivia.

26 Das ist ein wiederkehrendes Argument in Moulián, Tomás: *Conversación interrumpida con Allende*, Santiago, LOM, 1998.

27 Diese Bezeichnungen wurden dem Text von Luis Corvalán Marquéz entnommen: Los partidos políticos y el golpe del 11 de Septiembre, Santiago, CESOC, 2000.

28 Diesem Argument ging der brasilianische Historiker Alberto Aggio in seinem Buch *Democracia e Socialismo. A Experiencia chilena*, Sao Paulo, Annablume, 2002 mit großer Sorgfalt nach. Das Argument teilen – auf historiografischer Ebene – Corvalán Marquéz, a. a. O. und Juan Carlos Gómez, a. a. O..

29 Diese Präzisierung verdanke ich Rolando Àlvarez Vallejos.

30 Diese Charakterisierung entspricht vor allem den strategischen und programmatischen Erklärungen der Kommunistischen Partei Chiles, die zwischen 1958 und 1973 erarbeitet wurden. Neben den Parteidokumenten, die in der Tageszeitung *El Siglo* abgedruckt wurden, ist ein nützlicher Bezugspunkt das Buch von Luis Corvalán Lepe, Generalsekretär der Partei im entsprechenden Zeitraum, Corvalán Lepe, Luis: *Camino de victoria*, Santiago, Horizonte, 1971. Auf einer eher analytischen Ebene finden sich Informationen in der Arbeit von Daire, Alonso: La política del Partido Comunista desde la post-guerra a la Unidad Popular, in: Varas, Augusto (Hrsg.): *El Partido Comunista de Chile, Santiago*, FLACSO, 1988; Àlvarez, Rolando: *Desde las sombras. Una historia de la clandestinidad comunista (1973–1980)*, Santiago, LOM, 2003, Kapitel 2; Venegas, Hernán: El Partido Comunista de Chile: antecedentes ideológicos de su estrategia hacia la Unidad Popular (1961–1970), *Revista de Historia Social y de las Mentalidades*, Jhrg. VII, Bd. 2, Universidad de Santiago de Chile, 2003.

31 Población ist ein Arbeiter-, Armen- und/oder Elendsviertel. Ende der sechziger Jahre gab es viele Landbesetzungen vor allem in städtischen Gebieten, wo die Wohnungsnot unter anderem aufgrund starker Zuwanderung aus ländlichen Regionen sehr groß war. Einige der Besetzungen wurden bald legalisiert und auch mit einer gewissen Infrastruktur ausgestattet, in anderen waren die Bedingungen unerträglich.

32 *El Siglo*, 24. August 1969.

33 Dieses Argument wurde unter anderem von Tomás Moulián vorgebracht, der die Unfähigkeit der Unidad Popular, wirklich die Unterstützung der Mittelschichten zu gewinnen, für einen der Schlüssel in der Nichtdurchführbarkeit ihres Projekts hält; siehe Moulián 1983 besonders die Seiten 43–65. Von einem anderen Gesichtspunkt aus legte das auch der Historiker Cristián Gazmuri dar, in: Instituto de Historia de la Pontifícia Universidad Católica de Chile (Hrsg.): *Manual de Historia de Chile*, Santiago, Zig Zag, verschiedene Ausgaben.

34 Außer in den Reden von Salvador Allende selbst und den Dokumenten und Presseerzeugnissen der Kommunistischen Partei findet die gradualistische Strategie ihren besten Vertreter in Joan Garcés, dem politischen Berater von Allende. Siehe dazu Garcés, Joan: *El Estado y los problemas tácticos en el gobierno de Allende*, México, Signo XXI, 1974; und vor allem Ders.: *Allende y la experiencia chilena*, Barcelona, Ariel, 1976. Eine Analyse dieser Zeit mit einer positiven Bewertung dieser Strömung, in: Aggio: a. a. O.; Bitar, Sergio: *Transición, socialismo y democracia. La experiencia chilena*, México, Siglo XXI, 1979; Moulian 1998.

35 Kürzlich sind einige Untersuchungen erschienen, die aus dem Blickwinkel der nordamerikanischen akademischen Welt gründlich und kritisch die Beziehungen zwischen diesem Land und Lateinamerika analysieren und dabei natürlich die heiße Phase nach der kubanischen Revolution hervorheben, in deren Kontext die erwähnte Johnson-Doktrin formuliert wurde. Diese Literatur vervollständigt und aktualisiert die umfangreiche lateinamerikanische Produktion aus dieser Zeit. Sie wird meist von Linken und Anhängern der Dependenz-Theorie verfasst. Siehe beispielhaft Smith, Peter: *Talons of the Eagle. Dynamics of U.S.-Latin American Relations*, Oxford, Oxford University Press, 1996; Schoultz, Lars: *Beneath of United States. A History of U.S. Policy toward Latin America*, Harvard, Harvard University Press, 1988. Beide Referenzen verdanke ich Brian Loveman.

36 *El Rebelde* (Primera Època), 31. März 1962.

37 *Punto Final*, Nr. 35, August 1967.

38 Ebenda.

39 Siehe hierzu die Artikelserie von Andrés Pascal Allende mit dem Titel *El MIR, 35 años*, veröffentlicht in *Punto Final*, Nr. 477–482, August–Oktober 2000, besonders die Nr. 477, August 2000.

40 *Punto Final*, Nr. 16, November 1966.

41 *Die Aufstandsstrategie des MIR*, zusammenfassendes Dokument der *Tesis Político-Militar*, beschlossen auf dem Dritten Generalkongress des MIR, Dezember 1967; Dokument Nr. 039 des

Centro de Estudios Miguel Enríquez.

42 Ebenda.

43 Diese Zeit in der Geschichte des MIR behandelt Carlos Sandoval in seinen beiden Büchern. Sandoval, Carlos: *El MIR, una historia*, Santiago, Sociedad Editorial Trabajadores, 1990; Ders.: *Movimiento de Izquierda Revolucionaria 1970–1973*, Concepción, Escaparate, 2004; Naranjo: a. a. O.; Vitale, Luis: *Contribución a la Historia del MIR*, Santiago, Ed. Instituto de Investigaciones de Movimientos Sociales *Pedro Vuskovic*, 1999; García Naranjo, Francisco: *Historias derrotadas. Opción y obstinación de la guerrilla chilena 1965–1988*, Hidalgo: Universidad Michoacana de San Nicolás de Hidalgo, 1997. Es gibt eine ausgezeichnete Zusammenfassung der Gründungsetappe des MIR und seine Bibliografie in der unveröffentlichten D.E.A. Arbeit Palieraki, Eugenia: *Le Mouvement de la Gauche Révolutionnaire au Chilie (1965–1973). Réflexions sur la culture politique chilienne dans l`ère des utopies révolutionnaires latino-américaines*, Universidad Paris I Panthéon La Sorbonne, 2002.

44 *Punto Final*, N. 61, August 1968.

45 El MIR y las elecciones presidenciales, in: *Punto Final*, Nr. 104, Mai 1970.

46 *El MIR y el resultado electoral*, öffentliches Dokument des Nationalsekretariats der Partei, in: *Punto Final*, Nr. 115, Oktober 1970.

47 Siehe zum Beispiel das Interview mit Miguel Enríquez mit dem reißerischen Titel *Es muss das Problem der Macht gelöst werden* in: *El Rebelde*, 2. Mai 1972.

48 So legte es Miguel Enrìquez in seiner berühmten Rede im Teatro Caupolicán am 14. Juni 1973 dar, in: Naranjo: a. a. O..

49 So macht das Tomás Moulián ganz deutlich, indem er darauf hinweist, dass der MIR nicht einmal nach dem Beginn der Staatsstreichoffensive das militärische Kräfteverhältnis analysierte. »Stattdessen sahen sie das Problem in der Entwicklung einer militärischen Kraft der Massen, die – paradoxerweise – nie in der Form eines »Volksheeres« gedacht wurde. Anscheinend stellten sie sich die Verteidigung der Regierung auf der Basis der eigenen Kräfte vor, entstanden aus der Organisation und Entwicklung von Bewusstsein der Massen«, Vgl. Moulián 1983, Seiten 58–59.

50 *El Rebelde* (Primer Època), Nr. 32, September 1965.

51 *Punto Final*, Nr. 72, Januar 1969.

52 Wörtlich wiedergegeben in: *Punto Final*, Nr. 24, März 1967.

53 *Punto Final*, Nr. 30, Juni 1967.

54 Moulián 1998, Seite 43.

55 *El Rebelde*, 22. August 1972. Die Flucht der politischen Gefangenen aus dem Militärgefängnis von Rawson ist detailliert und lebendig beschrieben im ersten Band der Trilogie: Caparrós, Martín; Anguita, Eduardo: *La Voluntad*, Buenos Aires, Grupo Editorial Norma 1998. Hier wird ausdrücklich Bezug genommen auf die Schwierigkeiten, die ihre Ankunft in Chile für die Regierung Allende schuf, die damals bestrebt war zu zeigen, dass sie sich im Rahmen der Legalität bewegte, um einen Dialog mit der DC herzustellen.

56 Viele ausdrückliche Bezüge dazu in den Ausgaben von 1972 und 1973 in den Presseorganen der »rupturistischen« Linken wie *El Rebelde* und *Punto Final*.

57 *El Siglo*, 10. Juli 1966.

58 *El Siglo*, 18. April 1966.

59 Zit. In: Venegas: a. a. O., Seite 57.

60 *Punto Final*, Nr. 65, Oktober 1968.

61 *Punto Final*, Nr. 45, Januar 1968.

62 Über den Mythos der chilenischen Außergewöhnlichkeit siehe Jocelyn-Holt, Alfredo:*¿Un proyecto nacional exitoso? La supuesta excepcionalidad chilena*, Vortrag im internationalen Seminar La construcción de las identidades nacionales en el mundo hispánico. Ideas, lenguajes políticos e imaginarios culturales, Valencia, März 2003; Siehe ferner die unveröffentlichte Arbeit zum Staats-

examen in in: Blumenthal, Edward: *El mito de la excepcionalidad chilena: un proyecto de construcción identitaria*, Pontificia Universidad Católica de Chile, 2004.

63 Zitiert in Corvalán Márquez 2001, Seite 159.

64 *El Siglo*, 16. April 1966.

65 El MIR y el triunfo de Salvador Allende«, September 1970; Dokument Nr. 045 des CEME.

66 *El Rebelde* (Tercera Època), Nr. 9, Dezember 1971.

67 *El Rebelde*, 14. März 1972.

68 Eine ausgezeichnete historische Studie über den Gegensatz zwischen Revolution »von oben« oder »von unten«, die von der Erfahrung der Arbeiter der Textilfabrik Yarur ausgeht, einer der ersten direkt von den Arbeitern besetzten Fabriken, deren Ziel ihre Übernahme die Vergesellschaftung war, findet sich bei Winn, Peter: *Tejedores de la Revolución*, Santiago, LOM, 2004.

69 *El Rebelde*, 19. Januar 1972.

70 Eine sehr gute Analyse über die »Volksmacht« aus miristischer Sicht findet sich in der unveröffentlichten Staatsexamensarbeit Leiva, Sebastián; Neghme, Fahra: *La politica del Movimiento de Izquierda Revolucionaria (MIR) durante la Unidad Popular y su influencia sobre los obreros y pobladores de Santiago*, Universidad de Santiago de Chile, 2000; Cancino, Hugo: *La problemática del poder popular en el proceso de la vía chilena al socialismo 1970–1973*, Kopenhagen, Aarhus University Press, 1988; Silva, Miguel: *Los cordones industriales y el socialismo desde abajo*, Santiago 1999; und Gaudichaud, Franck: *Poder popular y cordones industriales. Testimonios sobre el poder popular urbano 1970–1973*, Santiago, LOM/DIBAM, 2004; Siehe auch den Artikel des Autors in diesem Buch.

71 Interview mit Miguel Enríquez in: *Chile Hoy*, Nr. 11, August 1972.

72 Dokument Nr. 072 aus der Sammlung des CEME.

Allende, Senator der Sozialistischen Partei, bei seiner ersten Präsidentschaftskandidatur 1951.

Tomás Moulián

Der chilenische Weg zum Sozialismus

Der Weg der Krise in den strategischen Reden der Unidad Popular

Die komplexen Beziehungen zwischen Theorie und Praxis

Bei Anwendung der üblichen Klassifikationsmuster kann die Unidad Popular nicht als eine sozialistische Revolution im eigentlichen Sinn angesehen werden, sondern als Übergang dorthin. Grund ist, dass sie sich vom Staat aus entwickelte und versuchte innerhalb dessen Kräfte zu sammeln und dass ihr keine Zerstörung des bürgerlichen Staates vorausging; Marx bestand aber seit seiner Analyse der gescheiterten Erfahrung der Kommune in Paris auf dieser Bedingung. Ausgehend von diesem historischen, marxistischen Gedanken arbeitete Lenin das aus, was man als die bolschewistische Revolutionstheorie bezeichnen könnte. Ihre Unterscheidungsmerkmale sind die vorhergehende Wissensanlage (Theorie, die aus dem Proletariat das historische Subjekt macht, Definition des Klassenbewusstseins, Revolutionstheorie), die bei der Avantgarde-Partei liegt und die vorherige Zerstörung des bürgerlichen Staates. Genau genommen suchte die Unidad Popular tiefgreifende Veränderungen im Bereich der Produktion durch eine Veränderung der Besitzverhältnisse durchzuführen, »ohne die Macht zu ergreifen«, ohne eine politische Revolution, womit sie in der Praxis die bolschewistische Theorie vernachlässigte, aber auch überwand. Sie überwand sie, weil sie sich nicht auf Umverteilungspolitik beschränkte, sondern darüber hinausging. Es war also eine Vor-Revolution.

Aber die Mehrheit der sozialen Subjekte (Parteien, Organisationen, Komitees, Persönlichkeiten oder Staatsbürger) erlebten die Erfahrung der Unidad Popular als wäre es eine sozialistische Revolution, die im politischen Kampf alle polarisierenden Wirkungen einer solchen entwickelte, obwohl sie aus dem Inneren des Staates oder von oben durchgesetzt wurde. Von jeder Seite aus hatte man (ununterbrochen oder für Momente) das Gefühl, Teil eines Kampfes zwischen Feinden zu sein, dessen Ziel die Vernichtung war, obwohl der Schauplatz und die soziale Landschaft sich sehr von denen eines Aufstands – von einer Guerilla oder einem Volkskrieg – unterschieden und sogar der politische Liberalismus der Regierenden gegenüber ihren Gegnern ein hohes Maß erreichte.

Die Unidad Popular gab nicht vor, eine direkt sozialistische Revolution zu sein, sondern sie versuchte Veränderungen durchzusetzen ohne die totale Macht zu übernehmen, jedoch mit der Perspektive durch die Akkumulation der Kräfte innerhalb des Staates zum Sozialismus voranzuschreiten.[1] Aber von Anfang an gab es, manchmal geplant, manchmal als Ergebnis von Zwischenfällen im politischen Kampf, Zusammenstöße mit dem bürgerlichen Monopolbesitz, mit dem Besitz der Bourgeoisie im Allgemeinen (Enteignungen von kleinen und mittleren Unternehmen durch nicht von der politischen Leitung geplante oder von nicht zur Koalition gehörenden Parteien beschlossene Aktionen) und auch mit dem Landbesitz. Auch wenn nicht der Sozialismus umgesetzt, sondern nur seine Voraussetzungen vorbereitet wurden und auch ohne Anwendung von Gewalt, hatte der Prozess doch die subjektiven Wirkungen einer Revolution, denn sie veränderte wirklich einen zentralen Punkt jedes Rechtsstaats: die rechtliche Bedeutung von Eigentum.[2]

Dies führte früh zum Zusammenprall mit der Leitidee des Kapitalismus: der bürgerlichen Produktion auf Grundlage des Eigentumsrechts. Die (nicht nur versprochene) Bereitschaft über die übliche Praxis der partizipativen Linken hinauszugehen, die darin bestand, sich auf der Verteilungsebene einzurichten, kennzeichnete die Unidad Popular. Dies drückte ihr ihren Stempel auf, eine Erfahrung des Übergangs zu sein und sich aufzumachen zu enormen ökonomisch-sozialen Veränderungen. Damit ging jedoch auch einher, ihr das *Pathos* einer sozialistischen Revolution aufzubürden, entgegen den Zu- und Einordnungen der politischen Theoretiker.[3] Damit erfüllte sich das Axiom von Borges »esse est percibi« (Sein ist wahrgenommen zu werden).[4]

Die Erfahrung der Unidad Popular wurde in einem aufgewühlten Klima erlebt, das typisch ist für diese Art von Ereignissen, wie Revolutionen es sind, denn es war tatsächlich eine außerordentliche Anstrengung, zentrale soziale Veränderungen auf der Ebene der bürgerlichen Produktion und nicht nur auf der der Verteilung durchzusetzen. Die

Unidad Popular benutzte weder politische Gewalt noch suchte sie die bewaffneten Apparate zu zerstören, und sie bewegte sich entlang den formalen Grenzen des liberalen repräsentativen Staates, die sie flexibel ausnutzte aber nicht verletzte. Durch diesen flexiblen Gebrauch des Staates für die Veränderung des Produktionssystems fühlten sich die besitzenden Klassen nicht mehr anerkannt in einem heterogenen Staat, den sie im Rahmen verschiedener politischer Vereinbarungen Stück für Stück geschaffen hatten. Diese Art der Veränderung von oben wurde zwar nicht direkt als sozialistisch dargestellt, aber sie leitete eine Zerschlagung der bürgerlichen Produktionsweise ein, auch wenn es vorher keine »Machtergreifung« gegeben hatte.

Die nicht geführte strategische Diskussion

Die Erfahrung der Unidad Popular sollte in ihrer grundlegenden Originalität betrachtet werden. Dazu musste die Frage beantwortet werden: wie war es möglich mit tiefgreifenden Reformen – die der kapitalistischen Produktion Schach boten – in Richtung Sozialismus zu gehen und gleichzeitig im schon bestehenden Staatsapparat zu bleiben und in dessen Inneren Kräfte zu sammeln?

Man konnte diesen Prozess nicht in der Begrifflichkeit des bolschewistischen Modells fassen, die als Hauptvoraussetzung der Idee von Prognosen folgte. Diese Art der Analyse setzte die Zerstörung des bisherigen bürgerlichen Staates als notwendige Bedingung für den Beginn des sozialistischen Aufbaus und als Moment für die großen Veränderungen des Kapitalismus voraus. Die Logik der Prognosen geht davon aus, dass der bis dahin bestehende Staat durch den Kampf der Massen in eine tiefe Krise gelangt, was das Ziel der Revolutionäre ist. Sie zerstören ihn und versetzen sich in die Lage, die Veränderungen des kapitalistischen Gebäudes durchzuführen, indem sie den politischen Staat und seine Rechtsstaatlichkeit zertrümmern.

In Chile arbeitete man im Inneren des bestehenden Staatsapparats, man versuchte dort Kräfte zu sammeln und führte Veränderungen durch, die, auch wenn sie das Problem der Macht im Staat offen ließen, doch auf das Herz des bürgerlichen Produktionssystems zielten, denn man griff die Monopolbetriebe beziehungsweise die mit dem großen Kapital verbundenen Unternehmen an – vor allem aber, weil Banken verstaatlicht wurden.

Eines der zahlreichen Grundprobleme, mit dem die Unidad Popular konfrontiert war, lag im Schweigen und dem Mangel an Voraussicht der damals angewandten marxistischen Theorie über einen solchen Weg. Für diese besondere Entwicklung gab es in den Handbüchern, die Übergangsmodelle beschrieben, weder Überlegungen noch Lösungen. Metaphorisch gesprochen kann man sagen, dass die Unidad Popular eine Entsprechung zum Sturm auf das Winterpalais war, der über Russland hereinbrach und den Gramsci überschwänglich feierte, oder »eine Revolution in der Revolution«. Sie war es wirklich, aber sie hatte nicht ihren »Régis Debray«, denn dieser war der Kommentator einer schon bestehenden und abgeschlossenen Erfahrung – wenn man vom Gesichtspunkt der Machtübernahme ausgeht. Während der chilenische Prozess dagegen geschah ohne zum Ende zu kommen und logischerweise während seiner Entwicklung die Pläne, die eigentlich bei der Durchführung hätten helfen sollen, dekonstruierte und neu schrieb.

Es existierte damals kein Paradigma oder Modell, das genauer aufgezeigt hätte was durchgesetzt werden musste, welche Schritte gegangen werden sollten, so wie es beim bolschewistischen Modell mit seinen Kategorien und Doktrinen der Fall war, die – unter Berücksichtigung der spezifischen Unterschiede – bei den meisten mit seinen im größten Teil der siegreichen Revolutionen angewandt wurden. Es existierten gerade einmal einige gedankliche Hilfslinien, die eine Zeit lang eine sichere Steuerung des Schiffs und ein Umschiffen von Riffen erlaubten. Als sich aber am Ende des Prozesses die große strategische Diskussion entwickelte waren diese reinen Linien unzureichend. Und sie waren schließlich deshalb unzureichend, weil (wie wir sehen werden) die große theoretische Diskussion, die ein Prozess wie den der Unidad Popular brauchte, nicht stattfand. Eine Analyse, bei der die Form (der Weg) nicht von der Grundlage (der Art des aufzubauenden Sozialismus) getrennt würde.

So fehlte es dem Prozess an theoretischen Anstrengungen, die den Dualismus »Reform-Revolution« aufgelöst hätten. Für die Unidad Popular bestand die Möglichkeit eine reformistische Revolution zu sein, die wegen der neuen Art den Übergang zum Sozialismus zu begreifen und der authentischen Weise den Inhalt sozialistischer Aufgaben darzulegen – die sich von dem bolschewistischen Modell unterschied – eine große Mehrheit um sich hätte sammeln können. Dort wurde Sozialismus als proletarische Diktatur gefasst, während für die Unidad Popular Sozialismus eine wirkliche und tiefere Demokratie sein sollte, als die, die in den liberalen repräsentativen Systemen bestand.

Das Fehlen einer strategischen Diskussion am Anfang des Prozesses, als sie fruchtbar gewesen wäre, um Richtungen zu korrigieren und um den Aufbau einer großen Allianz anzusteuern, den die reformistische Revolution brauchte, wurde am Ende spürbar. Als diese Diskussion zwischen den Parteien losbrach, war die Krise schon fortgeschritten, und die Konfrontation vertiefte nur noch die Differenzen in der Unidad Popular.

An einem Faden hängend

Im Chile der Unidad Popular war der Staat nicht dabei auseinanderzufallen wie in Russland 1917. Er hatte weder seine Regierbarkeit verloren – stattdessen hatte er das Problem der Wahl von Allende im Rahmen seiner Regeln gelöst – noch schien sein Überleben als Unterwerfungs- und Zwangsapparat in Gefahr. Entgegen gegenteiliger, aus einem mechanistischen Marxismus abgeleiteter Auffassungen entsprang der Triumph Allendes nicht einer durch die Strukturen aufgezwungenen (unentrinnbaren) Notwendigkeit, sondern einem durch Zufälle bestimmten Ereignis aus dem politischen Kampf. Der chilenische Staat litt zweifellos an manchen Formen von Ungleichgewicht, sonst hätte er sich nicht von einer Kraft, die bis zum Äußersten seine Rolle politischer und ökonomischer Zuständigkeit zu verbinden blockierte, in seiner Funktion behindern lassen. Es war möglich diese Fähigkeit der Verbindungen lahm zu legen, weil sich in den sechziger Jahren durch politische Reformen ein Geflecht von Vereinbarungen geformt hatte, das die Chancengleichheit der Linken im Kampf um die Macht verbesserte. Aber diese Linke kam nicht durch eine dialektische Logik über die historische Notwendigkeit an die Regierung, sondern durch eine fehlerhafte Strategie im Kräftespiel der Politik. Sie kam auch nicht »illegal« dorthin, über einen planlosen Überfall wie bei der *Pariser Kommune*. Sie kam durch eine Summe von Entscheidungen, die ihre Feinde hätten vermeiden können, legal dorthin, was bedeutet, dass diese Regierungsübernahme nicht, wie gesagt wurde, das Resultat einer unlösbaren Krise der kapitalistischen Entwicklung war (die eine »Überwindung« nötig gemacht hätte), sondern das eines bedeutungsvollen politischen Geschehens.

Die Situation deckte natürlich die Unzulänglichkeiten der Kräfte der Linken auf und damit auch das Ungleichgewicht in den Klassenverhältnissen im Staat. Die Unidad Popular machte Gebrauch von der gewonnenen Macht (Regierung und Teile des Parlaments) und versuchte die Lage auszunutzen, um dem Staat eine Rolle bei der Aufrechterhaltung des prekären Gleichgewichts und der einer Artikulation eines neuen Modells zuzuweisen. Diese bestand in der Existenz einer Regierung, die versuchte von innen heraus den Kapitalismus in Sozialismus zu transformieren. Die Rolle, die die Unidad Popular schließlich dem Staat zuwies, war die des Garanten für den neu entstehenden Rechtsstaat mithilfe seiner Apparate (Justiz, Repression, nationale Verteidigung). Dabei verschwand das Privateigentum an den Produktionsmitteln nicht, aber es war eingeschränkt und untergeordnet, und vor allem wurde zurückgewiesen, dass es einen privilegierten Platz einnähme, denn die Dynamik kam aus dem Bereich des sozialen Eigentums.

Genau an diesem entscheidenden Punkt wurde der Irrweg der Überlegungen deutlich. Das Fehlen einer Theoriebildung drückte sich zum Beispiel in der Tatsache aus, dass die Unidad Popular bei der Gestaltung des Staates einer umfassenden Ordnungsfunktion, die dem Staat innewohnt, den Vorrang gab. Der Staat wurde als Apparat verstanden, statt ihn als Klassenverhältnis zu verstehen.

Man kann ganz deutlich beobachten, dass bei den intellektuellen Politikern, die die Führung in diesem komplexen Übergang übernehmen sollten, die analytischen Instrumente versagten und dass die Denkmodelle ihre Funktion verloren, sinnvolle Hinweise zu geben. Denn für eine so überdeterminierte politische Praxis, mit reduziertem Handlungsspielraum und vielfältigen Gefahren, konnte die Strukturierung des Ganzen nicht über die Illusion eines Staatsapparates gedacht werden, sondern sie hätte, auch wenn es schwieriger gewesen wäre, vielmehr den Aufbau von Netzen in Angriff nehmen müssen, die in der Lage gewesen wären Klassenverhältnisse zur Unterstützung des chilenischen Prozesses zu schaffen – was die Mobilisierung der sozialen Mehrheit bedeutet hätte. Wenn sich alle Hoffnung auf die Verfassungstreue der Streitkräfte verlagert, auf die Schaffung eines demokratisch/militärischen Blocks, wird auf dramatische Weise das Fehlen von Alternativen sichtbar. Es verdeutlicht, dass beim Aufbau eines Geflechts der Klassen, die ein Unternehmen dieser Größenordnung hätten stützen können, etwas gescheitert war. Zu glauben, dass der Staatsapparat in Form militärischer Verfassungstreue die Schaffung der notwendigen Mehrheit der Massen ersetzen könnte, deckt eine Verschiebung auf, von der Analyse der Kräfteverhältnisse hin zur Verortung im Gebiet der Illusionen.

Die Fixierung auf die Militärs verstärkte sich seit der Oktoberkrise (1972), jedoch hatte das Militär durch seine entscheidende Rolle bei der Herstellung der verfassungskonformen Sicherheit von Anfang an Vertrauen durch seine Nachforschungen hergestellt, indem der Mord an General Schneider[5] aufgeklärt wurde. Diese Illusion über den zivil-militärischen Pakt ist Ausdruck des Scheiterns, das Problem der Klassenbeziehungen im Staat in Angriff zu nehmen; einem Staat, der als zentraler Ort bei der Erlangung dieser Sicherheit angesehen wurde; der Sicherheit der Massen, nicht der bürokratisch-legalen. Aber diese Entscheidung erforderte gemäß ihrer eigenen Regeln und der Dynamik des eingeschlagenen Weges eine Verbreiterung des Einflusses in der Bevölkerung, oder wenn das nicht möglich war, die Suche nach Allianzen mit anderen im Volk verwurzelten Sektoren und auch mit Gruppen aus der Mittelschicht, unter der Losung eines »Blocks für die Veränderung«.

Das Scheitern dieser Optionen führte dazu, dass die Unidad Popular besonders seit Oktober 1972 am dünnen Faden der militärischen Verfassungstreue hing. Warum missachtete man die auf jeden Fall problematische Fähigkeit, das Problem der Korrelation der Kräfte gut zu lösen und die Beziehungen zwischen den Klassen so zu organisieren, dass sie der Größe des unternommenen Transformationsprozesses entsprachen?

Eine zentrale Aussage dieses Artikels ist es, dass die radikale Originalität der chilenischen Erfahrung verhinderte eine vorher verfasste Theorie zu haben, denn die chilenische Situation unterschied sich von allen anderen, einschließlich derjenigen, die einige Ähnlichkeiten aufweisen könnten wie im Fall der Tschechoslowakei. Aber keine Theorie zu haben bedeutet nicht, keine Anstrengung für eine Theoriebildung zu machen. Bei der Analyse einiger zentraler Entscheidungen kann man beobachten, dass nicht nach politischen Wegen gesucht wurde, die mit den grundlegenden, sich aus dem gewählten Weg ergebenden Anforderungen übereinstimmten und der immer von der Fähigkeit eine soziale und staatliche Mehrheit zu erlangen abhing.

Die Widersprüche und ungelösten praktischen Probleme, darunter die Einengung des Bereichs der Allianzen auf staatlicher Ebene und die Schwierigkeit, sie an der Basis in Angriff nehmen zu können – wo sie wegen der direkten Konflikte zwischen Anhängern der Unidad Popular und den Mitgliedern der Christdemokraten noch größer wurden – führten die Parteien dazu, sich hinter ihren vorherigen Annahmen zu verschanzen und die Überlegungen über die tägliche Praxis mit ihren drängenden Herausforderungen zu vernachlässigen, um auf das scheinbar sichere Terrain der Gegensätze zurückzukehren, das die chilenische Linke seit Ende der fünfziger Jahre des 20. Jahrhunderts spaltete.

Eine andere Besonderheit der Erfahrung der Unidad Popular ist es, dass der Prozess stattfand, obwohl die vorherigen Konzeptionen der wesentlichen politischen Kräfte in Bezug auf den Charakter der Revolution verschieden und in mehreren Punkten gegensätzlich waren.

Ein Bruch und seine Entstehungsgeschichte

Der große Streik der Geschäftsleute, Lastwagenfahrer und Teile anderer Berufsgruppen im Oktober 1972, der sich fast einen Monat lang hinzog, fand mit einer großen politischen Veränderung eine Lösung: der Bildung einer zivil-militärischen Regierung. Diese Entscheidung des Präsidenten verstärkte eine Debatte, die bis dahin nicht offen oder nur in Momenten geführt worden war. Will man den Ton, die Intensität und die Problematik der bis zur Erschöpfung geführten Diskussionen verstehen, die sich in der Unidad Popular entwickelten und ihre Spaltung vertieften, so muss man das ideologische Universum und die strategischen Konzeptionen der Linken verstehen, die 1970 an die Regierung kam.

Die fünfziger Jahre des 20. Jahrhunderts waren entscheidend für die marxistische chilenische Linke bei der Herausbildung von Deutungsmustern, gegenüber der nationalen Realität oder der Definition des Charakters einer Revolution, und sie blieben bis zum Jahr 1973 gültig. Im Jahr 1953, mitten in der Zeit, in der die antikommunistischen Gesetze galten, die auch zur Kontrolle der Gewerkschaftsbewegung benutzt wurden, organisierte sich die Einheitsgewerkschaft der Arbeiter. Im Jahr 1965 wurde die *Frente de Acción Popular* (FRAP) (Front zur gemeinsamen Aktion) gegründet, eine kontunuierliche Wahlkoalition zwischen der *Kommunistischen Partei*, der *Sozialistischen Partei Chiles* und der *Sozialistischen Volkspartei*, nachdem letztere bei ihrem Versuch gescheitert war, beim nationalen Populismus mitzumachen, Carlos Ibáñez bei den Wahlen 1952 unterstützte und an seinen Regierungen teilgenommen hatte. 1957 vereinigten sich die beiden sozialistischen Organisationen. 1958 wurden die antikommunistischen Gesetze (das »Gesetz zur Verteidigung der Demokratie«) abgeschafft und die Wahlgesetze verändert, wodurch Wahlen ohne Bestechungsgelder und ohne Mobilisierung der Landgutbesitzer sichergestellt werden sollten. Ebenfalls 1958 gab es Präsidentschaftswahlen, bei denen Allende überraschenderweise fast gegen fünf weitere Kandidaten gewonnen hätte.

Veränderungen der strategischen Thesen der Sozialisten

Die *Sozialistische Partei* – entstanden aus der Vereinigung im Jahr 1957 – war anders als die bis dahin bestehende. Die Organisation war gezeichnet von der Teilnahme an den Mitte-links-Koalitionen zwischen 1938–1948 und von der Unterstützung für den national-populistischen Versuch von Ibáñez – beides wurde von ihren einflussreichsten Ideologen als gescheitert angesehen. Diese negative Einschätzung der beiden Versuche hatte auf ideologischem Terrain zwei Wirkungen. Die erste war eine größere Auffächerung der strategischen Optionen der Partei, die vorher eher diffus und undeutlich geblieben waren, besonders die der Definition des Charakters einer Revolution. Die zweite Wirkung bestand in der Verstärkung einer kritischen, weiter links stehenden Haltung gegenüber den Positionen der *Kommunistischen Partei*, was bedeutete, dass die Sozialisten eine andere strategische Formel entwickelten (*el Frente de Trabajadores*).

Schon früh beim XV. Ordentlichen Allgemeinen Kongress der *Sozialistischen Volksparte*i vom Oktober 1953, bei dem der gescheiterte Versuch analysiert wurde sich der von Ibáñez geführten nationalistischen Bewegung anzuschließen (um ihm eine populäre Führung zu geben), wurde der Begriff der »Demokratischen Arbeiter-Republik« geboren. Auf jenem Kongress wurde der Beschluss angenommen, vom baldigen Aufbau einer solchen Republik zu sprechen, in der die Grundlagen gelegt werden könnten »für ein sozialistisches System, in dem die reinsten Hoffnungen der Arbeiter, Bauern, Angestellten und bescheidenen Teile der Bevölkerung Befriedigung finden«.[6]

Die Entwicklungsgeschichte dieser These findet sich ausführlich in dem Buch von Oscar Waiss.[7] In diesem Text stellt Waiss die »Demokratische Arbeiter-Republik« in den Rahmen einer Rechtfertigung für die Verbindung der *Sozialistischen Volkspartei* mit dem Ibañismus[8] und einer Kritik der Präsidentenwahlkampagne von 1958 vor.

Waiss schätzte den populistischen Versuch trotz seiner kurzen Dauer: »Die *Sozialistische Volkspartei* hat den revolutionären Parteien des Kontinents gezeigt, dass man mit den heterogenen Kräften des Nationalismus zusammen gehen kann, ohne mit ihnen zu verschmelzen.« Er fügte hinzu, dass es »ein fruchtbarerer und vielversprechender Weg als die ständige Wiederholung von kalten Prinzipien« sei. Bezüglich der Präsidentenwahlkampagne, bei der Allende fast gewählt wurde, kritisierte Waiss den »Ballast von in Verruf geratenen Allgemeinplätzen«, die das Erreichen des Ziels verhindert hätten.[9]

Die Losung »Demokratische Arbeiter-Republik« stellte für Waiss die Überwindung der kalten und stereotypenhaften Reden dar, und sie sei ein Hinweis darauf, dass man verstanden habe, dass der Marxismus eine Philosophie der Aktion sei. Es seien die Praxis und das Ausprobieren, sagte Waiss, die der »fortschrittlichen, sozialen Klasse« erlauben würden die Fähigkeit zu erlangen, »das Vertrauen der übrigen Bevölkerung zu gewinnen und die Macht zu übernehmen für die Durchsetzung ihrer eigenen gerechtigkeitsliebenden Ziele«.

Die Losung stellte für Waiss also das Neue dar, angesichts der Wiederholungen und der obsessiven Fixierung auf die irrtümliche Strategie der »Volksfronten«. Diese Linie habe ihre Gültigkeit verloren, denn sie glaube weiter, dass die Bourgeoisie eine Rolle spiele bei der Durchführung der demokratisch-bürgerlichen Revolutionen. Der Autor legte dar, dass es nicht möglich sei die demokratisch-bürgerliche Etappe zu überspringen, aber sie müsse als eine Etappe der sozialistischen Revolution verstanden werden.[10]

Der Begriff der »Demokratischen Arbeiter-Republik« geht unmittelbar der Linie der »Arbeiterfront« oder der »revolutionären Klassenfront« voraus, denn sie erfordert die »notwendige Unabhängigkeit des Proletariats« gegenüber den anderen unterdrückten Schichten.[11]

Die Analyse von Waiss über die Rolle der Kommunistischen Parteien, die im Text von 1954 auftauchte und in der zweiten Ausgabe von 1961 wiederholt wird, als die FRAP schon hergestellt war, ist höchst kritisch und abwertend. Er beschrieb sie als ein »fremdes Element«, das in der lateinamerikanischen Realität fremde Themen einführte und in Beziehung zu den sowjetischen Interessen stünde.[12] Außerdem legte er immer wieder nahe, dass die Kommunisten vom Imperialismus oder den Parteien an der Macht angestachelt und benutzt würden, und dass sie unfähig seien, sich mit den Interessen des Volkes zusammenzuschließen.[13]

Die Haltung von Waiss gegenüber den lateinamerikanischen und chilenischen Kommunisten könnte einfach als kurios und bizarr bezeichnet werden, wenn sie nicht auch ein Ergebnis des Bruchs wäre, der in den dreißiger Jahren des 20. Jahrhunderts innerhalb der internationalen kommunistischen Bewegung geschah; eine der entscheidenden Episoden war damals der Ausschluss Trotzkis und seine spätere Ermordung. Dieses Ereignis begünstigte die Entwicklung von gegensätzlichen marxistischen Interpretationen über den historischen Aufbau des Sozialismus. Obwohl Waiss nur sehr gelegentlich auf Zitate von Trotzki zurückgreift und den Charakter der Revolution nicht mit dessen Kategorien definiert, zeigt seine Stellungnahme für Jugoslawien deutlich seine Kritik an Stalin und sein Misstrauen gegenüber der Sowjetunion.

Die unterschiedliche Position gegenüber der UdSSR ist eines der konstanten Themen, das die chilenischen Kommunisten und Sozialisten trennte. Die Weigerung letzterer, die UdSSR als Modell für den Sozialismus anzusehen – ihre Nähe zu Jugoslawien, als dieses sich Stalin entgegenstellte; später ihre Nicht-Positionierung im chinesisch-sowjetischen Konflikt; und ihre klare Präferenz für das kubanische System in der Phase der größten Unabhängigkeit von der UdSSR; ihre andauernde Kritik an der Bürokratie des Realsozialismus und ihre Stellungnahme gegen die sowjetischen Interventionen in Ungarn und später in der Tschechoslowakei – bildeten einen wichtigen und sich wiederholenden Trennungsfaktor zwischen chilenischen Sozialisten und Kommunisten.

Julio César Jobet, einer der Historiker der chilenischen *Sozialistischen Partei*, bekräftigte, dass sich seit dem Ende Oktober 1955 durchgeführten XVI. Kongress deutlicher die These von der Arbeiterfront herausschälte, welche die Antwort der Sozialisten auf die These der von den Kommunisten verteidigten Front zur Nationalen Befreiung war.[14] Nach Ansicht des Autors eröffneten letztere damit breite Bündnisangebote für Parteien und »bourgeoise« Organisationen. Das Ziel, die Arbeiterklasse nicht zu isolieren, führte sie dazu, »über die Klassengrenzen hinweg zu gehen«. Für Jobet hätte die Konsequenz für die Wahlen aus dieser These die Unterstützung eines

Kandidaten aus einer bürgerlichen Gruppierung (radikalen oder christdemokratischen) sein müssen, was bekanntlich nicht passierte.[15]

In den ersten Monaten des Jahres 1956 standen sich anlässlich der Verhandlungen zur Bildung der FRAP die Strategien der »Arbeiterfront« und der »Front zur Nationalen Befreiung« entgegen. Tatsächlich waren die Kommunisten Anhänger davon, die Allianz gegenüber den Radikalen oder den Falangisten zu erweitern, während die Volkssozialisten die These einer Allianz der Arbeiterparteien aufstellten, was sich dann auch durchsetzte. Aber die FRAP stellte kein antikapitalistisches Programm auf, sondern nur ein »antiimperialistisches, antioligarchisches und antifeudales«.[16] Obwohl die Volkssozialisten meinten, dass es nicht die Aufgabe sei eine »demokratisch-bürgerliche Revolution« mit Beteiligung der Bourgeoisie oder ihrer politischen Vertreter durchzuführen, präsentierten sie trotzdem kein sozialistisches Programm. Der Unterschied zwischen Volkssozialisten und Kommunisten drehte sich also nicht um den Charakter der Revolution, sondern bezog sich auf die Zusammensetzung der Allianz. Die Position der Volkssozialisten lässt sich so formulieren, wie es Waiss in der Ausgabe von 1954 von *Nacionalismo y socialismo en América Latina* machte, indem er eine klassische Definition von Lenin wiederholte: Die demokratisch-bürgerliche Revolution muss gemacht werden, weil die chilenische Gesellschaft halbfeudal und halbkolonial ist, aber ohne die Beteiligung der Bourgeoisie, in diesem Fall ihrer politischen Vertreter.

In den ersten Julitagen des Jahres 1957 entstand die Vereinigung der beiden sozialistischen Fraktionen (Volkssozialisten und Sozialisten Chiles). Es wurde ein Beschluss gefasst, der die Gültigkeit der These von der Arbeiterfront bestätigte, was damit die offizielle Position der vereinigten Partei wurde. Diese Linie schloss die Möglichkeit von Allianzen mit den Parteien in der Mitte wie den Radikalen oder den Falangisten aus.

Von der Front zur Nationalen Befreiung und vom friedlichen Übergang

1933 trennten sich die chilenischen Kommunisten von der Parteilinie der »Klassenfront«, die die 3. Internationale, unter der Annahme eines möglichen Zusammenbruchs des Kapitalismus und der Notwendigkeit die reformistischen Arbeiterparteien zu isolieren, aufgestellt hatte. Von diesem Moment an setzten die chilenischen Kommunisten die Linie von den breiten Fronten um. Diese Strategie eröffnete ihnen Gelegenheiten zu parlamentarischer- wie auch Regierungsmacht. Sie machten bei der Unterstützung der Mitte-links-Koalitionen ohne Regierungsbeteiligung bis 1946 mit.

Bei den Präsidentschaftswahlen jenes Jahres verbündeten sie sich mit den Radikalen, während die Sozialisten einen eigenen Kandidaten aufstellten. Es wurde ein Pyrrhussieg, denn die äußeren Bedingungen, die die Mitte-links-Koalitionen erlaubt hatten, hatten sich grundsätzlich verändert. Nach den Atombombenangriffen der Vereinigten Staaten auf Japan, die gleichzeitig auch darauf abzielten als eine gegen die Sowjets gerichtete Demonstration zu wirken, hatte der »Kalte Krieg« begonnen. 1947 wurden die Kommunisten aus der Regierung ausgeschlossen und 1948 wurde das paradoxerweise sogenannte Gesetz zur Verteidigung der Demokratie erlassen.

Aber die Illegalisierung bedeutete nicht, dass die Kommunisten ihre Politik geändert hätten. Im Gegenteil entstand im Inneren der Partei eine Tendenz, die die Notwendigkeit eines Boykotts der Parlamentswahlen von 1949 behauptete und die direkte Aktion befürwortete. Diese vom Sekretär der Organisation geführte Tendenz wurde als trotzkistische Fraktion bewertet und aus der Partei ausgeschlossen.

Während die Sozialisten ihre Strategie radikalisierten, bestätigten die Kommunisten ihre These von den »Fronten zur Nationalen Befreiung«. Nach ihrer Ansicht sollten in diesen Allianzen alle zusammengeschlossen werden »von der Arbeiterklasse bis zu den Kapitalisten, die kein Monopol und keine gemeinsamen Interessen mit den nordamerikanischen Imperialisten haben«.[17] Sie schlugen sogar die Suche nach einer Organisation der »Industriellen, Fachleute, Geschäftsleute und reichen Bauern« in einer unabhängigen Gruppierung von Monopolisten vor.[18] Hinter diesen Thesen stand eine Definition der chilenischen Gesellschaft als halbfeudal und halbkolonial und eine Charakterisierung der Etappe der Revolution als demokratisch-bürgerlich. Der zentrale Unterschied zu den Sozialisten lag nicht an diesen letzten Besonderheiten, aber sie waren Teil davon; sie lagen an der Rolle, die die Kommunisten der Beteiligung der nationalen Bourgeoisie zuwiesen. Für die Sozialisten war diese Rolle ausgespielt, und ein Beweis für diesen Umstand waren die Ergebnisse der »Volksfronten« und die Wirkung der Zusammenarbeit mit Ibáñez.

Es sollte darauf hingewiesen werden, dass diese Strategie der »Fronten zur Nationalen Befreiung« nicht eine Konsequenz aus der Entwicklung der Kritik an Stalin war, die mit dem XX. Kongress der KPdSU 1956 begann. Es existierte eine Kontinuität zwischen der von der chilenischen Partei angenommenen Linie und der Linie der »Fronten zur Nationalen Befreiung« und auch der Linie der KPdSU. Tatsächlich stellte sich diese zur Avantgarde eines wachsenden sozialistischen Lagers gewordene Partei gegen den Kalten Krieg indem sie die 1935 durch die 3. Internationale vereinbarte Politik der breiten Fronten bestätigte.

Der XX. Kongress im Jahr 1956 – auf dem Stalin vernichtend kritisiert und die Politik der friedlichen Koexistenz festgelegt wurde – hatte eine große Bedeutung. Bei dieser Gelegenheit legte man die Möglichkeit eines Schrittes vom Kapitalismus zum Sozialismus auf friedlichem Weg dar.[19] Diese Definition des XX. Kongresses wurde von der chilenischen Partei angenommen und weiterentwickelt. Auf deren X. Kongress, der im Juli 1956 kurz nach dem XX. Kongress der KPdSU stattfand, war eine der hervorgehobenen Neuheiten in der politischen Linie die Möglichkeit des friedlichen Weges, die als eine Frage bezeichnet wurde, die der Partei bisher nicht klar genug gewesen sei.[20]

Diese These wurde dann zusammen mit der sozialistisch-kommunistischen Einheit ins Zentrum der Politik der Partei gestellt,[21] womit die These von der Rolle der nationalen Bourgeoisie an Bedeutung verlor. Für die Kommunisten war eines der Ergebnisse der politischen Evolution der fünfziger Jahre des 20. Jahrhunderts, dass die Dringlichkeit von der Einheit der Volksparteien sichtbar wurde, welche dann mit der Bildung der FRAP 1956 noch vor der Vereinigung der zwei sozialistischen Parteien 1957 gelang. Galo González Díaz, Generalsekretär der *Kommunistischen Partei*, bezeichnete das Thema der Einheit als einen der großen Beiträge des X. Kongresses. Aber genau die Frage des friedlichen Weges sollte dann während der sechziger Jahre bedeutende Auseinandersetzungen zwischen den beiden Hauptkräften der FRAP schaffen.

Obwohl das Thema vom friedlichen Weg auf dem X. Kongress vom April 1956 vorgelegt wurde, entwickelte es sich erst in den sechziger Jahren zum zentralen Bestandteil der kommunistischen Politik und löste dann Auseinandersetzungen mit den Sozialisten und später mit dem *Movimiento de Izquierda Revolucionaria* (MIR) und der Zeitschrift *Punto Final* aus.

1961 schrieb Luis Corvalán seinen ersten Text mit dem Titel *Über den friedlichen Weg* zu dem Thema.[22] Dieser Text, aufgenommen 1971 in das Buch *Camino de victoria*, konzentrierte sich nach einigen Erläuterungen vor allem auf die Behandlung des Themas in der marxistischen Literatur. Corvalán ging darin der marxistischen Linie des Konzepts nach. Er erinnerte daran, dass Marx selbst bei einem 1872 in Amsterdam abgehaltenen Treffen die Verschiedenartigkeit der Mittel bei der Durchführung sozialer Veränderungen anerkannt hatte und wies außerdem darauf hin, dass in einigen entwickelten Ländern »die Arbeiter ihre Ziele mit friedlichen Mitteln erreichen können«.[23] Lenin seinerseits vermutete in seinen Analysen über die wechselnden Kräfteverhältnisse in der Russischen Revolution einen »Nicht-Aufstands-Weg« oder einen friedlichen Weg für diese Revolution, der über die Erteilung »aller Macht an die Sowjets« laufen würde. Diese Möglichkeit hielt er in der vor der von Kornilov angezettelten Konterrevolution bestehenden Machtsituation für nicht unmöglich.

Aber nach dem Tod von Lenin wurde diese Möglichkeit als ein außergewöhnlicher Fall ausgeschlossen.[24] Er erinnerte daran, dass es einer der wichtigsten Beiträge des XX. Kongresses der KPdSU war, erneut die Möglichkeit des friedlichen Übergangs darzulegen. Außerdem verlieh die Tatsache, dass Allende bei den Präsidentschaftswahlen 1958 dem Sieg ganz nah war, dieser Theorie politische Glaubwürdigkeit und neutralisierte den Widerstand, den diese Strategie bei den Sozialisten erweckte.

Aber schon vorher, zu einem Zeitpunkt als sich die chilenische *Kommunistische Partei* noch in einer Situation vollständiger Illegalität befand, bestätigte Galo González Díaz die Möglichkeit des friedlichen Übergangs. So unterstrich er beim X. Parteikongress im April 1956 in der Hitze der Enthüllungen des XX. Kongresses der KPdSU, dass eine Revolution mit friedlichen Mitteln durchgeführt werden könne, falls es der Arbeiterklasse gelänge, die nationale Mehrheit um sich zu scharen und »mittels Wahlen oder ähnlicher Wege die Macht für das Volk« zu erringen.[25]

Diese These stand während des ganzen Jahrzehnts der sechziger Jahre im Mittelpunkt der kommunistischen Politik; in einer von gegenteiligen Vorzeichen geprägten Epoche, in der die Möglichkeit – für einige die Notwendigkeit – des bewaffneten Kampfes, als einzig revolutionärem Weg bestand.

Diskussionen zwischen Sozialisten und Kommunisten

Zwischen 1960 und 1964 fand einer der zentralen ideologischen Zusammenstöße in einem Briefwechsel zwischen den beiden Parteien vom März 1962 statt. Der Generalsekretär der *Sozialistischen Partei*, Raúl Ampuero, formulierte einige Erklärungen, die der kommunistische Führer Orlando Millas beantwortete. Diese Vorkommnisse waren Anlass für einen vom Generalsekretär der *Kommunistischen Partei* unterzeichneten Brief. Die beiden Hauptthemen dieses Briefes waren der Avantgarde-Charakter der UdSSR und der KPdSU und das Problem des friedlichen Wegs.

Ampuero hatte in seinen Erklärungen Zweifel an der Avantgarderolle der UdSSR angemeldet, indem er beide Blöcke gleichstellte und die »ideologische und politische Führung« der KPdSU in Frage stellte. Die Kommunisten verteidigten die Avantgarderolle der UdSSR und die Idee eines Zentrums. Nach Meinung von Corvalán befand sich dieses Zentrum »schon seit längerem« in der UdSSR und er fügte hinzu, dass die KPdSU »ihre Rolle als Avantgarde immer gewissenhaft und brüderlich übernommen hat, ohne sich in die Angelegenheiten zu mischen, die unter die Souveränität jedes einzelnen fällt«.[26]

Im Antwortbrief der Sozialisten kritisierte Ampuero grundsätzlich die Vorstellung von einem einzigen Zentrum und von der Fähigkeit der KPdSU die Gesamtheit der kommunistischen Bewegung zu leiten. Er wies auf zwei Gefahren hin. Eine sei die Unterordnung unter die Interessen des sozialistischen Lagers und des Landes, das die revolutionäre Dynamik in den nicht-sozialistischen Ländern leitete. Die andere Gefahr bestünde darin, dass sich die konkreten Formen beim Aufbau des Sozialismus in ein zu befolgendes Modell oder eine Kopie verwandelten, wodurch die Besonderheiten jedes historischen Prozesses beim sozialistischen Aufbau verloren gingen.

In diesem Streit gab es tatsächlich zwei Grundfragen. Das eine Thema war die kommunistische »Gefolgschaft« gegenüber den Positionen des zentralen sozialistischen Staates, zum Beispiel im Fall von Jugoslawien oder des Einmarsches in Ungarn oder im Fall der Scharmützel im Konflikt mit China. Das andere war der Anspruch der Sowjets, dass ihr Modell des Sozialismus, das sich in der Zeit nach dem Krieg in Europa verbreitet hatte, das einzig gültige sei. Für die Sozialisten bedeutete das, den Beitrag Jugoslawiens zu unterschätzen, das sie immer unterstützt hatten, weil sie glaubten, dass es dort eine Form der dezentralisierten Umsetzung der »Arbeiterdemokratie« gäbe, die anders als die zentralisierte Form der Sowjets war.[27]

Das andere große Thema dieser Diskussion war das der Übereinstimmung mit dem marxistischen Denken und der Durchführbarkeit des friedlichen Weges. Corvalán wies darauf hin, dass keine offizielle Stellungnahme der Sozialisten bekannt sei, weder dafür noch dagegen, deshalb müsse man davon ausgehen, dass »sie genauso wie wir, die Kommunisten, wünschen, dass die FRAP über die Massenbewegung an die Macht kommt, ohne Bürgerkrieg, ohne die Notwendigkeit von bewaffneter Gewalt, sondern indem wir für diesen Zweck die Zeit der nächsten Präsidentschaftswahlen nutzen«.[28]

Die Antwort der *Sozialistischen Partei* war eindeutig, denn sie bezeichnete den Gebrauch des Begriffs als konfus. Raúl Ampuero wies darauf hin, dass, als die Kommunisten anfingen, dieses Konzept zu gebrauchen, es wie eine Verteidigung der Evolution schien, eine eindeutig reformistische Position. Diese Verwirrung wurde aufgeklärt durch den Hinweis, dass der friedliche Weg ein revolutionärer Weg sei. Aber, so sagte Ampuero, es gäbe im Sprachgebrauch der Kommunisten Elemente, wegen derer man annehmen könnte, dass der friedliche Weg einen strategischen und nicht nur einen taktischen Charakter habe. Das bedeutete, dass die Kommunisten von der Annahme ausgingen, man könnte ohne irgendwann Gewalt anzuwenden zum Sozialismus gelangen – was die *Sozialistische Partei* für unmöglich hielt. Der friedliche

Weg sei nur für eine Etappe beim Aufbau des Sozialismus gültig und keinesfalls eine Formel bis zum Ende.

Dieser Briefwechsel führte die Diskussion zusammen und gleichzeitig verstellte er sie. Er erlaubte es, die Positionen der beiden Parteien bezüglich des Problems der Kampfformen deutlich zu machen. Aber er ließ ein Thema außen vor, das die Sozialisten dargelegt hatten und sie auch in diesem Brief darlegten, aber nicht direkt. Es ging um das Thema der Eigenschaften des Sozialismus, den man aufbauen wollte. Das Steckenbleiben dieser Diskussion, das vielleicht dadurch verursacht wor den war, dass man vom Interesse für die kubanische Revolution abgelenkt war, hatte verhängnisvolle Folgen. Von 1964 an legte die *Sozialistische Partei* weniger Gewicht auf die Kritik am sozialistischen Modell, so wie es in der UdSSR und den Ländern des Ostens praktiziert wurde, um sich auf die Frage nach den Wahlchancen und die des friedlichen Wegs zu konzentrieren. Die erste Kritik war sehr fruchtbar, denn die Achillesferse der kommunistischen Position bestand darin, einen friedlichen Weg zu formulieren für die Erreichung eines Ziels, das ohne Gewalt undenkbar war, denn es repräsentierte eine Wiederholung des »Realsozialismus«.

Das Wahlergebnis von 1964 war ein zentrales Ereignis. Die von Allende erlittene Niederlage in einem Moment, in dem die strukturellen Bedingungen günstig für ein Scheitern des liberalen Experiments von Jorge Alessandri schienen, bewirkte ein Infragestellen der Möglichkeiten über Wahlen an die Macht gelangen zu können. Die *Sozialistische Partei* wurde zum Vorreiter dieser Kritik innerhalb der FRAP. Von weiter links aus formulierte sie der MIR.

Aber die Verwandlung der *Sozialistischen Partei* in eine leninistische, stark von der Entwicklung der kubanischen Revolution beeinflussten Partei der Linken, ließ sie monothematisch werden, sie konzentrierte sich vor allem auf die Kritik am Pazifismus und verlor zum Beispiel die Bewertung Jugoslawiens aus den Augen.

Die Zeitschrift *Punto Final* verwandelte sich in das wesentliche Organ zur Verbreitung der Anstrengungen im bewaffneten Kampf, die sich auf dem ganzen Kontinent ausbreiteten, und sie war auch der Ort, wo die sozialistischen Führer interviewt wurden oder schrieben, die die Möglichkeit eines friedlichen Übergangs in Chile bezweifelten. Aus dem Archiv dieser kritischen Literatur mit offiziellen Stellungnahmen zum Übergang und der Rolle der Volksregierung ist besonders ein vor dem Kongress Ende 1967 gegebenes Interview mit Clodomiro Almeyda hervorzuheben.

Darin wies Almeyda darauf hin, dass die kubanische Revolution eine Reihe von Fragen bezüglich der traditionellen Wege eröffnet hatte. Er bekräftigte, dass in Chile die organischen Formen der traditionellen linken Parteien veraltet und auch ihre

Führer kraftlos geworden seien, welche nach Ansicht Almeydas unter dem Einfluss von ökonomistischen und technokratischen Konzeptionen litten.

Das wesentliche Phänomen war, so schrieb Almeyda, dass nach dem Beispiel der kubanischen Revolution in Lateinamerika die Notwendigkeit auf der Tagesordnung stand, den revolutionären Kampf auf kontinentaler Ebene anzupacken. Trotz der Niederlage Che Guevaras in Bolivien sei die höchste Phase des revolutionären Kampfs der bewaffnete Kampf, auch wenn er nicht unbedingt die Form der Guerilla annehmen müsse und noch weniger den jener »abstrakten Guerilla«, von der Debray sprach. Für Almeyda war Chile ein Land, in dem »es einen realen politischen Prozess gab«, das heißt, es gebe Volkskämpfe, die eine bestimmte Form oder einen bestimmten Weg beschritten hätten. Deshalb »drückt die Gewalt die weitest fortgeschrittene Form eines schon bestehenden Prozesses aus und nicht die erste Etappe eines politischen Prozesses«.[29]

Almeyda legte auch die Notwendigkeit dar das politische Zentrum zu zerstören, damit der Kampf die Form einer Polarisierung erreiche. So würde die Versuchung zu einer Versöhnung vermieden und von Pakten mit einer Partei in der Mitte, die sich als reformistisch darstellte, aber in Wirklichkeit einfach eine Partei zur Modernisierung des bestehenden Kapitalismus sei.[30]

Der Ende November 1967 in Chillán durchgeführte Kongress war entscheidend für die Wende der *Sozialistischen Partei* nach links. Dieser Prozess hatte mit der Ausarbeitung der Politik der Arbeiterfront begonnen und später mit der Bewertung der Kubanischen Revolution. Dieser Entwicklung wurde die Qualität zugesprochen gezeigt zu haben, dass die normale Form der Revolution (jene die Gewalt gebraucht) auch in Lateinamerika möglich sei. Diese Position der Sozialisten innerhalb einer globale Wendung nach links schuf vielfältige Auseinandersetzungen mit der *Kommunistischen Partei*, die an der Idee festhielt, die Macht über den Weg von Wahlen zu erhalten und einen institutionellen Übergang zu versuchen.[31]

Die politische Abstimmung auf dem XXII. Kongress der *Sozialistischen Partei* von 1967 bestätigte vier wesentliche Punkte: 1. dass die Partei eine marxistisch leninistische Organisation war, 2. dass man sich die Machtübernahme als strategisches Ziel setzte, 3. dass dafür die revolutionäre Gewalt unabdingbar war, denn der repressive und Militärapparat des bürgerlichen Staates müsse zerstört werden und 4. dass für die *Sozialistische Partei* Wahlen eine beschränkte Aktionsform waren, die »eingebettet sein müssen in den politischen Prozess, der uns zum bewaffneten Kampf führt«.[32]

Im Juni 1969 wurde eine Vollversammlung des Zentralkomitees der *Sozialistischen Partei* durchgeführt. Dort wurde die Dringlichkeit dargelegt, das kapitalistische System durch eine revolutionäre Volksmacht zu ersetzen, die beginne, den Sozialismus aufzubauen, denn das bestehende System sei unfähig die »aktuelle Krise« zu lösen. Die Sozialisten warnten vor der Strategie des »friedlichen Weges«, den sie als reformistisch bezeichneten, denn er vertraue zu sehr auf Wahlen und auf das Handeln des Parlaments.[33]

Alle diese Ausführungen der politischen Linie der *Sozialistischen Partei* brachten sie immer weiter weg von der *Kommunistischen Partei*. Diese vertiefte ebenfalls ihre politische Linie, aber in der traditionellen Richtung, bestehend auf der Notwendigkeit und der Möglichkeit der »Befreiungsfront« und des »friedlichen Weges«. In einem Antwortbrief von Luis Corvalán auf ein Schreiben der *Sozialistischen Partei* analysierten die Kommunisten sehr detailliert die Christdemokraten. Sie zeigten auf, dass es innerhalb dieser Partei eine Strömung gab, die »sich gegen den Kapitalismus aussprach und dafür, das Privateigentum durch das sogenannte kommunitäre Eigentum zu ersetzen«.[34] Diese Einteilung zeigt, dass die Kommunisten an der Front der Nationalen Befreiung festhielten und weiter glaubten, dass es bei den Christdemokraten Sektoren gäbe, die für diese Art der Politik gewonnen werden könnten.

Aber Corvalán machte außerdem ein Missverständnis der Sozialisten deutlich. Was die Konzeption der bürgerlich-demokratischen Revolution anging, so schienen die Sozialisten ihr die Verteidigung einer bürgerlichen Revolutionsführung zuzuschreiben, was die Kommunisten ablehnten. Sie wiesen darauf hin, dass seit dem X. Kongress für die Partei eine Führung durch die Arbeiterklasse bei den demokratischen Aufgaben klar sei.

Aber Corvalán legte den größten Nachdruck auf jenen Teil des Briefes der Sozialisten, der die Einheit in Zweifel zog, da jede Partei unterschiedliche Methoden habe beim Kampf für das gemeinsame historische Ziel. In tief betrübtem Ton wies Corvalán darauf hin, dass er nicht verstehe, wie die Sozialisten bekräftigen könnten, »dass unsere Wege voneinander abweichen«.[35] Seine zentrale Aussage war, dass die einen und die anderen trotz der Unterschiedlichkeiten zusammen bleiben sollten, solange »sie überzeugt davon sind, dass unsere Wege zum sozialistischen Ziel führen«.

Trotz der schlechten Vorzeichen durch den von den Sozialisten geschriebenen Brief stellte sich die FRAP weiter gemeinsam den Wahlen, darunter den Parlamentswahlen von 1969. Bei diesen Wahlen wurde die *Kommunistische Partei* als erste Kraft der Linken mit 15,9 Prozent der Wählerstimmen bestätigt, gefolgt von der *Sozialistischen Partei* mit 12,3 Prozent.[36]

Die Standortbestimmung der *Sozialistischen Partei* innerhalb eines Leninismus der Linken bewirkte das, was wir schon aufgezeigt haben, aber es ist wichtig zu insistieren. Diese Wirkung bestand in der Umleitung der Kritik. Sie konzentrierte sich auf das Problem der revolutionären Gewalt und rückte die Fragestellung über die Eigenschaften des sozialistischen Aufbaus in den Hintergrund. Darin lag die Bedeutung der Zustimmung der Sozialisten gegenüber der jugoslawischen Selbstbestimmung, die die Suche nach einem partizipativen Sozialismus darstellte. Leider verlor sich die wesentliche Diskussion und wurde mitgerissen von der unwiderstehlichen Wirkung, die der Streit um die revolutionäre Gewalt hervorrief. Das zentrale Thema wurde beiseite gelassen. Das war nicht die Suche nach dem Weg, sondern die Entscheidung welche Art von Sozialismus man vorschlagen wollte und für welchen man bereit war zu kämpfen.

Die strategische Krise der Unidad Popular

Wie gezeigt verschärften sich die Unterschiede bezüglich der Wege zur Revolution durch die Diskussion über die Lehren der kubanischen Revolution und durch die Wirkungen der Wahlniederlage von 1964. Trotzdem war die Unidad Popular in der Lage die Wahlen zu gewinnen, mit taktischer Geschicklichkeit die entscheidende Phase der Bestätigung des Sieges von Allende durch das Kongress-Plenum zu handhaben und bis Ende 1971 in einer wirtschaftlich günstigen Lage zu regieren, die durch die Politik der »Aktivierung der Massen« mittels Einkommensumverteilung geschaffen worden war. Während dieser ganzen Zeit hielt man eine akzeptable Aktionseinheit aufrecht, und es tauchten keine unüberwindlichen strategischen Differenzen auf.

Die politische Entwicklung der Unidad Popular war jedoch von dem Moment an, als sich die Politik der »legalen Grauzonen« als Option durchsetzte, in eine schwer zu kontrollierende Dynamik geraten. Der Gebrauch dieser Taktik erlaubte der Regierung von der unverzichtbaren Aufgabe abzusehen, eine soziale Mehrheit und auch eine staatliche Mehrheit aufzubauen. Letzteres war eine notwendige Voraussetzung für die Art des anstehenden Übergangs, der die Durchsetzung von sozialen Veränderungen aus dem Inneren des politischen Staates und der existierenden Rechte heraus zum Sozialismus erreichen würde.

Das euphorische Klima dieses Festjahres von 1971 erlaubte es eine Zeitlang, die Anzeichen zu verbergen für das, was sich ausbrütete, die katastrophale Isolierung der Unidad Popular. Die Lava, die sich bildete und die dann im zweiten Halbjahr 1972 explodierte, war noch hinter dicken Vulkanwänden verborgen. Die Unidad Popular entwarf keine Strategie dafür, die Bildung von soliden Mehrheiten in der Bevölkerung und von operativen Mehrheiten im Staat bevorzugt anzugehen. Obwohl die Wahlergebnisse vom April 1971 für die Opposition erdrückend und für die Unidad

Popular sehr positiv waren, hatten sie eine paradoxe Wirkung. Sie ließen die Unidad Popular glauben, dass dieser Wahlsieg ausreichte. In der Tat legitimierte das Ergebnis sie, dies reichte jedoch nicht. Zum Teil, weil es eine Fast-Pattsituation aufzeigte und außerdem, weil die soziale Mehrheit verloren gehen konnte, sollte keine staatliche Mehrheit, die die Unsicherheiten und die Gefahren eines Regierens am Rande des Rechtsstaats ausräumen würde, erreicht werden.

Die Unidad Popular, die sich von den durch den Sieg in den Gemeindewahlen geschaffenen politisch günstigen Bedingungen legitimiert fühlte, machte weiter mit ihrer Politik der Verstaatlichungen, mit dem Kauf von Bankaktien oder Eingriffen bei Unternehmen und ließ politische Reformen außer acht – ein Pyrrhussieg. Ohne Blick auf die Zukunft ließ sie das außer Acht was das Wichtigste war, den Aufbau eines »Blocks für die Veränderung«, einer Allianz, die einen bedeutenden Teil des reformistischen Zentrums auf die Seite der Volksparteien gezogen hätte. Das hätte in dem Moment gemacht werden müssen, als das Kräfteverhältnis günstig war, genau nach dem April 1971, als die Regierung in der Offensive war. Als man es im Juni 1972 versuchte, waren schon Anzeichen der Unregierbarkeit aufgetaucht, die sich im Mangel an bestimmten Basisprodukten äußerten; es hatte schon den Mord an Edmundo Pérez Zujovic gegeben, der das Klima der Beziehungen mit den Christdemokraten veränderte; der linke Sektor der Partei war schon ausgetreten.

Politik zu machen in Situationen extremer Polarisierung, wie sie im Jahr 1972 bis September 1973 existierte, erfordert eine sorgfältige Handhabung der politischen Zeit. Was man nicht im geeigneten Moment gemacht hat, ist dann gleichbedeutend mit der Wahrscheinlichkeit, die Bedingungen der Möglichkeit dazu zu verlieren oder keinen neuen Versuch mehr machen zu können. Im Fall der Unidad Popular vergrößerten sich im Lauf der Zeit die Beschränkungen denn die Krise verschärfte sich weiter.

Der wesentliche Teil, auf den sich der strategische Entwurf der Unidad Popular gründete, war die Eroberung einer sozialen Mehrheit, die sich in die Mehrheit im Staat transformieren sollte. Wie wir wissen und wie die Erfahrung selbst bewiesen hat, wird aus einer sozialen Mehrheit, in diesem Fall Wahlmehrheit, nicht immer die Summe der Kräfte im Staat. Deshalb wäre es im April 1972 logisch gewesen eine Staatsreform zusammen mit einer Auflösung des Kongresses vorzulegen was die Handlungsbedingungen für den neuen Wahlgewinner erleichtert hätte. Diese Option wurde kaum versucht, stattdessen nahm man einen Irrweg.[37] So hatte die Unidad Popular nur eine einzige Karte in der Hand: eine positive Einheit mit einem Teil der Christdemokraten zu suchen; zu diesem Zweck hätte sie ein Programm vorlegen müssen, das auch die kommunitären Themen eingeschlossen und auf dem demokratischen und pluralistischen Charakter des Projekts bestanden hätte. Weil das nicht geschah und weil man zu spät mit der Gesamtheit der Partei zu verhandeln versuchte, während sich der Prozess der Entwicklung nach Rechts beschleunigte, verschlechterte sich die Lage weiter.

Im Kontext dieses polarisierten Prozesses und mit einer Regierungskoalition, die Handlungsspielraum verloren hatte, ging die strategische Diskussion los, die oft die Form einer internen Guerilla annahm und die die Unidad Popular vom zweiten Halbjahr 1972 bis zum Ende, dem 11. September 1973, spaltete.

Diese Diskussion, die seit der Bildung der zivil-militärischen Regierung im November 1972 einen paradoxen und selbstzerstörerischen Lauf nahm, hatte in Wirklichkeit ihren Vorläufer in den Auseinandersetzungen über die im Mai 1972 in Concepción abgehaltene Volksversammlung.

Aus Anlass einer Demonstration in Concepción[38], an der sich alle Parteien der Unidad Popular (mit Ausnahme der Kommunisten aber mit Partizipation der MIR) beteiligten, entstand eine öffentliche Diskussion zwischen den verschiedenen Führungen. Die Debatte richtete sich am Anfang auf das aktuelle Thema, eine Demonstration der Linken, die verhindern wollte, dass die Christdemokraten, die eine Demonstration geplant hatten, die Straße besetzten. Der Aufzug wurde von Carabineros zerschlagen und ein Student verlor dabei sein Leben. Aber das darin eingeschlossene strategische Thema war ein grundsätzliches. Es hatte mit der Charakterisierung der Christdemokraten durch den MIR zu tun. Für diesen handelte es sich um eine bürgerliche Partei, die einen unauflöslichen Block mit der Nationalpartei bildete. Diese Behauptung verwandelte jeglichen Annäherungsversuch an diese Partei in eine Bekräftigung der versöhnlichen und reformistischen Tendenzen der Unidad Popular, deren Urheberschaft der MIR der *Kommunistischen Partei* zuschrieb und die sie als »Strategie der Niederlage« bezeichnete.

Später veröffentlichten die regionalen Parteien mit Ausnahme der Kommunisten und der Radikalen eine auf einer in Concepción abgehaltenen Versammlung beschlossene Erklärung. Darin stimmten alle Gruppen in der Notwendigkeit, jegliche Versöhnlichkeit zu vermeiden, und in der Kritik am Reformismus der Unidad Popular überein. Dieses Ereignis rief eine zornige Reaktion der *Kommunistischen Partei* hervor und eine Richtigstellung der zentralen Führung der *Sozialistischen Partei*, in der sie die Gültigkeit des Programms der Unidad Popular und die vorbehaltlose Unterstützung der Regierung Allende bestätigten.

Das war einer der ersten bedeutenden Streits. In ihm kündigte sich das zentrale Thema einer Auseinandersetzung an, die in Crescendo bis zum totalen Bruch der

Aktionseinheit der Allianz weiter fortschritt und zur Paralysierung von Entscheidungen beitrug. Diese Situation kennzeichnete die letzten Tage der Unidad Popular vom »Tanquetazo«[39] im Juni 1973 – und besonders seit dem Rücktritt von General Prats – bis zum blutigen Ende.

Für den MIR und auch für die Leitung der *Sozialistischen Partei* erforderte die Sammlung von Kräften eine Beschleunigung des Marsches, während für die Kommunisten und einen Teil der *Movimiento de Acción Popular Unitaria* (MAPU)[40], demjenigen, der im Kongress von Dezember 1972 verloren hatte, die Bündelung der Kräfte über die Verhandlung mit den Christdemokraten lief, die als strategische Anstrengung dazu gedacht war eine neue staatliche Mehrheit mit einem Konsens-Programm herzustellen.

Von der Bildung der zivil-militärischen Regierung an verschärften sich die Diskussionen und die Meinungsverschiedenheiten brachten die Stabilität jeglicher Strategie aus dem Gleichgewicht. Die Schlacht der Ideen organisierte sich um zwei Hauptblöcke, den sogenannten revolutionären Pol und die Anhänger einer Politik der Verhandlungen. Die erste der Streitparteien zweifelte ernsthaft daran, dass der »chilenische Weg« irgendeine Möglichkeit besaß. Einer der Mitglieder des zweiten Blocks, der MAPU, sagte sogar ziemlich deutlich in den Worten einer seiner Führer, dass der Gebrauch dieser Terminologie Verwirrung stifte. Außerdem erklärte dieser »[...] soweit wir wissen, ist es niemandem eingefallen zu denken, dass wir mit dieser Legalität, das heißt mit diesem Staat, den Sozialismus in Chile aufbauen werden«.[41]

Die zitierte Klarstellung macht das Grundproblem deutlich. Sie besteht darin, dass nicht einmal alle politischen Gruppen, die eine Politik der breiten Allianzen vorschlugen, den »chilenischen Weg« für eine Übergangsform zum Sozialismus und nicht für eine Kampfphase zum Sozialismus hielten, die mit der gewaltsamen Machtübernahme und der Zerstörung des vorher existierenden Staates endete.

Die Wahlen vom März 1973 zeigten, wenn auch nicht dramatisch, dass die Unidad Popular Wählerstimmen verlor. Die Verlustrate war sehr viel geringer als die der *Christdemokratischen Partei*, die 1965 42,3 Prozent erreicht hatten um dann 1969 auf 29,8 Prozent zu fallen. Die Unidad Popular erreichte 1973 mit 42,8 Prozent eine höhere Zahl als die von Allende und nur sechs Prozent niedriger als die in den Gemeindewahlen von April 1971.[42] Trotzdem war diese Fähigkeit zur Wahlmobilisierung nicht ausreichend, weder um die Fortführung der Politik der Nationalisierungen zu legitimieren, noch um bei erneuten Wahlen wieder die Regierungsmacht zu holen.

Der frontale Angriff auf die zivil-militärische Regierung oder auf die Verfassung kam aus dem Bereich Soziales Eigentum von den Sektoren des »revolutionären Pols«

und stellte den Versuch dar, eine Alternative vorstellbar zu machen. Diese Politik des Widerstands gegen die Lösungswege der Regierung fand mit zeitweise großer Partizipation der Basis statt, über die Kommunalen Kommandos, die Fabrikkomitees oder andere Formen der Volksorganisation.

In diesem Rahmen schien das neue ökonomische Strukturprojekt, das die Regierung dem Parlament übersenden wollte, die Partizipationsmöglichkeiten »der Klasse« in dem Maß einzuschränken, in dem die Möglichkeit von Formen der Mitverwaltung in den Betrieben durch die Arbeiter gemeinsam mit dem Staat und den ehemaligen Besitzern vorgeschlagen wurde. Diese Formel tauchte in einem Moment auf, in dem bestimmte Teile der Bevölkerung begeistert von der Möglichkeit – und teilweise schon der Erfahrung – von Arbeiterselbstverwaltung waren.

Der Bruch in der Argumentation war total. Jede Gruppierung griff unter diesen Umständen zu Formen von simplifizierenden oder traditionellen Äußerungen. Besonders die Reden des »revolutionären Pols« kehrten zurück zur bolschewistischen Formel der Vorwegnahme. Was ihrer Meinung nach gemacht werden sollte, war die Reste der bestehenden Macht für einen Frontalangriff zu nutzen, der es erlauben würde die ganze Macht zu ergreifen. Sie hielten die Möglichkeit für verloren, aus der Regierung heraus stärker zu werden und so stellten sie sich vor, es sei möglich einen magischen Schritt zu machen.

Die Kommunisten, der konsequenteste und hartnäckigste Sektor für die Politik der Verbreiterung, versuchten es von allen Seiten aus, aber sie konnten keine ernsthafte Verhandlungsmöglichkeit mehr erreichen. In dieser Situation höchster Spannung wurde die Zerbrechlichkeit aller Projekte sichtbar und mit aller Macht stellte sich jetzt die Frage nach der Unmöglichkeit dieser Unternehmung.

Wenn man auf dieses tragische Terrain vordringt, denn diese Erfahrung endete mit zu vielen Menschenleben, sieht man, dass die Politik der Verbreiterung eine Grenze hatte. Der blockierende Punkt war die Konzeption des Sozialismus, den die *Kommunistische Partei* und die anderen sie begleitenden Parteien hatten, mit Ausnahme der *Radikalen Partei*, einer sehr kleinen Kraft im Niedergang. Diese Konzeption war das Erbe der leninistischen Tradition, die den Sozialismus definierte als Enteignung der Produktionsmittel aus den Händen der Bourgeoisie und als Diktatur des Proletariats. Diese Offensichtlichkeit erlaubt es zu verstehen, warum die Politik der Verbreiterung keinen Erfolg haben konnte. Der Strategie der Kommunisten und ihrer Alliierten fehlte das, was Allende (und mit ihm Joan Garcés) sehr wohl verstanden hatte.

Ihrer Vorstellung nach war der »chilenische Weg« sowohl durch die Form als auch durch seinen Inhalt bestimmt. Ein gut gewähltes Bild von Luis Corvalán zeigte deutlich die Beschränkungen des orthodoxen Modells auf, das bis an seine äußersten Grenzen der Verbreiterung geführt wurde. Corvalán prägte zur Definition der breiten Koalition die Metapher vom Zug aus dem die Teilnehmer an verschiedenen Stationen aussteigen konnten. Aber dieses geschickte rhetorische Kunststück verschloss den Zugang auf eine Strategie von Allianzen mit gleichen Rechten, denn es stellte Subjekte in eine hierarchische Ordnung, wobei derjenige, der aus dem Zug ausstieg, zum Feind der Revolution erklärt wurde. Wenn man den chilenischen Sozialismus für Chile als Nachbildung des Realsozialismus betrachtet, als eine Wiederholung, deren Besonderheit nicht Ziel sondern Umstand der Umsetzung war, d.h. bei dem sich die Umsetzung etappenweise und so weit wie möglich politische Gewalt vermeidend, vollzog. Diese Metapher verdeutlicht die Unmöglichkeit einen Block aus Parteien herzustellen, die eine andere Konzeption von der Zukunft hatten, auch wenn diese, wie im Fall der Christdemokraten damals eine »alternative« war.

Und wegen ihres Realismus war diese andere Konzeption von der Zukunft für die Kommunisten trotz ihrer taktischen Breite nicht möglich. Sie konnten keine andere Vorstellung von Sozialismus als Ziel entwickeln. Das ist ein besonderer Aspekt, der ihre Zugehörigkeit zur internationalen kommunistischen Bewegung (deren Avantgarde die KPdSU war) zu einem Handicap machte.

Wer dagegen in der Lage war, darüber hinaus zu denken, war Allende und Joan Garcés entwickelte das theoretisch. Aber damit es für das, was sie favorisierten (einen Sozialismus mit politischem Pluralismus, einer komplexen Struktur des Eigentums an den Produktionsmitteln und einer Gesellschaft mit kultureller Freiheit), Bedingungen zu einer möglichen Umsetzung hätte geben können, wäre eine frühe Richtungsänderung nötig gewesen. Der Moment zur Wende war der April 1971 – genau der Moment des Siegs bei den Gemeindewahlen. In jenem Moment hätte man ein Programm des revolutionären Reformismus, das den rechten Teilen der *Christdemokratischen Partei* missfallen, aber andere angezogen hätte, aufstellen und die autoritäre Formel von den »legalen Grauzonen« bei Seite lassen müssen. Diese Formel war wirksam und schnell für die Requisition von Betrieben, aber da ihre Legalität zweifelhaft war, beeinträchtigte sie die Legitimität der Unidad Popular.

Damit der Entwurf von Allende und Garcés möglich würde, war eine große strategische Allianz notwendig, die die politische Landschaft neu strukturierte. Das schloss ein, die Parteien in der Mitte dazu zu bringen, sich ihren Widersprüchen zu stellen und von der Linken zu fordern, ein anderes Gesellschaftsmodell vorzuschlagen als die Wiederholung des bürokratischen Sozialismus.

Etwas, das der machtvollen Vorstellungskraft von Allende und Garcés fehlte, war von Anfang an die Arbeiterselbstverwaltung (durch Arbeiter, Angestellte und Techniker) in den beschlagnahmten Betrieben zu fördern, was von da an ein Ausprobieren und die subjektive Erfahrung von einem neuen Sozialismus erlaubt hätte.

Die Strategen des »revolutionären Pols« erfassten die Bedeutung der Demokratie im Betrieb. Obwohl sie sich in der generellen Orientierung irrten, die alles von einer unbewaffneten »Volksmacht« erwartete, wurden sie sich über einen wichtigen Punkt bewusst: der Wert den es für die Arbeiter bedeutete, die Leitung dessen was sie als ihres ansahen zu erleben. In jenen letzten Monaten, in denen die Fabrikkomitees funktionierten, die Industriegürtel, die Gemeindekommandos, erlebte man das große demokratische Fest.

Von einem anderen Gesichtspunkt aus zeigte der Erfolg – den diese Erfahrung der Arbeiterdemokratie hatte, die auf den Rätesozialismus verweist – dass es notwendig war, die Hoffnung auf eine Gesellschaft anzubieten, in der nicht die Diktatur des Proletariats den demokratischen Sozialismus ersetzte. Ohne diese Sicherheit war es nicht möglich, die notwendige Breite zu schaffen, um sich gegen das große Monopol- oder Bankkapital, das nationalisiert werden musste, durchzusetzen. Die »Nach-Oktober-Erfahrung« gab vielen Arbeitern die Möglichkeit zu dieser Erfahrung. Sie hätte die politische Landschaft neu strukturieren können, wenn man die Anhänger und die Arbeiter der Christdemokraten, die noch an den Kommunitarismus glaubten, zu dieser Erfahrung hätte aufrufen können, bevor die Krise die Massen der Opposition faschisierte.

Hätte man so gehandelt, wäre es vielleicht möglich gewesen zu zeigen, dass der Sozialismus, den man wollte, die Vertiefung von Demokratie war. Das hätte vielleicht verhindert, dass der »revolutionäre Pol« glaubte, die Politik bestehe in der »Umschließung«, darin die enteigneten Betriebe wachsen zu lassen oder den revolutionären Charakter der Regierung anzuzweifeln, weil diese irgendein Zugeständnis machte. Das hätte vielleicht die antikapitalistischen Teile der Christdemokraten zum Block für die Veränderungen gezogen. Wäre diese Politik schließlich von Anfang an gemacht worden, so hätte sich vielleicht der technokratische Ökonomismus vieler kommunistischer Positionen, die die Effizienz über die Partizipation stellten, flexibler gestaltet.

In dieser Analyse der strategischen Gegensätzlichkeiten wird etwas ganz deutlich. Alle Parteien oder Blöcke der Linken begingen in ihren taktischen oder strategischen Analysen Fehler. Man muss in Betracht ziehen, dass die Handlungsmöglichkeiten sehr beschränkt waren, denn a) die Logik von der Akkumulation der Kräfte für den Weg vom bestehenden Staat zum Sozialismus erforderte sowohl eine soziale, als auch eine staatliche Mehrheit zu erlangen; b) sie erforderte unter den Voraussetzungen des bestehenden Kräfteverhältnisses eine Politik der Allianzen; c) damit diese Breite möglich würde, war es notwendig die aufzubauende sozialistische Gesellschaft anders zu definieren, als die des Realsozialismus.

Zusammenfassend war das Problem friedlicher oder gewaltsamer Weg ein wichtiges Problem. Aber es wurde durch ein noch wichtigeres verdunkelt: die Art sozialistischer Gesellschaft, die man aufbauen wollte, hätte ein demokratischer und partizipativer Sozialismus sein müssen.

Aber das bedeutet, die Geschichte zu schreiben von dem, was hätte sein können und so nicht gewesen ist. Aber da befinden wir uns im Augenblick nicht.

Anmerkungen

1 Es ist interessant festzustellen, dass die Unidad Popular einigen Thesen vorgreift, die heutzutage formuliert werden. Zum Beispiel von John Holloway.

2 Dieses Thema wurde für den Fall Chiles behandelt von Juan Carlos Gómez: *La frontera de la democracia*, LOM Santiago 2004.

3 Ich habe einen von mir in Zusammenarbeit mit Guillermo Wormald geschriebenen Artikel noch einmal gelesen, wo ich diese beschränkte und »objektive« Einordnung der Unidad Popular versuche. »Algunos problemas teóricos de la trasición al socialismo en Chile«, in: *Cuadernos de la realidad nacional*, Nr. 10, Dezember 1971.

4 Vgl. Borges, Jorge Luis: *Utopía de un hombre que está cansado*, Buenos Aires 1975.

5 René Schneider Chereau war ein chilenischer General und Oberbefehlshaber des Militärs. Er wurde im Oktober 1970 von Gegnern der neugewählten Regierung Salvador Allendes bei einem Entführungsversuch ermordet.

6 Jobet, Julio César: *Historia del Partido Socialista de Chile*, Santiago 1987, Seite 210.

7 Waiss, Òscar: *Nacionalismo y socialismo en América Latina*, Santiago 1954, 2. Auflage 1961.

8 Geht zurück auf die Politik von Carlos Ibañez del Campo, der von 1927–1931 und von 1952–1958 Präsident von Chile war.

9 Ebenda, Seite 144–146.

10 Ebenda, Seite 179.

11 Ebenda, Seite 172.

12 Ebenda, Seite 161–165.

13 Ebenda, Seite 54, 65, 111.

14 Jobet: a. a. O., Seite 214–226.

15 Ebenda, Seite 217, (In Wirklichkeit unterstützte die Kommunistische Partei erst da einen bürgerlichen Kandidaten, als sie 1958 in den der Nominierung von Allende vorausgehenden Gesprächen die Kandidatur von Guillermo del Pedregal als Vor-Kandidaten vorschlugen).

16 Ebenda, Seite 218–219.

17 »Algunas cuestiones sobre la organización del Movimiento Democrático de Liberación Nacional«, in: *Principios*, Nr. 33, Januar-Februar 1956.

18 Ebenda.

19 Ebenda.

20 Monte, José: »El X Congreso Nacional del Partido Comunista de Chile«, in: *Principios,* Nr. 35, Juli-August 1956. Auf demselben Kongress schlägt die Partei einen »parlamentarismo de nuevo tipo«

vor statt eines Präsidialsystems.

21 Gonzàlez Díaz, Galo: »La unidad socialista comunista«, in: *Principios,* Nr. 36, September 1956.

22 *Acerca de la vía pacífica* in: Principios, Januar 1961.

23 Ebenda, Seite 23.

24 Ebenda. Seite 24.

25 Zitiert Ebenda, Seite 29.

26 »Las tesis socialista y comunista se enfrentan en un trascendental debate «, in: *Arauco,* Nr. 26, Siehe: »Carta comunista«.

27 Ebenda.

28 Ebenda, Seite 12.

29 Almeyda, Clodomiro: Dejar a un lado el ilusionismo military, in: *Punto Final,* Nr. 42, November 1967.

30 Ebenda, Seite 36.

31 Corvalán: a. a. O.

32 Jobet: a. a. O., Seite 130.

33 Ebenda, Seite 150–151.

34 Corvalán: a. a. O., Seite 152.

35 Ebenda, Seite 158–159.

36 Cruz Coke: a. a. O.

37 Die Kommunistische Partei wusste bei dieser Gelegenheit ihre These vom X. Kongress nicht wieder aufzunehmen, wo sie einen Parlamentarismus neuen Typs vorgeschlagen hatte.

38 Concepción: offiziell »La Concepción de María Purísima del Nuevo Extremo«, ist eine Stadt in dem südamerikanischen Anden-Staat Chile.

39 *Tanquetazo*: Putschversuch durch das Panzerregiment der chilenischen Armee.

40 *Movimiento de Acción Popular Unitaria* (MAPU): Die *Bewegung der Unitaren Volksaktion* war eine linke Partei in Chile. Sie wurde 1969 gegründet und war Teil des Regierungsbündnisses Unidad Popular von 1970 bis zum Verbot 1973.

41 MAPU: »Análisis de la situación politica del momento« in: Farías, Victor (Hrsg.): *La izquierda chilena (1969–1973),* Santiago 2000, Band 5, Seite 3234–3238.

42 Cruz Coke, Ricardo: *Historia electoral de Chile 1925–1973,* Santiago 1984.

Allende 1971 auf seiner Tour durchs Landesinnere, hier in der Stadt Rancagua.

ESTA SEDE
ES SUYA

Bei zehn Millionen Einwohnern galten 1,5 Millionen Kinder als untererernährt, 500.000 Familien waren obdachlos. 80 Prozent des Nutzlandes befanden sich in der Hand von 4,2 Prozent der Grundeigentümer.

Allende auf der gleichen Tour. Auszug aus seiner Regierungserklärung vom 21. Mai 1971: »Aber die Menschen brauchen angemessene Häuser für ihre Familien mit einem Minimum an sanitären Anlagen, sie brauchen Schulen für ihre Kinder, Schulen, die nicht nur für Arme eingerichtet wurden, sie brauchen jeden Tag genug zu essen, sie brauchen Arbeit, sie brauchen Unterstützung im Krankheitsfall und im Alter, sie müssen als Menschen respektiert werden.«

Salvador Allende im August 1972 im Armenviertel Lo Hermida im Osten Santiagos, wo die Bevölkerung Land besetzt hatte und in einfachen, selbstgezimmerten Bretterhäusern lebte.

Maximiliano Salinas Campos

Der Mann des Friedens

Salvador Allende und der friedliche Weg zum Sozialismus in Chile

Um den Mann des Friedens umzubringen
um seinen Kopf ohne Alpträume zu zerschmettern
mussten sie selbst zum Alptraum werden
um den Mann des Friedens zu besiegen
mussten sie allen Hass zusammennehmen
und außerdem noch Flugzeuge und Panzer
um den Mann des Friedens zu schlagen
mussten sie ihn bombardieren, ihn verbrennen,
denn der Mann des Friedens war eine Festung

um den Mann des Friedens umzubringen
um seinen Kopf ohne Alpträume zu zerschmettern
mussten sie selbst zum Alptraum werden
um den Mann des Friedens zu besiegen
mussten sie sich für immer mit dem Tod verbünden
morden und mehr morden um weiter zu morden
verdammt zu blinder Einsamkeit
um den Mann der ein Volk war zu ermorden
mussten sie ohne Volk bleiben
Allende, Mario Benedetti

Nie den anderen verkleinern und sich selbst nicht verkleinern:
ein Sozialismus mit »Empanadas und Rotwein«

»Geben? Oder nicht geben?
Geben wir die Chicha in das Kuhhorn
der Saat Freude
der Kohle Licht
Gerechtigkeit für das Kupfer!
Geben wir dem Vaterland Freiheit
dem Kind ein Lächeln
der Abenddämmerung Würde
und Liebe dem Leben, Liebe!
Denn zwischen geben oder nicht geben
ist es besser, zu geben, glaube ich!«[1]

Salvador Allende (1908–1973) hat sich mit den historischen Bedingungen seiner Gesellschaft beschäftigt. Er war der Urheber eines völlig neuen und eigenen Weges beim Aufbau des Sozialismus in Chile. Sein Ideal war der »chilenische Weg« zum Sozialismus, den er als einen charakteristischen Prozess im Zusammenhang mit den Kämpfen der Volksbewegung seines Landes verstand. Es ist ein »friedlicher Weg« zum Sozialismus, in volkstümlichen und umgangssprachlichen Worten: eine Revolution mit »Rotwein und Empanadas« – soll heißen, mit dem Geschmack und dem Glanz der Feste der großen Mehrheit des chilenischen Volkes. »Alles in allem wollte Allende [...] eine Revolution [...] mit chilenischen Traditionen, eine Revolution mit Rotwein und Empanadas, wie er gern sagte, mit Betonung auf den fröhlichen und festlichen Charakter, der seine Revolution auszeichnen sollte.«[2]

In diese Suche mussten auch die spezifischen chilenischen republikanischen und antikolonialistischen Traditionen einbezogen werden. Zusammen mit der sozialen und kulturellen Arbeiterbewegung musste man die katholische Kirche, die Freimaurer und sogar das Militär in ihrer jeweiligen Rolle als Verteidiger des Geistes, der Landeshoheit und der nationalen Emanzipation berücksichtigen.

Der fröhliche Charakter des »chilenischen Weges« gehörte dazu. Niemand sollte von dem ökumenischen Ziel der sozialen Gerechtigkeit und der erhofften wirtschaftlichen Unabhängigkeit Chiles ausgeschlossen werden.

»[Allende] wollte eine sozialistische Gesellschaft mit friedlichen Mitteln aufbauen, nach und nach, langsam, indem er die Köpfe zählte und nicht abschlug; Köpfe zählend wurde er Präsident seines Vaterlandes [...]. Allende wollte aus seinem Vaterland ein freies Land machen, unabhängig und für sein Schicksal verantwortlich. War das eine Utopie? [Einige] der Utopien von gestern sind keine Utopien mehr und wir sollten daran denken, dass die Utopien von heute möglicherweise die Realität von morgen sind.«[3]

Die Einladung Allendes zu einer Revolution mit »Empanadas und Rotwein« ist sehr wichtig und suggestiv. Historisch und im Allgemeinen werden Revolutionen mit bewaffneten Auseinandersetzungen assoziiert, mit kollektivem Blutvergießen, mit den unvermeidlichen Gewalttätigkeiten. Sogar mit Massakern, gerechtfertigt oder nicht. Die großen und paradigmatischen Revolutionen der Neuzeit haben so funktioniert, die französische Revolution oder die russische Revolution. Was hat Allende auf die Idee einer Revolution mit einer Einladung zu einem Bankett gebracht? Dieser Gedanke erfordert eine historische Analyse.

Allende sah die Revolution als eine Art Vergnügen!

1962 sprach Allende zum ersten Mal von einer sozialistischen Revolution in Chile, mit »Rotwein und Empanadas«, typischen Gerichten der chilenische Küche.[4] Die Idee war, ausgehend vom internationalen revolutionären sozialistischen Ideal, einen eigenen Weg zu suchen, entsprechend den Traditionen und Herausforderungen der chilenischen Volksbewegung. In einer Versammlung der Freimaurer im Jahr 1970 sagte Allende: »Ich habe es einmal vulgär gesagt und wiederhole es hier mit Ihrer Erlaubnis. Ich habe gesagt, dass die kubanische Revolution aus Zucker und Rum gemacht wurde; die chilenische Revolution wird mit Rotwein und Empanadas aus dem Ofen gemacht.«[5]

Die Revolution ist wohlgenährt, essbar, genussreich. Sie ist der Sieg des Vergnügens über die Realität. Die Befreiung der Instinkte. Die Wiederauferstehung der Sinne. Sie ist elementar und so menschlich, bedeutsam und tiefgehend.[6] Allende hat so die tiefgreifenden Bedürfnisse des chilenischen Volkes befriedigt, seine Sehnsucht nach einem guten und angenehmen Leben, die einem hungernden, durstigen Volk, einem Volk, das seine körperlichen Bedürfnisse befriedigt sehen will, eigen sind. Wie Pablo Neruda sagte: »Wir hatten einen uralten Hunger, [...] Epochen des Krieges, Hunger von Arauco, Hungersnöte von Kastilien, die die königlichen Soldaten nach Amerika trieben. Dieser Hunger ist in unserem Blut und verursacht eine unendliche Neugier auf alles Essbare. Dieser aufgestaute Hunger hat einen riesigen Appetit verursacht.«[7] – »Der Arme hat einen angeborenen Hunger. Durch die Folklore schreit sein Körper nach Nahrung [...]. Die weltweite Folklore spricht von einem geheimnisvollen Haus aus Honig, Torten und Zucker [...]. In Chile gibt es eine ganze Stadt daraus.«[8]

Es handelte sich um eine tröstliche, lebensrettende Erfahrung, ähnlich wie Jesus von Nazareth, der das Brot multiplizierte und Wasser in Wein verwandelte. Das Ende der Trostlosigkeit. 1898 ließ ein chilenischer Volksdichter den Mächten des Unglücks sagen: »Und der Herr sagte: Ich ertrage es nicht / die Trostlosigkeit / da die Wesen des Himmels / mit so viel Glanz leuchten.«[9] Der Kardinal Raúl Silva Henríquez erinnerte sich an den Leitsatz Allendes über die chilenischen Revolution: »[Allende] schlug vor, dass ›unsere Revolution eine chilenische Revolution wird, mit Rotwein und Empanadas‹.«[10]

Es ist bemerkenswert, dass herausragende Intellektuelle und Akademiker – seit schon beinahe mehr als vierzig Jahren – ihre Schwierigkeiten mit diesem wenig orthodoxen Leitsatz gehabt haben. Regis Debray hat dies in seinem Interview mit Allende weder erwähnt noch kommentiert. Wenn man sich das klassische Interview in Erinnerung ruft, wurde dort über die politische und ideologische Sicht des französischen Intellektuellen gefragt: »Hat R. Debray versucht, die tiefgehenden Ungereimtheiten und Inkonsequenzen des sogenannten ›chilenischen Weges zum Sozialismus‹ zu unterstreichen, die sich hinter einer dreifarbigen ›Revolution mit Empanadas und Rotwein‹ versteckten?«[11]

In Chile hat es nicht an Distanzierungen vom populären Motto gemangelt. Es wurde von »einem seltsamen Bild ›einer Revolution mit Empanadas und Rotwein‹« gesprochen und unterstrichen, dass es sich bei »der Empanada um ein Sonntagsessen handelt, das als Name für eine politische Utopie dient«.[12] Es wurde auch gesagt: »Die Verführungskraft eines Allendes, der von ›einer Revolution mit Empanadas und Rotwein spricht‹, beinhaltet eine Wahrheit. Ohne sie wird sie ins Absurde umgekehrt. Niemand kann sich in einer Identität wiederfinden, die auf ›Empanadas und Rotwein‹ basiert.«[13] Andere Akademiker haben den Ausdruck in Erinnerung gerufen, ohne sich an seinem Inhalt aufzuhalten.[14] Es gab auch die Möglichkeit den Leitsatz nicht zu erwähnen.[15]

Leider hat sich der Leitsatz Allendes mit der Zeit verändert. Von den Empanadas blieb nur noch der Duft. In Wirklichkeit gab es sie nicht mehr.[16] Nochmals, der Leitsatz wurde kreiert, um sich von der kubanischen Revolution zu unterscheiden: »Die kubanische Revolution ist anders, sie unterscheidet sich von derjenigen mit ›Geschmack von Empanadas und Rotwein‹ [...], die das Zusammenleben fördert und nicht konfliktreiche Situationen hervorrufen will [...].«[17] In letzter Zeit wurde der Satz Allendes neu bewertet, als Ausdruck eines politischen Willens in enger Übereinstimmung mit den Wünschen und Hoffnungen des Volkes:

> »Dies war es, was Allende intuitiv mit seiner folkloristischen Metapher ›Sozialismus mit Rotwein und Empanadas‹ meinte, mit einer demokratischen sozialistischen Gesellschaft, verwurzelt in den national-populären Traditionen. Ich bin der Meinung, dass die chilenische Erfahrung als erste praktische Erfahrung, die sich vom sowjetischen Modell des Sozialismus unterschied und zu dem wurde, was wir heute den Sozialismus des 21. Jahrhunderts nennen«.[18]

Wir sind der Meinung, dass der revolutionäre Leitsatz der »Empanadas und des Rotweins« so ansprechend und innovativ ist, weil er auf seine Weise den Leitsatz oder das Emblem des republikanischen Chiles »Für die Ordnung und die Kraft« in Frage stellt. Das Emblem im Landeswappen ist typisch für das 19. Jahrhundert. Es ist ein gewalttätiges Emblem. Es handelt sich um das Festhalten an der Ausrichtung der Zivilisationen des großstädtischen und dominanten Nordens. Man muss sich ihm gewaltsam unterordnen, sich erniedrigen lassen, schlimmstenfalls mit Hilfe der »Ordnung und der Kraft«, der Vernunft oder der bewaffneten Offensive.

Gegenüber dieser peripheren Modernität des 19. Jahrhunderts drückt Allende die revolutionäre Identität Chiles in einer Einladung zu einem Bankett aus. Aus dem volkstümlichen Essen, Volksfesten, der Begeisterung des Volkes wird eine nationale revolutionäre Identität geboren, die die nachgeahmte westliche und bürgerliche Orientierung der peripheren Eliten übertrifft.[19]

Die chilenische Erfahrung mit der Volksfront von 1938

> »[Der Minister Allende] organisierte [1940] die erste Nationale Wohnraumausstellung und suchte sich zu diesem Zweck einen äußerst neuralgischen Ort aus: gegenüber dem Club de la Unión, mitten an der Alameda, der Hauptstraße Santiagos. Es fehlte nicht an Protesten dagegen und es wurde gesagt, dass dies eine grässliche Beleidigung sei. [...] Die Ausstellung wurde mit Pauken und Trompeten eröffnet. Die größte Attraktion war ein Modellhaus – komplett ausgerüstet mit Haushaltsgeräten und Innenausstat-

tung –, das von nur sechs Arbeitern in einer Woche errichtet wurde.« *Carlos Jorquera.*[20]

Im Laufe seines Lebens reifte Allendes sozialistisches, pluralistisches und multikulturelles Ideal heran, als Frucht eines echten demokratischen Zusammenlebens. Schon seit 1930, als er an der Erschaffung der Volksfront in Chile teilnahm. Diese Bewegung, zum Zeitpunkt des Auftauchens des Faschismus in Europa, war für Salvador Allende der Wendepunkt in der Geschichte seines Landes.

Es war die demokratische Option für die, während der Herrschaft der Oligarchie des 19. Jahrhunderts, missachtete und vernachlässigte Mehrheit des Volkes. 1890 sagte diese Oligarchie, als sie sich gegen den Präsidenten Balmaceda organisierte: »Unser Land basiert politisch auf einer Oligarchie, die mit bemerkenswerter Ordnung und Regelmäßigkeit seit unserer Unabhängigkeit funktioniert. Das Volk, das die Obrigkeit in Chile hervorbringt, das Volk, sind wir, die Grundbesitzer: was es sonst noch an Arbeitern und Erwerbstätigen und Proletariat gibt, zählt nicht für die öffentliche Meinung; sie sind die beeinflussbare Wählerschaft [...].«[21]

Der Präsident Pedro Aguirre Cerda begriff die Volksfront als einen breiten Zusammenschluss des Proletariats mit der Mittelschicht zur Verdrängung der Oligarchie: »Heute ist es unsere vaterländische Pflicht, das Proletariat und die Mittelschicht zusammenzuführen, mit dem Zweck, uns ein für alle Mal von der bisher regierenden Oligarchie zu befreien. Die Existenz der Volksfront und die Wahlkampagne bedeuten sicherlich eine neue Etappe in der Geschichte unseres Vaterlandes [...].«[22]

Allende nahm als Gesundheitsminister an der Volksfront des Präsidenten Pedro Aguirre Cerda teil. Mit folgenden Worten bewertete er den Sieg der Volksfront 1938, während sich der Faschismus und die Nazis in Westeuropa ausbreiteten:

> »Der 25. Oktober 1938 ist für das chilenische Volk und seine Arbeitermassen ein politisches Ereignis, das den Kurs unseres nationalen Lebens ändert. Es bedeutet die Verdrängung der alten traditionalistischen Bereiche, die für mehr als 120 Jahre die Regierung innehatten, den Sieg der demokratischen Volksgruppen, die mit einem Meister und einem Statisten die politische Macht erlangten. Dies war der 25. Oktober 1938.«[23]

Das Versprechen der Volksfront unter Vorsitz des Freimaurers Pedro Aguirre Cerda konnte nicht erfüllt werden. Die Rechte tat alles, um sie zu zerstören. Salvador Allende erinnerte sich vor seinen Logenbrüdern: »So wurde Pedro Aguirre Cerda bekämpft! Was wurde geredet, dass er von Moskau gekauft sei! So wurde der Bruder Pedro Aguirre Cerda in unzähligen Artikeln der Zeitung *El Mercurio* mit Dreck beworfen […].«[24] Der Präsident Pedro Aguirre Cerda gestand dies Gabriela Mistral 1939 in einem Gespräch: »[Unter dem] Schutz der weitreichenden Toleranz und Freiheit der derzeitigen Regierung behält die Rechte ihre geschlossene Opposition bei, mit Verleumdungen und Hinterlistigkeit. Ihr Ziel ist es, Verwirrung zu säen, den Geist des Volkes wie in Spanien zu vergiften und das Militär zu einer Revolte zu treiben.«[25]

Der lange Weg zum Sieg der Unidad Popular 1970

> »Zu den sowohl klaren als auch politischen Versammlungen des Volkes erschien der Kandidat wie zu einem Volksfest, zum Klang der Musik und dem Enthusiasmus der Leute. Sie sangen, riefen oder entrollten Transparente mit Anspielungen auf eine Welt, die auf dem Kopf stand. Die Reichen wurden beleidigt und die Armen verherrlicht. Es herrschte eine Atmosphäre wie im Karneval.« *Diana Veneros.*[26]

Salvador Allende bewarb sich drei Mal um die Präsidentschaft der Republik. Er begleitete die Erfolge während des Zickzackkurses des demokratischen Prozesses im Chile seiner Zeit. Er gab seinem Programm den letzten Schliff und erweiterte die ihn unterstützende Basis. Die Idee war dem Sozialismus den Weg zu ebnen und die notwendigen demokratischen Formen, die durch den kalten Krieg verwässert wurden, zu konsolidieren. Allende kandidierte 1952, 1958, 1964 und 1970. Die erste Kandidatur erfolgte 1952 mit der Schaffung der Volksfront. Diese von Allende geführte Bewegung formierte sich gegen den Willen vieler Mitglieder seiner eigenen sozialistischen Partei, die den Ex-Diktator Carlos Ibañez unterstützten. Dort zeigte er seine Distanzierung von den putschistischen Tendenzen der chilenischen Politik. Die Volksfront definierte sich mit folgenden Begriffen: »Die Volksfront ist eine nationale Befreiungsbewegung, antiimperialistisch, antioligarchisch, ihr Ziel wird nicht im September erreicht. Sie ist eine emanzipatorische Geste für Brot und Freiheit, für Arbeit und Gesundheit, für die Agrarreform und die Industrialisierung des Landes, für den Frieden, die Demokratie und die nationale Unabhängigkeit.«[27]

Seine zweite Kandidatur 1958 bestätigte die demokratische Kraft seines Vorschlages. Er verlor nur mit einem geringen Prozentsatz der Stimmen. Ein Jahr vorher, 1957, nach den blutigen Vorkommnissen vom April, hatte er Kontakt zur katholischen Kirche aufgenommen, die die Forderung nach Wiederherstellung der Rechte des chilenischen Volkes unterstützte, die während der Regierung von Carlos Ibañez mit Füßen getreten worden waren. Er sagte im Senat:

> »[Das ganze] Land hat den Hirtenbrief der chilenische Bischöfe gelesen, der mit der Unterschrift des Kardinals José María Caro veröffentlicht wurde. [...] [Selten] wurden die Dinge mit größerer Klarheit benannt. In einem seiner Abschnitte steht: ›Die steigenden Lebenshaltungskosten verursachen in weiten Teilen der Bevölkerung eine wirtschaftliche Mangelsituation ungeahnten Ausmaßes‹.[...]« Weiter steht in dem Hirtenbrief: »Man nehme noch den Mangel an Wohnraum hinzu. Dieses Problem verschlimmert sich mit der Protzerei, der fehlende Nüchternheit, der fehlenden sozialen Solidarität, der Nichtbeachtung des Gemeinwohls und der herrschende öffentlichen ›Unmoral‹.[...] Herr Präsident, [...], wenn meine Worte nicht ständig durch die Ereignisse bestätigt worden wären, hätte es mir genügt, diese Abschnitte des Hirtenbriefes der Bischöfe vorzulesen, damit das Land versteht, dass wir immer die Wahrheit gesagt haben. Wir haben schon lange bewiesen, dass Chile leider dramatische Zeiten erlebt, äußerst beunruhigende, die durch die Sozial- und Wirtschaftspolitik der Regierung hervorgerufen worden sind.«[28]

Die dritte Kandidatur war umkämpft und er wurde nur durch die dreiste Intervention der Vereinigten Staaten zugunsten Eduardo Freis besiegt, dem Kandidaten der Christdemokraten, der obendrein noch von der Rechten unterstützt wurde.

> »[Im Jahr] 1964 beschlossen die Vereinigten Staaten, dass man die chilenischen Wahlen nicht der Demokratie überlassen könne, also übernahmen sie die Hälfte der Wahlkampfkosten Eduardo Freis, dem Opponenten des sozialistischen Kandidaten Salvador Allende. Es gab eine Propagandakampagne gegen Allende, die ihn mit der Sowjetunion in Verbindung brachte (tatsächlich geht aus sämtlichen Geheimdienstberichten der Vereinigten Staaten jener Zeit hervor, dass es solche Verbindungen nicht gab).«[29]

Bei seiner vierten Kandidatur 1970 zog Allende dank der parlamentarischen Unterstützung der Christdemokraten in »La Moneda« (Präsidentenpalast) ein. Die Rechte stellte nur einen schwachen eigenen Kandidaten. Allende erreichte die Präsidentschaft mit 78 Stimmen der Unidad Popular und 74 Stimmen der Christdemokraten.[30] In diesem Zusammenhang war die Unterstützung durch den Kandidaten der Christdemokraten und Freund Allendes, Radomiro Tomic, entscheidend. Der Sieg von 1970 war etwas Unglaubliches. Nicht einmal die Armen konnten es so recht glauben.[31]

Es ist notwendig, genauer auf die Absprache einzugehen, die Salvador Allende in den Präsidentenpalast führte, der Pakt mit den Christdemokraten und insbesondere der Dialog mit dem Parteiflügel, der durch Radomiro Tomic angeführt wurde. Das Programm des christdemokratischen Kandidaten unterschied sich nicht radikal von Allendes Programm. Die Rechte bekämpfte beide. 1970 begrüßte Allende das Verhalten Tomics: »Radomiro Tomic und ich sind das ganze Leben befreundet. Die Differenzen haben wir auf einem niedrigen Niveau gehalten und wir wurden niemals persönlich und ich muss hervorheben, wie er seine Kampagne geführt hat und die Integrität, mit der er dieses Ergebnis annahm. Ich habe ihn gebeten, dies seiner Familie und insbesondere Olaya, seiner Lebenspartnerin, mitzuteilen.«[32]

Der »Genosse« Präsident – eine Einladung aus dem Süden

> »Arbeiter des Vaterlandes: Ihr und nur ihr seid die Sieger […]. Das Volk wird an diesem Wochenende auf das Vaterland trinken und wir werden von Arica bis nach Magallanes, von der Kordillere bis zum Meer eine große Cueca tanzen, Symbol der gesunden Freude über unseren Sieg.« *Fernando Alegría.*[33]

> »Wir müssen eine neue Verfassung erlassen, eine Verfassung für diesen neuen Abschnitt, für diesen revolutionären Prozess. Wir können weder eine bourgeoise noch eine sozialistische Verfassung gebrauchen. Wir brauchen eine Verfassung, die den Weg zum Sozialismus öffnet, die Rechte verankert und die es erlaubt, dass die Arbeiter dieses Land regieren. […] Das Volk soll zum ersten Mal verstehen, dass sie nicht von oben kommt, sondern dass diese Verfassung aus den Wurzeln ihrer eigenen Überzeugung hervorgebracht wird und ihnen ein würdiges, unabhängiges und souveränes Leben ermöglicht […].« *Salvador Allende.*[34]

Es ist wichtig, den Kontrast zwischen der politischen und ideologischen Option Allendes für die Völker des Südens und dem »kalten Krieg« der Supermächte des Nordens zu verstehen. Allende wählte einen freiheitlichen, lateinamerikanischen und auf dem Verständnis zwischen den Völkern basierenden Weg, die ihm die Ausrichtung der *Sozialistischen Partei Chiles,* die von ihm selbst 1933 gegründet wurde, vorgab. Dies stand im Kontrast zum Kapitalismus des Westens und dem sowjetischen Kommunismus. In den dreißiger Jahren teilte er die Meinung Gabriela Mistrals, der Dichterin, die sich mit dem Volk identifizierte, die ihre Meinung mit chilenischer Sensibilität ausdrückte: »Natürlich fühlt sich das gesamte chilenische Volk vom Sozialismus angezogen, aber nur so lange, wie dieser Sozialismus Freiheit, Gleichheit, soziale Gerechtigkeit und Zusammenarbeit bedeutet.«[35] Zu Beginn des »kalten Krieges« wurde diese Option Allendes von Gabriela Mistral persönlich als ein Ideal des Friedens und der sozialen Gerechtigkeit bewertet. Sie hatte die verfolgten chilenischen Kommunisten während der Wahlkampagne von 1952 unterstützt. Sie sagte ganz offen: »[Allende] ist fair und ein Idealist«.[36]

Ab der Zeit nach 1950 bis zu seinem Tod – zu den schlimmsten Zeiten des kalten Krieges – breiteten sich die humanistischen Überzeugungen Allendes aus und erreichten ein weltweites Niveau. Während der Präsidentschaft Allendes von 1970 bis 1973 wurde seine Alternative zu einer Erwartung und Hoffnung für alle Völker des Südens.

Es ist interessant, dass sich Allende nicht wie ein »Caudillo« oder »Diktator« benimmt, ein unverwechselbares Merkmal derjenigen, die im Süden den Norden aufzwingen, sondern als ein »Anti-Diktator«, als ein »Genosse« Präsident, der mit dem Volk zusammenarbeitet und es beteiligt. Er definiert sich nicht durch die moderne Logik von Herrschern und Invasoren, von Beherrschten und Invadierten, Vergangenheit oder Zukunft als eine Fortführung der Vergangenheit zu sehen, sondern durch einen Horizont der Freiheit und der Befreiung im Hier und Jetzt. Wie Pablo Neruda sagte: »[Allende] als Statist war ein Herrscher, der alle seine Maßnahmen diskutierte. Er war der Antidiktator, der Grundsatzdemokrat bis in das kleinste Detail.«[37]

Seine Eigenschaft als »Genosse« widerspricht ebenfalls der heroischen männlichen Identität, die so typisch für das koloniale oder hispanoamerikanische Patriachat ist. Der Held ist aus der sozialen Ungleichheit hervorgegangen. Dort wird der Pathos der Republik Platons geboren. Dort und für immer ist das Pathos oder die Glorifizierung des Helden »die Utopie der Hüter des Luxusstaates«.[38]

Allende folgt nicht dieser ästhetischen Tradition. Zweifellos beeinflusst sie ihn, aber absorbiert ihn nicht[39] Der »Genosse« im Präsidenten ist entscheidender. Er nimmt seinen Platz zusammen mit dem Volk ein, ganz im Gegensatz zu den Hütern des Luxusstaates. Bis zum Ende seines Lebens. Im Drehbuch von *Die Schlacht um Chile* von Patricio Guzmán steht folgendes über den Sieg des Volkes am 4. September 1973:

»ALLE: Allende, Allende, das Volk verteidigt dich! … Allende, Allende, das Volk verteidigt dich! … […] Nahaufnahme eines Arbeiters, der einen LKW voller Leute fährt. Der LKW hält an und der Mann steckt den Kopf aus dem Fenster und sieht sich das Szenario an.
FAHRER: Kraft, Präsident! … Viel Kraft! …
Aufnahme von einem anderen Arbeiter, der sich auf dem LKW befindet.
ARBEITER: Hoch lebe Chicho! …
ALLE: Er lebe hoch!
Die Kamera folgt einem Traktor mit Frauen und Kindern.
FRAUEN: Es lebe die Unidad Popular! …
Es lebe die Unidad Popular! …
Seitliche Aufnahme der vorangehenden Menge. Man sieht laut rufende Männer, Frauen und alte Leute.
EINE GRUPPE: Allende, Allende, das Volk verteidigt dich … Allende, Allende, das Volk verteidigt dich …
ZWEITE GRUPPE: Chicho, ruhig, das Volk steht hinter dir! … Chicho, ruhig, das Volk steht hinter dir! …«[40]

Salvador Allende war ein revolutionärer Mann des Südens, mit größerer Klarheit und Radikalität als die Führer des neunzehnten Jahrhunderts – Erben der ethischen und ästhetischen Regeln des Nordens. Denken wir an Simón Bolívar:

»[Der] Schatten des erfolglosen Revolutionärs drückt sich in der monumentalen Figur des Diktators aus, durch die Wiederholung seines Rituals aus Feuer und Blut, dem immer und immer wiederholten Versprechen einer universellen Rettung, das gleiche Prinzip der Dominanz der spanischen Eroberer mit dem Schwert und dem Kreuz. Waldo Frank schildet in seiner Biografie Simón Bolívars die letzten Tage der Revolution, […] Bolívar bemühte sich nicht mehr um die Gunst des Volkes.«[41]

Das revolutionäre Ideal Salvador Allendes bekam mehr Substanz als die Unabhängigkeit des neunzehnten Jahrhunderts »die letzten Endes nur ein ›translatio imperii‹ [›*Übertragung des Reichs*‹*]* darstellt.«[42]

Nein zur Gewalt

> »Die Geschichte lässt sich nicht durch die Repression oder Verbrechen aufhalten. Diese Stufe wird überwunden. Es ist eine harte und schwierige Zeit. Möglicherweise werden wir zerquetscht. Aber die Zukunft gehört dem Volk, den Arbeitern. Die Menschheit geht voran zu einem besseren Leben.«
> *Salvador Allende.*[43]

Die Gewalt in Chile war historisch das Erbe der Oligarchie, seit der Kolonie bis heute als »banales Prinzip der sozialen und politischen Integration«.[44]

Nach der Ermordung des konservativen Ministers Diego Portales 1938 wollte die Oligarchie blutige Rache: »Raserei! Wut! Scham! Grausamer Schmerz! / Schwingt den Stahl / der wie ein Schwert glänzt / des Vernichters. Seid mutig: / Wie damals die heiligen Leviten, / Reinigt den Boden / befleckt durch dieses schreckliche Verbrechen: es sind keine Menschen, / es sind Berserker der Hölle / die dieses verhängnisvolle Feld überqueren [...].«[45] Andrés Bello, der strenge konservative Intellektuelle des 19. Jahrhunderts, pries den Ruhm des Krieges: »Die Geschichte der Menschheit lehrt traurige Lektionen. Der Krieg war immer Vorreiter der Zivilisation und hat den Boden bereitet [...]. Die Samen der europäischen Zivilisation wurden mit Blut getränkt.«[46]

In Zusammenhang mit dem bewaffneten Überfall auf die *Federación de Estudiantes de Chile* (FECH) (Studentenverband der Universität von Chile) von 1920 formulierte der Philosoph Miguel de Unamuno in Solidarität mit den jungen Leute seine historische Kritik an der Oligarchie.

> »Ordnung! Ordnung!, verlangen die Aktionäre des Patriotismus, Pharisäer wie jene, die Christus als Antipatrioten kreuzigen ließen. Sie schreien nach dem Prinzip der Autorität, [...]. Hier wie dort. In diesem freigiebigen und noblen Volk Chiles, [...] war es eine pseudo-aristokratische, plutokratische Oligarchie, die ihren Schatz in der Nähe des Altars aufbewahrte und unter dem Schutz der Kaserne, die die schwarze Sage hervorbrachte, die Sage des Imperialisten Chile, preußisch, sich wälzend in Guano und Salpeter [...]. Und die reden von Vaterland! Die! Die Aktionäre des Patriotismus!«[47]

Die Gewalt der Oligarchie durch Gesten und Worte gegen das chilenische Volk kannte keine Grenzen. Carlos Vicuña Fuentes, Menschenrechtsanwalt, schrieb in den zwanziger Jahren:

»Für einen überspannten Herrn mit illustrer Familientradition ist ein ›roto‹ [das chilenische Volk] ein Wesen aus einer anderen Welt, einer anderen Sphäre, einer anderen physikalischen Struktur, mit dem er sich niemals verbrüdern wird: man hat weniger Mitleid mit ihm als mit einem Haustier und sein Leben und sein Schmerz werden nicht mehr beachtet, als die der essbaren Gattungen. Die Herren merken nicht einmal, dass die ›rotos‹ menschliche Gefühle haben und entrüsten sich schwerhörig über jeden freigiebigen Menschen, der sie moralisch aufrichtet. Sie umzubringen, zu verletzen, ihre Seele zu quälen ist kein Verbrechen und manchmal nehmen sie es als einen Sport oder ein Vergnügen: Sie zu demütigen und zu schikanieren ist eine Notwendigkeit, sie schamlos auszubeuten das Geheimnis ihres industriellen Erfolgs.«[48]

Diese Oligarchie begründete historisch den Gebrauch der bewaffneten Gewalt damit, dass diese schon vorher durch Schuld der »rotos« hervorgerufen wurde. In ihrem Bericht über das Massaker in der Schule »Santa María de Iquique« 1907 argumentierte das Militär: »Der Unterzeichnende bedauert dieses schmerzhafte Ergebnis, an dem alleinig die Agitatoren Schuld sind. Sie bringen das Volk durch ihre Ambitionen von Popularität und Macht in gewalttätige Situationen, die der sozialen Ordnung entgegenstehen [...].«[49] Das Blutvergießen unter den Arbeitern war ein derartiger Skandal, dass sogar einflussreiche Sektoren der Oligarchie tief betroffen waren: »Das menschliche Blut ist ein schrecklicher Samen: der Ort, wo es vergossen wird, ist verflucht und man kann sagen, dass dort nur noch Früchte wachsen, die zur Rache aufrufen [...]. Am traurigsten und schmerzhaftesten ist es, dass Chilenen auf Chilenen geschossen haben; [...] Welch ein finsteres Kapitel der chilenischen Geschichte!«[50]

In diesem Kontext erscheint der ›chilenische Weg‹ als eine auf der Gewaltlosigkeit basierenden Option, als revolutionäres Gewissen des chilenischen Volkes.

Gleich nach dem Wahlsieg von 1970 äußerte Salvador Allende:

»Wenn wir einen Moment innehalten und nachdenken und auf unsere Geschichte zurückblicken, sind wir Chilenen stolz darauf, uns auf politischem Weg durchgesetzt und über die Gewalt gesiegt zu haben. Das ist eine edle Tradition, eine unvergängliche Eroberung. Während des langen Weges unseres permanenten Kampfes für die Befreiung, dem langen und harten Ringen um Gleichheit und Gerechtigkeit, haben wir es immer vorgezogen, die sozialen Konflikte mit den Mitteln der Überzeugung und der politischen Aktion zu lösen. Wir, die Chilenen, lehnen einen Bruderkrieg aus tiefster Überzeugung ab [...]. Es waren immer die Mächtigen, die die Gewalt entfesselt, die das Blut der Chilenen vergossen und so die normale Entwicklung des Landes unterbrochen haben.«[51]

Er wiederholte dies bei der Verabschiedung Fidel Castros in Chile 1971: » Das chilenische Volk wollte nie den Weg der Gewalt, das chilenische Volk weiß aus Erfahrung, wer sie während unserer langen Geschichte ausgeübt hat, [...].«[52]

Alle Institutionen der Republik sollten sich im humanistischen Ideal der sozialen Revolution für den Frieden, die Gewaltlosigkeit und der sozialen Gerechtigkeit wiederfinden. Natürlich wurde das Militär aufgerufen, sich mit den demokratischen Überzeugungen der Mehrheit des Volkes zu identifizieren. 1971 signalisierte Allende dem Militär:

»[Ich] als Präsident des Vaterlandes versichere erneut, dass das Volk und die Regierung absolutes Vertrauen in die Hilfe, die Zusammenarbeit, Ihre Präsenz in dieser revolutionären Etappe, die unser Land erlebt, haben. Aber es handelt sich um eine Revolution ohne Zusammenstöße, ohne Gewalt und dient nur einem einzigen und gemeinsamen Zweck: aus Chile ein unabhängiges und souveränes Vaterland zu machen, das große Vaterland aller Chilenen [...].[Sie] sind es, die, abgesehen von der materiellen Kraft, sich der spirituellen Kraft bewusst sind, die von der Beachtung des Willens der Bevölkerung ausgeht, der an den Urnen ausgedrückt wurde und in der Verfassung des Vaterlandes niedergeschrieben steht.«[53]

Die katholische Kirche musste eine aktive Rolle bei der Suche nach einer sozialen Transformation für die Armen spielen, insbesondere angesichts der kategorischen Meinung Papst Johannes XXIII zum Frieden und zur sozialen Gerechtigkeit und des Kardinals Raúl Silva Henríquez.

Seit Mitte der fünfziger Jahre waren die Themen Frieden und Gewaltlosigkeit nicht von großer Wichtigkeit in der kritischen Denkweise des Westens, der sich nicht von faschistischen Formen der Politik distanzierte. »Wenn die Menschheit den Krieg nicht abschafft, schafft der Krieg die Menschheit ab«, sagten Albert Einstein und Bertrand Russel 1955.[54] 1963 bewirkte Papst Johannes XXIII eine kopernikanische Wende im katholischen sozialen Denken mit seiner Enzyklika *Pacem in terris* (Über den Frieden auf Erden). Das Thema des Friedens wurde zu einer Herausforderung des politischen und spirituellen Lebens der Katholiken der ganzen Welt:

> »Alle bemühen sich aufrichtig und übereinstimmend darum, die Angst und die Beklemmung des Krieges aus den Herzen zu entfernen [...], die Beziehungen zwischen den Völkern genauso wie die zwischen Privatleuten müssen geregelt werden, nicht durch Waffengewalt sondern durch Geradlinigkeit und Vernunft, also entsprechend der Wahrheit, der Gerechtigkeit und einer sachgerechten Solidarität.«[55]

Allende beobachtete mit besonderem Interesse diese Veränderungen im zeitgenössischen Katholizismus: »Die Worte des Kardinals der chilenischen Kirche zeigen, wie sich unsere Kirche im Kampf der Menschen für die Bedürftigen und die Armen platziert und das Christusevangelium Wirklichkeit werden lässt. [...] Die chilenische Kirche zeigt in, von hochstehenden Würdenträgern geschriebenen Dokumenten, eine immer stärkere Annährung an die respektable Denkweise Johanns II des Guten.«[56]

Das Freimaurertum musste sich seinerseits mit den lebensnotwendigen Herausforderungen der sozialen Geschichte auseinandersetzen, denn sonst hätten sie sich von den dringenden Bedürfnissen des chilenischen Volkes abgesondert. Schon 1965 sah Allende diese Herausforderung und ging so weit, seine militante Präsenz im Freimaurertum in Frage zu stellen:

> »Wir Freimaurer kreisen um die Freiheit, die Gleichheit, die Brüderlichkeit als oberste Synthese des kollektiven Zusammenlebens. Ich möchte eine Anmerkung machen: Aus wem setzt sich unser Orden zusammen? Könnte man mit intellektueller Ehrlichkeit sagen, dass seine Zusammensetzung die heutige chilenische Gesellschaft widerspiegelt? Die Antwort, soweit ich dies selbst feststellen konnte, ist negativ. Der Orden besteht nur aus bürgerlichen Elementen. Es handelt sich nicht um eine Behauptung. Es ist einfach eine Tatsache. [...]«[57]

In seiner Rede 1972 anlässlich der Eröffnung der UNCTAD III und in der Generalversammlung der Vereinten Nationen stellte Salvador Allende sein humanistisches Ideal den Völkern der Welt vor. In der UNCTAD legte er die Tragweite des Friedens, der Entwaffnung und der solidarischen Wirtschaft speziell für die sozialistischen Staaten und die armen Ländern dar:

> »Für die sozialistische Wirtschaft ist die Perspektive der friedlichen Entwicklung eine historische Notwendigkeit. Sobald der Frieden gesichert ist, können sie aktiver an einer multilateralen Kooperation teilnehmen und dem Weltmarkt technische und produktive Hilfsmittel für den eigenen Wohlstand zur Verfügung stellen und so dazu beitragen, dass die Länder der Dritten Welt die deformierenden Auswirkungen von Jahrhunderten der Ausbeutung überwinden. [...].«[58]

In den Vereinten Nationen klagte Allende die Politik der Vereinigten Staaten als gegenläufig zum Frieden an, im Gegensatz zum Willen des chilenischen Volkes:

> »Es ist mir wichtig, dieser Versammlung mitzuteilen, dass die Repressalien und Blockaden zum Zwecke des Entstehens von Widersprüchen und die Verkettung wirtschaftlicher Verzerrungen dazu führen könnten, zu einer Bedrohung des Friedens und des internen Zusammenlebens zu werden. Sie werden dies nicht schaffen. Die große Mehrheit der Chilenen wird ihnen mittels eines patriotischen und würdigen Verhaltens standhalten. Ich habe es am Anfang gesagt: unsere Geschichte, unser Land und unsere Menschen vermischen sich zu einem großen nationalen Denken [...]. Sehr geehrte Delegierte: Ich möchte nochmals betonen, dass der Friedenswillen und die universelle Zusammenarbeit einer der herausragenden Charakterzüge des chilenischen Volks ist. Daher resultiert die Unbeirrtheit, mit der es seine politische und wirtschaftliche Unabhängigkeit verteidigt und seine kollektiven Verpflichtungen einhält, demokratisch in Ausübung seiner Souveränität. [...].«[59]

In diesem Geiste des Friedens und einer lateinamerikanischen Perspektive beharrte Allende auf der Notwendigkeit eines Zugangs zum Meer für Bolivien. 1970 teilte er dem bolivianischen Intellektuellen Néstor Taboada Terán anlässlich seines Besuches zur Machtübergabe mit:

> »Innerhalb dieses Plans zur Ausräumung von Benachteiligungen habe ich beschlossen, dass das bolivianische Brudervolk einen Zugang zum Meer

braucht, das seit 1879 durch die Schuld des britischen Imperialismus eingeschlossen ist. Man kann ein Volk nicht zu einer lebenslänglichen Strafe verurteilen [...]. Ein Volk, das ein anderes Volk versklavt, ist nicht frei. [...] Wir sind keine Regierung der oligarchischen Minderheit, wir sind das Volk. Wir lassen uns nicht durch die Interessen der herrschenden Klasse leiten. [...] Ich möchte, dass sich die Brüdervölker in gegenseitigem Respekt und Frieden verstehen.«[60]

Die Option Salvador Allendes für einen friedlichen Weg zum Sozialismus ist sehr wichtig. Es ist der historische Wetteinsatz der Völker, die unter einem europazentrierten Imperialismus gelitten haben, als Opfer des Völkermords und der Zerstörung der sozialen Strukturen. Die »Kultur des Krieges« hat von Anfang an die Entwicklung des Westens beeinflusst. »Der innere Krieg ab dem 16. Jahrhundert zwischen Staaten oder gegensätzlichen christlichen Religionen hat fast ein halbes Jahrtausend gedauert, breitete sich im 18. Jahrhundert auf der Weltbühne aus und gipfelte in den planetarischen Verpuffungen der ersten Hälfte des 20. Jahrhunderts.«[61]

Die soziale und freiheitliche Identität der Völker des Südens musste diese »Kultur der Gewalt« überwinden – die kolonialem und durch eine männliche Denkweise geprägten Ursprungs waren – und gleichzeitig die Ansprüche der Opfer dieser Kultur verteidigen. Es war kein Zufall, dass Salvador Allende ein besonderes Interesse an der Situation der armen Frauen und Kinder hatte. Während seiner Verabschiedung am Morgen des 11. September 1973 sagte er: »Ich wende mich an euch, insbesondere an die bescheidene Frau unseres Landes, an die Bäuerin, die an uns geglaubt hat, an die Mutter, die um unsere Besorgtheit für die Kinder wusste.«[62]

Der friedliche Charakter des chilenischen Weges zum Sozialismus brachte Allende dazu, im September 1973, eine Volksabstimmung durchzuführen. Diese sollte den Bürgerkrieg vermeiden. Carlos Prats, sein Verteidigungsminister, erinnert sich:

»Allende überraschte mich durch seinen Optimismus, [...]. Er sagte mir, dass er für Montag den 10. zu einer Volksabstimmung aufrufen würde. Er glaubt, dass er hieraus als Verlierer hervorgehen wird, aber es wird eine ehrenhafte Niederlage für die Unidad Popular sein, weil es sich um einen Ausdruck der Meinung der Mehrheit des Volkes handelt, die den Bürgerkrieg verhindern wird, eine Tragödie, die er nicht einmal aufgrund von höchsten Parteibeschlüssen unterstützen wird.«[63]

Der Weg der Gewalt war nicht der Weg Salvador Allendes. Er spielte das Spiel der Rechtsgelehrten, der »kultivierten« Gewalt, der Oligarchie und der Rechten. 1931 wandte sich Allende gegen den ultralinken Vorschlag der revolutionären Studentenbewegung *Avance*, in Chile Arbeiter-, Bauern, Soldaten- und Studentenräte nach sowjetischem Muster einzuführen. 1972 erinnerte sich Allende lebhaft:

> »Ich habe gesagt, dass das ein Irrsinn wäre, dass es keine Alternative, sondern eine unnütze Tölpelhaftigkeit sei und dass ich als Student nicht etwas unterschreiben würde, was mir morgen als Akademiker nicht mehr akzeptabel erscheinen könnte. Es gehörten vierhundert Studenten zu der Gruppe ›Avance‹: 395 stimmten für meinen Ausschluss. Von den vierhundert führten nur zwei den sozialen Kampf weiter. Alle anderen haben Bankkonten, manche im Ausland.«[64]

Die Ultralinken von gestern wurden zu den Spießern von heute.

Gab es möglicherweise eine Verbindung zwischen der Ultralinken und der Gewalt des Establishments? Salvador Allende, der sich durch seinen Pazifismus definierte, war eigentlich kein orthodoxer Marxist. »Allende, wenngleich er sich den Marxismus zu Nutze machte, wollte kein orthodoxer Marxist ›sein‹, da er jegliche Art von ›Diktatur‹ ablehnte, selbst wenn diese lediglich einen Übergang darstellte und vom Proletariat käme.«[65]

Pablo Neruda, Sprachrohr des »friedlichen« Weges zum Sozialismus, sagte 1973:

> »Ultras von der linken und Ultras von der Rechten,
> Hardliner von der Rechten und von der Linken,
> arbeiten zusammen in der gleichen Bresche,
> damit der von einem kämpfenden und mahnenden
> Volk erzielte Sieg
> (das Kupfer, das Volk, der Frieden und das Leben)
> von ihnen zum Teufel geschickt wird.«[66]

Der Weg Allendes war es, auf den »friedlichen« Weg zu setzen und sein Leben zu riskieren. Er hatte gemerkt, dass die institutionalisierte Gewalt genauso gut eine ähnliche Reaktion bei der Linken hervorrufen könnte. So äußerte er sich in einem an *El Mercurio* gerichteten Brief: »Ich erwarte und hoffe als Chilene, dass wir uns von der Gewalt befreien [...], ich kämpfe weiterhin und wiederhole, dass wir keine

Gewalt wollen; aber die revolutionäre Gewalt ist manchmal die einzige Antwort auf Ihre Gewalt, die reaktionäre Gewalt.«[67]

Die Position Allendes gegen die Gewalt brachte ihm Kritik seiner eigenen Sozialistischen Partei ein, so geschehen auf dem XX. Parteitag 1967. »Seine Gegner haben ihn ausgepfiffen und zwangen ihn, das Podium zu verlassen. Keiner seiner Freunde unterstützte ihn oder verlangte eine Respektsbekundung für den Verlierer, [...].«[68] Im folgenden Jahr sagte sein Opponent in der Partei, Raúl Ampuero: »[Die] extreme Rechte [der Sozialistischen Partei], der gemäßigte und reformistische Sektor, hat seinen typischen Vertreter in Salvador Allende.«[69] 1969 weigerte sich das Zentralkomitee der *Sozialistischen Partei*, ihn zum Präsidentschaftskandidaten zu ernennen.[70] Jedoch wurde er während seiner Regierung durch den Kardinal Raúl Silva Henríquez unterstützt. Dieser sagte Anfang September 1973: »Die Gewalt ist nicht der einzige und auch nicht der beste Weg. Sie ist nicht einmal ein Weg [...]. Unser chilenisches Volk will die Gewalt nicht und glaubt nicht an sie. Vielleicht, weil es als Kind des Krieges geboren wurde, seinen Schrecken kennengelernt und den Preis gezahlt hat. So hat es gelernt, dass es keine größere Tugend, noch einen notwendigeren Wert, als den Frieden gibt.«[71]

Es wäre naiv zu glauben, dass das Bild von Allende mit einem Maschinengewehr und einem Helm, während der Bombardierung von La Moneda, eine späte Wahl der Gewalt bedeutet hätte. Ein solches Denken würde opportunistisch seiner grundsätzlichen Einstellung widersprechen.

Das Chile Gabriela Mistrals und Pablo Nerudas

> »Ich hoffe, dass die Welt ihren Grips behält und dass der gesunde Menschenverstand die hysterischen Schreie zum Schweigen bringt. Doktor, wenn es möglich ist, hätte ich gern ein Zettelchen mit einer Nachricht über den chilenischen Moment in Verbindung mit dem Weltfrieden.« *Gabriela Mistral.*[72]
>
> »[Ich möchte], dass der Staat (das Bildungsministerium oder eine andere Behörde) eine Auflage von einer Million Exemplaren einer Volksausgabe meiner Gedichte publiziert. [...] Ich hätte gern ein Vorwort von dir oder dass als Vorwort deine fantastischen Worte zum Nobelpreis benutzt werden. Eine brüderliche Umarmung und vor allem das, was ich dir in meinem Brief nicht sagen konnte, ›Immer Vorwärts‹.« *Pablo Neruda.*[73]

Luis Emilio Recabarren, Führer aus der chilenischen Salpeterwüste und Gründer der Sozialistischen Arbeiterpartei Chiles sagte 1910:

> »Soviel man auch innerhalb der bestehenden Ordnung versucht, die Nächstenliebe zu praktizieren, wird man außer Heuchelei und der Vorspiegelung von Liebe nichts erreichen [...]. Wenn diese auf Ungerechtigkeit basierende soziale Ordnung verschwindet, wird am Himmel der Menschheit die wahre Nächstenliebe und die aufrichtige und natürliche Gleichheit leuchten. Solange die wirtschaftliche, soziale, moralische etc. Ungerechtigkeit existiert, gibt es keine Nächstenliebe. Wo die Ungleichheit existiert oder toleriert wird, gibt es keine Liebe. Die Liebe, die echte Liebe ist, macht die Wesen gleich, sie hebt sie empor, macht sie vollkommen und verbrüdert sie. Der wahre Liebende will das Objekt seiner Liebe emporheben und vervollkommnen! Wenn sich zwei Wesen intensiv lieben, mit einem kompletten Verständnis dieser Gefühle, so überhäufen sie sich mit einer großen Menge an Gütern und Aufmerksamkeiten und Zärtlichkeiten. Dort gibt es keinen Egoismus und schon gar keine Ungleichheit [...].«[74]

Der Gründer der chilenischen Arbeiterbewegung ging von der Liebe aus, als Ausdruck eines vollständigen und genussreichen Lebens. Dies war die angemessene und präzise Sprache gegen die Ausgrenzung, die Ungleichheit und die Heuchelei. Er ging nicht von der Gewalt oder dem Hass aus. Die chilenische sozialistische Utopie wurde geboren – Allende war damals gerade zwei Jahre alt – aus dem Gefühl für Humanität, Zuneigung, Brüderlichkeit. Es blieb für immer ein Kennzeichen der chilenischen Volksbewegung. Sein Erbe war zweifellos Salvador Allende.

Allende zeigte während seines ganzen Lebens diese ethische Fürsorge, die jegliche Politik überragt. Regis Debray erfasste, dass Allende »eine Moral, eine Intuition, eine Brüderlichkeit« zeigte. »Salvador war vor allem ein Mann des Herzens, für den das, was dieser Ausdruck bedeutet – Mut, Rechtschaffenheit, Loyalität, Gefühlsregung – wichtiger als alles andere war. Ein Mann, der seine Gesprächspartner duzte und die sich zurückhalten mussten, um nicht das gleiche zu tun [...]. Dieser Mann stellte die Moral, die Intuition, die Brüderlichkeit über jede – auch seine – Politik [...].«[75]

Auf diese Weise verband er sich sehr stark mit den von den wichtigsten Persönlichkeiten des chilenischen Denkens des 20. Jahrhunderts hervorgebrachten Gefühlen von Gabriela Mistral und Pablo Neruda. Beide Dichter machten den Geist der

Liebe und der Brüderlichkeit des chilenischen Volkes auf der ganzen Welt bekannt. Salvador Allende war der prominenteste Richtungsgeber dieses universellen chilenischen Geistes. Die Liebe und der Frieden waren die ethische und politische Botschaft von Mistral und Neruda. Gabriela Mistral verkörperte diese kollektive Verpflichtung als Gegenmittel zum militaristischen und faschistischen Geist mit seiner aggressiven Präsenz in den dreißiger Jahren in Chile und der Welt. Ihre größte Sorge war, dass sich dieser Faschismus in Lateinamerika fortpflanzen könnte, als eine Verlängerung des Faschismus in Europa.[76] 1942 zeigte sie ihre Beunruhigung über die intellektuelle und politische Strömung der »katholischen Nazis« in Chile.[77] 1951 verfasste sie ihr beeindruckendes Manifest um den Frieden in *La palabra maldita*:

> »Der Pazifismus ist nicht das süße Gelee, wie einige glauben; die Courage fordert von uns eine Gesinnung, die nicht statisch bleiben kann. Sprechen wir [das Wort ›Frieden‹] jeden Tag aus, wo wir auch sind und wo wir hingehen, bis es Formen annimmt und eine ›Militanz des Friedens‹ hervorbringt, die die schmutzige und undurchlässige Luft reinigt. Erwähnt das Wort allen Hindernissen zum Trotz, auch wenn ihr etwa drei Jahre lang keine Freunde mehr haben werdet.«[78]

1949 hatte Gabriela Mistral, erklärte Bewunderin Salvador Allendes, ihm ihr Interesse am Frieden in Chile und der Welt mitgeteilt:

> »An Dr. Salvador Allende: [...]: Ich habe [in meiner Korrespondenz] Ihren Rundbrief über den Frieden gefunden. Ich hätte ihn sofort unterschrieben. Ich habe zwei oder drei Artikel über diese große Angelegenheit veröffentlicht. Jetzt scheint es so, dass das Thema von exzellenten Schreibern ausgeforscht worden ist. Ich hoffe, dass die Welt ihren Grips behält und dass der gesunde Menschenverstand die hysterischen Schreie zum Schweigen bringt. Doktor, wenn es möglich ist, hätte ich gern ein Zettelchen mit einer Nachricht über den chilenischen Moment in Verbindung mit dem Weltfrieden. Ich bin von Ihrem noblen, tapferen und wertvollen Friedensgeist beeindruckt. Ihre süchtige Anhängerin Gabriela Mistral.«[79]

Pablo Neruda war ohne Frage ein unbestreitbarer Dichter der Liebe und des Friedens. In *Canto General* drückte er seine universalistische Rede um den Weltfrieden aus:

»[...] Friede für den Fluss
Mississippi, Fluss der Wurzeln:
Friede für das Hemd meines Bruders,
Friede im Buch, als ein Siegel aus Luft,
Friede für den Kolchos in Kiew,
Friede der Asche dieser Toten
und jener anderen Toten,
Friede für das schwarze Eisen Brooklyns,
Friede für den Briefträger
der wie der Tag von Haus zu Haus geht, [...]
Friede für den Bolivianer,
der verschlossen wie ein Zinnstein ist, Friede
auf das Du heiratest, Frieden für alle
Sägewerke von Bíobío,
Friede für das gebrochene Herz
der spanischen Guerillakämpferin: [...] Friede
für alle den Weizen, der aufgeht,
Friede für all die Liebe, die Laublager suchen wird,
Friede für alle, die leben: Friede
für der gesamten Erde und Gewässer. [...]
Denken wir an alles Land,
schlagen wir mit Liebe auf den Tisch.
Ich will nicht, dass das Blut zurückkommt,
das Brot, die Bohnen, die Musik durchtränkt: [...].«[80]

Während der fünfziger und sechziger Jahre betätigte sich Neruda als internationaler Aktivist der sozialistischen und pazifistischen Sache in seiner Eigenschaft als führendes Mitglied des Weltfriedensrats. Er bereiste Ost- und Westeuropa, China und Indien und lernte auf seinen Reisen die buddhistischen Aussagen zum Thema schätzen, mehr als die des kriegerischen Katholizismus seines Lateinamerikas.[81] In Chile tat er sich durch seine pazifistischen Initiativen hervor. 1962 schrieb er eine Abhandlung über die Ausbreitung der Gewalt im Land, ausgelöst durch die imperialistischen Interessen der Vereinigten Staaten:

»[Ich fand] eine andere Vegetation in den Mauern der Stadt vor. Es war die Vegetation des Hasses. [...] Ich kannte den Tonfall dieser Propaganda schon. Ich habe im Europa vor Hitler und dem Faschismus gelebt und dies war der Geist der Hitler-Propaganda. [...] Ich habe gemerkt, dass der Geist unseres Landes und unseres Lebens verändert werden sollte. [...] Die führenden Kreise der nordamerikanischen Politik, unter totaler Beeinflussung durch das Pentagon, erleben eine kritische Phase eines akuten Militarismus und gewalttätiger Faschisierung. [...] Sie haben die letzte amerikanische Karte im Ärmel: den Militärputsch im Namen der Demokratie.«[82]

1973, im entscheidenden Jahr für die Unidad Popular, drückte Pablo Neruda seine unbestechliche Neigung für den Frieden, die Liebe und das Leben aus, unter Nichtbeachtung der politisch-moralischen und kriegstreiberischen Spaltung, die die Chilenen in »Gute« und »Böse« aufteilte.

»Die Bösen sollen die Guten nicht umbringen
und nicht die Guten die Bösen.
ich bin ein Dichter ohne einen Leitsatz
aber ich sage ohne Bedauern und Mitleid:
Für mich gibt es keinen guten Mörder.«

»Zum Bürgerkrieg als Strafe
führt uns der bittere Delinquent.
Der Flüchtling mit dem vollen Mund
will anderen das Essen wegnehmen
und ein anderer mit seiner vergifteten Wunde
verteilt die Gifte seiner Wunde.
Zum Bürgerkrieg der Gegner
wollen uns die Klauen der Brudermörder führen,
ohne zu wissen, dass die chilenischen Kontrahenten
immer die Gesetze des Lebens geliebt haben.«[83]

Aus dieser Weltsicht erkannte Pablo Neruda in Salvador Allende den Mann, der die entscheidenden Ideale der Gerechtigkeit und des Friedens in der gesamten Geschichte Chiles verkörperte:

»Hier in Chile wurde unter großen Schwierigkeiten eine wirklich gerechte Gesellschaft aufgebaut, errichtet auf der Basis unserer Souveränität, unseres Nationalstolzes, dem Heldenmut der besten Einwohner Chiles. Auf unserer Seite, auf der Seite der chilenischen Revolution, befand sich die Verfassung und das Gesetz; die Demokratie und die Hoffnung. [...] [Das] Werk Salvador Allendes, das er in so kurzer Zeit ausgeführt hat, übertrifft das Werk Balmacedas; es ist das wichtigste Werk in der Geschichte Chiles. Alleine die Verstaatlichung des Kupfers war eine riesige Aufgabe. Viele weitere Ziele wurden unter seiner Regierung der kollektiven Essenz erreicht.«[84]

Salvador Allende verkörperte politisch den Geist des Friedens der größten Vertreter des sozialen und kulturellen Denkens – und des Fühlens – des chilenischen Volkes des zwanzigsten Jahrhunderts, Gabriela Mistral und Pablo Neruda. Eine Art des Denkens und des Seins, das sich vom dorischen Stil der örtlichen Bourgeoisie unterschied, die mit Hingabe die Freude und das Fest des Friedens ausrief. Mistral und Neruda waren diejenigen, die das chilenische Volk aufriefen, sich radikal von den bourgeoisen Fesseln zu befreien. Gabriela Mistral sagte 1929: »Es würde ungefähr ein Jahr dauern zu erklären, was ich unter Bourgeoisie verstehe. Daher nur dieser Vorgriff. Zu gut erzogen, nicht in der Lage Unsinn zu machen, zu ›scharfsinnig‹ für diese Welt.«[85]

In diesem politischen und kulturellen Kontext lässt sich der Geist Allendes besser mit dem dionysischen Geist des Pazifismus verbinden. So wie er ihn verteidigte, mit viel Humor (Aristophanes – im Ursprung der griechischen Komödie), die politischen und intellektuellen Vertreter täuschend, Militaristen und Monetaristen, der Luxusstaat. In diesem Sinne richtet sich seine Politik mehr am Lachen als am Ernst aus. »Das Lachen zeigt die egalitäre und freie Dimension der Welt.«[86] Bemerkenswerterweise versöhnt sich das Leben, die Leidenschaft und der Tod Allendes – beleuchtet durch das heitere und populäre Gesicht seiner Zeitgenossen Mistral und Neruda – nicht mit der Tragödie.[87] Die Revolution mit »Empanadas und Rotwein« als Einladung zu einem Fest, ist »eine Neuerung in der großen Zeit«.[88]

> »Es kommt der Tag des Septembers für den Menschen des ganzen Jahres.« *Fernando Alegría.*[89]

Anmerkungen

1 Alegría, Fernando: *Viva Chile M!...*, Santiago 1965, Seite 37.

2 De Ramón, Armando: *Desde la invasión incaica hasta nuestros días (1500–2000)*, Santiago 2012, Seite 191

3 Silva Herzog, Jesús: *Allende visto por sus contemporáneos*, Mexico: Casa de Chile 1983, Seite 157.
4 *Topaze*. Politische humoristische Wochenzeitschrift, Santiago de Chile, 6. Juli 1962, in: Salinas, Maximiliano; Rueda, Jorge; Cornejo, Tomás; Silva, Judith: *El Chile de Juan Verdejo. El humor político de Topaze 1931–1970*, Santiago : Editorial Universidad Santiago de Chile, 2011, Seite 422.
5 Yocelevsky, Rubén: *Salvador Allende Gossens en la memoria de sus Hermanos Masones*, Santiago: Editorial Occidente, 2012, Seite 83.
6 Brown, Norman: *Life against death: the psycoanalytical meaning of history*, Middletown, Conn.: Wesleyan University Press Middletown, CT 1985.
7 Neruda Pablo; Asturias, Miguel Ángel: *Comiendo en Hungría*, in: Neruda, Pablo: *Obras completas*, Nr. II, Buenos Aires 1968, Seite 933.
8 De Carvalho-Neto, Paulo: *Estudios de folklore*, Nr. II, Quito 1968, Seite 221–222.
9 Meneses, Daniel: El cielo de los amantes, 1898, in: Salinas, Maximiliano: En el cielo están trillando. *Para una historia de las creencias populares en Chile e Iberoamérica*, Santiago : Editorial Universidad de Santiago, 2000, Seite 23.
10 Silva Henríquez, Raúl: *Memorias*, Santiago: Copygraph 1991, Seite 198.
11 Sierpe, Vladimir: Lille in Frankreich 2006, in: Gutiérrez, Eduardo; Sierpe, Vladimir (Hrsg.): *Salvador Allende. Entrevistas 1970–1973*, Santiago 2009, Seite 21.
12 Subercaseaux, Bernardo: *Más allá de las empanadas y el vino tinto*, in: *Mensaje*, 462, September 1997, Seite 34.
13 Bengoa, José: *La evolución de las palabras*, in: *Proposiciones*, Nr. 35, 2006, Seite 17–18.
14 Grez, Sergio: *Salvador Allende en la perspectiva histórica del movimiento popular chileno*, in: *História: debates e tendéncias* 6, 1, 2006, Seite 219–225.
15 Pinedo, Javier: *La vía chilena al socialismo de Salvador Allende y su relación con la modernidad*, in: *Cuyo. Anuario de Filosofía Argentina y Americana*, Nr. 17, 2000, Seite 133–145; Martínez, Jesús Manuel: *Salvador Allende. El hombre que abría las alamedas*, Santiago de Chile: Catalonia, 2009; Benítez, Hermes H.: *Pensando a Allende. Escritos interpretativos y de investigación*. Santiago: RIL, 2013.
16 1988 wurde von einer »Revolution mit Rotweingeschmack und Geruch von Empanadas« gesprochen, Martner, Gonzalo: *El gobierno del Presidente Salvador Allende 1970–1973. Una evaluación*, Concepción, LAR, 1988, Seite 23; Der Historiker Cristián Gazmuri verwendete den gleichen Ausdruck in Zeiten der Absprache, cfr. C. Gazmuri, Rezension von *Diana Veneros, Salvador Allende*, in: *Historia*, Nr. 37, 2004, Seite 273; Yasna Roldán Valderrama, *Salvador Allende: los argumentos del triunfo y los argumentos de la traición*, in: *Revista Austral de Sciencias Sociales*, Nr. 21, 2011, Seite 5–22.
17 Elizalde, Benjamín: *El viaje político de Fidel Castro: Convergencias y alteraciones de dos procesos revolucionarios*, in: *Pléyade*, 3, 2009.
18 Harnecker, Marta: *Cinco reflexoes sobre o socialismo do século XXI* (2012, siehe: http://www.raulpont.com.br/upload/publicacoes/271.pdf
19 Avilés, Luz Marina Vanegas: *El papel de la lumpen burguesía en la colonialidad en América Latina*, in: *Senderos*, 94, 2009, Seite 409–426.
20 Jorquera, Carlos: *El Chicho Allende*, Santiago Ediciones BAT 1990.
21 La situación política. I. Someterse o dimitir, in: *La Libertad Electoral*, Santiago de Chile, 7. Juli 1890.
22 Brief von Pedro Aguirre Cerda an Pedro Luis Celedón, Santiago, 25. August 1938, in: Aguirre, Leonidas: *Epistolario de Pedro Aguirre Cerda 1938–1941*, Santiago: Dibam, Centro Diego Barros Arana, Lom, 2001, Seite 16.
23 Allende, Salvador: *Discurso de homenaje al Frente Popular*, 1943, in: Martner Gonzalo (Hrsg.): Salvador Allende, 1908–1973. *Obras escogidas (Período 1939–1973)*, Santiago Antárctica 1992, Seite 64.

24 Rocha, Juan Gonzalo: *Salvador Allende, un masón consecuente*, in: Fundación Salvador Allende: *Salvado Allende. Fragmentos para una historia*, Santiago Fundación Salvador Allende, 2008, Seite 211.

25 Pedro Aguirre Cerda a Gabriela Mistral, Santiago, Februar oder März 1939, in: Leonidas Aguirre recop. *Epistolario de Pedro Aguirre Cerda 1938–1941*, Santiago Centro Diego Barros Arana, 2001, Seite 33.

26 Veneros, Diana: *Allende, Un ensayo psicobiográfico,* Santiago 2003, Seite 277–279.

27 Zeitung *Democracia*, 14. Januar 1952, in: Veneros, Diana: *Allende. Un ensayo psicobiográfico*, Santiago 2003, Seite 266.

28 República de Chile. *Legislatura Ordinaria. Diario de Sesiones del Senado*. Sitzung vom 31. Juli 1957, Seite 1050–1051.

29 Berman, Morris: *Edad oscura americana. La fase final del imperio*. Mexico Editorial Sexto Piso, 2007, Seite 172.

30 González Pino, Miguel; Arturo Fontaine Talavera eds.: *Los mil días de Allende*. Santiago : Centro de Estudios Públicos, 1997, I, Seite 26–27.

31 Aussage eines Einwohners von Las Barrancas im Westen von Santiago: »[Ich] glaube nicht, dass die Unidad Popular gewinnen wird, weil die Reichen viel Macht in Chile haben und sie es nicht zulassen werden, dass der Kommunismus gewinnt. Das ist unmöglich.« Carmen Pimentel, Vidas marginales, Santiago: Universitaria, 1973, Seite 288–290.

32 Arrate, Jorge; Rojas, Eduardo: *Memoria de la izquierda chilena*. Tomo I (1850–1970), Santiago Javier Vergara Editor, 2003, Seite 464.

33 Alegría, Fernando: *Allende. Mi vecino el Presidente*, Buenos Aires 1989, Seite 229.

34 Allende, Salvador: Rede vom 5. September 1972, in: Modak, Frida (Hrsg.): *Salvador Allende: en el umbral del siglo XXI*. México Plaza & Janés, 1998, Seite 89–90.

35 Figueroa, Virgilio: *La divina Gabriela*, Santiago Imprenta El Esfuerzo, 1933, Seite 254.

36 Guerra, Silvia; Zondek, Verónica: *El ojo atravezado. Correspondencia entre Gabriela Mistral y escritores uruguayos*, Santiago Lom, 2005, Seite 94.

37 Neruda, Pablo: *Confieso que he vivido. Memorias*, Barcelona Seix Barral, 1984, Seite 437.

38 Beltrán, Luis: *La imaginación literaria. La seriedad y la risa en la literatura occidental*, Barcelona Montesinos, 2002, Seite 64–68.

39 Seine politischen und militärischen Gegner, Anhänger der westlichen Ästhetik, haben ihn in diese pathetische Position gebracht. So charakterisierte ihn General Javier Palacios, verantwortlich für den Angriff auf La Moneda 1973: »Er ähnelt Balmaceda. Seine Gesten, aus der Sicht eines Mannes, sind männlich und mutig. [...] Man muss schon den Schneid haben, um so eine Entscheidung zu treffen, das erkenne ich an. Ich finde sein Verhalten sehr männlich.« Cfr. *Apsi*, Santiago de Chile 361, 12–25. September 1990, Seite 18; Ähnlich Jocelyn-Holt, Alfredo: *Allende, el último republicano,* in: Fundación Salvador Allende (Hrsg.): *Salvador Allende. Fragmentos para una historia*, Santiago: Fundación Salvador Allende, 2008, Seite 323–332.

40 Guzmán, Patricio: *La batalla de Chile. la lucha de un pueblo sin armas*, Madrid 1977, Seite 210–212.

41 Subirats, Eduardo: *El continente vacío. la conquista del nuevo mundo y la conciencia moderna*, Madrid 1994, Seite 475–476.

42 Subirats, Eduardo: a. a. O., Seite 481.

43 Salvador Allende, Cuarto mensaje, 11 de septiembre de 1973, Patricia Verdugo, *Salvador Allende. Cómo la Casa Blanca provocó su muerte*, Buenos Aires El Ateneo, 2003, Seite 192.

44 »Bolívar setze sich nicht mit der sinnstiftenden Bedeutung der Gewalt in Lateinamerika auseinander, die bis heute ein banales Prinzip der sozialen und politischen Integration ist.«, in: Subirats, Eduardo: a. a. O. Seite 473.

45 De Solar, Mercedes Marín: *Homenaje de gratitud a la memoria del benemérito Ministro D. Diego*

Portales, in: *El Araucano*, 28. Juli 1837.

46 Bello, Andrés: *Obras completas*, Caracas 1982, XVIII, Seite 842–843.

47 De Unamuno, Miguel: *Carta a los estudiantes de la Federación de Estudiantes de Chile, FECH*, Salamanca 1920, in: *Juventud*, publication der FECH, Santiago de Chile, März 1921.

48 Fuentes, Carlos Vicuña: *La tirania en Chile. Libro escrito en el destierro 1928*, Santiago 1945, Seite 20.

49 Silva Renard, Roberto: Comandancia General de Armas de Tarapacá. Al Intendente de Tarapacá Carlos Eastman, Iquique, 22 de diciembre de 1907.

50 *Los sucesos de Iquique*, in: *El Ferrocarril*, Santiago, 26. Dezember 1907.

51 Allende, Salvador: »Dijo el pueblo: venceremos y vencimos«. Rede im Nationalstadium, 5. November 1970, in: Gonzalo Martner, comp., *Salvador Allende 1908–1973. Obras escogidas*, Santiago: Antártica, 1992, Seite 287–301.

52 Modak, Frida (Hrsg.): *Salvador Allende: en el umbral del siglo XXI*. Mexico 1998, Seite 71–74.

53 González Pino, Miguel; Fontaine Talavera, Arturo: *Los mil dias de Allende*. Santiago : Centro de Estudios Públicos, 1997, I, Seite 92–93.

54 Noel-Baker, Philip: *La ciencia y el desarme*, in: *Correo de la Unesco*, XX, 1967, Seite 58; 1952 sagte Bertrand Russell: »Was gewinnt die Welt durch den Sieg über die Faschisten, wenn andererseits die faschistische Regierungsform überall gewinnt?«, Russell, Bertrand: *Diccionario del hombre contemporáneo* (1952), Buenos Aires 1955, Seite 114.

55 Juan XXIII: *Pacem in terris*, Rom 11. April 1963: »Desarme«, Nummer 44. Sobre la paz en la década de 1960, Documento para la Paz. *Extractos de los escritos y discursos de U Thant, Secetario General de la Naciones Unidas, sobre asuntos de importancia mundial. 1961–1970*, New York,1971.

56 Modak, Frida (Hrsg.): *Salvador Allende: en el umbral del siglo XXI*. Mexico Plaza & Janes, 1998, Seite 104.

57 Alfredo Ruben, Yocelevzky: *Salvador Allende Gossens en la memoria de sus Hermanos Masones*, Santiago 2012, Seite 62–66.

58 Martner, Gonzalo (Hrsg.): *Salvador Allende. 1908–1973. Obras escogidas (período 1939–1973)*, Santiago 1992, Seite 662–624.

59 Ebenda: Seite 629–652.

60 Taboada Terán, Néstor: *Salvador Allende ¡Mar para Bolivia!*, Cochabamba 2011, Seite 82.

61 Muchembled, Robert: »Qué es la violencia?« in: *Una historia de la violencia. Del final de la Edad Media a la actualidad*, Madrid 2010, Seite 17–18.

62 Martner, Gonzalo: a. a. O., Seite 670.

63 Prats González, Carlos: *Memorias. Testimonio de un soldado*, Santiago 1985, Seite 509-510.

64 Salvador Allende, Discurso a los jóvenes de la Universidad de Guardalajara, diciembre 1972, in: Jorquera, Carlos: *El Chicho Allende*, Santiago 1990, Seite 92.

65 M. Angélica Illanes Oliva, in: *un lugar del Nuevo Mundo*, in: Fundación Salvador allende ed., *Salvador Allende. Fragmentos para una historia.* Santiago Fundación Salvador Allende, 2008, Seite 85.

66 Neruda, Pablo: »Locos y Locuelos«, *Incitación al nixonicidio y alabanza de la revolución chilena*, Santiago 1973, Seite 181–182.

67 Corvalán, Luis: *El gobierno de Salvador Allende*, Santiago 2003, Seite 145.

68 Veneros, Diana: Allende. *Un ensayo psicobiográfico*, Santiago 2003, Seite 248.

69 *Ampuero ahora. 50 preguntas y 50 repsuestas de actualidad,* Santiago: Prensa Latinoamericana, 1968, Seite 26.

70 Veneros, Diana: a. a. O., Seite 225.

71 González Pino, Miguel; Talavera, Arturo Fontaine (Hrsg.): *Los mil dias de Allende*. Santiago 1997, II, Seite 828–830.

72 Gabriela Mistral an Salvador Allende, 1949 (Biblioteca Nacional, Chile).

73 Pablo Neruda a Salvador Allende, 1972 (Bibioteca Fundación Salvador Allende, Chile)

74 Luis Emilio Recabarren, *La huelga de Iquique en diciembre de 1907. La teoría de la igualdad (1910),* en Luis Emilio recabarren, Obras selectas, Santiago, Quitantú, Seite 96–100.

75 Regis Debray, ‚Salvador Allende: In Memoriam', *The New York Times*, 26. September 1973, zitiert in: Camilo Taufic, *Chile en la hoguera. Crónica de la represión militar*, Buenos Aires, 1974, Seite 85–92.

76 »Der Faschismus wird Amerika vertikal überfallen wenn er in Spanien siegt«. Gabriela Mistral an Victoria Ocampo, Lisboa, Juli oder August 1937, in: Mistral, G.; Ocampo, V.: *Esta América nuestra. Correspondencia 1926–1956*, Buenos Aires 2007, Seite 59.

77 »Ich habe Angst, dass die katholische Strömung von Jaime [Eyzaguirre] zu einer langen Reihe von katholischen Nazis gehört…«, Gabriela Mistral an Victoria Ocampo, Petrópolis, 30. Mai 1942, in: Mistral, G.; Ocampo, V.: a. a. O., Seite 135.

78 Mistral, Gabriela: *La palabra maldita*, in: *Repertorio Americano*, XLVII, 1, Januar 1951.

79 Brief [Entwurf] von Gabriela Mistral an Salvador Allende, 1949, in: Barrera, Gustavo; Brodsky, Camilo; Encina Tania (Hrsg.): *Epistolario americano. Gabriela Mistral y su continenete*, Santiago 2012, Seite 62.

80 Neruda, Pablo: *Canto General IX. Que despierte el leñador.*

81 Neruda, Pablo: »Ceilán reencontrado«, in: *Confieso que he vivido. Memorias*, Barcelona 1984, Seite 291–292

82 Neruda, Pablo: *Con los católicos a la paz. Conferencia el 12 de octubre de 1962*, Santiago 1962, Seite 10–11.

83 Neruda, Pablo: XXIII »Que no, que nunca« und XXV »Contra la muerte«, in: *Incitación al nixonicidio y alabanza de la revolución chilena*, Santiago de Chile, 1973, Seite 124, 131–132.

84 Neruda, Pablo: »Allende«, in: *Confieso que he vivido*, Barcelona 1984, Seite 437–438.

85 Brief von Gabriela Mistral an Alfonso Reyes, Cavi di Lavagna, Italia, 8. April 1929, in: Mistral, Gabriela: *Antología mayor. Cartas*, Santiago 1992, Seite 166.

86 Betrán, Luis: *La imaginación literaria. La seriedad y la risa en la literatura occidental*, Barcelona, Seite 201.

87 Sobre la concepción popular del mundo en la poeta chilena Gabriela Mistral, Maximiliano Salinas, *La risa de Gabriela Mistral. Una historia cultural del humor en Chile e Iberoamérica*, Santiago de Chile LOM, 2010, Seite 9–13.

88 Caillois, Roger: »La transgresión sagrada: teoría de fiesta« in: *El hombre y lo sagrado,* Mexico 1942, Seite 122; Moltmann, Jürgen: *La fiesta liberadora*, in: *Concilium*, Nr. 92, 1974, Seite 237–248.

89 Fernando, Alegría: *Viva Chile M!…,* Santiago 1965, Seite 37.

Salvador Allende

Erste Rede an den Kongress

21. Mai 1971

Werte Mitglieder des Kongresses, ich messe dieser Botschaft, mit der ich meiner verfassungsmäßigen Pflicht nachkomme, eine doppelte Bedeutung bei. Es ist die erste einer Regierung, die gerade die Führung des Landes übernommen hat und die gleichzeitig vor Aufgaben steht, die einzigartig in der politischen Geschichte unseres Landes sind. Aus diesem Grunde möchte ich ihr einen besonderen Inhalt geben, der ihrer gegenwärtigen und zukünftigen Bedeutung entspricht.

Seit 27 Jahren komme ich an diesen Ort, fast immer als Abgeordneter der Opposition. Heute bin ich als Staatsoberhaupt hier, gewählt durch den Willen des Volkes, bestätigt durch den Nationalkongress. Ich erinnere mich noch sehr genau daran, wie hier die auf Großgrundbesitz basierenden Gesetze zur Agrarstruktur des Landes debattiert und beschlossen wurden. Aber es war auch hier, wo veraltete Institutionen abgeschafft wurden, um die gesetzlichen Grundlagen für die Agrarreform zu legen, die wir jetzt umsetzen. Die verfassungsmäßigen Grundlagen, auf denen die Ausbeutung der Naturreichtümer Chiles durch das Ausland beruht, wurden hier verankert. Aber diese werden jetzt vom dem gleichen Parlament überprüft, um den Chilenen das zurückzugeben, was ihnen rechtmäßig gehört.

Der Nationalkongress erarbeitet die verfassungsmäßigen Grundlagen und reguliert somit die soziale Ordnung, in der sie verwurzelt sind. Aus diesem Grund hat er über ein Jahrhundert lang dabei mehr den Interessen der Mächtigen gedient als das Leiden des Volkes zu lindern.

Zu Beginn dieser Legislaturperiode möchte ich folgendes Problem angehen: Chile hat jetzt in seiner Regierung eine neue politische Kraft, deren gesellschaftliche Funktion nicht darin besteht, die traditionell herrschenden Klassen zu unterstützen, sondern die großen Mehrheiten. Dieser Wandel in der Machtstruktur muss unbedingt von tiefgreifenden Veränderungen in der sozial-ökonomischen Ordnung begleitet werden, deren Institutionalisierung jetzt vom Parlament vorangetrieben werden muss.

Dem Fortschritt, dass die chilenische Kraft zum Wiederaufbau des Volkes freigesetzt wurde, müssen sehr entschiedene Schritte folgen. Der Landreform, deren Umsetzung im Gange ist und der Nationalisierung des Kupfers, die nur noch durch das Parlament bewilligt werden muss, müssen weitere Reformen folgen. Sei es durch Initiativen des Parlaments oder durch Vorschläge der Regierung oder durch eine gemeinsame Initiative der beiden Gewalten; oder sei es durch einen Volksentscheid, der ein legaler Appell an die Machtbasis ist und die Souveränität des Volkes ausdrückt. Wir müssen die Herausforderung annehmen, alles sorgfältig zu beleuchten.

Wir dringen darauf, jedes Gesetz, jede bestehende Institution, sogar jede Person dahingehend zu prüfen, ob sie unserer vollständigen und selbst bestimmten Entwicklung dient.

Ich bin sicher, dass es nur wenige historische Momente gab, in denen sich das Parlament einer Nation vor eine Aufgabe dieser Größenordnung gestellt sah.

Die Überwindung des Kapitalismus

Die Umstände in Russland im Jahre 1917 und die Lage in Chile heute sind sehr verschieden, die historische Herausforderung ist jedoch vergleichbar.

1917 wurden in Russland Entscheidungen getroffen, die die Geschichte der Gegenwart zutiefst beeinflusst haben. Man zog in Erwägung, ob das rückständige Europa das entwickelte Europe überholen könnte und dass die erste sozialistische Revolution nicht notwendigerweise in dem Kern der Industriemächte stattfinden müsste. Die Herausforderung wurde angenommen und die Diktatur des Proletariats, als eine der Formen des Aufbaus einer sozialistischen Gesellschaft, wurde begründet.

Heute zweifelt keiner daran, dass auf diesem Weg Nationen mit großen Bevölkerungszahlen in relativ kurzer Zeit ihren Rückstand aufholen und den Entwicklungsstand unserer Zeit erreichen können. Die Beispiele der Sowjetunion und der Volksrepublik China sprechen für sich selbst.

Wie damals Russland, steht heute Chile vor der Notwendigkeit, eine neue Art und Weise des Aufbaus einer sozialistischen Gesellschaft zu begründen: Unser revolutionärer Weg, der pluralistische Weg, ist von klassischen Marxisten erwartet, jedoch noch nie durchgeführt worden. Soziale Denker rechneten damit, dass weiter entwickelte Nationen, wie Italien und Frankreich mit ihren einflussreichen marxistisch-orientierten Arbeiterparteien, die ersten sein würden, die diesen Wandel umsetzen.

Dennoch erlaubt uns die Geschichte ein weiteres Mal mit der Vergangenheit zu brechen und ein neues Gesellschaftsmodell zu errichten, nicht dort, wo es theoretisch am ehesten zu erwarten war sondern wo die günstigsten Bedingungen für seinen Erfolg geschaffen wurden. Chile ist heute die erste Nation der Welt, die im Begriff ist, das zweite Modell des Übergangs zu einer sozialistischen Gesellschaft umzusetzen.

Dieses Projekt stößt auf lebhaftes Interesse weit über unsere nationalen Grenzen hinaus. Alle wissen oder ahnen, dass hier und jetzt die Geschichte einen neuen Lauf nimmt, in dem Maße, in dem die Chilenen sich dieses Unterfangens bewusst sind. Einige unter uns, vielleicht die wenigsten, sehen nur die enormen Schwierigkeiten dieser Aufgabe. Andere, die Mehrheit, suchen nach der Möglichkeit diese Aufgabe erfolgreich zu meistern. Was mich angeht, so bin ich mir sicher, dass wir die nötigen Energien und notwendigen Kapazitäten haben werden, diese Bemühungen voranzutreiben und die erste sozialistische Gesellschaft nach einem demokratischen, pluralistischen und freiheitlichen Modell zu erschaffen.

Die Skeptiker und Schwarzseher werden sagen, dass es unmöglich ist. Sie werden sagen, dass ein Parlament, das den herrschenden Klassen so gut gedient hat, nicht in der Lage sein wird sich so zu ändern, dass es ein Parlament des chilenischen Volkes wird.

Außerdem weisen sie ausdrücklich daraufhin, dass das Militär und die Carabineros, die bis jetzt die konstitutionelle Ordnung unterstützt haben, welche wir überwinden möchten, nicht bereit wären, den Willen des Volkes zu akzeptieren, sollte dieses sich für den Aufbau einer sozialistischen Gesellschaft in unserem Land entscheiden. Sie vergessen das patriotische Bewusstsein des Militärs und der Carabineros, ihre professionelle Tradition und ihren Gehorsam gegenüber staatlicher Autorität. Um es mit den Worten des General Schneider zu sagen: Das Militär, als wesentlicher und repräsentativer Bestandteil der Nation und der permanenten und temporären Staatsstruktur, ordnet und gleicht die periodischen Veränderungen aus, die das politische Leben innerhalb einer rechtlichen Ordnung bestimmen.

Was mich angeht, werte Mitglieder des Nationalkongresses, so erkläre ich: Wenn wir diese Institution auf der Stimme des Volkes begründen, wird nichts in seinem Wesen seiner Erneuerung zu einem wirklichen Parlament des Volkes entgegenstehen. Das chilenische Militär und die Carabineros, getreu ihrer Pflicht und ihrer Nichteinmischung in den politischen Prozess, werden die Stütze einer gesellschaftlichen Ordnung sein, die dem Willen des Volkes entspricht, wie er im Rahmen der bestehenden Konstitution ausgedrückt wurde. Eine gerechtere, menschlichere und großzügigere Gesellschaftsordnung für alle, vor allem aber für die Arbeiter, die bis heute soviel gegeben und so gut wie nichts zurückbekommen haben.

Die Schwierigkeiten, denen wir gegenüberstehen, liegen nicht auf diesem Gebiet. Sie liegen vielmehr sich in der außergewöhnlichen Komplexität der Aufgaben, die vor uns liegen: Den Weg zum Sozialismus muss institutionalisiert werden und dies zu einem Zeitpunkt, an dem die Gesellschaft durch Rückstand und Armut geschwächt ist, was aus der Abhängigkeit und Unterentwicklung resultiert. Die Ursachen zu brechen, die den Rückstand bewirken, müssen beseitigt und gleichzeitig muss eine neue sozioökonomische Struktur aufgebaut werden, die in der Lage ist für kollektiven Wohlstand zu sorgen.

Die Ursachen des Rückstands lagen – und liegen immer noch – bei den traditionell herrschenden Klassen mit ihrer externen Unterordnung und interner Klassenausbeutung. Sie profitierten von ihrer Verbündung mit ausländischen Interessen und von der Aneignung des Überschusses, der von Arbeitern geschaffen wurde, denen sie nur das unumgängliche Minimum zur Reproduktion ihrer Arbeitskraft gaben.

Unsere erste Aufgabe ist es, diese beengende Struktur zu beseitigen, die nur deformiertes Wachstum erzeugt. Gleichzeitig müssen wir eine neue Wirtschaft aufbauen, die ohne Unterbrechung der vorherigen folgt, ohne sie jedoch weiterzuführen, und die ein Maximum jener produktiven und technischen Kapazitäten bewahrt, die wir trotz der Unterentwicklung erreicht haben. Und wir müssen diese Wirtschaft ohne Krisen aufbauen, die von jenen provoziert werden, die ihre alten Privilegien bedroht sehen.

Zusätzlich zu diesen Fragen stellt sich eine weitere, die eine wesentliche Herausforderung unserer Zeit darstellt: Wie können wir den Menschen und vor allem jungen Leuten, den Sinn einer Aufgabe wiedergeben, die ihnen neue Lebensfreude gibt und ihrer Existenz Würde verleiht? Es gibt keinen anderen Weg, als uns der Verwirklichung großer, uneigennütziger Aufgaben zu widmen, wie der des Erreichens eines neuen Niveaus menschlicher Existenz, welche bis jetzt durch die Teilung in Privilegierte und Besitzlose gekennzeichnet ist.

Heute kann sich keiner Lösungen für eine ferne Zukunft vorstellen, in der alle Völker in Wohlstand leben und in der ihre materiellen Bedürfnisse befriedigt sind und in der sie gleichzeitig Verantwortung für das kulturelle Erbe der Menschheit übernehmen. Aber hier und jetzt in Chile und in Lateinamerika haben wir die Möglichkeit und die Pflicht kreative Energien freizusetzen, insbesondere bei jungen Leuten, für Aufgaben, die uns weit tiefer als alle vorangegangenen bewegen werden.

Unsere Hoffnung ist eine Welt zu schaffen, die die Trennung zwischen arm und reich überwindet und in unserem Fall eine Gesellschaft zu schaffen, in der der Krieg um wirtschaftliche Vorteile verboten ist, in der weder der Kampf um berufliche Vorteile Sinn macht, noch die Gleichgültigkeit gegenüber dem Schicksal anderer, die es den Mächtigen ermöglicht die Schwachen auszubeuten.

Es gab selten eine Zeit, in denen die Menschen soviel Vertrauen brauchten in sich selbst und in ihre Fähigkeit die Welt neu aufzubauen und ihr Leben neu zu erschaffen.

Dies ist eine außergewöhnliche Zeit, die uns die Mittel bietet die großen utopischen Träume der Vergangenheit zu verwirklichen. Das einzige, was unseren Erfolg behindern kann, ist das Erbe von Gier, Angst und veralteten institutionellen Traditionen. In der Zeit zwischen unserer Epoche und der Epoche, in der alle Menschen der Welt befreit sind, kommt es darauf an, dieses Erbe zu überwinden. Nur so wird es möglich sein, die Menschen dafür zu gewinnen, ihre Leben neu zu erschaffen, nicht als Produkte einer Vergangenheit aus Sklaverei und Ausbeutung, sondern als bewusste Verwirklichung ihrer edelsten Potenziale. Das ist das sozialistische Ideal.

Ein naiver Beobachter eines entwickelten Landes, das über mehr materielle Ressourcen verfügt, mag annehmen, dass diese Überlegung eine neue Art der rückständigen Völker ist, um Hilfe zu bitten – nur ein weiteres Almosengesuch der Armen an die Reichen. Dem ist nicht so, vielmehr ist das Gegenteil der Fall. Die innere Ordnung aller Gesellschaften unter der Hegemonie der Besitzlosen und die von den unterentwickelten Ländern geforderten Neugestaltung der internationalen Wirtschaftsbeziehungen werden nicht nur dazu führen, dass das Elend und die Rückständigkeit der Armen beseitigt wird, sondern auch dazu, dass die Ausbeuterländer von ihrer Despotenrolle befreit werden. Wie die Emanzipierung des Sklaven auch den Herrn befreit, macht der Aufbau des Sozialismus, vor dem die Völker unserer Zeit stehen, sowohl Sinn für die beraubten Völker, als auch für die privilegierten Völker, denn die einen wie die anderen werden ihre Ketten abwerfen, die ihre Gesellschaft entwürdigen.

Werte Mitglieder des Nationalkongresses, ich stehe heute vor Ihnen, um Sie zum großen Werk des Neuaufbaus einer chilenischen Nation aufzurufen, wie wir sie uns erträumt haben. Ein Chile, in der alle Kinder ihr Leben unter gleichberechtigten

Bedingungen beginnen, bei der medizinischen Versorgung, der Bildung und der Ernährung. Ein Chile, in dem sich das schöpferische Potenzial jedes Mannes und jeder Frau entfalten kann, nicht gegen andere, sondern für ein besseres Leben für alle.

Unser Weg zum Sozialismus

Die Verwirklichung dieser Hoffnungen erfordert einen langen Weg und außerordentliche Anstrengungen aller Chilenen. Eine Grundvoraussetzung besteht außerdem darin, dass wir in der Lage sind, die institutionellen Normen der neuen, sozialistischen Gesellschaftsordnung von Pluralismus und Freiheit zu schaffen. Diese Aufgabe ist außerordentlich kompliziert, da es für sie kein Beispiel gibt, vom dem wir lernen können. Wir gehen auf einem neuen Weg. Wir gehen ohne Führer auf unbekanntem Boden, aber unser Kompass ist unser Bekenntnis zum Humanismus aller Epochen, vor allem zum marxistischen Humanismus. Unser Ziel ist der Aufbau der Gesellschaft, die wir uns wünschen und die der tief im chilenischen Volk verwurzelten Sehnsucht entspricht.

Schon vor langer Zeit haben Wissenschaft und Technik es möglich gemacht ein Produktionssystem zu schaffen, das allen die Grundversorgung sichert, von der heute nur eine Minderheit profitiert. Die Schwierigkeiten sind nicht technischer Natur und basieren nicht – wenigstens in unserem Fall – auf einem Mangel an natürlichen oder menschlichen Ressourcen. Was uns an der Verwirklichung unserer Ideale hindert, ist die Organisationsform der Gesellschaft und das Wesen der Interessen, von denen sie bis jetzt beherrscht wurde. Es sind die Hürden, denen abhängige Völker gegenüberstehen. Wir müssen unsere Aufmerksamkeit auf diese Strukturen und diese institutionellen Anforderungen konzentrieren.

Genauer gesagt ist unsere Aufgabe, als chilenischen Weg zum Sozialismus ein neues Modell für den Staat, die Wirtschaft und die Gesellschaft zu definieren und umzusetzen, das die Bedürfnisse und Hoffnungen der Menschen in den Mittelpunkt stellt. Dafür brauchen wir die Entschlossenheit jener, die sich getraut haben die Welt als Projekt des Dienstes am Menschen neu zu erfinden. Es bestehen keine geschichtlichen Erfahrungen, die wir als Modell benutzen können. Wir müssen die Theorie und Praxis neuer sozialer, politischer und wirtschaftlicher Organisationsformen entwickeln, ebenso für den Bruch mit der Unterentwicklung, als auch für den sozialistischen Aufbau.

Wir können dies nur unter der Bedingung erreichen, dass wir unsere Aufgabe nicht überstürzen oder aus den Augen verlieren. Wenn wir vergessen, dass es unser Auftrag ist, ein soziales Projekt für den Menschen zu schaffen, verwandelt sich der Kampf unseres Volkes in einen weiteren reformistischen Versuch. Wenn wir die konkreten Bedingungen vergessen, unter denen wir begonnen haben und versuchen hier und jetzt etwas zu schaffen, das unsere Möglichkeiten übersteigt, scheitern wir ebenfalls.

Wir wenden uns dem Sozialismus nicht aus rein akademischer Liebe zu einer Doktrin zu. Uns treibt die Energie unseres Volkes, das um die unumgängliche Notwendigkeit weiß, den Rückschritt zu besiegen und das die sozialistische Ordnung als die einzige sieht, die sich modernen Völkern bietet, um sich rational in Freiheit, Selbstverwaltung und Würde zu organisieren. Wir folgen dem Sozialismus, begründet auf der Wahl des Volkes, aus freiwilliger Ablehnung des kapitalistischen Systems, das eine grausam ungleiche Gesellschaft geschaffen hat, die in antagonistische Klassen gespalten, von sozialer Ungerechtigkeit deformiert und durch den Verfall der Grundlagen menschlicher Solidarität entwürdigt ist.

In Namen des sozialistischen Wiederaufbaus der chilenischen Gesellschaft haben wir die Präsidentschaftswahlen gewonnen und den Sieg in den Munizipalwahlen bestätigt. Dies ist unsere Fahne, unter der wir das Volk politisch mobilisieren, sowohl als Akteure unseres Vorhabens, als auch als Rechtfertigung für unsere Aktionen. Unsere Regierungspläne sind das Programm der Unidad Popular, mit dem wir für die Wahl kämpften. Bei ihrer Umsetzung wollen wir jedoch die Aufmerksamkeit für die bestehenden Bedürfnisse des chilenischen Volkes nicht zugunsten gigantischer Pläne verlieren. Unser Ziel ist kein anderes als der kontinuierliche Aufbau einer neuen Machtstruktur, begründet auf dem Willen der Mehrheit und darauf ausgerichtet, in der schnellstmöglichen Zeit die dringendsten Bedürfnisse der jetzigen Generation zu erfüllen.

Die Forderungen des Volkes umzusetzen ist der einzige Weg, über den wir wirklich zur Lösung der großen menschlichen Probleme beitragen können. Keine universelle Idee ist ihres Namens wert, wenn sie nicht auf nationaler oder regionaler Skala, bis hin zu den lokalen Lebensbedingungen einzelner Familien umsetzbar ist.

Unser Plan mag jenen zu einfach erscheinen, die große Versprechungen mögen. Aber die Menschen brauchen angemessene Häuser für ihre Familien mit einem Minimum an sanitären Anlagen, sie brauchen Schulen für ihre Kinder, Schulen, die nicht nur für Arme eingerichtet wurden, sie brauchen jeden Tag genug zu essen, sie brauchen Arbeit, sie brauchen Unterstützung im Krankheitsfall und im Alter, sie müssen als Menschen respektiert werden. Das ist es, was den Menschen in Lateinamerika während Jahrhunderten versagt worden ist. Das ist es, was einige Völker schon jetzt ihrer gesamten Bevölkerung zu gewährleisten beginnen. Das ist es, was wir allen Chilenen in absehbarer Zukunft bieten möchten.

Aber nach dieser Aufgabe und als grundlegende Bedingung für ihre Erfüllung, gibt es eine weitere, die ebenso wichtig ist. Es geht darum, den Willen des chilenischen Volkes zu mobilisieren, es geht um unser Tun, unser Denken und unsere Gefühle, uns selbst als Volk wieder zu finden, damit wir uns als wesentlicher Bestandteil in die heutige Zivilisation integrieren, als Gestalter unseres eigenen Schicksals und als Träger des Erbes von Technik, Wissenschaft, Kunst und Kultur. Die Orientierung des Staates auf die Erfüllung dieser grundlegenden Bestrebungen ist der einzige Weg, um die Bedürfnisse des Volkes zu befriedigen und die Kluft zu den privilegierten Klassen zu überwinden. Vor allem ist es der einzige Weg, um die junge Generation mit einer Aufgabe zu betrauen, die ihnen die Perspektive einer fruchtbaren Existenz als Erbauer der Gesellschaft eröffnet, in der sie leben werden.

Mitglieder des Kongresses: Das Mandat, das uns anvertraut wurde, umfasst die gesamten materiellen und geistigen Ressourcen des Volkes. Wir sind an einen Punkt angelangt, an dem Rückzug oder Stillstand eine irreparable nationale Katastrophe bedeuten würde. Es ist zu dieser Stunde meine Pflicht, als Hauptverantwortlicher für das Schicksal Chiles, den Weg, den wir einschlagen und die Gefahren und Hoffnungen, die er mit sich bringt, klar aufzuzeigen.

Die Volksregierung weiß, dass die Überwindung einer geschichtlichen Epoche von sozialen und wirtschaftlichen Faktoren bestimmt ist, die bereits von derselben Epoche geprägt wurden. Diese Faktoren umfassen die Subjekte und Modi des historischen Wandels. Dies zu ignorieren würde bedeuten, sich gegen die Natur der Dinge zu stellen.

In dem revolutionären Prozess, den wir durchleben, gibt es fünf wesentliche Punkte auf die sich unser sozialer und politischer Kampf konzentriert: die Legalität, die Institutionalität, die politischen Freiheiten, die Gewalt und die Sozialisierung der Produktionsmittel. Diese Fragen betreffen die Gegenwart und Zukunft eines jeden Bürgers.

Das Prinzip der Legalität

Die Legalität regiert das Chile von heute. Sie wurde eingeführt nach einem Kampf vieler Generationen gegen Absolutismus und willkürliche Ausübung der Macht des Staates. Es ist eine unumkehrbare Errungenschaft, solange Unterschiede bestehen zwischen den Regierenden und den Regierten. Es ist nicht das Prinzip der Legalität, gegen das die Massen protestieren. Wir protestieren gegen ein legales System, dessen Grundvoraussetzungen eine soziale Ordnung der Unterdrückung widerspiegeln. Unsere Rechtsordnung, die Regulierung der chilenischen sozialen Beziehungen, entspricht zum gegenwärtigen Zeitpunkt den Bedürfnissen des kapitalistischen Systems. In einem System, das im Übergang zum Sozialismus ist, werden die Rechtsnormen den Bedürfnissen eines Volkes entsprechen, das sich den Anstrengungen widmet, eine neue Gesellschaft aufzubauen. Gesetzlichkeit wird es jedoch weiterhin geben.

Unser Gesetzessystem muss verändert werden. Daher tragen die beiden Kammern zu dieser Zeit eine große Verantwortung: dazu beizutragen, die Veränderung des Rechtssystems nicht zu behindern. Es hängt zu einem großen Maße von der Annahme einer realistischen Haltung des Kongresses ab, ob die kapitalistische Gesetzgebung von einer sozialistischen Gesetzlichkeit gefolgt werden wird, entsprechend den sozialen und wirtschaftlichen Veränderungen die wir vornehmen, ohne dass ein gewaltsamer Bruch in der Rechtsprechung Willkür und Exzessen die Tür öffnet, was wir als verantwortliche Menschen gerne vermeiden wollen.

Die Entwicklung der Institutionen

Die Verpflichtung, Gesellschaft zu organisieren und entsprechend der Gesetzgebung zu regeln, ist in unserem institutionellen System fest integriert. Der Kampf der Volksbewegungen und der Parteien, die heute die Regierung bilden, hat entscheidend zu einer der vielversprechendsten Situationen, in der sich dieses Land befinden kann, beigetragen. Wir haben ein offenes institutionelles System, dass sogar jenen getrotzt hat, die versucht haben, gegen den Willen des Volkes zu verstoßen.

Die Flexibilität unserer Institutionen erlaubt es uns zu hoffen, dass sie nicht starr als Barriere wirken und Entwicklungen behindert. Wie unser Rechtssystem werden sie sich an neue Bedürfnisse anpassen, um auf konstitutioneller Ebene die neuen Institutionen ins Leben zu rufen, die nach dem Sturz des Kapitalismus erforderlich sind.

Die neuen Institutionen werden demselben Prinzip entsprechen, das unsere Handlungen rechtfertigt und leitet: die Übertragung der politischen und wirtschaftlichen Macht an die Arbeiter und an das Volk als Ganzes. Um dies möglich zu machen, hat die Sozialisierung der Hauptproduktionsmittel oberste Priorität.

Gleichzeitig müssen die politischen Institutionen dieser neuen Situation angepasst werden. Aus diesem Grunde müssen wir zu gegebener Zeit dem souveränen Willen des Volkes die Notwendigkeit unterbreiten, die gegenwärtige Verfassung mit ihren liberalen Grundsätzen durch eine sozialistisch orientierte Verfassung und das Zweikammersystem durch eine Einheitskammer zu ersetzen.

Dementsprechend haben wir uns in unserem Regierungsprogramm dazu verpflichtet, das revolutionäre Werk unter Achtung des Rechtsstaats umzusetzen. Dies ist nicht nur ein formelles Versprechen, sondern eine ausdrückliche Anerkennung dessen, dass die Prinzipien der Legalität und der institutionellen Ordnung von einem sozialistischen System untrennbar sind, trotz der Schwierigkeiten, die dadurch in der Übergangsphase auftreten werden.

Um diese Institutionen während dieser schwierigen Periode aufrechtzuerhalten, in der ihre Klassengrundlage verändert wird, sind ehrgeizige Pläne von entscheidender Wichtigkeit für die neue soziale Ordnung.

Nichtsdestotrotz hängt ihre Erfüllung nicht nur von unserem Willen ab. Sie wird größtenteils von der Gestaltung unserer sozialen und wirtschaftlichen Struktur bestimmt, von seiner Kurzzeitentwicklung und von dem Grad des Realismus, den unser Volk in seinen politischen Handlungen zeigt. Im Moment halten wir das für möglich und wir handeln auf der Basis dieser Annahme.

Politische Freiheit

Es ist außerdem wichtig, dass wir uns als Volksvertreter daran erinnern, dass die politischen Freiheiten eine Errungenschaft des Volkes sind, auf dem schwierigen Weg der Emanzipation. Sie sind ein positiver Bestandteil der historischen Phase, die wir jetzt hinter uns lassen. Und aus diesem Grund müssen sie erhalten bleiben. Hierher rührt auch unser Respekt für die Freiheit des Gewissens und für alle Glaubensrichtungen. Deswegen unterstreichen wir gerne die Worte des Kardinals Erzbischofs von Santiago, Raúl Silva Henríquez, in seiner Botschaft an die Arbeiter: »Die Kirche, die ich vertrete, ist die Kirche von Jesus, Sohn eines Zimmermanns. Sie ist so geboren worden und so werden wir, so wollen wir sie behalten. Ihr größtes Leid ist, dass man denkt, sie habe ihre Krippe vergessen, die unter den Armen war und ist.«

Aber wir wären keine Revolutionäre, wenn wir uns nur auf die Bewahrung der politischen Freiheit beschränken würden. Die Regierung der Unidad Popular wird die politischen Freiheiten stärken. Es reicht nicht aus sie den Worten nach zu verkünden, da sie sonst nur Quelle von Frustration oder Gespött werden. Wir werden sie real, greifbar und konkret machen und praktikabel in dem Maße, zu dem wir wirtschaftliche Freiheit gewinnen.

Folglich gründet die Volksregierung ihr Programm auf einer Voraussetzung, die einige bewusst leugnen. Sie basiert auf der Tatsache, dass soziale Klassen und Sektoren existieren, die gegensätzliche und sich gegenseitig ausschließende Interessen haben und sie basiert auf der Tatsache, dass es innerhalb derselben Klasse oder Gruppe Ungleichheiten im politischen Niveau gibt.

Angesichts dieser Diversität widmet sich unsere Regierung den Interessen jener, die ihren Lebensunterhalt mit ihrer eigenen Arbeit verdienen: Arbeiter, Facharbeiter, Techniker, Künstler, Intellektuelle und Angestellte. Ein sozialer Block, der sich zunehmend enger zusammenschließt, aufgrund der gemeinsamen Stellung als Lohnabhängige. Aus demselben Grund schützt die Regierung auch die kleinen und mittleren Unternehmen, das heißt alle Gruppen, die in unterschiedlicher Intensität von der Minderheit ausgebeutet werden, die die Zentren der Macht innehaben.

Die Mehrparteien-Koalition der Volksregierung reagiert auf diese Realität. Und in der täglichen Konfrontation ihrer Interessen mit denen der herrschenden Klassen, benutzt sie Techniken des Handels und durch das Rechtssystem gestützte Vereinbarungen. Sie erkennt gleichzeitig die politische Freiheit der Opposition an und hält ihre eigenen Aktionen innerhalb der institutionellen Grenzen. Politische Freiheit ist die Errungenschaft aller Chilenen als Gesamtnation.

Als Präsident dieser Republik habe ich diese Handlungsprinzipien vollständig bestätigt. Sie sind durch unsere revolutionäre politische Theorie gestützt, entsprechen der gegenwärtigen nationalen Situation und sind im Programm der Volksregierung eingeschlossen.

Sie sind Teil unseres Plans, das größtmögliche politische Potenzial unseres Landes zu entwickeln, damit die Übergangsphase zum Sozialismus zu einer selektiven Überwindung des bestehenden Systems wird. Dies erreichen wir, indem wir seine negativen und unterdrückenden Erscheinungsformen beseitigen oder hinter uns lassen und indem wir seine positiven Seiten verstärken und erweitern.

Die Gewalt

Das chilenische Volk ist im Begriff an die Macht zu kommen, ohne sich gezwungen zu sehen, zu den Waffen zu greifen. Es ist auf dem Weg zur sozialen Befreiung und musste nicht gegen ein despotisches oder diktatorisches System kämpfen sondern nur gegen die Beschränkungen einer liberalen Demokratie. Unser Volk hofft, auf legitime Art und Weise, die Übergangsphase zum Sozialismus zu durchlaufen ohne auf autoritäre Formen der Regierung zurückgreifen zu müssen.

Unser Wunsch ist sehr klar, was diesen Punkt betrifft. Aber die Verantwortung, die politische Entwicklung zum Sozialismus zu sichern, liegt nicht nur bei der Regierung und bei den Bewegungen und Parteien, die sie umfasst. Unser Volk hat sich gegen die institutionalisierte Gewalt erhoben, die ihm das gegenwärtige kapitalistische System auferlegt hat. Aus diesem Grund ändern wir die Grundlagen dieses Systems.

Meine Regierung verdankt seine Existenz dem frei bekundeten Willen des Volkes. Nur darauf reagiert sie. Die Bewegungen und Parteien, von denen sie gebildet wurde, geben dem revolutionären Bewusstsein der Massen Orientierung und verleihen den Hoffnungen und Interessen des Volkes Ausdruck. Sie sind dem Volk gegenüber direkt verantwortlich.

Es ist dennoch meine Pflicht eine Warnung auszusprechen: Eine Gefahr droht dem direkten Weg zu unserer Befreiung. Sie könnte die Richtung, die uns unsere Realität und unser kollektives Bewusstsein gezeigt haben, tiefgreifend verändern. Diese Gefahr ist Gewaltanwendung gegen die Entscheidung des Volkes.

Sollte es durch Gewalt, von innen oder von außen, in jedweder Form, sei es physisch, wirtschaftlich, sozial oder politisch gelingen unsere normale Entwicklung und die Errungenschaften unserer Arbeiter zu gefährden, sind die Kontinuität unserer Institutionen, die Rechtsstaatlichkeit, die politischen Freiheiten und der Pluralismus in höchster Gefahr. Der Kampf für soziale Befreiung oder für die freie Selbstbestimmung unseres Volkes würde notwendigerweise eine andere Form annehmen, als die, die wir mit berechtigtem Stolz und historischem Realismus den chilenischen Weg zum Sozialismus genannt haben. Die entschiedene Haltung der Regierung, die revolutionäre Energie des Volkes und die demokratische Stabilität des Militärs und der Carabineros werden darüber wachen, dass Chile sich auf dem Weg zur Befreiung sicher bewegt.

Die Einheit der Volkskräfte und die Loyalität der Mittelschichten geben uns die notwendige Überlegenheit, damit die privilegierte Minderheit nicht einfach zur Gewalt Zuflucht nehmen kann. Wenn keine Gewalt gegen das Volk losbricht, werden wir in der Lage sein die grundlegenden Strukturen, auf denen das kapitalistische System beruht, in Demokratie, Pluralismus und Freiheit zu verwandeln. Ohne unnötige tätliche Gewalt, ohne institutionelles Chaos, ohne Störung der Produktion, sondern im Einklang mit dem Rhythmus, den die Regierung entsprechend den Bedürfnissen des Volkes und der Entwicklung unserer Ressourcen vorgibt.

Der Gewinn der sozialen Freiheit

Es ist unser Weg, die sozialen Freiheiten durch die Ausübung der politischen Freiheiten zu verwirklichen. Das erfordert als Grundlage die Einführung wirtschaftlicher

Gerechtigkeit. Dies ist der Weg, den das Volk entworfen hat, weil es erkennt, dass die revolutionäre Verwandlung eines Sozialsystems Zwischenschritte verlangt. Eine rein politische Revolution kann sich in wenigen Wochen erschöpfen. Eine soziale und ökonomische Revolution braucht Jahre. Diese sind notwendig, um das Bewusstsein der Menschen zu durchdringen, um neue Strukturen zu organisieren, sie zum Funktionieren zu bringen und die alten anzupassen. Sich vorzustellen, Zwischenschritte könnten übersprungen werden, ist utopisch. Es ist unmöglich eine soziale und wirtschaftliche Struktur, eine bereits bestehende soziale Institution, zu zerstören, ohne vorher einen Ersatz wenigstens im Keim entwickelt zu haben. Wenn wir diese Voraussetzungen für einen historischen Wandel nicht erkennen, wird uns die Realität selbst daran erinnern. Uns sind die Lehren aus den revolutionären Siegen sehr bewusst: Die Lehren der Völker, die aufgrund des Drucks ausländischer Mächte und des Bürgerkrieges die soziale und wirtschaftliche Revolution beschleunigen mussten, um nicht in den blutigen Despotismus der Konterrevolution zu fallen. Sie waren erst danach im Laufe von Jahrzehnten in der Lage, die notwendigen Strukturen aufzubauen, um das vorherige System endgültig zu überwinden.

Der Weg, den meine Regierung geplant hat, ist sich dieser historischen Tatsachen bewusst. Uns ist klar: Wenn wir das kapitalistische System auf eine Weise verändern wollen, die die Legalität, Institutionalität und politischen Freiheiten respektiert, müssen unsere Handlungen bestimmten wirtschaftlichen, politischen und sozialen Grenzen angepasst werden. Dies ist allen Chilenen bewusst. Diese Grenzen werden in unserem Regierungsprogramm aufgezeigt, welches wir mit Entschlossenheit und ohne Zugeständnisse auf die Art und Weise und mit der Intensität umsetzen, die wir vorher angekündigt haben.

In seinem zunehmenden Reife- und Organisationsprozess hat das chilenische Volk die Volksregierung mit der Durchsetzung seiner Interessen beauftragt. Dies verpflichtet die Regierung auf der Grundlage einer vollständigen Identifikation und Integration mit den Massen zu handeln, ihrem Willen Ausdruck zu geben und ihr die Richtung zu weisen und es hindert sie daran, sich mit zögerlichen oder unbesonnenen Handlungen zu distanzieren. Heute mehr denn je muss die Übereinstimmung zwischen dem Volk, den Volksparteien und der Regierung so präzise und dynamisch wie möglich sein.

Jede historische Etappe reagiert auf die Konditionen, die durch die vorherige vorgegeben wurden und schafft die Elemente und Kräfte der darauf folgenden. Die Übergangsphase zu durchlaufen, ohne seine politische Freiheiten einschränken zu müssen und ohne ein gesetzliches oder institutionelles Vakuum zu erfahren, ist das

Recht und eine legitime Forderung unseres Volkes, denn es erwartet dessen vollständige Verwirklichung in der sozialistischen Gesellschaft. Die Volksregierung wird ihrer Verantwortung in dieser entscheidenden Zeit gerecht werden.

Die größte, zur Erschaffung des neuen Systems, besteht in der Organisation und im Bewusstsein unseres Volkes, in den Bewegungen, den politischen Massenparteien und Arbeitergewerkschaften und in der fortwährenden und vielfältigen Mobilisierung, die den objektiven Anforderungen eines jeden Moments entspricht. Wir hoffen, dass diese Verantwortung, die nicht unbedingt nur die der Regierung ist, von der *Christlichen Demokratischen Partei* geteilt wird. Sie muss die Beständigkeit darin beweisen sich an die Prinzipien und Programme zu halten, die sie dem Volk so oft vorgetragen hat.

New York 1972: In seiner Rede vor der UNO verteidigt Allende die Verstaatlichungskonzeption in Chile und greift die imperialistischen Länder und deren Konzerne an.

Allende 1973 in der Kupfermine El Teniente,
die zu den größten der Welt zählt.

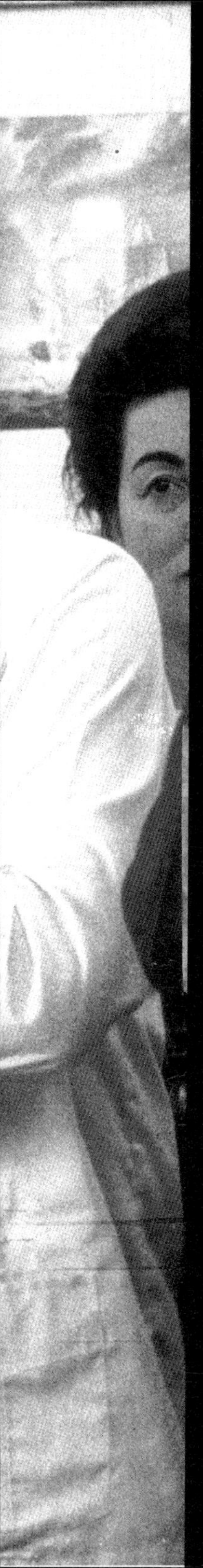

Im April 1971 war die Kupfermine unter staatliche Kontrolle gestellt worden. Am 11. Juli 1971 beschloss der Kongress die Enteignung der im US-Besitz befindlichen Kupferminen gegen Entschädigung, die allerdings mit dem atemberaubenden Profit der letzten Jahre verrechnet wurde. Während sie in anderen Ländern zehn Prozent Profit machte, holte die US-Firma Kennecot bis zu 205 Prozent aus dem Kupferbergbau in Chile heraus. Im Sommer 1973 streikten die relativ privilegierten Kupferminenarbeiter für zusätzlichen Inflationsausgleich und brachten Chile in eine Staatskrise.

Bereits im Oktober 1972 streikten die Transportunternehmer, mit denen sich die Gewerkschafter der Transportarbeiter solidarisierten, nachdem die Regierung den Fuhrunternehmern die Erhöhung ihrer Frachtraten nicht genehmigt hatte, da das die Lebensmittelkosten für den agrarisch kargen Süden verteuert hätte. Chile litt nach dem von den USA durchgesetzten internationalen Handels- und Kreditembargo unter einer schweren Wirtschaftskrise. Auf die Streiks der Transportunternehmen antwortete die Regierung mit Härte, mit der Verhängung von Ausnahmerecht und Verhaftungen. Die Mehrheit der Arbeiterschaft blieb auf Seiten der Regierung, die Streikfront bröckelte nach kurzer Zeit. Zu den politischen Folgen zählte aber, dass sich die politischen Widerspruchslinien in der Gesellschaft zu offenkundigen Feindschaften entwickelten.

Salvador Allende mit Radomiro Tomic Romero, Führer des progressiven Flügels der Christdemokraten in Chile, die den Verstaatlichungskurs der Konzerne und des Bergbaus durch die Unidad Popular unterstützten.

Salvador Allende

Rede an die Vereinten Nationen

4. Dezember 1972

Herr Präsident, meine Damen und Herren Delegierten: Ich danke Ihnen für die hohe Ehre mich eingeladen zu haben, an diesem Podium zu sprechen, dem repräsentativsten der Welt und dem wichtigsten Forum für alle Angelegenheiten, die die Menschheit betreffen. Ich grüße den Herrn Generalsekretär der Vereinten Nationen, den wir in unserem Land in den ersten Wochen seines Mandats begrüßen durften und die Repräsentanten der mehr als 130 Länder, die die Versammlung bilden.

Ich grüße Sie, Herr Präsident. Sie stammen aus einem Land, mit dem wir brüderlich verbunden sind, und wir haben Sie persönlich schätzen gelernt, als Sie, während der dritten Sitzung der Welthandels- und Entwicklungskonferenz die Delegation der Volksrepublik Polen leiteten. Ich möchte Ihnen hiermit meine Anerkennung aussprechen für Ihre bedeutsamen und herzlichen Worte.

Ich komme aus Chile, einem kleinen Land, wo jedoch jeder Bürger die Freiheit hat seine Meinung so zu äußern, wie er es für richtig hält; wo uneingeschränkte Toleranz auf kulturellem, religiösem und ideologischem Gebiet besteht und wo Rassendiskriminierung keinen Platz hat; ich komme aus einem Land, dessen Arbeiterklasse in einem einzigen Gewerkschaftsbund vereinigt ist; aus einem Land, wo das allgemeine Wahlrecht und die geheime Wahl die Grundpfeiler eines Vielparteiensystems sind; einem Land, dessen Parlament seit seiner Gründung vor 160 Jahren ohne Unterbrechung tätig gewesen ist; dessen Judikative unabhängig von der Exekutive ist und dessen Verfassung, die praktisch immer in Kraft war, seit 1833 nur einmal abgeändert wurde.

Ein Land, in dem das öffentliche Leben mit zivilen Institutionen organisiert ist und das auf eine Wehrmacht mit bewährter Ausbildung und tiefem demokratischem Sinn zählen kann. Ein Land mit circa zehn Millionen Einwohnern, die in einer Generation zwei Literatur-Nobelpreisträger hervorgebracht haben: Gabriela Mistral und Pablo Neruda, beide Kinder bescheidener Arbeiter. In meinem Land vereinen sich Vaterland, Geschichte, Land und Mensch in einem tiefen Nationalgefühl.

Chile ist jedoch auch ein Land, dessen rückständige Wirtschaft unter die Kontrolle ausländischer kapitalistischer Unternehmen geraten und sogar von ihnen übernommen worden ist; dessen Auslandsschulden auf über vier Milliarden Dollar angeschwollen sind und das für diese jährlich Zins- und Tilgungszahlungen leisten muss, die mehr als 30 Prozent seiner Exporterlöse ausmachen; ein Land mit einer auf auswärtige Ereignisse außerordentlich empfindlich reagierenden, chronisch stagnierenden und inflationären Wirtschaft, wo Millionen Menschen gezwungen sind, unter den Bedingungen von Ausbeutung, Elend und offener oder versteckter Arbeitslosigkeit zu leben.

Die Probleme von Chile sind die der Dritten Welt

Ich komme heute hierher, weil mein Land mit Problemen konfrontiert ist, denen aufgrund ihrer universellen Bedeutung in dieser Versammlung der Vereinten Nationen ständig Aufmerksamkeit gewidmet wird: der Kampf um gesellschaftliche Befreiung, das Bemühen um Wohlstand und geistigen Fortschritt und die Verteidigung der nationalen Identität und Würde.

Die Aussicht, der mein Land sich gegenübersah, war, wie in so vielen anderen Ländern der Dritten Welt, das bekannte Modell der Annahme einer fremden Modernisierungsform. Technische Untersuchungen und die tragische Realität haben gezeigt, dass ein solches Modell dazu verurteilt ist, mehr und mehr Millionen von Menschen von jeder Möglichkeit des Fortschritts, des Wohlstands und der sozialen Befreiung auszuschließen und sie in ein subhumanes Dasein zu verweisen – ein Modell, das zu einer großen Wohnungsnot führen und eine ständig wachsende Zahl von Bürgern zu Arbeitslosigkeit, Analphabetentum, Unwissenheit und physischer Not verdammen muss.

Mit einem Wort, die Perspektive war dieselbe wie jene, die uns in einer Beziehung der Kolonialisierung oder Abhängigkeit gehalten hat, dieselbe, die uns in den Zeiten des Kalten Kriegs genauso ausgebeutet hat, wie in den Zeiten der offenen Auseinandersetzung oder in Zeiten des Friedens. Uns, die unterentwickelten Länder, will man dazu verdammen Länder zweiter Klasse zu sein – auf ewig unterdrückt.

Dies ist ein Modell, das die chilenische Arbeiterklasse, die sich jetzt zur Protagonistin ihrer eigenen Zukunft erhebt, entschlossen zurückweist und einen unabhängigen und eigenen Weg der beschleunigten Entwicklung sucht, der die traditionellen Strukturen auf revolutionäre Weise umgestaltet.

Wirtschaft vom Volk für das Volk

Das chilenische Volk hat die Regierung nach einem langen Weg mit großen Opfern übernommen und gibt sich jetzt voll der Aufgabe hin, eine demokratische Wirtschaft aufzubauen, damit die Produktion die sozialen Bedürfnisse und Erwartungen erfüllt, anstelle von individuellen Gewinninteressen. Mit einem gut geplanten und schlüssigen Programm wird die alte Struktur ersetzt, die auf der Ausbeutung der Arbeiter und der Kontrolle der Hauptproduktionsmittel durch eine Minderheit basiert. An ihrer Stelle entsteht eine neue Struktur, die von den Arbeitern geleitet wird und den Interessen der Mehrheit dient und die Grundsteine legt für eine Wachstumsform, die echte Entwicklung bedeutet und sich auf alle Einwohner des Landes bezieht und nicht Großteile des Volkes in die Armut und soziale Ausgrenzung schickt.

Die Arbeiter ersetzen die privilegierten Gruppen in der politischen und wirtschaftlichen Macht, sowohl in den Zentren der Arbeit, als auch in den Gemeinden und im Staat selber. Dies ist der revolutionäre Inhalt des Prozesses der Überwindung des Kapitalismus und der Öffnung zum Sozialismus, den mein Land zur Zeit durchlebt.

Es war notwendig die Betriebsmittel zu verstaatlichen

Es war notwendig alle unsere wirtschaftlichen Ressourcen in den Dienst der Behebung des großen Mangels im Volk zu legen, dies musste Hand in Hand mit der Wiedergewinnung der nationale Würde Chiles gehen. Wir mussten die Situation beenden, in der wir Chilenen, während wir uns mit Armut und Stagnation quälten, gezwungen waren enorme Summen an Kapital zu exportieren, zum Vorteil der größten Wirtschaftsmächte der Welt. Die Nationalisierung unserer Bodenschätze war ein historischer Akt der Zurückforderung. Unsere Wirtschaft konnte den Zustand der Unterwerfung nicht länger tolerieren, in der mehr als 80 Prozent der Exporte sich in den Händen einer kleinen Anzahl großer ausländischer Firmen konzentrierte, die zu jeder Zeit ihre eigenen Interessen vor die Bedürfnisse der Länder gestellt haben, von denen sie profitierten. Ebenso wenig konnten wir die Last des Großgrundbesitzertums der industriellen und kommerziellen Monopole, das Kreditwesen zum Vorteil einer Minderheit oder die brutalen Ungleichheiten der Einkommensverteilung akzeptieren.

Der revolutionäre Weg dem Chile folgt, die Umwandlung der Machtstrukturen die wir vollziehen, die zunehmenden Führungsrollen, die die Arbeiter einnehmen, die nationale Zurückgewinnung der Hauptressourcen und die Befreiung unseres Landes von der Unterwerfung unter ausländische Mächte sind der Höhepunkt einer langen Phase in unserer Geschichte. Sie ist gekennzeichnet durch die Anstrengungen politische und soziale Freiheiten zu gewinnen und durch den heldenhaften Kampf mehrerer Generationen von Arbeitern und Bauern, sich als soziale Kraft zu organisieren, um die politische Macht zu erringen und die Kapitalisten der Wirtschaftsmacht zu ersetzen.

Heute regiert das Volk

Seine Traditionen, seine Persönlichkeit und sein revolutionäres Bewusstsein haben das chilenische Volk in die Lage versetzt, die Entwicklung zum Sozialismus voranzutreiben und gleichzeitig die kollektiven und individuellen bürgerlichen Freiheiten zu stärken und den kulturellen und ideologischen Pluralismus zu respektieren. Wir kämpfen einen anhaltenden Kampf für die Durchsetzung sozialer Freiheiten und wirtschaftlicher Demokratie durch die volle Ausübung der politischen Freiheiten.

Der demokratische Wille unseres Volkes hat die Herausforderung angenommen, diesen revolutionären Prozess innerhalb der Rahmenbedingungen eines hoch institutionalisierten Staates voranzutreiben, der Veränderungen flexibel begegnete und heute vor der Notwendigkeit steht, sich der neuen sozioökonomischen Realität anzupassen.

Maßlose und unglaubliche Gewinne

Wir haben die Hauptressourcen nationalisiert. Wir haben das Kupfer nationalisiert. Es war eine einstimmige Entscheidung des Parlaments, in dem die Regierungsparteien in der Minderheit sind. Wir wollen ausdrücklich darstellen, dass wir nicht die großen ausländischen Unternehmen, die Kupfer abbauen, konfisziert haben. Im Einklang mit unserer Verfassung haben wir jedoch jetzt eine historische Ungerechtigkeit bereinigt, indem wir alle über zwölf Prozent liegenden erzielten Gewinne pro Jahr von der Entschädigungssumme abgezogen haben, beginnend im Jahre 1955.

Die Gewinne, die einige der nationalisierten Unternehmen während der letzten fünfzehn Jahre erzielt haben, waren so übertrieben hoch, dass diese Unternehmen bedeutende Abzüge hinnehmen mussten als die angemessene Gewinngrenze von zwölf Prozent pro Jahr angelegt wurde.

Das ist zum Beispiel der Fall bei einer Filiale der *Anaconda Company*, deren Jahresgewinne in Chile zwischen 1955 und 1970 durchschnittlich 21,5 Prozent des Buchwertes betrugen, während sich *Anacondas* Gewinne in anderen Ländern nur auf 3,6 Prozent pro Jahr beliefen.

Es ist auch der Fall bei einer Filiale der *Kennecott Copper Corporation*, die im selben Zeitraum in Chile einen durchschnittlichen Jahresgewinn von 52,8 Prozent erzielte. In einigen Jahren kam sie auf so unglaubliche Gewinne wie 106 Prozent im Jahre 1967, 113 Prozent im Jahre 1968 und mehr als 205 Prozent im Jahre 1969.

Der durchschnittliche Gewinn von *Kennecott* erreichte im selben Zeitraum in anderen Ländern kaum zehn Prozent pro Jahr. Dagegen ergab die Anwendung der Verfassungsnorm, dass bei anderen Kupferbetrieben keine Abzüge aufgrund überzogener Gewinne vorgenommen wurden, da ihre Gewinne die vertretbare Grenze von zwölf Prozent nicht überschritten hatten.

Eine Investition von dreißig Millionen brachte ihnen mehr als vier Milliarden Dollar

Es muss hervorgehoben werden, dass die großen Kupferunternehmen in den Jahren unmittelbar vor der Nationalisierung Ausbaupläne in Angriff genommen haben, die zum großen Teil gescheitert sind. Diese Expansionen wurden trotz der riesigen Gewinne nicht durch eigene Ressourcen finanziert, sondern mittels ausländischer Kredite. Den gesetzlichen Vorschriften zufolge musste Chile die Verantwortung für diese Schulden übernehmen, die auf die enorme Summe von mehr als 727 Millionen Dollar angestiegen waren. Wir haben mit der Rückzahlung begonnen, inklusive der Schulden, die eines dieser Unternehmen mit *Kennecott* – seinem eigenen Mutterkonzern in den Vereinigten Staaten – abgeschlossen hatte.

Dieselben Unternehmen bauten Chiles Kupfer viele Jahre lang ab und in den letzten 42 Jahren nahmen sie mehr als vier Milliarden Dollar Gewinn mit, obwohl ihre anfängliche Investition nicht höher war als dreißig Millionen Dollar. In starkem Kontrast dazu ein einfaches, schmerzvolles Beispiel: In meinem Land gibt es mehr als 600.000 Kinder, die nie ein normales Leben wie andere Menschen genießen werden können, weil sie in den ersten acht Monaten ihres Lebens nicht die Mindestmenge an

Eiweiß erhielten. 4.000 Millionen Dollar würde Chile komplett verändern. Mit nur einem kleinen Teil der Summe könnte man die Proteinversorgung für alle Kinder dieses Landes für immer sichern.

Das chilenische Kupfer gehört Chile

Der Kupferbergbau wurde peinlichst genau nationalisiert, sowohl gemäß der internen Gesetzgebung, als auch im Einklang mit den Normen des internationalen Rechts, welches nicht notwendigerweise mit den Interessen der großen kapitalistischen Unternehmen einhergehen muss.

Das ist, kurz gesagt, der Prozess den mein Land durchlebt. Ich hielt es für angemessen ihn vor dieser Versammlung zu beschreiben. Es ist ein Prozess, der Rückendeckung erhält durch die Autorität, die wir aufgrund der Tatsache genießen, dass wir uns strikt an die Empfehlungen der Vereinten Nationen halten und uns auf unsere eigenen Kräfte als Basis unserer wirtschaftlichen und sozialen Entwicklung stützen. Diese Versammlung hat sich dafür ausgesprochen, die altmodischen Institutionen und Strukturen umzuformen, natürliche und menschliche nationale Ressourcen zu mobilisieren, das Einkommen umzuverteilen und der Ausbildung, Gesundheit und der Sorge um die ärmsten Bevölkerungsschichten Priorität zu geben. All das ist wesentlicher Bestandteil unserer Politik und befindet sich im vollen Prozess der Umsetzung.

Daher ist es für mich umso schmerzvoller an dieses Podium zu treten, um der Öffentlichkeit mitzuteilen, dass mein Land Opfer einer schweren Aggression ist.

Die alte Aggression des Imperialismus

Wir haben Schwierigkeiten und externen Widerstand bei der Durchführung des Umgestaltungsprozesses vorausgesehen, vor allem bei der Nationalisierung der Bodenschätze. Der Imperialismus und seine Grausamkeit haben eine lange und Unheil bringende Geschichte in Lateinamerika und ist der dramatischen und heroischen Erfahrung Kubas sehr nahe, ebenso wie der Perus, das bittere Konsequenzen wegen seiner Entscheidung eigenständig über sein Öl zu bestimmen erleiden musste.

In der Mitte der siebziger Jahre, nach so vielen Abkommen und Beschlüssen der internationalen Gemeinschaft, in denen das souveräne Recht aller Länder anerkannt wurde über seine eigenen Bodenschätze zum Vorteil seines Volkes zu verfügen; nach der Annahme internationaler Abkommen über wirtschaftliche, soziale und kulturelle Rechte und der Entwicklungsstrategie zur Zweiten Entwicklungsdekade, die diese Vereinbarungen feierlich bekräftigten, sind wir jetzt Opfer eines neuen Ausdrucks des Imperialismus. Subtiler, raffinierter und erschreckend effektiver darin, uns an der Ausübung unserer Rechte als souveräner Staat zu hindern.

Politische Intrige und wirtschaftliche Belagerung

Seit genau dem Moment an dem wir die Wahl gewonnen haben, dem 4. September 1970, spüren wir die Entwicklung ausländischen Drucks in großem Ausmaß. Dadurch wurde beabsichtigt die Einsetzung einer frei vom Volk gewählten Regierung zu verhindern, die seitdem gestürzt werden soll. Man versuchte uns von der Welt isolieren, die Wirtschaft zu drosseln, den Handel mit dem Hauptexportprodukt Kupfer zu lähmen und uns den Zugang zu den Quellen internationaler Finanzierung vorzuenthalten.

Wir sind uns bewusst: Wenn wir den finanziell-ökonomischen Block anprangern der gegen uns eingesetzt wird, ist eine solche Situation für die internationale öffentliche Meinung und sogar für einige unserer Landsleute schwer zu verstehen. Denn es handelt sich nicht um einen offenen Angriff, der der Welt ohne Schleier vor dem Gesicht angekündigt wurde. Im Gegenteil, es ist ein andauernder verdeckter Angriff, unterirdisch, aber dennoch nicht weniger schädigend für Chile.

Wir stehen Kräften gegenüber die im Dunkeln agieren, unter keiner Fahne und mit mächtigen Waffen, die an den verschiedensten Einflussorten eingesetzt werden.

Uns ist kein Handelsverbot auferlegt. Niemand hat erklärt, dass er eine Konfrontation mit unserer Nation beabsichtigt. An der Oberfläche mag es so aussehen, als hätten wir keine anderen Feinde als die eigenen natürlichen innenpolitischen Gegner. Dem ist nicht so. Wir sind Opfer von kaum wahrzunehmenden Aktionen, versteckt hinter einem Schleier von Worten und Erklärungen, die die Souveränität und die Würde unseres Landes rühmen. Wir aber spüren am eigenen Leibe, dass zwischen besagten Erklärungen und den spezifischen Aktionen eine riesige Distanz besteht, der wir uns stellen müssen.

Ich spreche nicht über vage Vermutungen. Ich spreche von konkreten Problemen, die mein Volk heute quälen, und die wirtschaftliche Auswirkungen haben, die sich in den kommenden Monaten noch verstärken werden.

Die imperialistische Bank

Chile ist, wie der Großteil der Länder in der Dritten Welt, im Hinblick auf die Situation des Außenhandels seiner Wirtschaft sehr verletzlich. Über die letzten zwölf Monate hinweg bedeutete das Fallen der internationalen Kupferpreise für unser Land, dessen Export etwas mehr als 1.000 Millionen Dollar erzielt, einen Verlust von ungefähr zweihundert Millionen Dollar, während die Preise für Produkte der Industrie und Landwirtschaft, die wir einführen müssen, stark angestiegen sind, in einigen Fällen bis zu sechzig Prozent.

Wie fast immer kauft Chile zu hohen Preisen und verkauft zu niedrigen Preisen.

Es war genau zu dieser Zeit, welche an sich schon schwierig für unsere Zahlungsbilanz war, dass wir uns unter anderen folgenden Aktionen ausgesetzt sahen, die offensichtlich darauf ausgelegt waren Rache zu nehmen am chilenischen Volk für seine Entscheidung das Kupfer zu nationalisieren.

Bis zum Antritt meiner Regierung erhielt Chile Nettozahlungseingänge von ungefähr 80 Millionen Dollar pro Jahr, in Form von Darlehen internationaler Finanzinstitutionen wie der Weltbank und der Interamerikanischen Entwicklungsbank. Diese Finanzierungen sind abrupt unterbrochen worden.

Im letzten Jahrzehnt hat Chile von der *Agency for International Development* (AID) (US-Agentur für internationale Entwicklung) der Regierung der Vereinigten Staaten Kredite im Wert von fünfzig Millionen Dollar erhalten.

Wir erwarten nicht, dass diese Darlehen weiterhin gewährt werden. Die Vereinigten Staaten haben das Recht ihre Souveränität auszuüben und einem Land Darlehen zu bewilligen oder nicht. Wir möchten nur darauf hinweisen, dass die plötzliche Einstellung dieser Kredite zu einer bedeutenden Verschlechterung unserer Zahlungsbilanz geführt hat.

Erpressung – made in USA

Als ich die Präsidentschaft antrat erhielt mein Land kurzfristige Kredite von fast 220 Millionen Dollar von privaten Banken Nordamerikas, welche dazu bestimmt waren unseren Außenhandel zu finanzieren. In kurzer Zeit jedoch wurde von diesen Krediten ungefähr 190 Millionen Dollar zurückgezogen, eine Summe die wir zahlen mussten, weil die entsprechenden Verträge nicht erneuert wurden.

Chile muss – wie der Großteil der lateinamerikanischen Länder – aus technologischen und anderen Gründen große Mengen an Investitionsgütern aus den USA beziehen. Nun sind die Lieferantenkredite ebenso wie die Kredite, die gewöhnlich von der Export-Import-Bank für diese Art von Operation gewährt werden, ebenfalls eingestellt worden. Das bringt uns in die ungewöhnliche Lage diese Art von Gütern im Voraus bezahlen zu müssen, was unsere Zahlungsbilanz extrem belastet.

Die Stagnation der Entwicklungsprogramme

Die Kredite, die Chile bereits vor meinem Regierungsantritt mit den öffentlichen Behörden der Vereinigten Staaten verhandelt hatte und deren Auszahlung bereits im Gange war, wurden ebenfalls gesperrt. Das bedeutet, dass wir die damit verbundenen Projekte, für deren Umsetzung wir mit der Finanzierung durch Institutionen der US-Regierung gerechnet haben, mit Bareinkäufen auf dem amerikanischen Markt weiterführen müssen, da mitten in der Arbeit eine Umstellung auf andere Importquellen nicht mehr möglich ist.

Das Ergebnis der Aktionen, die sich gegen den Kupferhandel in den westeuropäischen Ländern richten, ist eine starke Behinderung unserer kurzfristigen Finanzoperationen mit Privatbanken Europas, die sich hauptsächlich auf den Verkauf dieses Metalls stützen. Das bedeutet, dass Kredite von mehr als zweihundert Millionen Dollar nicht erneuert wurden, dass Finanzverhandlungen über zweihundert Millionen Dollar, die kurz vor dem Abschluss standen, suspendiert wurden und dass ein Klima geschaffen wurde, das einen normalen Ablauf unserer Einkäufe in diesen Ländern unmöglich macht und unsere gesamte Finanztätigkeit in der Außenwirtschaft aus dem Gleichgewicht bringt.

Wall Street bestraft Chile

Diese brutale finanzielle Drosselung bedeutet, angesichts der Beschaffenheit der chilenischen Wirtschaft, eine gravierende Beschränkung unserer Einkaufsmöglichkeiten für Geräte, Ersatzteile, Einzelteile, Nahrungsgüter und Medikamente. Alle Chilenen leiden unter den Folgen dieser Maßnahmen, die sich auf das tägliche Leben aller Bürger und natürlich auch auf die Innenpolitik auswirken.

Was ich hier beschrieben habe, bedeutet, dass die internationalen Organisationen ihrem eigentlichen Zweck entfremdet wurden. Ihre Ausnutzung als Werkzeuge der Politik individueller Mitglieder ist illegal und moralisch inakzeptabel, egal wie mächtig diese Staaten sein mögen. Es wird Druck ausgeübt auf ein Land, das wirtschaftlich schwach ist. Ein Volk wird bestraft für seine Entscheidung, seine

Bodenschätze wieder in Besitz zu nehmen. Das ist Einmischung in die inneren Angelegenheiten eines Landes. Das ist, was wir als Imperialismus bezeichnen.

Meine Damen und Herren Delegierten, Sie wissen es und können nicht umhin, sich daran zu erinnern, dass all dies schon mehrmals in Resolutionen der Vereinten Nationen verurteilt wurde.

Chile wird von multinationalen Unternehmen angegriffen

Chile leidet nicht nur unter der finanziellen Blockade, sondern wir sind auch Opfer eines eindeutigen Angriffs. Zwei Unternehmen, die zum Kern der großen transnationalen Unternehmen gehören und ihre Klauen in mein Land geschlagen haben – *International Telegraph and Telephone Company* (ITT) und die *Kennecott Copper Corporation* – haben es sich vorgenommen unser politisches Leben zu lenken.

Die ITT, ein gigantischer Konzern, dessen Kapital größer ist als der Staatshaushalt verschiedener Länder Lateinamerikas zusammen und sogar größer als der einiger Industrienationen, initiierte in dem Moment, als der Sieg des Volkes in den Wahlen vom September 1970 bekannt wurde, eine düstere Aktion, um zu verhindern, dass ich als Präsident eingesetzt würde.

Zwischen September und November des erwähnten Jahres, gab es in Chile terroristische Aktionen die außerhalb unserer Grenzen geplant wurden, in geheimer Absprache mit faschistischen Gruppen innerhalb des Landes. Ihr Höhepunkt war die Ermordung des Oberbefehlshabers des Heeres General René Schneider, einem gerechten Mann, großen Soldaten und Symbol für die konstitutionelle Gesinnung des chilenischen Militärs.

Im März dieses Jahres wurden Dokumente an die Öffentlichkeit gebracht, die den Zusammenhang zwischen diesen düsteren Vorhaben und der ITT aufdeckten. Die ITT hat zugegeben, dass sie nach 1970 der Regierung der Vereinigten Staaten Vorschläge unterbreitet hatte, um auf die politische Entwicklung in Chile Einfluss zu nehmen. Diese Dokumente sind authentisch. Niemand hat gewagt sie zu widerlegen.

Die ITT: Unternehmen von Verbrechern

Später, im letzten Juli erfuhr die Welt mit Bestürzung von den Einzelheiten eines neuen Aktionsplans der ITT, den sie der US-Regierung unterbreitet hatten: In dem Aktionsplan schlugen sie vor, meine Regierung innerhalb von sechs Monaten zu stürzen. Ich habe hier das Dokument, mit Datum vom Oktober von 1971, das die achtzehn

Punkte enthält, die diesen Plan ausmachen. Vorgesehen waren die wirtschaftliche Erdrosselung, die diplomatische Sabotage, Erzeugung von Panik in der Bevölkerung und soziales Chaos, damit sich nach dem Sturz der Regierung die Streitkräfte veranlasst sähen, die demokratische Ordnung aufzuheben und eine Diktatur zu errichten.

Im gleichen Moment als die ITT diesen Plan ausführen wollte gaben ihre Vertreter vor mit meiner Regierung eine Formel aushandeln zu wollen, die den Anteil der ITT an der Telefongesellschaft Chiles in die Hände des chilenischen Staats bringen sollte. Seit den ersten Tagen meines Amtsantritts haben wir Gespräche eingeleitet, um aus nationalen Sicherheitsgründen die Telefongesellschaft, die von der ITT kontrolliert wurde, zu erwerben. Ich persönlich habe bei zwei Gelegenheiten führende Vertreter dieser Gesellschaft empfangen. Die Regierung hat bei den Gesprächen guten Willen gezeigt. Die ITT dagegen weigerte sich auf einen Preis einzugehen, der nach Schätzungen internationaler Experten ermittelt worden war. Sie legte einer schnellen und gerechten Lösung Hindernisse in den Weg und versuchte hinter unserem Rücken eine chaotische Situation in meinem Land zu schaffen.

Die Weigerung der ITT ein direktes Abkommen zu akzeptieren und die Kenntnis über ihre düsteren Machenschaften hat uns dazu gezwungen dem Kongress einen Gesetzesentwurf über die Nationalisierung der Gesellschaft zu unterbreiten.

Das Scheitern des imperialistischen Komplotts

Die Entschlossenheit des chilenischen Volkes, das demokratische System und den Fortschritt der Volksrevolution zu verteidigen und die Loyalität des Militärs zu ihrem Land und seinen Gesetzen, haben die düsteren Pläne der ITT zum Scheitern gebracht.

Meine Damen und Herren Delegierten, ich klage vor der Weltöffentlichkeit die ITT an, in meinem Vaterland einen Bürgerkrieg provozieren zu wollen. Dies ist was wir als imperialistische Intervention bezeichnen.

Chile sieht sich jetzt aber einer Gefahr gegenüber, deren Beseitigung nicht allein vom nationalen Willen abhängt, sondern von einer großen Bandbreite externer Elemente. Ich beziehe mich auf die Aktion der *Kennecott.* Wie es letzte Woche der peruanische Minister für Bergbau und fossile Energien in der ministeriellen Versammlung der *Conseil intergouvernemental des pays exportateurs de cuivre* (CIPEC) (Internationaler Gemeinschaft Kupfer exportierender Länder) ausdrückte, ruft diese Aktion für das revolutionäre Volk Perus die Erinnerung an eine schmachvolle Phase wach, in der die *International Petroleum Co.* die Hauptrolle spielte, bis sie von der Revolution vollständig aus dem Land vertrieben wurde.

Unsere Verfassung sieht vor, dass über Streitfälle, die durch die Nationalisierung entstehen, ein Gericht entscheidet, das wie alle Gerichte in meinem Land in seinen Entscheidungen unabhängig und souverän ist. Die *Kennecott* akzeptierte diese Gesetzgebung und prozessierte ein Jahr lang vor diesem Gericht. Ihr Appell wurde abgelehnt, wonach sie sich entschloss ihre große Macht zu nutzen, um uns den Ertrag unserer Kupferexporte zu rauben und Druck auf die Regierung Chiles auszuüben. Ihre Dreistigkeit ging soweit, dass sie letzten September vor den Gerichten Frankreichs, Hollands und Schwedens ein Preisembargo für besagte Exporte verlangte. Sicherlich wird sie versuchen, das auch noch in anderen Ländern zu erreichen. Die Grundlage dieser Aktionen ist von jedem juristischen und moralischen Gesichtspunkt aus gesehen vollkommen inakzeptabel.

Gesetzestreue Komplizen der Monopole

Die *Kennecott* strebt an, dass Gerichte anderer Nationen, die gar nichts mit den Problemen und Geschäften zwischen dem chilenischen Staat und der *Kennecott* zu tun haben, einen souveränen Akt unseres Staates für nichtig erklären, der durch das höchste Mandat beschlossen wurde, wie es von der politischen Verfassung vorgesehen ist und dem das Volk einstimmig zugestimmt hat.

Diese Pläne verstoßen gegen die Grundprinzipien des internationalen Rechts, nach dem alle nationalen Reichtümer eines Landes – vor allem aber die lebenswichtigen – diesem Land selbst gehören und das frei über sie bestimmen kann. Es existiert kein internationales, von allen anerkanntes Gesetz – oder in diesem Fall ein spezielles Abkommen – das diese Aktion rechtfertigt. Die Weltgemeinschaft ist organisiert unter den Prinzipien der Vereinten Nationen und akzeptiert keine Interpretation des internationalen Rechts, die sich den Interessen des Kapitalismus unterwerfen und die Gerichtes eines Landes dazu bringt, eine Struktur wirtschaftlicher Beziehungen zu schützen, die dem Kapitalismus dient.

Wäre dies der Fall, würde ein Grundprinzip des internationalen Lebens verletzt: Das Prinzip der Nichteinmischung in die inneren Angelegenheiten eines Staates, wie es ausdrücklich in der dritten Konferenz der UNCTAD anerkannt wurde.

Wir unterliegen dem internationalen Recht, das wiederholt von den Vereinten Nationen bestätigt worden ist, insbesondere in der Resolution 1803 der Vollversammlung. Diese Prinzipien wurden kürzlich von der Kommission für Handel und Entwicklung bestätigt, ausdrücklich in Bezug auf die Vorgeschichte der Anklage, die mein Land gegen *Kennecott* vorbrachte. Der betreffende Beschluss bestätigt das souveräne Recht aller Völker frei über seine Bodenschätze zu verfügen und erklärt, dass unter Anwendung dieses Prinzips die Nationalisierungen, die Staaten vornehmen, um diese Ressourcen zurückzugewinnen, Ausdruck einer souveränen Entscheidung sind. Denn es steht jedem Staat zu, dass die Modalitäten für diese Maßnahmen und der Streitfragen, die daraus entstehen können, ausschließlich in die Kompetenz seiner Gerichte gehören, ungeachtet dessen, was der Beschluss 1803 der Vollversammlung besagt. Diese lässt unter besonderen Umständen die Intervention extranationaler Gerichtsbarkeiten zu, vorausgesetzt es passiert im Einverständnis zwischen den souveränen Staaten und den anderen beteiligten Parteien.

Der Schutz der Schwachen vor dem Missbrauch der Starken

Dies ist die einzige Basis die für die Vereinten Nationen akzeptabel ist und die mit ihrer Philosophie und ihren Prinzipien im Einklang steht. Es ist die einzige, die das Recht der Schwachen gegen den Missbrauch der Starken schützen kann.

Wie es nicht anders sein konnte, haben wir vor den Gerichten in Paris die Aufhebung des Embargos erreicht, das den Wert einer unserer Kupferexporte belastete. Wir werden auch weiterhin, ohne uns entmutigen zu lassen, die ausschließliche Kompetenz der chilenischen Gerichte verteidigen, über alle Differenzen zu entscheiden, die sich aus der Nationalisierung unserer Bodenschätze ergeben. Für Chile ist das nicht nur eine Frage der juristischen Interpretation – es ist eine Frage der Souveränität. Und mehr noch, meine Damen und Herren Delegierten, es ist eine Frage des Überlebens.

Kennecott wird Chile nicht erdrücken

Die Aggression der *Kennecott* fügt unserer Wirtschaft schweren Schaden zu. Allein die direkten Schwierigkeiten, die dem Verkauf unseres Kupfers in den Weg gelegt wurden, bedeuteten für Chile in zwei Monaten Verluste von vielen Millionen Dollar. Das ist aber noch nicht alles. Ich habe bereits erwähnt, welche Auswirkungen die Behinderung der Finanzoperationen meines Landes mit Banken in Westeuropa hatte. Es ist ebenfalls offensichtlich, dass man ein Klima der Unsicherheit um unser Hauptexportprodukt erzeugen will. Damit werden sie aber keinen Erfolg haben.

In diese Richtung richten sich gegenwärtig die Absichten dieses imperialistischen Unternehmens, weil es im Endeffekt nicht erwarten kann, dass irgendeine politische oder rechtliche Macht Chile das raubt was ihm rechtmäßig gehört. Mögen sie versuchen uns in die Knie zu zwingen. Es wird ihnen nie gelingen!

Die Aggression der großen kapitalistischen Unternehmen versucht die Befreiung der Arbeiterklassen zu verhindern. Sie stellt einen direkten Angriff auf die wirtschaftlichen Interessen der Arbeiter dar.

Wir bestimmen unser eigenes Schicksal

Meine Damen und Herren Delegierten: Die Chilenen sind ein Volk das die politische Reife erreicht hat, um mehrheitlich zu entscheiden das kapitalistische System durch das sozialistische zu ersetzen.

Unsere politische Ordnung verfügt über Institutionen, die im Stande sind, diesen revolutionären Willen ohne gewalttätige Turbulenzen in die Wege zu leiten. Ich halte es für meine Pflicht, diese Versammlung darauf aufmerksam zu machen, dass die Repressionen und die Blockade, die zum Ziel haben, eine Kette von Widersprüchen und wirtschaftlichen Störungen zu verursachen, eine Bedrohung für den Frieden und das interne Zusammenleben sind. Sie werden keinen Erfolg haben. Die große Mehrheit des chilenischen Volks wird ihnen mit einer patriotischen und würdigen Haltung widerstehen.

Wie ich bereits zu Beginn sagte: die Geschichte, das Land und der Mensch ergeben zusammen ein sehr starkes Nationalgefühl.

Das Phänomen der multinationalen Konzerne

Ich hatte Gelegenheit vor der dritten UNCTAD-Konferenz über das Phänomen der transnationalen Konzerne zu sprechen. Ich habe auf das schwindelerregende Wachstum ihrer wirtschaftlichen Macht, ihres politischen Einflusses und ihrer korrupten Aktionsweise hingewiesen. Die öffentliche Meinung der Welt müsste mit Alarm auf diese Realität reagieren. Die Macht dieser Konzerne geht so weit, dass sie Grenzen überschreitet.

Allein die Auslandsinvestitionen der US-Unternehmen, die heute 32 Millionen Dollar betragen, stiegen von 1950 bis 1970 um zehn Prozent jährlich an, während die Exporte dieses Landes nur um fünf Prozent zunahmen. Ihre Profite sind unglaublich hoch und stellen eine enorme Ableitung von Ressourcen aus den Entwicklungsländern dar.

In nur einem Jahr entzogen diese Unternehmen der Dritten Welt Gewinne, die einen Nettotransfer von 1.723 Milliarden Dollar zu ihren Gunsten darstellten: 1.013

Milliarden aus Lateinamerika, 280 Millionen aus Afrika, 366 Millionen aus dem Fernen Osten und 64 Millionen aus dem Mittleren Osten. Ihr Einfluss und ihr Aktionsradius bringen sowohl die Handelspraktiken zwischen den Staaten, den Transfer von Technologie und den Austausch von Ressourcen zwischen den Nationen, als auch die Arbeitnehmer-/Arbeitgeberbedingungen völlig durcheinander.

Es sind Staaten innerhalb von Staaten

Wir stehen vor einem wirklichen Konfrontationskonflikt zwischen großen Unternehmen und den Staaten, die in ihren Grundentscheidungen politisch, wirtschaftlich und militärisch beeinträchtigt werden von globalen Organisationen, die von keinem Staat abhängen und die in der Gesamtheit ihrer Aktivitäten auf kein Parlament und keine andere Institution, die kollektives Interesse repräsentiert, reagiert oder sich ihr gegenüber verantworten muss. Mit einem Wort, die ganze politische Struktur der Welt wird untergraben.

»Händler haben kein Vaterland. Der geographische Punkt an dem sie sich befinden, bedeutet eine weniger starke Bindung als derjenige, dem sie ihren Gewinn verdanken.« Dieser Satz stammt nicht von mir, sondern von Jefferson.

Aber die großen internationalen Unternehmen greifen nicht nur die wahren Interessen der Entwicklungsländer an, sondern ihre überwältigende und unkontrollierten Aktionen richten sich auch gegen die Industrieländer in denen sie sich niederlassen. Dies wurde in letzter Zeit in Europa und den Vereinigten Staaten beklagt, was zu einer Untersuchung im US-Senat geführt hat. Vor dieser Gefahr sind die entwickelten Länder nicht sicherer als die unterentwickelten. Das ist ein Phänomen, das zu einer wachsenden Mobilisierung von organisierten Arbeitern geführt hat, einschließlich der großen Gewerkschaftsverbände der Welt. Wieder einmal muss sich die internationale solidarische Aktion der Arbeiter einem gemeinsamen Gegner stellen: dem Imperialismus.

Das Problem besteht nicht nur in Chile

Es waren hauptsächlich diese Tatsachen, die den Wirtschafts- und Sozialrat der Vereinten Nationen – im Hinblick auf die von Chile präsentierte Anklage – dazu veranlassten im Juli letzten Jahres die Einberufung einer Gruppe von angesehenen internationalen Persönlichkeiten zu beschließen, die die Funktion und Effekte der transnationalen Konzerne auf den Entwicklungsprozess – vor allem in Bezug auf die

Entwicklungsländer und die internationalen Beziehungen – untersuchen und Empfehlungen für eine angemessene internationale Reaktion aussprechen soll.

Dieses Problem ist weder isoliert noch einzigartig. Es ist die lokale Manifestation einer Realität die über unsere Grenzen hinausgeht und sich über den lateinamerikanischen Kontinent und die Dritte Welt erstreckt. Mit unterschiedlicher Intensität und individuellen Unterschieden sind alle peripheren Länder diesem auf ähnliche Weise ausgesetzt.

Der solidarische Sinn der Menschen, der in den entwickelten Ländern besteht, muss Widerwillen empfinden, wenn es einer Gruppe von Unternehmen gelingt ungestraft in die lebensnotwendigen Strukturen des Lebens einer Nation einzugreifen – bis hin zu ihrer vollständigen Zerstörung.

Der Sprecher der afrikanischen Gruppe erklärte vor einigen Wochen vor dem Ausschuss für Handel und Entwicklung, als er die Position dieser Länder in Hinblick auf die von Chile vorgelegte Anklage zum Angriff der *Kennecott Copper* beschrieb, dass sich seine Gruppe vollständig mit Chile solidarisiere, weil es sich nicht um eine Frage handele, die nur eine Nation betreffe, sondern möglicherweise die Gesamtheit der Entwicklungsländer. Diese Worte haben großes Gewicht, denn sie zeigen: Ein ganzer Kontinent erkennt, dass mit dem Beispiel Chiles eine neue Etappe des Kampfes zwischen dem Imperialismus und den schwachen Ländern der dritten Welt eingeleitet wurde.

UNO-Beschlüsse, die nicht erfüllt werden

Die Schlacht um die Verteidigung der Bodenschätze ist Teil eines Kampfes den die Länder der dritten Welt führen, um die Unterentwicklung zu überwinden. Dies ist eine klare dialektische Beziehung: Es gibt den Imperialismus, weil es Unterentwicklung gibt und es gibt Unterentwicklung, weil der Imperialismus existiert.

Der Angriff den wir erlitten haben macht den Glauben an die Erfüllung der Versprechen illusorisch, die in den letzten Jahren in Bezug auf eine groß angelegte Aktion zur Überwindung des Rückstands und der Bedürftigkeit der Nationen Afrikas, Asiens und Lateinamerikas gemacht wurden. Vor zwei Jahren, zum Anlass des 25. Jubiläums der Vereinten Nationen, proklamierte diese Versammlung feierlich die Strategie für die Zweite Entwicklungsdekade.

In ihr verpflichteten sich alle Mitgliedsstaaten der Organisation keine Mühe zu scheuen, durch konkrete Maßnahmen die gegenwärtige ungerechte internationale Arbeitsteilung zu verändern und die wirtschaftliche und technologische Kluft zu überwinden, die wirtschaftlich starke Länder von den Ländern im Entwicklungsprozess trennt.

Wir stellen fest, dass keine dieser Beschlüsse in die Realität umgesetzt wurden. Im Gegenteil, die Entwicklung ist rückläufig.

Die Märkte der Industrieländer haben sich also weiterhin den Grundprodukten der Entwicklungsländer verschlossen – vor allem den landwirtschaftlichen – und die Anzeichen des Protektionismus haben zugenommen. Die Handelsbedingungen verschlechtern sich weiterhin. Das System der allgemeinen Präferenzen für unsere Exporte von Fertig- und Halbfertigwaren wird nicht von einer Nation umgesetzt, deren Markt aufgrund seiner Größe bessere Aussichten eröffnet, und es gibt keine Anzeichen dafür, dass sich dies in naher Zukunft ändern wird.

Der Transfer von öffentlichen finanziellen Mitteln, weit davon entfernt die 0,7 Prozent des Bruttonationalproduktes der entwickelten Länder zu erreichen, ist von 0,34 auf 0,24 Prozent gesunken. Die Verschuldung der Entwicklungsländer, die zu Beginn dieses Jahres bereits enorm war, ist in wenigen Monaten von 70 auf 75 Milliarden Dollar gestiegen.

Die viel zu hohen Zins- und Tilgungszahlungen, die eine untragbare Ableitung von Ressourcen aus diesen Ländern bedeuten, sind in großem Maße auf die Bedingungen und die Modalitäten der Kredite zurückzuführen. Diese Zahlungen stiegen 1970 um 18 Prozent und 1971 um 21 Prozent an. Das ist mehr als das Doppelte der Durchschnittsrate der sechziger Jahre.

So sieht das Drama der Unterentwicklung und das Drama der Länder aus, in denen wir es bisher noch nicht vermocht haben durch energische kollektive Aktion unsere Rechte durchzusetzen, den Preis unserer Rohstoffe und Grundprodukte zu verteidigen und uns den Drohungen und Angriffen des Imperialismus zu widersetzen.

Meine Damen und Herren Delegierten, ich bitte Sie über unsere Lage nachzudenken.

Wir sind potentiell reiche Länder und wir leben in Armut. Wir gehen von einem Ort zum anderen und bitten um Kredite und Hilfe während wir selbst große Kapitalexporteure sind, was ein eigenes Paradox des kapitalistischen Wirtschaftssystems darstellt.

Lateinamerika, als Teil der Entwicklungswelt, fügt sich in das Bild ein, das ich gerade gezeichnet habe. Zusammen mit Asien, Afrika und den sozialistischen Ländern hat es in den letzten Jahren in vielen Schlachten gekämpft, um die Struktur der Handels- und Wirtschaftsbeziehungen mit der kapitalistischen Welt zu verändern, um die ungerechte und diskriminierende Wirtschafts- und Währungsordnung zu ersetzen, die nach dem Zweiten Weltkrieg in Bretton Woods geschaffen wurde.

Es ist richtig, dass zwischen vielen Ländern unserer Region und den Ländern anderer Entwicklungskontinente Unterschiede im Nationaleinkommen bestehen. Diese Unterschiede bestehen auch zwischen verschiedenen Ländern innerhalb unserer Region, in denen einige verglichen mit den unterentwickelten Ländern als weniger entwickelt bezeichnet werden könnten.

Aber solche Unterschiede, die verglichen mit dem Nationalprodukt der industriellen Welt fast zu vernachlässigen sind, schließen Lateinamerika nicht von dem großen Teil der Menschheit aus, der unterprivilegiert ist und ausgebeutet wird.

Bereits der Konsens von Viña del Mar von 1969 bestätigte diese Übereinstimmungen und bezeichnete, präzisierte und quantifizierte den wirtschaftlichen und sozialen Rückstand der Region, ebenso wie die externen Faktoren, die ihn bestimmten. Es wurden die enormen Ungerechtigkeiten hervorgehoben, die unter dem Deckmantel der Kooperation und Hilfe gegen unsere Region begangen wurden. Denn in Lateinamerika verbergen die viel bewunderten großen Städte die Tragödie von Hunderttausenden von Menschen die in Slums leben, Ergebnisse einer entsetzlichen Arbeitslosigkeit und Unterbeschäftigung. Sie verbergen die tiefe Kluft zwischen kleinen privilegierten Gruppen und den großen Massen, deren Ernährungs- und Gesundheitsindexe nicht höher sind als die in Afrika und Asien und die so gut wie keinen Zugang zur Kultur haben.

Eine Welt, die zum Elend verdammt ist

Es ist leicht zu verstehen, warum unser lateinamerikanischer Kontinent eine hohe Kindersterblichkeit und eine niedrige Lebenserwartung hat, wenn man berücksichtigt, dass hier 28 Millionen Wohnungen fehlen, dass 56 Prozent der Bevölkerung unterernährt ist, dass es mehr als hundert Millionen Analphabeten und Halbanalphabeten gibt sowie dreizehn Millionen Arbeitslose und mehr als fünfzig Millionen Gelegenheitsarbeiter. Mehr als zwanzig Millionen Lateinamerikaner kennen kein Geld, nicht einmal als Tauschmittel.

Kein Regime, keine Regierung ist in der Lage gewesen die großen Defizite in der Unterbringung, Arbeit, Ernährung und Gesundheit zu beseitigen. Im Gegenteil, mit den steigenden Bevölkerungszahlen werden sie jedes Jahr größer. Wenn wir diese Entwicklung weiter denken: was wird passieren, wenn wir am Ende des Jahrhunderts mehr als sechshundert Millionen Einwohner auf unserem Kontinent haben werden?

Diese Realität ist noch grausamer in Asien und Afrika, deren Pro-Kopf-Einkommen noch niedriger und deren Entwicklungsprozess noch schwächer ist.

Lateinamerika ist Opfer des Imperialismus

Es wird nicht immer wahrgenommen, dass der lateinamerikanische Subkontinent, dessen potenzieller Reichtum enorm ist, in den letzten dreißig Jahren zum Hauptaktionsfeld des wirtschaftlichen Imperialismus geworden ist.

Kürzlich veröffentlichte Daten des Internationalen Währungsfonds besagen, dass private Investitionen der entwickelten Länder Lateinamerika zwischen 1960 und 1970 ein Defizit von zehn Millionen Dollar beschert haben. Mit einem Wort, unsere Region hat der wohlhabenden Welt in einem Jahrzehnt diese Summe als Nettobeitrag an Kapital bezahlt.

Chile fühlt sich zutiefst solidarisch mit allen lateinamerikanischen Ländern, ohne Ausnahme. Aus diesem Grund unterstützt und respektiert es strikt die Politik der Nichteinmischung und der Selbstbestimmung, die wir auf Weltebene anwenden. Wir fördern voller Elan die Erweiterung unserer wirtschaftlichen und kulturellen Beziehungen. Wir unterstützen die gegenseitige Ergänzung und Integration unserer Wirtschaften. Aus diesem Grund arbeiten wir mit großer Begeisterung im Rahmen der ALALC[1] und verfolgen als ersten Schritt die Gründung des gemeinsamen Marktes der Andengemeinschaft, der uns mit Bolivien, Kolumbien, Peru und Ecuador verbindet.

Lateinamerika lässt die Epoche des Protestes hinter sich. Bedürfnisse und Statistiken haben zu seiner Bewusstseinsbildung beigetragen. Die ideologischen Grenzen sind von der Realität zerstört worden. Die Versuche der Spaltung und Isolierung sind gescheitert und haben den Wunsch erzeugt die Offensive zu koordinieren und die Interessen der Völker dieses Kontinents zu verteidigen, zusammen mit den anderen Entwicklungsländern.

»Diejenigen, die eine friedliche Revolution verunmöglichen, machen eine gewaltsame Revolution unvermeidlich.« Dies sind nicht meine Worte, aber ich stimme ihnen zu. John F. Kennedy hat sie gesprochen.

Chile ist nicht allein. Es konnte weder von Lateinamerika noch vom Rest der Welt isoliert werden. Ganz im Gegenteil, es hat unzählige Beweise der Solidarität und der Hilfe erhalten. Der wachsende Widerstand gegen den Imperialismus, der Respekt für die Bemühungen des chilenischen Volkes und die Antwort auf unsere Politik der Freundschaft mit allen Nationen der Welt haben sich gebündelt, um die Versuche einen feindseligen Kreis um Chile zu ziehen, zu vereiteln.

In Lateinamerika haben sich alle Systeme der Kooperation und der wirtschaftlichen und kulturellen Integration, an denen wir auf regionaler und subregionaler Ebene teilnehmen, in raschem Tempo beschleunigt. Unter ihnen ist der Handel beträchtlich angestiegen, vor allem mit Argentinien, Mexiko und den Ländern des Andenpaktes.

Die übereinstimmende Haltung der lateinamerikanischen Länder auf Weltforen und auf regionaler Ebene, in Bezug auf das Prinzip der freien Verfügung über unsere Bodenschätze, hat keine Brüche erlitten. Angesichts der jüngsten Angriffe auf unsere Souveränität haben wir brüderliche Bekundungen vollständiger Solidarität bekommen, für die wir dankbar sind.

Das sozialistische Kuba, das unter der harten Blockade leidet, hat uns ohne Zurückhaltung kontinuierlich seine revolutionäre Unterstützung ausgesprochen.

Auf Weltebene kann ich sagen, dass uns vom ersten Augenblick die sozialistischen Staaten Europas und Asiens in breiter, solidarischer Haltung zur Seite standen. Die breite Mehrheit der Weltgemeinschaft ehrte uns mit der Wahl Santiagos als Sitz der dritten UNCTAD-Konferenz und hat sich an unserer Einladung, die ich hiermit wiederhole, interessiert gezeigt, die anstehende UN-Seerechtskonferenz in Chile abzuhalten.

Die ministerielle Zusammenkunft der nichtpaktgebundenen Staaten in Georgetown, Guyana im vergangenen September versicherte uns öffentlich ihre entschiedene Unterstützung gegen die Aggressionen seitens der *Kennecott Copper Corporation*.

Chile ist eine souveräne Nation

Die CIPEC[2], das Koordinationsorgan der wichtigsten Kupferexportländer – Peru, Zaire, Sambia und Chile – hat sich kürzlich auf Antrag meiner Regierung auf Minister-Ebene versammelt, um die Situation des Angriffs auf mein Land durch *Kennecott* zu besprechen. Sie hat verschiedene Beschlüsse gefasst und wichtige Empfehlungen an die Staaten ausgesprochen. Die CIPEC unterstützt unsere Position vorbehaltlos. All dies stellt einen wichtigen Schritt für die Länder der Dritten Welt in Bezug auf die Verteidigung der Bodenschätze dar.

Diese Beschlüsse sind sicher wichtiges Diskussionsmaterial in der zweiten Kommission. Ich will hier nur die kategorische Erklärung zitieren, dass jeder Akt, der die Ausübung des Souveränitätsrechts der Länder, frei über ihre Bodenschätze zu verfügen, verhindert oder einschränkt, einen wirtschaftlichen Angriff darstellt und dass somit die Aktionen der *Kennecott* gegen Chile ein wirtschaftlicher Angriff sind. Somit werden mit ihr alle wirtschaftlichen und kommerziellen Beziehungen abgebrochen und die Dispute über Entschädigungen im Fall der Nationalisierung unterstehen der ausschließlichen Kompetenz der Staaten die sie verfügen.

Aber am wichtigsten ist, dass beschlossen wurde, einen kontinuierlichen Mechanismus des Schutzes und der Solidarität in Bezug auf das Kupfer zu schaffen. Diese Mechanismen, gemeinsam mit der OPEP[3], die sich in Bezug auf Erdöl organisiert, sind ein Keim dessen, was eine Organisation aller Länder der Dritten Welt sein sollte, um die Grundprodukte zu schützen und zu verteidigen – Mineralien und Brennstoffe ebenso wie landwirtschaftliche Produkte.

Die große Mehrheit der Länder Westeuropas vom hohen Norden mit den skandinavischen Ländern bis zum tiefen Süden in Spanien hat seine Kooperation mit Chile verstärkt und uns Verständnis entgegengebracht. Dies ist uns im Prozess der Neuverhandlung unserer Schulden bewiesen worden.

Nicht zuletzt haben wir tief bewegt die Solidarität der Arbeiterklasse der Welt empfangen, die uns von ihren großen Gewerkschaften ausgesprochen wurde. Sie zeigte sich auch in Aktionen von tiefer Bedeutung, wie zum Beispiel als die Hafenarbeiter in Den Haag und Rotterdam sich weigerten das Kupfer auszuladen, das von einem willkürlichen und ungerechtem Embargo betroffen war.

Das neue Panorama der Politik

Herr Präsident, meine Damen und Herren Delegierten! Ich habe meine Ausführungen auf den Angriff auf Chile konzentriert und auf die lateinamerikanischen und weltweiten Probleme, die damit zusammenhängen, sei es durch Ursache oder durch Wirkung. Jetzt möchte ich kurz auf einige Fragen zu sprechen kommen, die die internationale Gemeinschaft interessieren.

Ich werde nicht alle Weltprobleme erwähnen, die Thema dieser Versammlung sind. Ich gebe nicht vor, Lösungen für sie parat zu haben. Diese Versammlung arbeitet seit mehr als zwei Monaten hart daran angemessene Maßnahmen zu definieren und zu beschließen. Wir vertrauen darauf, dass das Ergebnis dieser Arbeit fruchtbar sein wird. Meine Beobachtungen werden mehr allgemeiner Natur sein und einige Sorgen des chilenischen Volkes reflektieren.

Mit großer Geschwindigkeit hat sich der Rahmen der internationalen Politik, die wir seit der Nachkriegszeit erlebt haben, verändert, was zu einem neuen Verhältnis der Kräfte führte. Die Zentren der politischen und wirtschaftlichen Macht haben sich verstärkt und verfestigt. Im Fall der sozialistischen Welt, deren Stärke beträchtlich gewachsen ist, nimmt der Einfluss auf wichtige Entscheidungen auf dem Gebiet der internationalen Politik mit jedem Mal zu. Es ist meine Überzeugung, dass wir die Hoffnung der Völker auf eine Veränderung der internationalen Handelsbeziehungen und des internationalen Währungssystems nicht umsetzen können, wenn nicht alle Länder der Welt voll an diesem Prozess teilnehmen, inklusive die der sozialistischen Seite.

Die Volksrepublik China, die innerhalb seiner Grenzen fast ein Drittel der Menschheit beherbergt, hat sich nach langer und ungerechter Ächtung seinen Platz in den Foren der multilateralen Verhandlungen zurückerobert und hat diplomatische Verbindungen und Austausch mit dem Großteil der Länder der Welt aufgenommen.

Die Europäische Wirtschaftsgemeinschaft hat sich mit dem Eintritt des Vereinigten Königreichs Großbritanniens und anderer Länder vergrößert, was ihren Einfluss auf Entscheidungen, vor allem wirtschaftlicher Natur, verstärkt hat.

Das wirtschaftliche Wachstum Japans hat eine rasante Geschwindigkeit angenommen.

Die Entwicklungsländer erschaffen sich ein täglich stärkeres Bewusstsein für ihre Realität und ihre Rechte. Sie fordern Gerechtigkeit und gleiche Behandlung, und dass ihr Platz auf der Weltbühne zuerkannt wird. Die Motoren für diese Verwandlung waren wie immer die Völker, in ihrem zunehmenden Streben nach Freiheit und der Position, die Geschichte mitzubestimmen. Die Intelligenz des Menschen hat rasante Fortschritte in der Wissenschaft und in der Technik bewirkt. Die Beständigkeit und Kraft der Politik der friedlichen Koexistenz, die wirtschaftliche Unabhängigkeit und der soziale Fortschritt, den die sozialistischen Nationen angeschoben haben, haben entschieden dazu beigetragen die Spannungen abzubauen, die die Welt seit mehr als zwanzig Jahren gespalten hielten und bewirkten die Anerkennung neuer Werte in der Gesellschaft und den internationalen Beziehungen.

Die Rebellion der Armen

Wir begrüßen die Veränderungen, die die Aussicht auf Frieden und Wohlstand für viele Völker mit sich bringt, aber wir fordern, dass die gesamte Menschheit daran teilhat. Leider brachten diese Veränderungen den Entwicklungsländern nur sehr geringe Vorteile. Sie werden genauso ausgebeutet wie vorher und entfernen sich immer weiter von der Zivilisation der industrialisierten Welt. In ihnen brodelt edles Streben und gerechtfertigte Rebellion, die mit immer stärker werdender Kraft explodieren werden.

Wir sind froh über die Überwindung des Kalten Krieges und über die Entwicklung ermutigender Ereignisse: Die Verhandlungen zwischen der Sowjetunion und den Vereinigten Staaten, sowohl über Handel als auch über Abrüstung; der Abschluss der Verträge zwischen der Bundesrepublik Deutschland, der Sowjetunion und Polen; die bevorstehende europäische Sicherheitskonferenz; die Verhandlungen zwischen den beiden deutschen Staaten und ihr praktisch sicherer Eintritt in die Vereinten Nationen; und die Verhandlungen zwischen den Regierungen der Koreanischen Volksdemokratischen Republik und der Republik Korea – um nur die wichtigsten zu nennen. Es ist unbestreitbar, dass es auf internationaler Ebene Waffenstillstände, Abkommen und eine Verminderung der explosiven Situation gibt.

Aber es gibt zu viele Konflikte, die noch ungelöst sind und die von allen Parteien Bereitwilligkeit zur Schlichtung fordern beziehungsweise die Mitarbeit der internationalen Gemeinschaft und der Großmächte. Aggressionen und Dispute in anderen Teilen der Welt sind weiterhin aktiv: der Konflikt im Mittleren Osten – der explosivste von allen – wo immer noch nicht der Frieden erreicht werden konnte, zu dem die Hauptorgane der Vereinten Nationen Resolutionen verabschiedet haben, unter anderem die Resolution 242 des Sicherheitsrates; die Blockade und Verfolgung Kubas; die koloniale Ausbeutung, die Schmach des Rassismus und der Apartheid; die Verbreiterung der wirtschaftlichen und technologischen Kluft zwischen den reichen und den armen Ländern.

Es wird Frieden in Vietnam geben, denn keiner zweifelt an der Nutzlosigkeit dieses Krieges

Es gibt keinen Frieden für Indochina, aber es wird ihn geben müssen. Der Friede für Vietnam wird kommen. Er muss kommen, denn keiner zweifelt an der Nutzlosigkeit dieses grauenhaft ungerechten Krieges, der ein derartig irreales Ziel verfolgt, Völkern mit revolutionärem Bewusstsein eine Politik aufzuzwingen die sie nicht teilen können, weil sie ihren nationalen Interessen, ihrem Wesen und ihrer Persönlichkeit widerspricht.

Es wird Frieden geben. Aber was wird dieser so grausame derartig in die Länge gezogene und so ungleiche Krieg zurücklassen? Das Ergebnis nach so vielen Jahren blutigen Krieges sind nur die Folter einer Volkes, das in seiner Würde bewundernswert ist; Millionen von Toten und Waisen; vollständig zerstörte Städte; Hunderttausende von Hektar verwüsteten Landes, wo nichts mehr wachsen kann; ökologische Zerstörung; die Trauer der nordamerikanischen Gesellschaft; Tausende

Zuhause, belastet von der Abwesenheit der Ihrigen. Der Weg Lincolns ist nicht verfolgt worden.

Kriegsmoral

Dieser Krieg lehrt uns viele Lektionen. Dass der Missbrauch der Macht denjenigen demoralisiert, der sie anwendet und tiefe Zweifel an seinem eigenen Sozialbewusstsein produziert. Dass die Überzeugung eines Volkes, das seine Unabhängigkeit verteidigt, dieses zum Heroismus führt und dazu befähigt der materiellen Gewalt des größten Militär- und Wirtschaftsapparates zu widerstehen.

Auf dem Weg zu einer neuen Epoche in der internationalen Ordnung

Der neue politische Rahmen schafft günstige Bedingungen, damit die Gemeinschaft der Nationen in den kommenden Jahren eine größere Anstrengungen darauf verwenden kann, der internationalen Ordnung neues Leben und neue Dimensionen zu geben. Diese Anstrengungen müssen sich von den Prinzipien der Charta leiten lassen, ebenso wie von anderen, die die Gemeinschaft hinzugefügt hat, wie zum Beispiel die der UNCTAD. Wie wir bereits gesagt haben, werden drei Grundkonzepte als Richtungsweiser dienen und die Verantwortung leiten, die den Vereinten Nationen angetragen worden ist: die kollektive politische Sicherheit, die kollektive wirtschaftlich-soziale Sicherheit und der universelle Respekt der Grundrechte des Menschen, einschließlich der Rechte wirtschaftlicher, sozialer und kultureller Art, ohne jegliche Diskriminierung.

Wir widmen der Aufgabe die kollektive wirtschaftliche Sicherheit zu gewährleisten besondere Aufmerksamkeit, worauf kürzlich Brasilien bestanden hat, ebenso wie der Generalsekretär der Vereinigten Nationen.

Unterstützung der mexikanischen These

Als einen wichtigen Schritt in diese Richtung sollte die Weltorganisation so bald wie möglich die Charta der wirtschaftlichen Rechte und Pflichten der Staaten in die Realität umsetzen, eine fruchtbare Idee, die der Präsident von Mexiko, Luis Echeverría, der dritten UNCTAD-Konferenz vorstellte. Wie es das Staatsoberhaupt unseres Bruderlandes veranschaulichte, so glauben auch wir, dass es nicht möglich ist eine gerechte

Ordnung und eine stabile Welt zu schaffen, wenn nicht Verpflichtungen und Rechte geschaffen werden, um die schwachen Staaten zu schützen.

Die zukünftige Aktion der Gemeinschaft der Nationen muss durch eine Politik bestimmt sein, in der alle Völker Protagonisten sind. Die Charta der Vereinten Nationen wurde in unserem Namen, dem Namen der Völker der Vereinten Nationen, erdacht und verkündet.

Die internationale Aktion muss darauf ausgerichtet sein dem Menschen zu dienen, der keine Privilegien genießt, sondern der leidet und arbeitet: dem Minenarbeiter von Cardiff sowie dem Fellachen aus Ägypten; dem Arbeiter, der in Ghana oder der Elfenbeinküste Kakao anbaut sowie dem Bauern der Hochebene Südamerikas; dem Fischer in Java sowie dem Kaffeepflanzer in Kenia oder Kolumbien. Hiermit müssten wir die zwei Milliarden Menschen erreichen, die im Rückstand leben und denen die Gemeinschaft verpflichtet ist, sie auf dem heutigen Stand der historischen Evolution mit einzubinden und ihren Wert und Würde der menschlichen Person anzuerkennen, wie es die Präambel der Charta festlegt.

Es ist eine unaufschiebbare Aufgabe für die internationale Gemeinschaft, die Umsetzung der Strategie für die Zweite Entwicklungsdekade zu gewährleisten und dieses Instrument auf die neuen Realitäten der Dritten Welt und auf das neu aufgelebte Bewusstsein der Völker abzustimmen.

Die Verminderung der Spannungen in den internationalen Beziehungen und der Prozess der Kooperation und des gegenseitigen Verständnisses fordern und erlauben es gleichzeitig, die gigantischen auf den Krieg ausgerichteten Aktivitäten in solche zu verwandeln, die als neues Ziel die Beseitigung der unermesslichen Mängel aller Art setzt, welche mehr als zwei Drittel der Menschheit betreffen. Hierzu müssen die mehr entwickelten Länder ihre Produktion und Beschäftigung im wirklichen Interesse der weniger entwickelten Länder steigern. Nur wenn dies geschieht können wir sagen, dass die internationale Gemeinschaft wirklich existiert.

Das territoriale Seerecht

Die anwesende Versammlung wird die Durchführung der Weltkonferenz konkretisieren müssen, um das so genannte Seerecht festzulegen, das einen Satz von Normen darstellt, welche auf globaler Ebene alles regeln, was mit der Nutzung und der Ausbeutung der Weltmeere zu tun hat, einschließlich des Meeresgrundes. Dies ist eine große und vielversprechende Aufgabe für die Vereinten Nationen, denn wir stehen einem Problem gegenüber, dessen sich die Menschheit erst vor kurzem bewusst geworden ist und viele der bestehenden Situationen lassen sich perfekt mit dem allgemeinen Interesse vereinbaren. Ich möchte daran erinnern, dass dies der Verdienst der südlichsten Ländern Lateinamerikas – Ecuador, Peru und Chile – ist, die vor nur zwanzig Jahren das Bewusstsein dafür angestoßen haben, was nun zur Verabschiedung eines Abkommens zum Seerecht führen wird. Es ist notwendig, dass der Vertrag das Prinzip berücksichtigt, das von der dritten UNCTAD bestätigt wurde und die Rechte der Küstenstaaten auf die Ressourcen ihrer Hoheitsgewässer betrifft und dass er gleichzeitig die Instrumente und Mechanismen schafft, damit die außerhalb der Hoheitsgewässer liegenden Gebiete zum gemeinschaftlichen Kulturgut der Menschheit werden und zum Vorteil aller von einer rechtswirksamen internationalen Autorität genutzt werden.

Jedem Dialog offen

Ich drücke hier nochmals unser Vertrauen in die Mission der Vereinten Nationen aus. Wir wissen, dass ihre Erfolge und ihre Niederlagen vom politischen Willen der Staaten abhängen und von ihrer Fähigkeit die Anliegen der großen Mehrheit der Menschen zu interpretieren. Von ihnen hängt es ab, ob die Vereinten Nationen ein reines Forum zur Debatte oder ein wirksames Instrument darstellt.

Ich habe die Stimme meines Volkes, das dem externem Druck gegenüber zusammenhält, bis hierher gebracht. Ein Land, das Verständnis ersucht. Es hat es sich verdient, denn es hat immer die Prinzipien der Selbstbestimmung respektiert und hat die Nichteinmischung in die internen Angelegenheiten anderer Länder strikt geachtet. Es hat nie die Erfüllung seiner internationalen Verpflichtungen vernachlässigt und pflegt heute freundschaftliche Beziehungen mit allen Ländern der Erde. Sicherlich haben wir mit einigen Differenzen, aber es gibt keine über die wir nicht zu diskutieren bereit wären, unter Nutzung der multilateralen oder bilateralen Instrumente, die wir unterzeichnet haben. Unser Respekt für die Verträge ist unveränderlich.

Meine Damen und Herren Delegierte! Ich habe hiermit noch einmal ausdrücklich bekräftigen wollen, dass der Wille zum Frieden und universellen Zusammenarbeit einer der stärksten Charakterzüge des chilenischen Volkes ist. Von ihm stammt die Festigkeit, mit der es seine politische und wirtschaftliche Unabhängigkeit und die Umsetzung seiner kollektiven, demokratisch in der Ausübung seiner Souveränität gefassten Beschlüsse verteidigen wird.

Der Sieg zeichnet sich ab

In weniger als einer Woche haben sich Ereignisse abgespielt, die unser Vertrauen in Gewissheit verwandelt haben, dass wir den Kampf bald gewinnen den wir aufgenommen haben, um folgende Ziele zu erreichen: das Urteil des Tribunals von Paris, das das Embargo aufhob, welches in Bezug auf den Verkaufswert unseres Kupfers verfügt worden war; das klare, direkte und herzliche Gespräch, das wir mit dem hoch verehrten Präsidenten von Peru Velasco Alvarado führten, der öffentlich die volle Solidarität seines Landes mit Chile in Bezug auf die Attentate erklärte, die ich gerade vor ihnen beklagt habe; die Beschlüsse der CIPEC, die ich bereits zitierte und mein Besuch in Mexiko.

Mexiko ermutigt Salvador Allende

Es fehlen mir die Worte, um die Tiefe, die Stärke, die Spontanität und die Eloquenz der Unterstützung zu beschreiben, die uns vom Präsidenten und vom mexikanischen Volk zuteil wurden. Ich habe so viele Unterstützungsbekundungen erhalten durch den Präsidenten Echeverría, das Parlament, den Universitäten und vor allem durch das Volk, das sich in Massen äußerte. Die Emotionen über ihre grenzenlose Großzügigkeit halten mich immer noch in ihrem Bann und überwältigen mich.

Ich fühle mich ermutigt, denn nach diesen Erfahrungen weiß ich jetzt mit absoluter Sicherheit, dass das Bewusstsein der lateinamerikanischen Völker in Bezug auf die Gefahren, die uns allen drohen, eine neue Dimension angenommen hat und dass sie überzeugt davon sind, dass Geschlossenheit die einzige Möglichkeit ist sich gegen diese ernste Gefahr zu verteidigen.

Wenn man die Hingabe von Tausenden und Aberhunderttausenden von Männern und Frauen spürt, die sich in den Straßen und Plätze drängen, um mit Entschiedenheit und Hoffnung zu rufen: Wir sind mit Ihnen, lassen Sie nicht nach! Wir werden gewinnen! verfliegt jeder Zweifel und jede Angst verflüchtigt sich. Es sind die Völker, alle Völker südlich des Rio Bravo, die sich erheben, um zu sagen: Schluss! Schluss mit der Abhängigkeit! Schluss mit der Unterdrückung! Schluss mit der Einmischung! Sie erheben sich, um das Souveränitätsrecht aller Entwicklungsländer zu bekräftigen, frei über seine Bodenschätze verfügen zu können.

Es gibt eine Realität, die sich in dem Willen und dem Bewusstsein von mehr als 250 Millionen Menschen verkörpert hat, die fordern gehört und respektiert zu werden.

Hunderttausende von Chilenen haben mich mit Inbrunst verabschiedet, als ich in Chile abreiste und gaben mir die Botschaft mit auf den Weg, die ich dieser Weltversammlung überbracht habe. Ich bin sicher, dass Sie als Abgesandte der Nationen dieser Erde meine Worte verstehen werden. Es ist unser Vertrauen in uns selbst, das unseren Glauben stärkt an die großen Werte der Menschheit und an die Gewissheit, dass diese Werte umgesetzt werden müssen, sie werden nicht zerstört werden.

Anmerkungen

1 Asociación Latinoamericana de Libre Comercio: Lateinamerikanische Freihandelszone.
2 Consejo Intergubernamental de Países Exportadores de Cobre, Internationale Gemeinschaft Kupfer exportierender Länder.
3 Organización de Países Exportadores de Petróleo, Organisation Erdöl exportierender Länder.

Im November 1971 besucht Fidel Castro Chile. Chile nahm noch im November 1970 diplomatische Beziehungen zu Kuba auf. Unmittelbar danach zu anderen realsozia-

(v.l.n.r.): Salvador Allende, Fidel Castro, Carlos Altamirano, Luis Corvalán während des Besuches von Fidel Castro in Chile. Altamirano, Generalsekretär der PS von 1971 bis 1979, gehörte zu den großen Verfechtern der Übergabe der Schlüsselindustrien an die Arbeiter. Nach dem Putsch ging Altamirano in den Untergrund und flüchtete mit Hilfe der DDR im Dezember 1973 aus dem Land.

Mario Garcés

Der Aufbau von »Poblaciones«

Die Bewegung der Pobladores[1] während der Unidad Popular[2]

Betrachtet man die Bewegung der Pobladores, so entdeckt man, dass sie einer der wesentlichen sozialen Handlungsträger in den Städten während der zweiten Hälfte des 20. Jahrhunderts war. In gewisser Weise handelt es sich dabei um die soziale Volksbewegung, die die Stelle der historischen chilenischen Arbeiterbewegung eingenommen hat. Diese Behauptung lässt sich natürlich diskutieren in dem Sinne, dass es sich um Bewegungen unterschiedlicher Art handelt, denn während die Arbeiterbewegung auf dem Gebiet der Produktion und der Fabrik entsteht, bildet sich die der Bewohner von Poblaciones auf einem Gelände durch das »sich einen Platz nehmen« in der Stadt. Beiden Bewegungen ist jedoch ihre Basis im Volk gemeinsam und beide machen auch die Schwierigkeiten deutlich, die die Mehrheit der Bevölkerung hat, ihr soziales Überleben unter historisch ungünstigen Bedingungen zu sichern. Einerseits als Ergebnis der »Ausbeutung«; andererseits als Ergebnis von Armut und der Ungewissheit über die Rechte, die die chilenische Gesellschaft nur selten der Mehrheit der Bevölkerung garantiert.

Der Wohnraum für die Bevölkerung

Wie ich vor einiger Zeit in einer ausführlichen Untersuchung über die Pobladores zeigen konnte, war es genau die Phase vor dem Jahr 1970, in der die Frage nach Wohnraum für die Bevölkerung absolut kritisch wurde.[3] Die erste nationale Wohnungszählung in Chile von 1952 zeigte, dass Wohnraum für 30 Prozent der Chilenen fehlte. In Santiago, wo der größte Teil der Bevölkerung wohnt, lag diese Zahl bei 36 Prozent, unter anderem als Ergebnis der Land-Stadt-Migration, die zwischen 1930 und 1970 kontinuierlich anwuchs. Das bedeutete, dass in absoluten Zahlen genannt, eine halbe Million Einwohner Santiagos in Wohnungen oder Zimmern in schlechtem Zustand, in heruntergekommenen Mietskasernen oder in Elendsvierteln (den Poblaciones) lebten. Auf nationaler Ebene bedeutete es, dass von den fast sechs Millionen Chilenen in dieser Zeit ungefähr zwei Millionen unter Bedingungen lebten, die nicht dem minimalen Lebensstandard entsprachen, weder in der Stadt noch auf dem Land.

Tatsache ist, dass Santiago seit der zweiten Hälfte des 19. Jahrhunderts ein kontinuierliches Wachstum aufgewiesen hatte, das eher bedingt war durch den Zuzug von Armen, als den der Mittelklasse oder der alten kreolischen Elite, die ursprünglich das Stadtzentrum bewohnt hatte, aber dann Mitte des 20. Jahrhunderts in hochgelegene Stadtviertel gezogen war. Der Bürgermeister Benjamín Vicuña Mackenna war vielleicht derjenige, der das Problem des Wohnraums für die Bevölkerung im Jahr 1872 am schärfsten gesehen hatte, als die Stadtverwaltung von Santiago die erste Stadtreform auf breiter Ebene in der Hauptstadt vorschlug. Die politische Führung stellte mit – heute würden wir sagen klassenbewusstem – Realitätssinn das nebeneinander Existieren von zwei Städten fest: die »Stadt der Barbaren«, wie die der Armen genannt wurde, und die »saubere, reiche und christliche Stadt«, wie die der Elite genannt wurde. Es wurde eine erste Aufstellung der mit der Armut verbundenen Probleme der Stadt begonnen: unzureichende Grundversorgung mit Wasser, Strom, Abwasserleitungen, Müllabfuhr und auch anderer, natürlich mit den vorherigen zusammenhängenden, wie der Sicherheit des Privateigentums – das heißt, Raub und Verbrechen – und der allgemeinen Gesundheit, was sich in häufigen Epidemien ausdrückte, die unter eindeutig prekären städtischen Bedingungen für einen großen Teil der Einwohner von Santiago nur schwer zu kontrollieren waren.

All diese städtischen und sozialen Probleme bestanden trotz der Initiativen des aktiven Bürgermeisters von Santiago über verschiedene Jahrzehnte weiter, mit Hochs und Tiefs und ohne dass sich grundlegende Lösungen herausgebildet hätten. Als zum Beispiel das hundertjährige Bestehen der Republik gefeiert wurde, ging man davon aus, dass ein Viertel der Einwohner von Santiago in 25.000 Räumen in heruntergekommenen Mietskasernen, »cuartos redondos«[4] und Hütten lebten. Als die Volksfront mit Doktor Salvador Allende als Gesundheitsminister an die Regierung kam, lebte nicht nur die Mehrheit von Männern und Frauen weiter unter schlechten städtischen Bedingungen, sondern wie Minister Allende feststellte, die Mehrheit der Bevölkerung litt unter »physiologischem Hunger« (ungefähr 50 Prozent der Bevölkerung erhielt nicht die tägliche Menge an Grundnahrungsmitteln, was entscheidend für eine hohe Sterblichkeitsrate – vor allem der Kinder – war)[5] und unter der wachsenden Enge in den Mietskasernen (auf nationaler Ebene lag der Durchschnitt bei drei Personen pro Zimmer, während er in Santiago bei fünf Personen lag)[6]. Im Vorgriff auf die Zählung von 1952 zeigte diese Untersuchung außerdem, dass ein Drittel der Chilenen in »gesundheitsschädlichen Wohnungen« wohnte und dass anderthalb Millionen Chilenen angemessener Wohnraum fehlte; all das machte – Ende der dreißiger Jahre – die Notwendigkeit dringend, 300.000 »hygienische Wohnungen« zu bauen.[7]

Die Organisierung in den Poblaciones

So wie die »Organisierung der Arbeiter« und die Arbeiterbewegung vor der Sozialgesetzgebung existierten (die ersten Arbeitsschutzgesetze wurden 1924 erlassen und der erste »Generalstreik« in Chile lässt sich für das Jahr 1890 nachweisen), so passierte mit den Pobladores etwas Ähnliches: zuerst entstand die Organisation und unter dem Druck der Bevölkerung handelte dann der Staat. Tatsächlich gab es über die Mietervereinigungen die ersten Demonstrationen der Arbeiter und städtischen Armen in den zwanziger Jahren, und lange bevor das Gesetz der Nachbarschaftsräte und Gemeindeorganisationen – das war erst 1968 – erlassen wurde, existierte schon eine lange und reiche Tradition der Organisierung in verschiedenen Arten von Nachbarschafts- oder Pobladores-Komitees und später in den sechziger Jahren, speziell als *Komitees der Menschen ohne Haus*. Ausgehend von Nachbarschafts- oder Pobladores-Komitees gab es 1947 eine der ersten »Platzbesetzungen«, aus der die Población *La Legua Nueva* entstand und obwohl diese Besetzung wegen der Repression, die das Gesetz zur Verteidigung der Demokratie verlangte, die Einzige blieb, hatte die Bewegung zehn Jahre später im Jahr 1957 neue Kraft entwickelt und es gab die Besetzung von *La Victoria*, aus der die Población desselben Namens entstand. Diese Besetzung war breiter und hatte in der Gesellschaft eine größere Wirkung, denn nach offiziellen Angaben waren es ungefähr tausend Familien, die die politische Welt in Aufruhr versetzten und den Staat zwangen 1959 mit dem ersten Plan für Wohnungsbau zu beginnen. In gewisser Weise gewannen die Pobladores nach ihrem Sieg von *La Victoria* an Vertrauen und strategischer Klarheit: wenn der Staat nicht baute, dann würden sie zumindest Plätze besetzen und selbst bauen, so wie sie es in *La Victoria* gemacht hatten, das bald mehr als 18.000 Einwohner haben sollte. So geschah es und so ging es in den folgenden Jahren weiter: im Jahr 1961 besetzten verschiedene Komitees aus unterschiedlichen Orten von Santiago das Landgut von Santa Adriana; 1967 entstand aus einer neuen Besetzung in Barrancas Herminda de *la Victoria*; und ab 1969 bestimmte ein ganzer Zyklus von Besetzungen die letzten Jahre der Regierungszeit von Eduardo Frei Montalva. Eine während der Unidad Popular (UP) durchgeführte Untersuchung zeigte, dass zwischen 1969 und 1971 312 Besetzungen[8] unterschiedlicher Größe gezählt wurden, was – zusammen mit den staatlichen Wohnungsbauplänen, aber unter dem Druck der Bevölkerung – zum größten Teil der Poblaciones von Santiago im letzten Drittel des 20. Jahrhunderts führte. Um nur auf ein paar dieser Besetzungen, unter ihnen die bekanntesten, hinzuweisen, kann man folgende nennen: *Violeta Parra* (Februar 1969); *Guanaco*, später *Pablo Neruda, El Bosque, Patria Nueva, Ùltima Hora* und ein großer Teil von *Huechuraba* (Oktober 1969–August 1970); *El Cortijo* (August 1970); *26 de Enero* in *La Bandera* (Januar 1970); *Nueva Habana* (November 1970), das verschiedene im Laufe des Jahres 1970 durchgeführte Besetzungen zusammenschloss.[9] Viele dieser »Besetzungen« schlossen sich den »Operación sitio«[10] genannten Programmen an, wie die, aus der dann Villa Francia oder Robert Kennedy im Westen entstanden (1968–1969); La Pincoya im Norden (1969); La Bandera im Süden (1970); und La Faena und Lo Hermida im Osten (1969–1970).[11]

Zweifellos war die »Besetzung« aus pädagogischer und politischer Sicht eine stark symbolische und bedeutende Erfahrung. Einerseits war sie die Verwirklichung eines Traums, und viele Pobladores bezeichnen sie so in ihren Aussagen:

> »In jener Zeit hatten wir nichts«, gestand uns Pedro Plaza von der Población *El Cortijo*. »Wir waren verheiratet und hatten irgendwo etwas gemietet. Dann gaben sie (die Leitungs-Kommission für die Besetzung) uns fünf Tage Zeit bis zur Ankunft. Ich besorgte mir 1.000 Pesos, meine Frau besorgte woanders 500 Pesos. Mit diesen 1.500 Pesos bauten wir einen Bretterschuppen mit zwei Räumen. [...] Es wurde nicht besonders gut, aber es stand wenigstens senkrecht, und wir lebten zufrieden. Dann fehlte uns das Dach. [...] Ich ging zu einem Freund, der Maurer war, und er gab mir einen Gutschein für Sodimac [...] Danach war ich glücklich, wow! Da ich bei der Stadtverwaltung von Santiago arbeitete, fischte ich bei der Müllabfuhr und brachte den Dachschiefer mit nach Hause. Wir machten das Häuschen fertig und zogen hierher in diese Población. Morgens wachte ich zufrieden auf, schrie laut, weil ich etwas hatte, was mir gehörte! Wenn man was mietet, dann schubsen sie einen rum. [...] Ich hatte fünf Kinder und sie haben sie mir da nicht ruhig spielen lassen. [...] Bei allem, was ich bezahlt habe, nie hätte ich einen der glücklichen Momente bezahlen können, die ich im Viertel gelebt habe. [...]«[12]

Auf der anderen Seite bedeutete die »Besetzung« einen Schritt nach vorn, ein Sich-wagen, Vertrauen zu haben in die Nachbarn und die Organisierung der Bevölkerung. Florcita Carrasco, die an der Besetzung von *Guanaco* in Conchalí teilgenommen hat, erzählt so von ihrer Erfahrung:

> »Ich kam nicht am ersten Tag, dem 26. Oktober … ich kam am 27. Oktober dorthin, am Montagmorgen. Ich kam aus Valdivieso, nachts war ich aus dem Stadtzentrum von meiner Arbeit gekommen, denn ich habe im Zentrum gearbeitet und da traf ich meine Nachbarn und die sagen mir, dass es eine Besetzung von Grundstücken gab! Ich hatte zum Beispiel von Violetta Parra gehört – da hatte ich eben auch Angst – und sie sagen mir: ›Nein, lass uns gehen, sagten sie mir, lass uns gehen. Stell dir vor, die Besetzung von Grundstücken, das macht man jetzt […]‹ Wir kommen da rein, und da sind ein paar Frauen, die Nachbarinnen sind. Die sagen mir: ›ja, kommt, compañeras, hier vorbei, hierher!‹ Der Reihe nach wurden die Zelte aufgebaut und wir kommen und nehmen uns einen Platz. Wir befestigen sofort mit den mitgebrachten Wäscheklammern die Bettdecke und die Fahne und wir richten uns ein. Und da habe ich dann auch die Angst verloren, denn es passierte nichts. Alle Leute sind rumgelaufen, haben miteinander geredet, rumgeguckt und haben gesehen was die andern machten. Und ich bin geblieben, pah!«[13]

Eine Besetzung durchzuführen implizierte eine Reihe von Schritten und Erfahrungen, sowohl sozialer als auch politischer Art. Zuerst einmal mussten *Komitees mit Menschen ohne Haus* organisiert und im Viertel oder in der Gemeinde zusammengebracht werden; man musste sich in die Programme für Wohnraum einschreiben (normalerweise auch mindestens zwanzig Quoten *Corporación de Vivienda* CORVI hinterlegen)[14] und beim Wohnungsministerium beantragen in das Entwicklungsprogramm – Ende der sechziger Jahre insbesondere in das Programm »Operaciones sitios« – aufgenommen zu werden. Wenn das Ministerium nicht in einem angemessenen Zeitraum antwortete, würde der nächste Schritt die Verabredung zu einer »Besetzung« sein. War man an diesen Punkt gelangt, ging die Aktion eher operativ (oder konspirativ) weiter, was die Auswahl eines Ortes bedeutete, auf den vorgedrungen werden sollte – diese Aufgabe übernahmen normalerweise die Führer; es mussten ein Tag und eine Stunde festgelegt werden, darüber wurden die Teilnehmer normalerweise einige Stunden vorher benachrichtigt, um mit einem Überraschungsfaktor gegenüber der Polizei aufwarten zu können. Die häufigste Anweisung war die, zur festgelegten Stunde zu kommen, üblicherweise während der Nacht, mit »drei Stöcken und der Fahne« (die Stöcke brauchte man um ein kleines Zelt aufzustellen, die Fahne um symbolisch ein Prinzip territorialer Souveränität zu setzen). Nach der Durchführung der »Geländebesetzung« mussten lokale Abgeordnete oder politische Funktionäre der Linken, mit denen das oft vorab geregelt worden war, gerufen werden, um Repression zu verhindern; und am allerwichtigsten war es, eine größtmögliche Zahl von Stunden zu widerstehen, bis die Verhandlungen mit dem Wohnungsbauministerium aufgenommen wurden, das konnte dann ein Verbleiben auf den besetzten Grundstücken garantieren oder das Versprechen, in kurzer Zeit an endgültig verhandelte Orte gebracht zu werden.

Wenn sich die Besetzung konsolidiert hatte, bekam sie den Namen »Lager«, was auf den Übergangscharakter der Besetzung bezüglich Wohnraum hinwies, denn bei weiter fortgeschrittenen Verhandlungen konnte mit den Mindestaufgaben für die Urbanisierung begonnen werden und später auch der Bau des »casa definitiva« (feste Wohnungen aus Stein) und der Población selbst. Die »Lager«-Phase war, so werden wir im folgenden sehen, für gewöhnlich die aus organisatorischem und politischem Blickwinkel aus gesehen reichste Zeit, denn sie bestand zum größten Teil aus Erfahrungen in direkter Demokratie. Ein Komitee der Wohnungslosen organisierte sich schon vorher oder direkt nach der Besetzung meist in Gesundheits-, Kultur-, Bau-, Sicherheits-»Kommissionen« oder »frentes«. Abhängig vom vorherigen Organisationsgrad und auch der vorherrschenden politischen Orientierung, konnten diese Kommissionen oder »frentes« einen bedeutenden Entwicklungsgrad bis hin zu Keimformen einer Selbstverwaltung erreichen.

Der Staat unter Druck: die Wohnungsbaupläne

Da die Pobladores die Initiative übernommen hatten, musste der Staat ab 1957 seine Haushaltspläne anpassen und mehr Mittel für Wohnungsbau einplanen. Im Jahr 1953 war die *Corporación de la Vivienda* (CORVI) gegründet worden und obwohl sie bezüglich der Wohnungsbaupolitik einen Fortschritt bedeutete, blieben die Pläne von Präsident Carlos Ibáñez del Campo hinter den Erwartungen zurück, besonders hinter denen der Pobladores der Zanjón de la Aguada, die, organisiert in Komitees von Wohnungslosen, die zentralen Protagonisten der Besetzung von *La Victoria* im Oktober 1957 waren. Die neue Regierung von Jorge Alessandri (1958–1964) setzte dann endlich eine sehr viel umfassendere und ehrgeizigere Planung in Gang: es wurde mehr und besser gebaut, was dann mit der Zeit den euphemistischen Namen »Lösung für das Wohnraumproblem« erhielt. Das hieß manchmal eine Wohnung, ein anderes Mal ein urbanisiertes Grundstück und das Haus musste warten. Das war speziell der Fall bei der Población *Cardenal José María Caro*, wo 6.000 Grundstücke in sieben Sektoren aufgeteilt wurden (von Sektor A bis Sektor G), um ungefähr 60.000 Personen unterzubringen (schon im Jahr 1965 überstieg die Zahl der Bewohner der Población *J.M.Caro* 80.000). Bei dieser Planung war aber auch der Abriss von Elendssiedlungen vorgesehen und so wurden zwischen Mai und September 1959 tausende Familien, mit dem was sie besaßen und in einer vom Militär durchgeführten Operation, nach San Gregorio gebracht, wo die Población desselben Namens entstand und wo bald ungefähr 20.000 Einwohner lebten. Als der Rhythmus der Dynamik des Staates nachließ und die Wartelisten beim CORVI anwuchsen – wegen der Bürokratie und wegen fehlender Mittel – nahm die Bewegung die Sache selbst in die Hand. In diesem Zusammenhang gab es im Winter 1961 die Besetzung von Santa Adriana.

Unter Eduardo Frei Montalva (1964–1970) wollte der Staat noch weiter gehen: 1965 wurde schließlich das Ministerium für Wohnungsbau geschaffen und es wurde der Bau von 360.000 Wohnungen innerhalb von sechs Regierungsjahren angekündigt, zwei Drittel davon sollten für die bedürftigsten Bevölkerungsteile sein. Aber nicht nur das, die Pobladores sollten durch eine spezielle Institution vom Staat unterstützt und gefördert werden: die »Promoción Popular«. In beiden Bereichen wurden bedeutende, aber nicht ausreichende Fortschritte erzielt: es zeigten sich schnell die Grenzen beim Ziel und in der Fähigkeit »viviendas definitivas« zu bauen, denn an den Ausschreibungen für deren Bau bereicherten sich die Baufirmen – und nebenbei der *Chilenische Bauunternehmerverband*. Und was ursprünglich als eine Politik der Notfallhilfe, die »Operación Sitio«, gedacht war, wurde zu einer Dauermaßnahme, die gegen Ende dieser Regierung gewissermaßen bestimmend und erweitert wurde. Andererseits wurde aus der Unterstützung der Promoción Popular, die von der Linken zwar oft in Frage gestellt worden war, eine Stärkung der Bewegung der Pobladores, die statt dadurch vom Staat abhängig zu werden an Autonomie gewann und den Druck auf das Wohnungsbauministerium verstärkte, ebenfalls gegen Ende der Regierungszeit von Frei.

Tatsächlich entwickelte sich die aktivste Phase der Bewegung der Pobladores mitten in der Präsidentschaftswahlkampagne 1970. Heutige Soziologen frei interpretierend könnte man sagen, dass die Bewegung ihre Basis-Netze und kulturellen Symbole erweitert und ihre Kampfformen wie Forderungen, Besetzungen und Verhandlungen gestärkt hatte. So öffnete ihr die Wahlkampfperiode ein nie dagewesenes »Feld politischer Gelegenheiten«: nach der Repression auf die Besetzung von Pampa Irigoin in Puerto Montt (bei der zehn Pobladores ihr Leben verloren) und der landesweiten Ablehnung, die diese Aktion des von Edmundo Pérez Zujovic geführten Innenministeriums hervorrief und mitten in der Wahlkampagne, bei der es für die Christdemokraten um die Fortsetzung an der Regierung ging, konnte die Regierungspolitik keine andere sein, als die einer intensiveren Kommunikation mit den Organisationen der Pobladores. Diese hatten ihrerseits durch die Verhandlungen mit dem Wohnungsbauministerium gelernt, sie hatten ihre Bündnisse mit den politischen Parteien ausgebaut und gestärkt, besonders die mit der Linken, und sie wussten auch, dass, wenn der Staat sich nicht bewegte, sie ihn mit Hilfe von neuen »Landbesetzungen« dazu bringen konnten.

Der Sieg von Salvador Allende und der Unidad Popular fiel zusammen mit einer starken, vielseitigen, aufsteigenden Bewegung der Pobladores, die politisch und sozial die unterschiedlichsten Dinge lernte, im ganzen Land, bei der Besiedlung, beim Bauen und bei der Neugründung der Stadt Santiago – und dabei ließen sie ihre Vergangenheit aus den Mietskasernen oder aus den »Elendsvierteln« zurück. Es waren also tausende, die sich einen Traum erfüllten – welcher für die vergangenen Generationen schwierig gewesen war – nämlich den, einen Platz und ein eigenes Haus zu haben.

Die Pobladores und die Regierung der Unidad Popular

Die Beziehungen zwischen der Linken und den Pobladores hatten in den sechziger Jahren schon eine Geschichte von Spannungen, gegenseitiger Hilfe und nicht immer sehr weit ausgebildeter politischer Kenntnis. Zum Beispiel war die *Kommunistische Partei* (KP) immer eine Verbündete in den Mobilisierungen der Pobladores (sie war praktisch bei der Mehrheit der wichtigsten Besetzungen zwischen 1946 und 1970 dabei). Für die KP war aber die Arbeiterklasse das Subjekt der Revolution und in Folge dessen brauchte sie Zeit um eine spezifische politische Vorstellung von der Rolle der Bewegung der Pobladores zu entwickeln. In der Zwischenzeit kamen der KP andere zuvor, die Christdemokraten, die sich die Unterstützung der Pobladores in den Wahlen für Frei 1964 zu nutze machten. Aber die Christdemokraten kamen nicht allein, sondern manchmal offen, manchmal verdeckt, mit Unterstützung einer Institution, die eine lange Tradition mitten im Volk hatte: der Katholischen Kirche und weiter gefasst der »christlichen Welt«, die in diesen aufgewühlten sechziger Jahren ihre eigenen Veränderungen erlebte[15]. Andererseits hatten die Pobladores gegen Ende der Regierungszeit von Frei Beziehungen mit zwei anderen neuen politischen Gruppen begonnen: Der *Movimiento de Acción Popular Unitaria* (MAPU), die aus den rebellischen Teilen der Christdemokraten Ende der sechziger entstanden war, und dem *Movimiento de Izquierda Revolucionaria* (MIR), der aus der traditionellen Linken selbst entstanden war und die radikalsten Ziele der sozialen Veränderung der neuen lateinamerikanischen Linken ausdrückte. Diese zweite Gruppe konnte sich sehr schnell unter den Pobladores entwickeln, sie unterstützte Mobilisationen und Landbesetzungen, von denen eine zu einer der bedeutendsten Poblaciones während der Zeit der Unidad Popular führte, der Población *Nueva Habana*. Das heißt, zum Zeitpunkt der Regierungsübernahme fand sich die Unidad Popular einer nicht nur starken und aufsteigenden Bewegung gegenüber, wie wir vorher gesagt haben, sondern auch einer politisch in sich sehr verschiedenartigen. Aber außerdem – und dieser Punkt war tatsächlich eine Priorität und bestimmte in großem Ausmaß die Staatspolitik der Unidad Popular – gab es überall »Besetzungen« in Form von Lagern, die endgültig zu Poblaciones umgewandelt werden mussten; das bedeutete, dass tausende von Häusern gebaut, aber auch grundlegende Infrastrukturarbeiten und Gesundheitsversorgung geleistet werden mussten, sowohl in den Lagern als auch in den vielfältigen »operaciónes sitios«, die die Christdemokraten unter dem Druck der Bevölkerung hatten einrichten müssen. Die Besetzung oder das Lager waren schon ein großer Erfolg – man hatte den Platz erobert – aber dort war alles provisorisch, die ganze Arbeit, um daraus wirklich ein Dorf oder eine Población zu machen, stand noch bevor. Das war eine der größten Herausforderungen der Unidad Popular-Regierung, nicht mehr und nicht weniger: Poblaciones zu bauen und damit das gesellschaftliche Recht auf Wohnraum zu garantieren.

Die Abteilung der UP, die sich dazu im Ministerium für Wohnungs- und Städtebau einrichtete, war sich all dieser Herausforderungen völlig bewusst. So stand es in einer offiziellen Veröffentlichung aus dem Jahr 1972, die aufzeigte, dass sich das Wohnungsproblem charakterisierte durch: »a) Die unmenschlichen Bedingungen, unter denen große Teile der Bevölkerung leben; b) Unverhältnismäßig starkes Wachstum der wesentlichen Bevölkerungszentren und c) zentral gelegene Gebiete von großem Wert für die Stadt in sich ständig verschlechterndem Zustand, was sich bei den meisten Städten des Landes beobachten lässt«. Ein konkreter Ausdruck des städtischen Problems, so die Ansicht des Ministeriums, »zeigt sich im Bestehen von Elendssiedlungen, Mietskasernen, Operación-Sitio-Poblaciones, Lagern, Fehlen von städtebaulichen Arbeiten (Trinkwasser, Abwasserleitungen, Straßenbefestigungen), Fehlen von gesellschaftlichen Einrichtungen (Geschäfte, Schulen, Orte, wo sich Menschen treffen können usw.), großer Bevölkerungsdichte und anderem«[16].

Nach Schätzungen des Ministeriums fehlten 1970 593.000 Wohnungen, das Fehlen von gesellschaftlichen Einrichtungen war schwierig zu berechnen und der Mangel an Infrastruktur wurde folgendermaßen geschätzt: Trinkwasser, 4.175.800 Meter Leitungen; Abwasser, 6.390.200 Meter Kanäle; Straßenbefestigung, 43.314.300 Kilometer gepflasterte Straßen; 14.341.100 Kilometer Bürgersteige; und 8.790.700 Meter Gehwegplatten.[17]

Der Bau weiterer Wohneinheiten

In diesem Zusammenhang, nämlich einer aktiven Bewegung der Pobladores und Not auf allen Seiten, nahm sich die Regierung der UP vor, die größte Heldentat in der Geschichte des Wohnungsbaus für die Bevölkerung zu vollbringen: im Jahr 1971 den Bau von 79.250 Wohneinheiten zu beginnen und die Urbanisierung von 120.505 Grundstücken zu vervollständigen oder zu beenden. Niemals in der jüngsten Geschichte hatte es eine Initiative dieser Größenordnung gegeben. Von diesem ehrgeizigen Plan schlossen die verschiedenen Institutionen des Ministeriums für Wohnungs- und Städtebau CORVI, die *Corporación de Mejoramiento Urbano* (CORMU) und die *Corporación de Servicios Habitacionales* (CORHABIT)) tatsächlich Verträge für den Bau von 73.009 Wohnungen ab, das heißt nur 6.241 weniger als geplant, während die CORVI die Urbanisierung von 28.000 Grundstücken erreichte und CORHABIT weitere 5.462 – außerdem wurden 48.117 hölzerne Fertighäuser aufgestellt, um die vom Erdbeben im Juli 1971 betroffenen Familie zu versorgen. Die *Corporación de Obras Urbanas* (COU) (Institut zur Stadterschließung) setzte ihrerseits für 1971 einen Notstandsplan in Gang, der zum Bau von 172.390 Metern Trinkwasserleitungen, 623.501 Metern Abwasserleitungen, 1.428.920 Kilometern Straßen, 209.317 Kilometern Bürgersteig und 162.790 Metern Gehwegplatten führte.[18]

Das erste Hindernis jedoch, auf das die Regierung der UP Ende 1970 stieß, war, dass die Besetzungen weitergingen. Einige von ihnen führten in ganz legitimer Weise die erfolgreiche Strategie der Bewegung der Pobladores aus dem letzten Jahr der vorherigen Regierung fort und andere wurden von Funktionären oder Führern der Christdemokraten gefördert und organisiert, die zusammen mit den schlechten Wahlergebnissen von 1970 ihren Einfluss unter den Pobladores verloren gehen sahen. Die Regierung, die KP und Allende selbst versuchten deshalb die Bewegung unter Kontrolle zu bringen, um nicht alle ihre Pläne zum Wohnungsbau ins Stocken geraten zu sehen. Es wurden Reden gehalten, mit dem Appell nicht unterschiedslos Besetzungen zu machen und es wurde ein Gesetzentwurf angekündigt, um gegen diejenigen Strafen zu verhängen, die ungerechtfertigt Besetzungen durchführten – aber die vorherrschende Tendenz war die zum Dialog und nicht zur Repression. Das war der Inhalt einer öffentlichen Erklärung des Ministers für Wohnungsbau, mit der er außerdem auf eine vorherige Erklärung der *Chilenischen Baugewerbekammer* antwortete, die ihre Besorgnis über Besetzungen von fertiggestellten oder im Bau befindlichen Poblaciones ausgedrückt hatte. Das Ministerium wies auf folgendes hin:

> »1. dass die Regierung sich darüber bewusst ist, wie schwerwiegend dieses Problem ist und wie dringend notwendig es ist, dies in der kürzest möglichen Zeit anzupacken und zu lösen; 2. dass die Regierung, ohne die angewendeten speziellen Normen zu beinträchtigen und mit dem Ziel, die entstandene Situation zu überwinden, durch eine strikte Erfüllung des Plans für Spareinlagen (Plan de Ahorro Popular) die Rechte der Bewerber garantiert [...]; 3. dass die Regierung, um weitere illegale Besetzungen zu verhindern, die Annahme eines Gesetzentwurfs durch das Parlament anstrebt, mit dem alle Personen zu Gefängnisstrafen verurteilt werden, die an der Durchführung solcher Aktionen, sei es als Anstifter, als Unterstützter oder als Besetzer teilgenommen haben; 4. dass die mit der Aufrechterhaltung der öffentlichen Ordnung und dem Schutz der Bürgerrechte beauftragte Behörde, ohne die Politik zu behindern, die auf Überzeugung setzt und deren Ziel es ist, durch Dialog und Verständnis die Zusammenarbeit mit den Pobladores bei den Wohnungsbauplänen der Regierung zu erreichen, nicht zögern wird von allen Mitteln Gebrauch zu machen, die das Gesetz eröffnet, um zu verhindern, dass die Rechte der einfachen Pobladores missachtet werden, die eine Lösung ihres Wohnproblems auf dem vorgeschriebenen Weg anstreben; und 5. dass das Ministerium für Wohnungs- und Städtebau und die ihr untergeordneten Institutionen [...] auch weiter auf höchster Ebene mit den Pobladores in Kontakt bleiben werden, sei es durch kontinuierliche Besuche in den Lagern und Poblaciones wo sie wohnen oder sei es durch die Oficina Relacionadora y Coordinadora de Vivienda (Büro, das die Wohnungsvergabe koordiniert), die am heutigen Tag am Sitz der Delegation von Santiago der Corporacion de Servicios Habitacionales (Institut für Wohnungsangelegenheiten) in der Straße Moneda Nr. 723 im ersten Stock in Santiago eröffnet wurde. Staatssekretär für Wohnungs- und Städtebau, Santiago, 2. Dezember 1970«.[19]

Präsident Allende und sein Wohnungsbauminister Carlos Cortés besuchten dann Poblaciones und Lager und versuchten eine direkte Beziehung zu den Pobladores herzustellen. Das »Oficina Relacionadora«, zuständig für die Anfragen der Komitees der Wohnungslosen, nahm bald ihre Arbeit auf, so dass die Presse am 6. Dezember darüber informierte, dass in nur zwei Arbeitstagen 250 Fälle verschiedener Komitees behandelt worden seien. Der historische Anführer der Pobladores Juan Araya, der der *Kommunistischen Partei* nahe stand und an verschiedenen Besetzungen in Barrancas teilgenommen hatte, erklärte damals optimistisch:

> »In diesem Büro ist nichts unmöglich, denn sowohl deren Angestellte als auch die dafür zuständigen Führer aus den Poblaciones verstehen sehr genau die Bedeutung ihrer Arbeit, die direkten Einfluss auf die Wohnungsbaupläne der Volksregierung haben, deshalb dürfte es für uns kein schwieriges Problem geben und für alle sollte es eine Lösung geben.« Und er fügte hinzu: »Die gravierendsten Probleme, die wir in diesen Tagen gehabt haben, hängen mit den sanitären Bedingungen in den verschiedenen Lagern von Santiago zusammen, in denen insgesamt 35.000 Familien leben.«[20]

Noch im Januar 1971 suchte das Ministerium weiter nach Wegen, um eine Lösung zur Beendigung der Besetzungen zu finden. Dabei wurde Repression ausgeschlossen und an einen direkten Dialog mit den Volksorganisationen appelliert. In einer öffentlichen Erklärung vom 22. Januar 1971 hieß es:

> »Es konnte festgestellt werden, dass einige Fälle illegaler Besetzung mit der dramatischen Lage von Familien zusammenhängen, die viele Jahre lang Anträge stellten, im Wunsch eine Wohnung für ihre oft zahlreiche Familie zu finden. Aber es stimmt auch, wie wir feststellen konnten, dass es einige illegale Besetzungen gab, die von Politikasten aus dem einzigen Grund, der Regierung der Unidad Popular Probleme zu schaffen, angestachelt wurden. Es hat sich herausgestellt und die öffentliche Meinung weiß das, dass an diesen Besetzungen bekannte reaktionäre Politiker teilnahmen, die sich niemals vorher durch ihr Interesse für die Sorgen der wohnungslosen Familien ausgezeichnet haben.«

Die Erklärung endete mit einem Aufruf an die Nachbarschaftskommissionen, die Mütterzentren und Organisationen der Pobladores und Gewerkschaften, »Wohnraumbesetzer« anzuzeigen, »die im Besitz von mehr als einer Wohnung sind und die mit falschen Angaben versuchen, sich Vorteile zu verschaffen, die ihnen nicht zustehen und auf die tausende Familien warten, die, obwohl sie ihre notwendigen Quoten und Raten haben, wegen dieser illegalen Besetzungen keine Wohnung erhalten können«.[21]

Nachdem teilweise abgebauten anfänglichen Spannungen zwischen den Besetzern und einem für den Dialog offenen Ministerium, nahm die Unidad Popular neben dem Wohnungsbau und Infrastrukturarbeiten verschiedene Änderungen in der generellen Politik des *Ministerio de Vivienda y Urbanismo* (MINVU) in Angriff. Unter den größten Neuerungen kann man festhalten: den Bau mehrstöckiger Häuser in Siedlungen für die Bevölkerung, um die verfügbaren Mittel besser auszunutzen und um die Auswirkungen eines extensiven Wachstums in den bedeutendsten Städten des Landes zu verringern, besonders in Santiago; die »Operation Winter«, die versuchte Auswirkungen des Klimas abzumildern, des alljährlichen Regens und der Überschwemmungen, vor allem in den Lagern und den ärmsten Stadtvierteln der chilenischen Städte; die Schaffung von öffentlichen Schwimmbädern für die Bevölkerung, die denjenigen wirkliche Ferien ermöglichen sollten, die selten im Sommer die Stadt verlassen konnten; und schließlich nicht weniger wichtig, die Bildung einer vom MINVU abhängigen Abteilung mit direkter Exekutivfunktion bei städtebaulichen Arbeiten. Diese letzte Maßnahme bedeutete, dass der Staat jetzt in der Lage war – und er setzte das auch um – mit Bauarbeiten zu beginnen, ohne vollständig von Baufirmen und der *Chilenischen Baugewerbeinnung* abhängig zu sein.

Jede einzelne dieser Erneuerungen entwickelte sich in bedeutendem Ausmaß während der ersten beiden Regierungsjahre. So wurde zum Beispiel im Sommer 1971 das Bauen von mehrstöckigen Häusern von Miguel Lawner (Direktor der CORMU) als eine Form angekündigt, städtisches Wachstum neu zu organisieren. Die zukünftigen Nutzer, die im Allgemeinen einen Platz und ein kleines Haus anstrebten, mussten natürlich von der Notwendigkeit, ihre Erwartungen zu verändern, überzeugt werden. Deshalb wies der Direktor von CORMU die Presse darauf hin, dass »wenn wir das nicht so machen und die Politik der einstöckigen Häuser fortsetzen, wird das schwerwiegende und unlösbare Probleme in den Städten schaffen«. Die CORMU legte für das Jahr 1971 Pläne für den Bau von 5.000 Wohnungen in Santiago und 1.600 im übrigen Land – von durchschnittlich jeweils 50–60 Quadratmetern – und für die Einrichtung von Kindergärten, Schulen und Polikliniken, Einkaufsläden, Restaurants, Waschsalons und sozialen Räumen vor. Die mit Baubeginn im Mai 1971 vorgesehenen Arbeiten waren folgende: *Mapocho-Bulnes*, 420 Wohnungen; *Polígono Recoleta-El Salto*, 200 Einheiten; *Plaza Chacabuco*, 220 Wohnungen; Park von *Intercomunal Barrancas*, 1.100 Wohnungen; *Álamos de Maipú*, 720; *Park Carmelitas* und

Maipú, 320; weitere 320 in *La Comuna de Renca*.[22] Die Opposition zur UP sprach ihrerseits in einem sich immer stärker ideologisierenden Klima von der Befürchtung, dass der Bau von Wohnblocks mit dieser Art Infrastruktur der erste Schritt hin zur befürchteten »Verstaatlichung« darstellte.[23]

»Operation Winter« und Schwimmbäder für den Sommer

Die »Operation Winter« wurde Ende März 1971 zum ersten Mal durchgeführt und in jedem folgenden Jahr wiederholt. Sie wurde vom Staatsministerium der Regierung koordiniert und versuchte, die üblichen Überschwemmungen im Winter zu verhindern und sich um die dringendsten Nöte in den Poblaciones zu kümmern, besonders in den durch Besetzungen und »Operaciones Sitio« entstandenen Lagern. Die »Oficina Relacionadora« des MINVU ging für den Anfang dieses Jahres davon aus, dass 140 Lager betreut werden müssten, in denen »Fertighäuser aus Holz, Latrinen, Wasser, Strom, Straßenschotter, Schulen und Polikliniken fehlten, und die unter Überschwemmungen litten«.[24] Ende April war der Plan für die »Operation Winter« einigermaßen ausgearbeitet und am 17. Mai, der als »Día Nacional del Trabajo Voluntario« (Tag der Freiwilligen Arbeit) festgelegt wurde, erhielten die Poblaciones von Santiago und den Provinzen die erste Unterstützung und ganz unterschiedliche Besuche:

> »Während Präsident Allende zusammen mit dem Vater von Che im ›Campamento Che Guevara‹ arbeitete, verteilten sich seine Minister auf Poblaciones, Lager und Fabriken. Allende nahm einen Hammer und Nägel; Pascual Barraza fuhr eine Planierraupe; Jaime Suárez eine Schaufel in der Hand in Yarur, Zorrilla im ›Campamento Lenin‹, während neben ihm Universitätsstudenten und Arbeiter gemeinsam anpackten und Arbeitseinheiten mit dem Präsidenten und seinen Ministern bildeten. Es wurden tausende von Fertighäusern aufgestellt, Straßen planiert, es wurden Schulen, Kirchen, Mütterzentren, Nachbarschaftslokale gestrichen und es wurden überall im ganzen Land Kindergärten eingerichtet. [...] Journalisten aus der Linken gingen zusammen mit den Arbeitern aus sozialen Kommunikationsmedien in die Población *Nueva Habana*, wo sie den ganzen Tag lang Fertighäuser aufstellten, saubermachten und anstrichen, während Sprecher und Kameraleute von Film und Fernsehen, Verwaltungsangestellte und Schauspieler ihre üblichen Arbeiten liegen ließen und sich der freiwilligen Arbeit anschlossen.«[25] So wie es die »Operation Winter« gegeben hatte, so wurde auch ein

Programm »öffentliche Schwimmbäder« im Sommer 1971 in Angriff genommen. Es war eine gemeinsame Aktion, an der verschiedene öffentliche Institutionen und soziale Organisationen teilnahmen. Das Ministerium für Wohnungsbau begann in diesem Jahr mit dem Bau von siebzehn öffentlichen Schwimmbädern, wovon vierzehn im selben Jahr fertig gestellt wurden.[26] Am 9. Januar wurde ein großes Schwimmbad im Cerro San Cristóbal eröffnet, das von der CORMU mit einer Kapazität für ungefähr 1.000 Personen gebaut worden war. Allende wurde zur Einweihung eingeladen während die Einheitsgewerkschaft *Central Unitaria de Trabajadores de Chile* (CUT) ankündigte, dass Schwimmbäder in Tongoy, Los Vilos, Papudo, Duahado, Rocas de Santo Domingo, Rapel und an anderen Orten fertig gestellt würden. An dieser Initiative waren das MINVU, das Ministerium für Boden und Besiedlung und die Einheitsgewerkschaft beteiligt.[27]

Am 2. Februar 1971 informierte die Tageszeitung *El Siglo* über die Eröffnung von zwei Schwimmbädern in der Provinz Colchagua in Tinguiririca und Puente Negro. Bei der Eröffnung in Tinguiririca waren ungefähr 5.000 Personen aus verschiedenen sozialen Organisationen anwesend, auch der Bürgermeister, Abgeordnete der Region und Vertreter anderer öffentlicher Institutionen. Für das Schwimmbad wurde der natürliche Verlauf des gleichnamigen Flusses genutzt, indem man einen Stausee großen Ausmaßes baute, dessen Wasser sich auf natürliche Weise ständig erneuert. An der einen Seite ließ man genug Platz für Campingplätze, mit Büschen und Feuerstellen für die Besucher. Der Eintritt war gratis. Eine Lizenz zum Verkauf von Getränken und Nahrungsmitteln, die dem *Chilenisch-Kubanischen Institut* überlassen wurde, trug zur Finanzierung und zur Pflege des Platzes bei.[28] Parallel dazu wurde in Santiago eine andere Initiative ähnlicher Art in Gang gesetzt: ein Zug für den Tourismus. Mit dieser Aktion wollte man »Familien aus Santiago, die zu Mütterzentren, Nachbarschaftskomitees, Sportklubs und anderen Organisationen in den Gemeinden gehörten« Sommerferien ermöglichen. Bei dieser Initiative machte das Erziehungsministerium mit, das Ferienaufenthalte in Valparaíso und Viña del Mar ermöglichte; und die Nationale Kommission für Schulunterstützung und Stipendien, die für das tägliche Essen der Eingeladenen sorgte.[29]

Der Staat soll bauen: die »direkte Ausführung«

Die Schaffung einer Abteilung für »direkte Ausführung« war eine sehr wichtige Änderung in der Politik des Ministeriums für Wohnungsbau, denn damit sollte die Regierung der Unidad Popular unvermeidlich mit den der *Chilenischen Baugewerbekammer* angeschlossenen Unternehmen zusammenstoßen. Seit Ende der fünfziger Jahre hatten die Linken darauf bestanden, dass Wohnraum keine »Ware«, sondern ein soziales Recht sei, sie bezogen sich dabei auf die unerreichbaren Kosten einer Wohnung für die Bevölkerung sowie auf die Vorteile, die die Bauunternehmen über die Zuschüsse und die staatlichen Ausschreibungen erhielten. Die Kritik an der *Chilenischen Baugewerbekammer* wurde außerdem noch vom MIR verschärft, der in dieser Vereinigung und in der Bauaktivität einen klaren Weg zur kapitalistischen Akkumulation und zur Bereicherung eines aktiven Teils der chilenischen Bourgeoisie sah.[30]

Andererseits bestand aus Sicht der Regierung nicht nur Sorge über die Zukunft der laufenden Verhandlungen mit den Bauunternehmen, die mit dem Ziel geführt wurden, die Baukosten festzulegen, sondern man machte sich auch Sorgen über die hohen Gewinnspannen der Unternehmen, über ihre Tendenz zur Konzentration der Aktivität[31] und über die strategische Bedeutung dieses Zweiges für die Beschäftigungsrate insgesamt.[32] Aus sozialistischer Sicht würde deshalb die Weiterentwicklung der »direkten Ausführung« des Staates beim Bau verschiedene Probleme lösen. In diesem Zusammenhang eröffnete der Minister für Wohnungsbau im Juni 1971 die Bauarbeiten für mehrstöckige Häuser der Población Jaime Eyzaguirre im Ostteil der Hauptstadt. Hier wollte die CORVI mit neuen Maschinen direkt bauen, was nach Angaben des Ministers die Bauzeit verkürzte. Der stellvertretende Präsident der CORVI, Hiram Quiroga, sagte bei dieser Eröffnungsfeier auch, dass »die direkte Teilnahme des Staates am Wohnungsbau den Zweck verfolgte Spekulation zu verhindern und die Reduzierung des im Land bestehenden Wohnungsmangels zu beschleunigen«. Er wies ebenfalls darauf hin, dass »die privaten Baufirmen in vielen Fällen in einem Jahr die Preise bis zu viermal erhöht und damit über dem Anstieg der Lebenshaltungskosten gelegen hatten, was einen maßlosen Gewinn bedeutete.« Er hob schließlich die Teilnahme der Arbeiter an den Wohnungsbauprogrammen der Regierung hervor, die dabei nicht die Bevölkerung fragte, »was sie zahlen könne, sondern die entschieden hatte, ihnen »viviendas definitivas« (feste Häuser aus Stein) und urbanisierte Grundstücke zu übergeben«. Aliro Contreras, Präsident des Bau-Komitees, versprach, dass die Arbeiter bei den Regierungsplänen mit aller Kraft mitarbeiten würden und er hob hervor, dass die Bildung eines staatlichen Bauunternehmens ein historisches Ereignis sei.[33]

Parallel zu den Bauarbeiten in der Población *Jaime Eyzaguirre* wurde auch mit dem Bau von mehrstöckigen Häusern in den Poblaciones *La Bandera* und *Lo Hermida* begonnen und nach Informationen, die der Führer Aliro Gutiérrez an die Presse gegeben hatte, würde die Politik der »direkten Ausführung« auch in den Poblaciones *Nueva Habana*, Unidad Popular und *La Pincoya* umgesetzt werden. Für diesen Politiker besaßen die Arbeiter die Verantwortung und die Fähigkeit »schneller und billiger als Privatunternehmen zu produzieren« und so zeigten es die Bauarbeiten in Jaime Eyzaguirre – wo mehr als siebenhundert Arbeiter arbeiteten. Für den Bau erhielten sie »Schuhe, Sicherheitshelme und angemessene Kleidung [...] Außerdem gibt es eine Poliklinik für Erste Hilfe, die auf demselben Gelände funktioniert, um schnell jeden Arbeitsunfall behandeln zu können. Es gibt auch Duschen mit warmem und kaltem Wasser für die Körperpflege der Arbeiter nach dem Arbeitstag, ein gutes Klubhaus für das Mittagessen und die tägliche Zwischenmahlzeit«.[34]

Die Autonomie der Bewegung der Pobladores

Offensichtlich bedeuteten der Sieg von Salvador Allende im Jahr 1970 und die Linke an der Regierung eine grundlegende Veränderung in den Beziehungen zwischen Bevölkerung und Staat, zwischen den sozialen Volksbewegungen und der Regierung. Chile öffnete sich für ein bisher nicht dagewesenes Experiment, ein Block aus Parteien mit marxistischer Tradition, das heißt antikapitalistisch und wirklich mit einer Basis im Volk – das war nicht einfach eine weitere populistische Erfahrung in Lateinamerika – hatte die Regierungsmacht erobert und begann mit der Durchführung von Strukturreformen. Nicht alle davon waren solche, die eine Revolution wahrscheinlich vorgeschrieben hätte – aber doch substantielle Reformen (Agrarreform, Verstaatlichung des Kupfers und Einrichtung eines Bereichs gesellschaftlichen Eigentums), außerdem eine neuen Sozialpolitik, die sich besonders darauf richtete, alte und historische Forderungen nach sozialer Gerechtigkeit für die Mehrheit der Bevölkerung anzugehen.

Bei diesem nie vorher da gewesenen politischen und sozialen Experiment gab es noch ein Wegstück, das vorher durchlaufen worden war und auf das 19. Jahrhundert zurückreichte – auf die *Sociedad de la Igualdad* (Gesellschaft für die Gleichheit) –dann aber vor allem durch die hervorragenden Leistungen der Arbeiter und der Bevölkerung zu Beginn des 20. Jahrhunderts, die in Luis Emilio Recabarren einen ihrer weitsichtigsten Führer fand, der die politische und soziale Entwicklung dieses Jahrhunderts beeinflusste. Eine der wichtigsten Charakteristika der politischen Organisierung Anfang des

Jahrhunderts war eine Entwicklung der Bewegung, die von der Selbstorganisierung der Bevölkerung ausging, offen und demokratisch, über Versammlungen und anarchistische, sozialistische und demokratische Orientierungen kombinierte. In diesem Kontext zählte zuerst die soziale Organisation, die Partei kam an zweiter Stelle.[35] Das war gewissermaßen als ein Bedürfnis der Bewegung entstanden und bis mindestens in die zwanziger Jahre träumte man von der Möglichkeit einer einzigen großen Arbeiter- und Volkspartei. Die Volksbewegung erkannte noch bis zur berühmten *Asamblea Constituyente de Obreros e Intelectuales* (Gründungsversammlung von Arbeitern und Intellektuellen) im Jahr 1925 die wichtige Rolle der sozialen Organisation an, ähnlich wie die der Parteien.[36] Danach veränderte sich in den dreißiger Jahren das Panorama: die Volksparteien und die Führer in den Volkskämpfen begannen eine immer aktivere Rolle zu spielen, die Rolle der Organisationen wurde in verschiedener Hinsicht untergeordnet und es wurde eine Art »Arbeitsteilung« hergestellt: die Gewerkschaften für die ökonomischen Kämpfe, die Parteien für den politischen Kampf und die Wahlen als Moment der Sammlung aller Kräfte für die Einheit. In den sechziger Jahren verstärkte sich in gewisser Weise diese Charakteristik, wenn auch widersprüchlich; zum Beispiel ließen die neuen politischen Parteien wie die MAPU oder der MIR, obwohl sie den Protagonismus der Organisationen förderten und die traditionelle Linke (KP und *Sozialistische Partei*) wegen ihrer bürokratischen und autoritären Form der Beziehung zur Basis kritisierten, die Vorstellung von der »Avantgarde-Partei« wiederaufleben, ohne die keine Revolution möglich sei. Zusammenfassend stellte sich die politische Partei der Linken als grundlegender Faktor im Kampf für einen sozialen Wandel und für die Revolution dar, wobei sie in ihren Reden die Rolle der »Arbeiterklasse« und des Volkes wertschätzten, aber mit unbestimmten Grauzonen in der konkreten Führungspraxis, beim Fällen von Entscheidungen usw.

Im Fall der Pobladores ist die Geschichte dieser Beziehungen mit den politischen Parteien, mit bestimmten Institutionen – besonders der Katholischen Kirche – und dem Staat komplex und in Folge dessen muss man die Frage der Autonomie der Bewegung in verschiedenen Momenten und Konjunkturen als eine relative Autonomie ansehen, die von dem Entwicklungsgrad, dem Protagonismus und der Politisierung der eigenen Basisorganisationen abhängt. Das Verhältnis zu den politischen Parteien hatte während der Unidad Popular sehr unterschiedliche Entwicklungen, aber allgemein lässt sich sagen, dass sie eine führende Rolle spielten und viele der Führer aus den Poblaciones waren und gleichzeitig Mitglieder irgendeiner Partei der Linken. Mehr als einmal erlebten sie Loyalitätskrisen zwischen der Zugehörigkeit zu ihrer Partei und zu ihrer Organisation. Auch im Verhältnis zum Staat gab es besondere

Entwicklungen. Zum Beispiel pflegten viele Organisationen während der Regierung von Frei enge, wenn nicht abhängige Beziehungen zur Regierung, aber als die Bewegung gegen Ende der sechziger stärker wurde, gingen dieselben Organisationen auf Distanz zur Regierung. Die Autonomie der Bewegung gegenüber der Regierung Allende und der Unidad Popular wurde mehr als einmal hinterfragt; sie erreichte jedoch ihre eigenen Entwicklungen. Zwei unterschiedliche Erfahrungen, die wir willkürlich ausgewählt haben und im Folgenden kurz kommentieren werden, geben eine Vorstellung von diesen Entwicklungen.

Der Kongress der Pobladores von San Miguel

Am 15., 16. und 17. Oktober 1971 fand mit Beteiligung von hundert Delegierten ein Kongress der Pobladores von San Miguel de Oriente statt, der wichtige Beschlüsse zu verschiedenen Themen fasste und die zusammen eine wirkliche, von den Pobladores selbst vorgeschlagene »Stadtpolitik« entwarfen. Wie die Tageszeitung *El Siglo* informierte, nahmen fünfzehn Gemeindeeinheiten teil, achtzig Mütterzentren, acht Frauengruppen, ein Sportverein (mit achtzehn Klubs), vier Grundschulen und die christliche Gemeinde von San Lucas. Für Enrique Astudillo, dem Generalsekretär der Veranstaltung, war das wichtigste »die Möglichkeit eine Koordinierungskommission der fünfzehn Nachbarschaftskomitees zu bekommen – zusammen mit der sichtbaren Mitarbeit aller anderen Institutionen und Gruppen – und eine Plattform zu schaffen, die alle Sorgen und Probleme, die der Sektor hat, zusammenfasst«.[37]

Der Kongress organisierte sich in Arbeitskommissionen, die dann das Plenum informierten und dieses traf dann Entscheidungen rund um die Probleme der Umgestaltung und Stadtplanung, Gesundheit, Mobilisierung, Erziehung, polizeilicher Wachdienst, Sport, Erholung und Kultur. Man beschloss, die Regierung bei ihrer Politik zur Erweiterung der Plätze für die Carabineros und den Bau mehrstöckiger Häuser zu unterstützen sowie keine Erlaubnis für die Einrichtung neuer Läden mit Alkoholverkauf zu erteilen.[38] Unter den ganz besonderen Entschließungen des Kongresses sind hervorzuheben: das Bedürfnis Umfragen in jeder Población zu machen, um das genaue Ausmaß von Problemen kennenzulernen, unter denen die Pobladores leiden; beim MINVU Mittel zu beantragen für den Bau des »Haus des Pobladores« als Gemeinschaftshaus; sofort die *Juntas de Abastecimiento y Precios* (JAP) (Räte der Volksversorgung und Preiskontrolle) zu bilden, um Versorgungsprobleme zu beheben; Sandschächte und illegale Müllhalden abzuschaffen; das von den am Kongress teilnehmenden Nachbarschaftsgruppen besetzte Gelände zum Wohngebiet (sector residencial) zu erklären; die Zahl der Ratsherren zu vergrößern, um die Vertretung in der Gemeinde zu verbessern; die Einrichtung von Poststationen, Telefon, Brandwachen, Ampeln und die Umwidmung aller Grundstücke in illegaler Situation zu fordern; der Bau neuer Polikliniken, Ausbildung von Leitungspersonal und Kurse, nicht nur über wesentliche Gesundheitsaspekte, sondern auch ein psychologisches Programm, um die Probleme mit Alkohol, Prostitution und Drogen angehen zu können. Und schließlich eine Reihe von Maßnahmen zum öffentlichen Transportwesen im Viertel und zum Ausbau von Ausbildungsleistungen von Kindergärten bis zur Gründung von Universitäten.[39]

Die Población Nueva Habana

So wie sich die Pobladores von San Miguel versammelten, um Prioritäten und Forderungen für die Entwicklung ihrer Stadt festzulegen, wobei sie besonderen Nachdruck auf verschiedene soziale Aufgaben legten, so weiteten die Pobladores von *Nueva Habana* ihre organisatorischen Kräfte aufs Äußerste aus, um für eine neue Población mit eindeutig sozialistischer Orientierung Platz zu schaffen. Das Campamento *Nueva Habana* entstand aus einem Abkommen zwischen Führern von vier im Jahr 1970 an verschiedenen Orten von Santiago durchgeführten Besetzungen und dem MINVU, um den Umzug zum Grundstück Los Castaños de La Florida im Osten der Rotonda Quilín zu organisieren. Die führenden Besetzungen – Ranquil, Elmo Catalán, Magaly Honorato und 26 de Julio – hatten sich in der *Jefatura Provincial Revolutionaria* (JPR) (Revolutionäre Provinzleitung) zusammengeschlossen, der zentrale Leiter war Víctor Toro, ein herausragender und bekannter Führer der Población *26 de Enero*[40] und des MIR. Der Umzug begann am 1. November 1970 und dieses Datum wird bis heute als Jahrestag ihrer Gründung von den Einwohnern der Población *Nuevo Amanecer* (Neue Morgenröte) gefeiert, ein Name, den die Militärs der Población nach dem Staatsstreich von 1973 gaben.

Die Führer des MIR und der Campamentos kamen das erste Oktoberwochenende zusammen und beschlossen die ersten Abkommen: es sollte in kurzer Zeit umgezogen werden, in nicht mehr als einem Monat die Población organisiert und in drei Monaten in demokratischen Wahlen mit allgemeinem Stimmrecht eine Leitung des Campamentos gewählt werden. Zu jener Zeit hatte die Población, so erklärte ein Führer, noch keinen Namen, es war »das Campamento des MIR«. Die ersten Entscheidungen und Aktionen jedenfalls bezogen sich auf den Umzug, die Straßenplanung, die Versorgung mit Wasser und Strom, die Einrichtung von Latrinen usw. Eine der vielleicht wichtigsten politischen Entscheidungen war die, nicht Gelände zu besetzen auf dem die »casas definitivas« gebaut werden sollten. Mario von der Baukommission erklärt das so:

»Wir analysierten die Probleme und was es in vielen Poblaciones bedeutet, auf schon besetztem Gelände zu bauen. Das verteuert den Bau beträchtlich, deshalb haben wir auch beschlossen nur einen Teil des Geländes zu besetzen. Aber es war auch und vor allem eine politische Maßnahme: unserer Ansicht nach war es notwendig, mit dem Prozess der Bewusstseinsbildung weiter zu machen – auch wenn wir nicht mehr unter so beengten Bedingungen lebten wie zu der Zeit, als wir in den alten Campamentos waren – und gleichzeitig den Zusammenhalt zwischen allen Compañeros Pobladores aufrecht zu erhalten«. Alejandro Villalobos (»El Mickey«), der später zum Chef des Campamentos gewählt wurde, fügt hinzu: »die Pobladores haben ihre Häuser selbst gebaut; jeder Poblador baute sein Haus. Es organisierten sich Milizen, um denjenigen Compañeras oder Compañeros zu helfen, die nicht selbst bauen konnten. Es organisierten sich besondere Arbeits-Milizen und so also entstand das ›Campamento *Nueva Habana*‹«.[41]

Das Campamento nahm 1.500 Familien auf, das waren ungefähr 9.000 Personen, die sich auf 64 Häuserblocks verteilten. Manuel Paiva kam Anfang Dezember dorthin und erhielt ein Stück Land im Häuserblock D. Er erinnert sich daran, dass es 24 Häuserblocks waren und in jedem von ihnen war ein Stück reserviert für das Gemeinschaftshaus und die übrigen 63 waren für die Familien.

»Es gab eine wöchentliche Versammlung, die offiziell war, die Versammlung des Häuserblocks. Dort bekam man alle Informationen, die das Direktorium weitergab. Das Direktorium war eine Art legislative Instanz innerhalb des Campamento. Es bestand aus den 24 Chefs der Häuserblocks, außerdem gehörte die aus sieben Mitgliedern bestehende ›Jefatura‹ dazu. Diese sieben Mitglieder waren demokratisch gewählt bei Wahlen, an denen alle im Campamento teilnahmen. Aus dem Direktorium kamen die sogenannten ›Frentes de Trabajo‹ (Arbeitseinsätze). Die Delegierten des Häuserblocks wurden auch Einsatzchefs wie zum Beispiel bei der ›Frente de Vigilancia‹ (Sicherheitsgruppe), ›el Frente de Salud‹ (Gesundheitsgruppe), ›el Frente de Cultura‹ (Kulturgruppe) usw.«.[42]

Jede Gruppe eines Häuserblocks plante wöchentlich die Arbeit, die im allgemeinen, so sagt Manuel, in der Übergabe des Lebensmittelkorbs bestand, den Schichten für die Säuberung der Latrinen, die desinfiziert werden und »absolut sauber sein mussten«, genauso wie das Saubermachen der Wohnungen. Diese letztere Maßnahme wurde von einigen Nachbarn eher abgelehnt, aber sie wurde durchgeführt. Die Wahrheit ist, dass es laut Erzählung von Manuel mehr als ein schwieriges Terrain gab, besonders wenn es darum ging, kritische Gewohnheiten der Pobladores selbst zu ändern. Zum Beispiel die Themen Gewalt und Alkoholismus, über die das Direktorium Entscheidungen traf:

> »Im Direktorium: Hier wurden Gesetze gemacht, es wurde die Sauberkeit im Campamento untersucht, das Verhalten der Personen. [...] Denn das gilt für die Hygiene genauso wie für das Verhalten in den Familien; auch bei der Sache mit der interfamiliären Gewalt, das war am Anfang kompliziert, denn die Ehemänner kamen nachts besoffen nach Hause und haben dann zugeschlagen. Da musste man also drastisch werden, das heißt, es wurden keine alkoholischen Getränke erlaubt, weder innerhalb noch in der Nähe des Campamentos. Das bedeutete, dass die Kneipen in der Gegend von der Organisation des Campamentos geschlossen wurden. Und die Schließung lief so: hingehen, reingehen in die Kneipe, alles was es gab rausschaffen, alle Weinflaschen und die dann auf der Straße zerschlagen; so gewaltsam lief das, um Regeln zu schaffen«.[43]

Das Campamento *Nueva Habana* wurde in vieler Hinsicht bekannt, denn die Pobladores selbst forderten, dass gemäß der »direkten Ausführung« gebaut werden sollte, sie diskutierten mit der CORVI über die Art von Wohnung je nach Mitgliederzahl jeder Familie, es gab Versuche einer »Volksjustiz«[44] und bei einer Gelegenheit, als die Stadtverwaltung nicht für die Müllabfuhr sorgte, entschieden sie, den ganzen Müll in Lastwagen, Anhängern und Handwagen bis vor die Türen der Stadtverwaltung zu transportieren. Weil das Problem trotzdem nicht gelöst wurde, war der nächste Schritt, den ganzen Müll, an einem Morgen als der Hierarch bei der Sonntagsmesse war, bis vor die Haustür des Bürgermeisters zu transportieren. Nach diesen beiden Initiativen normalisierte sich der Dienst der Müllabfuhr zweimal pro Woche. Die Organisierung der »Milizen« war eine andere dieser Initiativen, die sich bis zu einem gewissen Grad im Campamento *Nueva Habana* entwickelten und die Polemik in der Linken und Ablehnung in der Rechten hervorrief. Nach Vorstellungen des MIR gab es eine Beziehung zwischen den Volkskämpfen und dem »unvermeidlichen bewaffneten Zusammenstoß« auf dem Weg, der zur Eroberung der Macht und zum Sozialismus[45] führte und weshalb das Volk eine Art militärischer Ausbildung machen sollte. Die Tendenz der Organisation von Milizen entwickelte sich jedoch mehr in der Auseinandersetzung bei sozialen Problemen in den Campamentos, wo der MIR eine Vorreiterrolle spielte, als auf strikt militärischer Ebene. Victor Tot hatte in einer Rede vor dem Kongress der Pobladores im Juli 1970 auf folgendes hingewiesen:

> »Die Pobladores wissen sehr genau von der Existenz vieler Probleme in den Campamentos und Poblaciones. Der Alkoholismus, Ursache für Verbrechen jeder Art, Glücksspiele mit ihren Lastern, in manchen Fällen die Prostitution usw. stellen eine ständige Bedrohung für die Arbeiterklasse dar. Für die Menschen, denen Bildung und Kultur vorenthalten werden, die von den Kapitalisten ausgebeutet werden und in Elend und verzweifeltem Hunger stecken, ist es einfach, die Existenz dieser Probleme zu verstehen. Aber deshalb können wir sie nicht rechtfertigen und ihnen gegenüber passiv bleiben. Wir kämpfen dafür, eine sozialistische Gesellschaft für auch sozialistische Menschen zu schaffen, das heißt für neue Menschen im ganzen Sinn des Wortes. […] In den Campamentos und Poblaciones sollten die Allgemeinen Versammlungen der Pobladores Rechtsgrundsätze verabschieden, Regeln mit den entsprechenden Sanktionen festlegen und die Volksmilizen müssen dafür sorgen, dass sie eingehalten werden.«[46]

In *Nueva Habana* war, so erinnert sich Manuel, die Tendenz mehr oder weniger diese: Die »Frente de Vigilancia« (Sicherheitsgruppe) funktionierte wie eine lokale Polizei,

> »sie legte Regeln fest, was bedeutete, alle Familien mit all ihren Mitgliedern einzutragen und außerdem die Personalakte jedes einzelnen Familienmitglieds. Und waren dabei einige Mitglieder nicht ganz sauber, so wurden diejenigen, die ›Flecken‹ aufwiesen, stärker kontrolliert. […] Das waren die, die kleine kriminelle Handlungen innerhalb des Campamentos begingen. Es war also wie eine Art spezialisierte Polizei […] wenn ein Paar Hosen gestohlen wurden, die irgendwo in einem Hof gehangen hatten, suchte man bei den registrierten Daten wer verdächtig war und wenn sie ihn fanden, nahm man den Typ mit, er wurde für eine Nacht festgenommen und bekam irgendwelche Aufgaben, das heißt, man versuchte das Individuum umzuerziehen. Man gab ihm Aufgaben wie die, das ›Kommunistische Manifest‹ oder ›Was tun?‹ zu lesen, Texte dieser Art und man gab ihm zum Beispiel vierzehn Tage Zeit zum Lesen und täglich musste er zu Prüfungen über diese Lektüre kommen. In manchen Fällen musste jemand auch Arbeiten für die Gemeinschaft machen«.[47]

Jede »Frente« hatte also ihre eigene Entwicklung. Die Gesundheitsgruppe bekam von der kubanischen Botschaft in Santiago einen Ambulanzwagen geschenkt und die »Gesundheitsmilizen« versuchten die medizinische Betreuung mit freiwilligen Ärzten zu garantieren und gleichzeitig schlossen sie Abkommen mit dem Krankenhaus Sótero del Río. Die »Frente del Trabajo« (Arbeitsgruppe) nahm mehrere Dutzend Arbeitslose für die Bauarbeiten an den Häusern auf, die in der Form der »ejecución directa« (direkten Ausführung) von der CORVI gemacht wurden. Die »Frente Cultural« (Kulturgruppe) organisierte Theater- und Tanz-Vorstellungen und den Besuch von Künstlern in der Población. Schließlich, so sagt Manuel, begann man mit dem Bau eines Klubhauses und eines Waschsalons für alle, denn

> »wir waren ja dabei, so die Annahme, eine andere Gesellschaft aufzubauen und in dieser anderen Gesellschaft sollten sich die Hausbesitzer in den Produktionsprozess integrieren und mussten deshalb ihr Heim verlassen. [...] Sie brauchten einen Ort, wohin sie ein paar Mal jede Woche ihre Wäsche zum waschen bringen und gleichzeitig einen, wo sie einmal am Tag ihr Mittagessen für den nächsten Tag abholen konnten«.[48]

Die Versorgungskrise und die JAP

Sowohl die Pobladores als auch die Regierung waren während der Unidad Popular beteiligt an der Heldentat, der Großtat des Baus von Poblaciones, den neuen Stadtvierteln für das chilenische Volk, besonders in Santiago, damit die Familien des Volkes die Vergangenheit in Elendsvierteln zurücklassen konnten. Wenn das schon eine Herausforderung von großer Bedeutung war, die sich die UP nach kurzer Regierungszeit während des zweiten Halbjahres 1971 auf die Schultern lud, so mussten die Organisationen der Pobladores und die Regierung noch eine zweite große Herausforderung in Angriff nehmen, die der Verteilung von Lebensmitteln, konkreter, die Versorgungsmängel, die in der chilenischen Gesellschaft spürbar zu werden begannen. Die Situation einer durch Versorgungsmängel geschaffenen »sozialen Krise«, die sich gegen Ende der Regierungszeit von Allende verschärfte, war es vielleicht, die bis heute dazu beitrug das sehr negative Bild von der Unidad Popular zu schaffen. Der Mangel und die Warteschlangen bilden – genauso wie die Enteignungen – so etwas wie die oft herrschende negative Sicht auf die Unidad Popular. Den Reden der Sprecher der Militärdiktatur nach, die siebzehn Jahre lang immer wieder wiederholt wurden, war der Versorgungsmangel der eigentliche Ausdruck für Chaos und Nicht-Regieren.

Mit den Jahren gibt es zwei verschiedene Sichtweisen. Eine der beiden gesteht Irrtümer in der Wirtschaftspolitik der Regierung ein, im Sinne einer fehlenden Anpassung an kurzfristige Ziele der Politik (den Anreiz zur Nachfrage und der Nutzung von bestehenden, brachliegenden Kapazitäten in der Wirtschaft) und an langfristige Ziele der Politik, die von Reinvestitionen der Firmen und einer Produktionserhöhung im neuen staatlichen Sektor der Agrar- und auch der Industriewirtschaft ausgingen. Offensichtlich hat es diese Abfolge nicht gegeben, auch wenn die Regierung die »Produktionsschlacht« an erste Stelle setzte, denn einerseits befriedigte die Steigerung der Nachfrage alte Bedürfnisse der Bevölkerung nach Konsum von grundlegenden Dingen – im Gedächtnis des Volkes erinnert man sich an die UP als eine Zeit mit Geld im Überfluss – und andererseits investierte nicht nur die »nicht-monopolistische Bourgeoisie« nicht, sondern auch die großen, mittleren und kleinen Unternehmer machten dabei mit, aus dem Versorgungsmangel ein Spekulationsgeschäft und eine Form des politischen Kampfes gegen die Regierung der Unidad Popular werden zu lassen. Auf diese Weise bezieht sich der zweite Blick auf den Versorgungsmangel genau auf die Strategie des Boykotts, der von der Opposition gegen die Unidad Popular ausging und eine doppelte Rolle spielte: einerseits schuf die Rechte über Hamstern und Boykott den Versorgungsmangel und auf der anderen Seite machte sie auf der politischen Ebene die Regierung verantwortlich für die Auswirkungen des Mangels für die Mehrheit der Bevölkerung. Ein rundes Geschäft, das bis heute Früchte trägt, als Teil der Dämonisierung der Unidad Popular.

Die Regierung der UP und besonders der Wirtschaftsminister Pedro Vuskovic mussten sehr schnell und mit viel Energie die Probleme des Versorgungsmangels in Angriff nehmen, nachdem schon im Dezember 1971 die Rechte den berühmten »Marsch der leeren Kochtöpfe« mit Frauen aus den hochgelegenen Stadtteilen von Santiago und mit Stoßtrupps der Bewegung *Patria y Libertad* (Vaterland und Freiheit) organisiert hatte. Die Strategie von Vuskovic bestand damals darin, zusammen mit den organisierten Basisgruppen die Kontrollmechanismen des Staates sowohl in Bezug auf die Preise als auch die Verteilung zu verstärken. Dafür existierten die gesetzlichen Anordnungen der *Direccion de Industria y Comercio* (DIRINCO), die über autorisierte Inspektoren zur Durchführung der Kontrollen verfügte. Aber die Aufgabe überstieg ihre Möglichkeiten, deshalb wurden die JAP veranlasst und gebildet.

Am Sonntag, den 5. März 1972, wurde im Stadttheater von Santiago die Erste Provinzversammlung der JAP mit Teilnahme von dreihundert kommunitären Organisationen der Hauptstadt eröffnet.[49] Zwei Monate später informierte das Wirtschaftsministerium über fünfhundert Organisationen dieser Art einschließlich der Gemeindevereinigungen in der Hauptstadt.[50] Die JAP riefen natürlich die Ablehnung der Opposition hervor, weshalb die Regierung ihnen über die Resolution Nr. 112 der DIRINCO, veröffentlicht am 4. April 1972 im *Diário Oficial*, einen legalen Status gab. Die JAP wurden definiert als:

> »jene Gruppierung von Arbeitern, die für die Verbesserung der Lebensbedingungen des Volkes innerhalb jeder Nachbarschaftseinheit kämpft und sich vor allem bemüht, eine adäquate Versorgung zu erreichen, indem sie über eine wirksame Preiskontrolle wacht, gegen Spekulation und Monopole kämpft, sich für eine bessere Versorgung des Volkes mit Grundlebensmitteln einsetzt und insgesamt mit allen Ebenen der ›Direccion de Industria y Comercio‹ zusammenarbeitet«.[51]

Tatsächlich verbreiteten sich die JAP im ganzen Land, sie versuchten nicht immer einfache Beziehungen mit den Händlern in den Stadtvierteln herzustellen; sie erreichten einen bedeutenden Entwicklungsgrad in den Poblaciones und in den Gemeinde- und Provinzvereinigungen; sie leisteten einen wichtigen Beitrag dazu, den »Oktoberstreik« von 1972 zu bannen; sie spezialisierten sich zusammen mit staatlichen Institutionen wie der *Dirección Nacional de Aeronáutica Civil* (DINAC) auf die Verteilung; und es gelang ihnen an vielen Orten, die Verteilung einer »canasta básica« (Grundration von Nahrungsmitteln) zu kontrollieren, die das Überlebensminimum für die Poblaciones garantierte. Außerdem dienten sie auch während des »Oktoberstreiks« als Brücke zwischen der Welt der Produktion und der Fabrik und der Welt der Stadtviertel und waren so Teil der entstehenden Dynamik von »Volksmacht«. Wenn man es aus der Ferne betrachtet, wird deutlich sichtbar, dass die Entwicklung des JAP eine nie vorher da gewesene Erfahrung für die Bewegung der Pobladores darstellte, die es vielen Führern der Basis erlaubte Wichtiges auf dem Gebiet der Preiskontrolle und der Zirkulation von Produkten zur Deckung des Grundbedarfs zu lernen und von da aus der ökonomischen und sozialen Destabilisierungspolitik, die von der Opposition ausging, Widerstand entgegen zu setzen. Man muss jedoch auch anerkennen, dass diese neuen Basisorganisationen nicht die größeren Produktions- und Verteilungsprobleme mit Erfolg in Angriff nehmen konnten, die den Fall der Unidad Popular vorbereiteten.

Die Jahre der Unidad Popular sind in der sozialen und politischen Geschichte Chiles ohne Zweifel die kritischsten vom Gesichtspunkt des sozialen Konflikts aus betrachtet, aber gleichzeitig die aktivsten, kreativsten und demokratischsten Momente der Erfahrung und des historischen Protagonismus aus betrachtet, den Teile der Bevölkerung sowohl in der Stadt wie auf dem Land jemals erlangt haben. In diesem Zusammenhang standen die Pobladores als gesellschaftlich Handelnde in erster Reihe neben der Regierung Allende – und auch einigermaßen autonom – um sich einer historischen Herausforderung zu stellen: der Bau von Poblaciones und die neue Entwicklung, die das gemeinschaftliche Leben in den Stadtvierteln erreichte. Es handelte sich ganz sicher um eine Aufgabe für Titanen, die vorbereitet wurde durch die Besetzungen und den Druck auf die Regierung für die »Revolution in Freiheit« und die die Unidad Popular in der Phase des »Bauens« übernehmen musste, wobei sie ihren Einsatz vervielfältigte, um ein »soziales Recht« zu bestätigen, das gleichzeitig ein altes Bestreben des Volkes war: an einem Platz zu leben, den man »Haus« nennen konnte.

Die Pobladores schlossen sich natürlich all den großen Mobilisierungen an, die die Straßen der wichtigsten chilenischen Städte während der Unidad Popular überschwemmten und sie waren auch wichtige Akteure, als die Opposition den Versorgungsmangel veranlasste und den »Oktoberstreik der Aufständischen« ausrief; da übernahmen sie die Nahrungsmittelverteilung in den Stadtvierteln. Der Staatsstreich überraschte sie in vielen Fällen in ihren erst halbfertigen Poblaciones und ohne Richtlinien noch Mittel zu haben, um die Regierung zu verteidigen und der Repression gegenüber zu treten, die sich bald über den Poblaciones zusammenbraute, mit »massiven Durchsuchungen«, mit grausamer und entwürdigender Behandlung sowie mit Verhaftung, Folter, Tod oder Verschwindenlassen vieler ihrer bedeutendsten Führer.

Trotz der Repression war es jedoch in den Poblaciones, unter dem Schutzschild der Kirche und inmitten lebhafter christlicher Basisgemeinschaften, wo man begann den Schmerz, die Ängste und die Ohnmacht zu verarbeiten, um die Solidarität zu stärken. Bis man dann gegen Ende der siebziger Jahre hunderte neue Basisorganisationen entstehen ließ (Kulturgruppen, Menschenrechtskomitees, Arbeitslosenbörsen, Werkstätten für Frauen, Jugendgruppen), die zusammen mit den Mitgliedern der Linken, die in der Illegalität überlebt hatten und mit den Sozialarbeitern und den Erziehern die »nationalen Proteste« vorbereiteten und füllten und die in der Zeit von 1983–1986 das Ende der Diktatur vorbereiteten.

Anmerkungen

1 Eco, Bildung und Medien, Schule für Geschichte und Sozialwissenschaften, Universität ARCIS (*Universidad de Arte y Ciencias Sociales* – ARCIS).

2 Población ist ein Arbeiter-, Armen- und/oder Elendsviertel. Ende der sechziger Jahre gab es viele Landbesetzungen vor allem in städtischen Gebieten, wo die Wohnungsnot unter anderem aufgrund starker Zuwanderung aus ländlichen Regionen sehr groß war. Einige der Besetzungen wurden bald legalisiert und auch mit einer gewissen Infrastruktur ausgestattet, in anderen waren die Bedingungen ganz unerträglich.

3 Garcés, Mario: Tomando su sitio: El movimiento de pobladores de Santiago, 1957–1970 Santiago 2002.

4 1843 wurde in Chile ein Gesetz zum Bau solcher Wohnräume erlassen. Diese hatten kein Licht und keine Luftzirkulation, außer der, die durch die Tür kam. Sie wurden »cuarto redondo« genannt.

5 Allende, Salvador: *La realidad médico social chilena*, Ministerio de Salubridad, Previsión y Assistencia Social, Santiago 1939, Seite 38.

6 Allende: a. a. O., Seite 58.

7 Allende: a. a. O., Seite 57.

8 Duque, Joaquín; Pastrana, Ernesto: La movilización urbana de los sectores populares de Chile: 1964–1972, in: *Revista Latinoamericana de Ciencias Sociales No. 4*, Santiago 1972, Seite 259–294.

9 Garcés, Mario: Las tomas en la formación de Santiago, in: *El mundo de las poblaciones, Nosotros los chilenos No. 5* Santiago 2005, Seite 4–31.

10 Die »Operaciones sitios« waren eine 1965 von der Regierung frei geschaffene Initiative, um die Auswirkungen des Erdbebens jenes Jahres und die von den Winterstürmen verursachten Schäden zu begrenzen. Sie bestand in der Zuteilung von urbanisiertem Land, einer minimalen Abwasserversorgung und Fertighäusern aus Holzpanelen und anderen Arten von billigem Wohnraum für Familien mit geringem Einkommen und dringender Wohnungsnot. Mehr Einzelheiten dazu in Garcés: 2002, a. a. O., Seite 301 ff.

11 Garcés: a. a. O., Kap. 5.

12 Grupo Cultural Alfalfal; Garcés, Mario (Hrsg.): *El Cortijo en la memoria*, Santiago 1995, Seite 18, 19.

13 Garcés, Mario: *Historia de la comuna de Huechuraba*, Santiago 1997, Seite 63, 64.

14 Corporación de Vivienda (CORVI) ist ein in den fünfziger Jahren geschaffener Organismus, die als eine Art Motor für den Plan für neuen Wohnraum angesehen wurde.

15 Das Zusammenleben von Kommunisten und Christen lässt sich in der Geschichte verschiedener Poblaciones feststellen. Wir konnten das bei einem Projekt mit »historia oral« in der *Pobalción La Legua* sehen, Siehe: Garcés, Mario ; López, Alejandra; Rodríguez, M. Angélica (Hrsg.): *Memorias de la dictadura en La Legua*, in: Red de Organizaciones Sociales de La Legua y ECO, Santiago 1999. Siehe die Veränderungen in der Kirche während der sechziger Jahre und während der UP im selben Buch, siehe die Arbeiten von Amorós und Illanes.

16 Ministerium für Wohnungs- und Städtebau. Politica habitacional del Gobierno Popular. Departamento de Publicaciones del MINVU, Santiago, 1972, Seite 11.

17 Ebenda.

18 Die Gesamtheit der durchgeführten Arbeiten während des Jahres 1971 können in: MINVU, a. a. O., Kap. 2, ff eingesehen werden.

19 *Ocupación ilegal de Viviendas*. Las Noticias de la Ùltima Hora, 4. Dezember 1970, Seite 5.

20 *Oficina Nacional de Pobladores atendió 250 casos en dos días*. Las noticias de la Ùltima hora, 6. Dezember 1970, Seite 5.

21 *Corhabit solicita colaboración de pobladores*. Las noticias de la Ùltima Hora, 22. Januar 1971, Seite 5.

22 *Edificación en altura es la solución para los 80 mil pobladores sin casa*, Las Noticias de Ultima Hora, 21. Februar 1971, Seite 5.

23 Ebenda.

24 *!Va firme la Operación Invierno!*, Las Noticias de Ùltima Hora, 31. März 1971, Seite 7.

25 *Chile entero trabajó voluntariamente*, Las Noticias de Ùltima Hora, 17. Mai 1971, Seite 2.

26 MINVU, a. a. O., Seite 74.

27 *Pobladores contarán desde mañana con Balneario Popular*. El Siglo, 9. Januar 1971, Seite 12.

28 *Balneario al estilo Unidad Popular*. El Siglo, 2. Februar 1971, Seite 5.

29 *Tren de Turismo Popular parte hoy a Valparaiso*. El Siglo, 2. Februar 1971, Seite 3.

30 Mehr zur Haltung des MIR, in: Garcés: 2002, a. a. O., Seite 415.

31 MINVU, a. a. O., Seite 29 und folgende.

32 Nach Untersuchungen des MINVU »verfügt der Bausektor«, seit 1966, »über ca. 7 Prozent der Gesamtheit der Arbeitskräfte (die Zahl fluktuiert zwischen 6,8 und 7,3 Prozent) und hat etwas mehr als 6 Prozent der Beschäftigung insgesamt ausgemacht. Bei der Arbeitslosigkeit jedoch wachsen die Zahlen des Sektors deutlich an. Mehr als ein Fünftel der arbeitslosen Personen kommt aus dem Bausektor, das bedeutet, dass hier in diesem Sektor die höchste Arbeitslosenrate der Wirtschaft besteht, die damit den landesweiten Durchschnitt verdreifacht«. MINVU, a. a. O., Seite 37.

33 *CORVI comienza a construir con equipos mecánicos*. Las Noticias de Ùltima Hora, Donnerstag, 17. Juni 1971, Seite 7.

34 *Obreros de la construcción organizados a la ofensiva*, Las Noticias de Ùltima Hora, 9. November 1971, Seite 9.

35 Garcés, Mario. Crisis Social y motines populares en el 1900. Ediciones Documentas, Santiago, 1991 (Zweite Ausgabe, LOM, Santiago, 2003) ff.

36 Garcés, Mario und Milos, Pedro. FOCH, CTCH y CUT. Las centrales unitarias en la historia del sindicalismo chileno.Ediciones ECO, Santiago, 1988; Siehe zu diesen Debatten besonders Kapitel 1 bezüglich der FOCH.

37 *Exitoso Congreso Poblacional de San Miguel Poniente*. El Siglo, 18. Oktober 1971, Seite 6.

38 *Pobladores se organizan para solucionar problemas*. Las Noticias de Ùltima Hora, 9. November 1971, Seite 20.

39 Ebenda.

40 Die Población 26 de Enero entstand aus einer Besetzung im Stadtteil La Bandera am 26. Januar 1970 und erreichte in diesem Jahr große Bekanntheit wegen der von ihren Führern ausgehenden Mobilisierungen (zum Beispiel die Besetzung von Las Torres de San Borja im August 1970), und weil sich von da an die erste Gruppierung von mit dem MIR verbundenen Pobladores bildete. Mehr Details in: Garcés: 2002, a. a. O., Seite 410 ff.

41 Ebenda.

42 Interview mit Manuel Paiva, das Mario Garcés führte, Santiago, 4. Oktober 1998.

43 Ebenda.

44 Wir sagen »Versuche« in dem Sinn, dass die »Volksmilizen« in den vom MIR geleiteten Campamentos in Übereinstimmung mit den Regeln zur Disziplin, die von der Leitung jedes Campamentos festgelegt wurden, einige Sanktionen durchzusetzen versuchten, besonders im Fall von kleinen kriminellen Handlungen innerhalb der Campamento. Alle diese Initiativen sahen sich jedoch im Fall von Nueva Habana einer Ablehnung der Vorstellung von Justiz als Repression gegenüber, was zu daraus folgenden Änderungen und Diskussionen in den für Disziplin zuständigen Organisationen führte. Ein interessanter Artikel dazu ist der von Jorge Fiori, *Campamento Nueva La Habana: Estudio de una experiencia de autoadministración de justicia*. In: Revista Latinoamericana de Estudios Urbanos Regionales, EURE, Nr. 7. April 1973, CIDU, Universidad Católica de Chile, Seite 83–101.

45 Siehe im selben Buch den Artikel von Julio Pinto.

46 Zitiert in: Garcés: 2002, a. a. O., Seite 414.

47 Ebenda.

48 Ebenda.

1972: Pro-Allende Demonstration der CUT (Central Única de Trabajadores de Chile), dem zentralen Gewerkschaftsverband in Chile.

ECTICIDA
PARTIDO COMUNISTA DE CHILE
PS

Pro-Allende Demonstration der CUT (Central Única de Trabajadores de Chile), dem zentralen Gewerkschaftsverband in Chile.

Massenveranstaltung zur Unterstützung Allendes im Nationalstadion in Chile 1972 . Allende in seiner Regierungserklärung: »Unsere Hoffnung ist es, eine Welt zu schaffen, die die Trennung zwischen Arm und Reich überwindet und in unserem Fall eine Gesellschaft zu schaffen, in der der Krieg um wirtschaftliche Vorteile verboten ist, in der weder der Kampf um berufliche Vorteile Sinn macht noch die Gleichgültigkeit gegenüber dem Schicksal anderer, die es den Mächtigen ermöglicht, die Schwachen auszubeuten.«

49 *Primera Asamblea Provincial de la JAP se inauguró hoy*, Las Noticias de Ùltima Hora, 5. März 1972, Seite 5; *Las JAP se ponen pantaloon largo: El Pueblo participa*, Las Noticias de Ùltima Hora, 6. März 1972, Seite 15.

50 *Pobladores y comerciantes unidos en torno a las JAP*,Las Noticias de Ùltima Hora, 3. Mai 1972, Seite 8.

51 *Las JAP: Absolutamente legales*, Las Noticias de Ùltima Hora, 5. Mai 1972, Seite 7.

Franck Gaudichaud

Die Bildung der Volksmacht (»Poder Popular«)

Die Gewerkschaftsbewegung, die CUT und die Arbeiterkämpfe[1] in der Periode der Unidad Popular[2]

»Es wird notwendig sein, diejenigen Menschen zu befragen, die uns voraus waren und viele unserer aktuellen Beunruhigungen teilen. Jene alten und anonymen Arbeiterführer. Jene Organisationen, die aus der Basis entstanden und später der Gewerkschaftsbewegung Kraft und Konsistenz gaben. Jene Aktionen, die vom Volk ausgingen und den Kurs der Geschichte verändert haben. Jene Ideen, welche die Bewegung tatsächlich einten und ihr eine ideologische Präsenz gaben. Es wird auch notwendig sein, die Zusammenbrüche, die Momente der Teilung und der Zergliederung, die bürokratischen Praktiken, das Wahlverfahren und all jene Limitierungen zu befragen, welche die Volksbewegung hervorgebracht hat.«[3]

Seit der Schaffung der Schuldnergemeinschaften und der Widerstandsgesellschaften, Ende des 19. Jahrhunderts bis zum Aufkommen der *Central Única de Trabajadores* (CUT), des Gewerkschaftsdachverbands der Arbeiter im Februar 1953, entwickelte sich die Arbeiterbewegung zum zentralen Protagonisten der chilenischen Geschichtsschreibung, insbesondere durch die mächtige Gewerkschaftsbewegung, die ihr erlaubte, ihren Klassenverband zu stärken.[4] Die Geschichte der chilenischen Arbeiterbewegungen und im Besonderen die der gewerkschaftlichen Kämpfe, ist in Bezug auf staatliche Institutionen und der an ihnen partizipierenden politischen Parteien durch ein dauerhaftes Oszillieren zwischen Autonomie, Unabhängigkeit und Unterordnung gekennzeichnet. Dies geschieht ebenso in Momenten von Allianzen wie auch teilweise im Widerstand gegen – und Brüchen mit der dominanten Klasse.[5] Zwei der größten Parteien der »Arbeiter« waren im Verlauf der Geschichte die *Partido Comunista* (PC) (Kommunistische Partei) und die *Partido Socialista* (PS) (Sozialistische Partei). Diese versuchten, die Kräfte der sozialen Transformation, die für sie das Proletariat repräsentierten (vor allem die Klasse der Arbeiter in den Minen und der Großindustrien), zu kanalisieren und zu lenken, um die Arbeiterbewegung auf ihre Ziele und politischen Kämpfe auszurichten.[6] Als Konsequenz daraus durchlief die chilenische Arbeiterbewegung diverse Entwicklungsphasen, in deren Verlauf sie ihre Klassenunabhängigkeit eroberte und verlor, eine teilweise Demokratisierung der Institutionen erlaubte und ihre Abschaffung duldete, sie die sozialen Kämpfe zugunsten der Umverteilung des Reichtums lenkte und eine völlige politische Niederlage der Transformationsprojekte erlitt. Das Verständnis der dialektischen Beziehung zwischen der Arbeiterbewegung, dem chilenischen Staat und den politischen Parteien sind, ebenso wie die Konsequenzen dieser Verbindungen im Hinblick auf soziale Allianzen und Klassenwidersprüche essenziell wichtig, um die kollektiven Aktionen – die sich in der Periode der *Unidad Popular* (UP) entwickelten – zu analysieren und ein klares Verständnis der chilenischen Arbeiterbewegung skizzieren zu können.

Seit dem Jahr der Gründung der CUT 1953 befand sich die Gewerkschafts- und Arbeiterbewegung in der Opposition und relativer Unabhängigkeit, während die sozialen Konflikte sowie die Inflation anstiegen und die ideologischen Gegensätze in Chile stärker wurden. Den Hintergrund dazu bildete der »Kalte Krieg« und der internationale Kampf gegen den Kommunismus. Die Entstehung der CUT verband verschiedene Tendenzen. Den wiederhergestellten gewerkschaftlichen Zusammenschluss der CUT führte die Direktion von Clotario Blest, einem christlichen Revolutionär ohne direkte politische Herkunft – insbesondere durch den intensiven Gebrauch von Generalstreiks als Waffe – zu radikalen Positionen.[7] Die Gründung der CUT war das Resultat der Vereinigungsstrategie von Blest – die im Schoß der *Agrupación Nacional de Empleados Fiscales* (ANEF) (nationale Vereinigung der staatlichen Angestellten) – und mit einer klassenkämpferischen Haltung begann. Blest, der klar zu einer Gegenströmung gegenüber der politischen Praxis diverser Parteien mit Einfluss in der Arbeiterbewegung gehörte, wechselte, entwickelte die CUT – trotz ihrer fortwährenden Illegalität, im Rahmen einer extrem konservativen Gesetzgebung (was während dieser Periode die Linke nicht weiter kümmerte) – weiter. Es ist kein Zufall, dass diese neue Einheit genau das Resultat der Misserfolge der traditionellen Arbeiterparteien gegenüber dem Populismus von Ibáñez und seiner politischen Desorientierung war. Ende der Fünfzigerjahre zeigten sich die linken Parteien, wie die *Democracia Cristiana* (DC) (Christdemokraten)[8], zeitweise unfähig die Führung der Gewerkschaftsbewegung wieder zu übernehmen, so wie sie es bei dem vorherigen Dachverband *Confederación de Trabajadores de Chile* (CTCH) (Vereinigung der chilenischen Arbeiter) getan hatten.

Diese neue Richtung, welche die CUT der Arbeiterbewegung eröffnete, erlaubte ihr eine Rolle als sozialpolitischer Katalysator der Arbeiterbewegung mit antikapitalistischen Kriterien – am Rande des staatlichen Einflussbereiches der Regierung – auszuüben. Die Erklärung ihrer Prinzipien lautete diesbezüglich:

> »Das heutige kapitalistische System, welches auf dem Privateigentum des Bodens, der Instrumente und Produktionsmittel errichtet wurde und auf dem Prinzip der Ausbeutung des Menschen durch den Menschen basiert, was die Gesellschaft in gegnerische Klassen – von Ausgebeuteten und Ausbeutenden – teilt, muss durch eine soziale Wirtschaftsordnung ersetzt werden, die das Privateigentum bis zur Ankunft einer klassenlosen Gesellschaft liquidiert«.

Und weiter heißt es, dass ihre Methode des Kampfes, die »des Klassenkampfes und der Unabhängigkeit von der Regierung und des Parteiensektierertums« sei.[9] Tatsächlich musste die CUT in den ersten Monaten ihrer Existenz, ihre Wünsche nach Autonomie, angesichts der Ernennung einer ihrer Führungspersonen als Arbeitsminister der Regierung des Ex-Diktatoren Carlos Ibañez del Campo (1952–58), stärken. Die Statuten geboten, dass der Gewerkschaftsführer von seinem Direktionsposten der Gewerkschaftsbewegung zurücktrat.[10]

Anfang der sechziger Jahre befand sich die chilenische Arbeiterbewegung bezogen auf die politischen Kräfteverhältnisse, trotz allem in einer viel ungünstigeren Situation als in den fünfzehn Jahren zuvor.[11] Darum endete die Periode der »außergewöhnlichen« Autonomie der CUT. 1961 übernahm die Kommunistische Partei die Kontrolle der Zentrale, um sie mit den Sozialisten und den Christdemokraten bis zum Militärputsch von 1973 zu führen. Die Zentrale wurde erneut zum Motor der Parteien und verlor auf diese Weise einen Teil ihrer Autonomie.[12] Das Scheitern des von der CUT unterstützten linken Kandidaten (Salvador Allende) bei den Präsidentschaftswahlen von 1964 und die Wahl von Eduardo Frei (Christdemokrat) verschärften die Gegensätze zwischen der Gewerkschaftsbewegung und der Regierung.[13] Seit 1966 fand eine Restrukturierung der sozialen Bewegungen statt, von der insbesondere das industrielle städtische Proletariat und die Sektoren der Minenarbeiter, die Lohnempfänger des öffentlichen Dienstes (Bildung) und der Banken, die studentische Bewegung, die Pobladores-Bewegung und die »expandierende« Landarbeiterbewegung betroffen waren. Man kann von einem Bruch sprechen, der ab 1964 im Klassenkampf Gestalt annahm. Diese Diskontinuität leitete eine Periode des Auftriebs bis zum Fall Salvador Allendes 1973 ein.[14]

Tatsächlich registrierte man, innerhalb der Regierungszeit von Frei Montalva, einen Anstieg der Mitgliederzahl der verschiedenen Gewerkschaften, um annähernd 125 Prozent. Unter diesen Umständen beschleunigte sich der Zerfall des populistischen, christdemokratischen Entwicklungsprojekts. Schon in dieser Phase wurde der progressive Bruch zwischen der Führung der Arbeiterbewegung und der Praxis der kollektiven Mobilisierung der Basis sichtbar. Um dieses Phänomen während der Regierungszeit der Unidad Popular (1970–73) behandeln zu können, ist es notwendig einen Moment innezuhalten und die Organisation, die Struktur und den repräsentativen Charakter der chilenischen Gewerkschaftsbewegung zu betrachten.

Macht und Grenzen der chilenischen Gewerkschaftsstrukturierung

Der chilenische Syndikalismus strukturierte sich seit den dreißiger Jahren in einer großen Anzahl von kleinen Gewerkschaften, weshalb sie wenig Druckmittel innerhalb des rein legalen Rahmens besaßen. Nach den Zahlen von 1968 lag die Durchschnittsgröße der Syndikate bei 155 Mitgliedern, während die große Mehrheit (63 Prozent) weniger als hundert Mitglieder besaß. In den folgenden Jahren verschärfte sich diese Atomisierungstendenz mit dem Ansteigen der Vergewerkschaftung in den städtischen, mittelständischen Betrieben.[15] Die Mehrheit der Vereinbarungen, die zum Zeitpunkt des Regierungsantritts Allendes die industriellen Beziehungen regelten, kamen aus dem Arbeitsgesetzbuch von 1931. Diese Gesetzgebung legte eine formelle Struktur fest, die auf autoritäre Weise versuchte den Syndikalismus zu kontrollieren, ihn zu vereinzeln und eine politische Radikalisierung zu verhindern.[16] Im Jahre 1979 existierten drei Typen von Gewerkschaften: Arbeitergewerkschaften (industrielle Syndikate), Arbeitnehmergewerkschaften (professionelle Syndikate) und Agrargewerkschaften. Auch wenn anzunehmen wäre, dass die öffentliche Funktion der Gewerkschaften nicht anerkannt und die Gründung von Gewerkschaften verboten gewesen wäre, wurden dies in der Praxis zunehmend von den unterschiedlichen Regierungen anerkannt. Um ein Gewerkschaft gründen zu können, mussten Arbeiter in einem Betrieb mit mehr als 25 Personen arbeiten, was das legale Mittel für den Ausschluss eines Großteils der Lohnempfänger von der Gewerkschaftsbewegung war.

Verschiedene Umfragen in den sechziger und siebziger Jahren zeigen, dass industrielle Gewerkschaftsführer ihre Organisationen vor allem als ein Instrument des ökonomischen Kampfes (Erhöhung der Löhne, Abfindungen) betrachteten und nicht der politischen Mobilmachung.[17] Trotzdem darf dieses nicht zur Schlussfolgerung führen, dass Apathie die chilenische Arbeiterklasse prägte. Mit ihrer politischen und historischen Orientierung, ihrer Wahlpraktiken und Kampfformen begünstigte sie den politischen Radikalismus, formten ein gewerkschaftliches Klassenbewusstsein und zuweilen eine feindliche Haltung gegenüber den Arbeitgebern.

Insgesamt belief sich die Quote der Beitritte zum privaten Sektor auf 19 Prozent und erreichte 25 Prozent der Arbeiter, wenn man die staatlichen Angestellten hinzuzählt.[18] Im Jahre 1970 organisierte die CUT offiziell etwas mehr als 700.000 Arbeiter. Unter diesen gehörten 47 Prozent den Minen- und Industriearbeitern an. 40 Prozent waren Angestellte und 23 Prozent Bauern. Der große Unterschied seit 1972 zwischen dem privaten Sektor (mit 2.566.000 Lohnempfänger) und dem öffentlichen Sektor (mit 294.976 Lohnempfänger) hielt sich während der gesamten Zeit. Trotzdem provozierte die sozialpolitische Dynamik, die von der Unidad Popular in Gang gesetzt wurde, einen heftigen Anstieg der Gewerkschaftsbeitritte im privaten Sektor.[19] Der Sektor der Industriearbeiter blieb, aus gewerkschaftlicher Sicht der am meisten organisierte – im Vergleich zu den Beschäftigten und auch zu den Landarbeitern, die bis 1967 kein Recht auf Selbstorganisation erhalten hatten.[20] Die chilenische Gewerkschaftsbewegung vernachlässigte dagegen, hauptsächlich aufgrund der Gesetzgebung und der Strukturierung der chilenischen Ökonomie, einen breiten Sektor der Arbeiter aus kleinen und mittelständischen Betrieben, sondern aus der der Textil-, Bau- und Lebensmittelindustrie: also mehr als 50 Prozent des industriellen Proletariats, von denen die Mehrheit in Betrieben mit weniger als zehn Arbeitern arbeitete.[21] Folgt man Alan Angell so war eine der bemerkenswertesten Eigenschaften des gewerkschaftlichen Landschaft in Chile nicht so sehr der Mangel an Vergewerkschaftung war, sondern eher die schwerwiegenden Limitierungen, die den Gewerkschaften aufgezwungen wurden. Somit hatten die Gewerkschaftsbewegung und die CUT ein bedeutendes Defizit in ihrer Vertretungsbefugnis für den gesamten Sektoren der Arbeiterklasse, insbesondere innerhalb der verarbeitenden Industrie.[22] Es ist davon auszugehen, dass die CUT Ende 1970 auf nationaler Ebene nur etwas mehr als die Hälfte aller Syndikate unter sich vereinte (obwohl sicher ist, dass sie bis zum folgenden Jahr nicht legal anerkannt wurde).[23]

Diese bedeutende objektive Schwäche passt zum »suprastrukturellen« Charakter der CUT. Das heißt, dass die Entscheidungen im Wesentlichen auf der oberen Ebene getroffen wurden, während die lokalen Gremien oft ihrer Macht und selbst ihrer alltäglichen Praxis beraubt wurden. Tatsächlich handelte es sich bei ihr eher um eine moralische Autorität, die wegen ihres Prestiges großen Druck auf die Basisgewerkschaften ausübt, die sie nicht direkt kontrolliert. Obwohl sie die Einheit der organisierten Arbeiter repräsentierte und ein Element des Zusammenhaltes der Arbeiterklasse darstellte, war die CUT eine vertikal strukturierte Organisation. Dies setzt eine mangelnde Fähigkeit voraus, die Arbeiter auf transversaler und territorialer Ebene zu organisieren. Diese Unfähigkeit ist wesentlich, um die Position der Zentrale in Bezug auf die Industriegürtel (Kordone) zu begreifen, die während der Allende-Regierung entstanden.[24] Zu diesen Faktoren muss die untergebene, historische Position der CUT gegenüber den schon erwähnten politischen Parteien hinzugezählt werden.

Die Zeit der Unidad Popular ist somit ein Moment der verschärften »Unterordnung« der CUT unter die Regierungsprojekte der Linken.[25] Trotzdem muss man daran erinnern, dass die Entwicklung der Unidad Popular mit – der höchsten sozialen und politischen Partizipation der chilenischen Bevölkerung und der größten sozialen Errungenschaften für die Arbeiterklasse – zusammenfällt. Während dieser tausend Tage erreichte die Arbeiterbewegung bis dahin unbekannte Ausmaße der politischen Mobilisierung, Organisierung und Intervention. Die Wahl Salvador Allendes, dem ersten Repräsentanten der Unidad Popular, entsprach dem »chilenischen Weg des Sozialismus«. Eine Strategie, die häufig als eine Eigenart des chilenischen Prozesses angesehen wurde und die sehr von der Theorie des friedlichen Wegs und der Revolution in Etappen beeinflusst war, die zu jener Zeit von der Kommunistischen Partei der Sowjetunion verbreitet wurde.[26] Sie bekräftigte, dass es wichtig sei die rechtskräftigen Institutionen und die Verfassung zu achten und dass es gleichzeitig möglich wäre zum Sozialismus überzugehen, ohne dabei den bürgerlichen Staat zu zerstören oder eine Konfrontation mit der Armee einzugehen.[27] In Begriffen des Sozialpakts bestimmt das ökonomische Programm die notwendige Allianz, mit dem »nationalen fortschrittlichen Bürgertum« und der Mittelschicht, auf der Basis einer Volksregierung.

Ohne in die theoretische Debatte über die Durchführbarkeit dieser Taktik einzusteigen, muss man hervorheben, dass dieser Ansatz direkte Konsequenzen für die Beziehung zwischen der Arbeiterbewegung und der Regierung hatte: Die große Mehrheit der Arbeiterklasse, die in den 35.000 kleinen und mittleren Betrieben des Landes arbeitete, musste sich dieser Klassenallianz unterordnen und durfte das Privateigentum der Produktionsmittel – einen bedeutenden Teil des Privatsektors der Wirtschaft – nicht theoretisch hinterfragen. Tatsächlich war dieser Sektor der »nicht-monopolistischen, bürgerlichen Ökonomie«, wie die Mehrheit der chilenischen Linken, ein Verbündeten im Kampf gegen den Imperialismus und die großen Monopole.[28]

Partizipation, gewerkschaftliche Strategie und politische Teilung der Arbeiterbewegung

Der atemberaubende Anstieg der Arbeiterkämpfe konnte nicht nur die Gewerkschaftszentrale erschüttern. Die Epoche der UP markiert ohne Zweifel das Aufkommen einer neuen Situation, in der Druck auf die Verwaltung der CUT und ihrer Führungskräfte ausgeübt wurde. So begegneten sich in der Gewerkschaftsbewegung widersprüchliche, politische Tendenzen, die gewaltsam aufeinanderprallten und einen Kampf der verschiedenen Fraktionen verursachten und schließlich eine gemeinsame Positionierung zerstörte. Die Positionierung, die sich auf die Klassenunabhängigkeit stützte, konnte die CUT nur übergangsweise aufrecht erhalten. So konstatierte Clotario Blest 1970: »Die Gewerkschaftsführer hatten sich in einfache Instrumente und Vollstrecker der Befehle verwandelt, die aus den politischen Verschwörungen hervorgingen«.[29] Die Analyse, der von der CUT erarbeiteten Dokumente, zeigt deutlich, dass diese Feststellung ein wesentliches Merkmal der Gewerkschaftsbewegung dieser Epoche beschreibt.

Die neunte nationale Konferenz der CUT (Februar 1971) eröffnete ihr zum einen die Möglichkeit, die Unterstützung hinsichtlich der Verstaatlichungspolitik der wichtigsten Ressourcen des Landes zu erneuern, die von der UP durchgeführt wurde; zum anderen den Mobilisierungsappell an die Arbeiterklasse um den »Produktionskampf« wieder aufleben zu lassen, der in diesem Moment hauptsächlich von Seiten der PC und Allende lanciert wurde.[30] Genauso wurde die Frage der Partizipation der Arbeiter in den Betriebsdirektionen der *Áreas de Propiedad Social* (APS)

(Verstaatlichte Betriebe) diskutiert. Die Beschlüsse dieser Konferenz lieferten Stoff für die Verfassung der »Grundnormen der Teilhaberschaft«[31], die gemeinsam von CUT und Regierung aufgesetzt wurden. Auf diese Weise initiierte die CUT einen Prozess der Verfassungsintegration in die Verwaltung des Staates, hauptsächlich im Bereich der nationalen Planungsinstitutionen – wie die *Corporación de Fomento de la Producción* (CORFO) (Verband zur Produktionsförderung). Sie konstituiert sich passend zum Verständnis der UP als eine treibende Kraft des Teilhabesystems der Arbeiter und entfernt sich somit von ihrer traditionellen Rolle der Wirtschafts- und Lohnforderungen.[32] Hier kann leider nicht erschöpfend auf das Partizipationssystem der Regierung und die angestrebte Mitbestimmung zwischen Staat und Lohnempfänger eingegangen werden.[33]

Trotzdem ist es notwendig darauf hinzuweisen, dass diese Partizipation – obwohl sie nur eine reduzierte Minderheit von Lohnempfängern betraf – ohne Zweifel ein Mittel der Arbeitermobilisierung war und soziale Transformationen mit sich brachte. Durch Quellen und Zeugnisse kann sich einer sozialen Geografie der Betrieb angenähert werden, um die Landschaft dieser sozialen Dynamiken zu verstehen. Trotz der anfänglichen Schwächen des Projekts, bestätigt es die Effektivität der Arbeiterteilhabe in verschiedenen Fabriken. So unterstreicht Juan Alarcón, Arbeiter und kommunistischer Syndikalist der Textilindustrie *SUMAR-Algodón*, in der die Arbeitergewerkschaft mehr als 1.500 Genossen organisierte die Errungenschaften dieser Epoche:

> »Gründen wir ein Betriebsverwaltungskomitee gebildet aus Arbeitern, Technikern und Akademikern, was erlaubt alles aufzunehmen und zum besseren Funktionieren des Betriebs beitragen kann. Die teilnehmenden Arbeiter wurden gewählt, weil sie das Produktionssystem schon kannten und auch schon den Leerlauf in der Produktion [...] bzw. es war eine große Verantwortung, dass wir immer versucht haben, das Maximale herauszuholen. Es haben sich auch Überwachungskomitees gegründet, um den Betrieb zu betreuen, Produktionskomitee, Beauftragte der Sektionen [...]«.[34]

In diesen Erzählungen lässt sich ein Arbeiterepos erkennen, ein aktiver Kampf darum die Produktionskontrolle in die eigenen Hände zu nehmen. Wir sind hier im Herzen eines »Festes« der militanten Arbeiter angelangt, in dem sie ihre Träume einer Sozialrevolution in die Praxis umsetzen. Wie schon der Soziologe Tomás Moulian schreibt:

»Das Fest ist eine der inhärenten Dimensionen der revolutionären Prozesse; so weit durch sie ein Umsturz der Ordnungen und Hierarchien der Macht hervorgebracht wird, so stark werden symbolische Tabus und etablierte, verfestigte soziale Differenzierungen aufgebrochen: Es ändern sich der Ton und die Umgangsmodalitäten der Arbeiter gegenüber dem Betriebsleiter, der Diener gegenüber den Damen, der Bauern gegenüber dem Patron oder Verwalter. [...] Aber nebenher entstand aus dieser mikrosozialen Transgression die andere: die Besetzungen der Fabriken, Grundstücke, Stellen, die die Regierung akzeptierte und legitimierte, sogar legalisierte. Das Fundament der Ordnung zu bedrohen, repräsentiert eine Grenzüberschreitung, weil sich der Spott über die hochheiligen Prinzipien des bürgerlichen Eigentums bildete«.[35]

Also sind diese täglichen Kämpfe gleichzeitig Produkt und – auf lokalem Niveau – Konsequenz der Konfrontation der globalen Klasse. Auch dort führen die Beziehungen der politischen Kräfte, innerhalb des Betriebs oder der Grad der Arbeiterradikalisierung in verschiedenen Sektoren, zu einer tatsächlichen Kollision zwischen traditionellen Führungskräften und der Absicht der Basis den Prozess der wirtschaftlichen und politischen Demokratisierung voranzubringen.[36] Laut Juan Espinoza und Andrew Zimbalist wurde der höchste Partizipationsgrad durch die »radikalsten« Aktivisten, dem so genannten »polo rupturista« (»Befürworter des Bruchs«) vorangetrieben, also durch die Linke der PS, die MAPU, die Christliche Linke und die Militanten des *Movimiento de Izquierda Revolucionaria* (MIR) (Bewegung der revolutionären Linken).[37] Aktivisten die später die Gründung der Industriekordone und die Idee der »Volksmacht« (»Poder Popular«) verteidigen.

Während des sechsten nationalen Kongresses der CUT, dessen Losung: »Die Arbeiter errichten ein neues Chile« war, bekräftigte Luis Figueroa (Führungskraft der PC und der Zentrale), dass die Verteidigung der »Volksregierung« in der Verantwortung der Arbeiter läge.[38] Mit diesen Aussagen versuchte der kommunistische Politiker die absolute Hegemonie der politischen Organisationen zu stärken, die mit der UP über die Arbeiterbewegung verbunden waren. In Anbetracht dieser Unterstützung der UP können wir uns fragen, welcher Raum einem der wesentlichen Elemente der Gewerkschaftsbewegung, der DC, gelassen wurde. Dies wurde ferner von militanten Christdemokraten angemahnt, die sich am Ende mit viel Lärm vom Kongress zurückzogen. Die Unidad Popular brauchte zweifellos die Unterstützung der organisierten Arbeiterklasse, gegenüber der sie sich verpflichtet hatte ihren historischen Anspruch anzuerkennen und ihr Programm – besondere die Kaufkraft und die Partizipation an der ökonomischen Kontrolle – durchzusetzen. Diese Anerkennung geschah durch eine beispiellose Umverteilung des Reichtums in der chilenischen Geschichte,[39] die ein beständiger Versuch der Kontrolle und Kanalisierung der Arbeitermobilisierung von der Regierung war und nach den Regeln des »institutionellen Wegs« des Sozialismus lief, wie ihn die UP verteidigte. So wurde jedwede Arbeiteraktion, die die Regierung nicht als Bestandteil des UP-Programms auffasste, (wie zum Beispiel die Besetzungen der Fabriken) und die das Risiko einging die Allianz zwischen den Klassen und dem mittelständischen Bürgertum zu schwächen als »unverantwortlich« angesehen.

Die Aktivisten der *Frente de Trabajadores* (FTR) (revolutionäre Arbeiterfront – eine neue Gewerkschaftsströmung unter wesentlichem Einfluss der MIR)[40] kritisierten ihrerseits heftig die »bürokratische Kontrolle« der UP über die Arbeiterbewegung.[41] In ihrer Prinzipienerklärung bekräftigte die FTR die Führungsrolle der Arbeiterklasse und die Notwendigkeit der Forderungskämpfe der Arbeiter, die von der CUT abgesegnet werden mussten. Aber sie stellte klar, dass die Arbeiterklasse sich von dem dominanten Reformismus im Schoße der UP befreien müsse.[42] Sie entwarf auch die Möglichkeit eines bewaffneten Kampfes mit revolutionären Zielen. In diesem Sinne erneuerte die FTR die Analysen der MIR über die Notwendigkeit den bürgerlichen Staat zu ersetzen und ihre Position einer Revolution in Etappen. Es ist bekannt, dass in dem Maße, wie sich der Klassenkampf entwickelte, diese Position zahlreiche Gemeinsamkeiten mit dem linken Flügel der UP hatte (Linke der PS, *Movimiento de Acción Popular Unitario* – MAPU und *Izquierda Cristiana* – IC).[43] Die hegemoniale Fraktion der CUT und insbesondere der PC tolerierte solche Linke nicht, und so qualifizierte die Parteileitung bei zahlreichen Gelegenheiten die Aktionen der MIR als »konterrevolutionäre Provokationen« ab.[44]

Die Generalwahlen für die Leitung der CUT bezeugten, dass die Einigkeit der CUT nunmehr eine Fassade war. Die Wahlen wurden im Mai 1972 mit einem proportionalen Repräsentationssystem durchgeführt, durch das die Basisaktivisten wählen konnten. Dasselbe Wahlsystem reflektierte den Wunsch der Aktivisten, die Zentrale zu demokratisieren und es lassen sich daraus einige Grundlinien erkennen.[45] In erster Linie fühlten sich viele Mitglieder nicht verpflichtet wählen zu gehen, was zeigte, dass die CUT in diesem Kontext für sie keine notwendige Verpflichtung repräsentierte.[46] Die Ergebnisse der politischen Tendenzen sind folgende[47]: Die UP behielt die absolute Mehrheit mit mehr als 57 Prozent der Stimmen. Die DC wurde dritte politische Kraft der CUT (sie erhielt den Auftrag den ersten Vizepräsidenten zu stellen). Außerdem gewann die DC sogar die Wahlen in Santiago, wo sie den Generalsekretär der Provinz stellten. Das bedeutete, dass die Gleichsetzung von Luis Figueroa zwischen »Arbeiterbelangen« und einer »vorbehaltlosen Unterstützung« der UP nicht offensichtlich war. Soweit die PS ihre Einsetzung in den Arbeitersektor bestätigte und die Stimmen zu Gunsten der MAPU dazugezählt werden, ließe sich deuten, dass sich die UP-Linke, nach Meinungen der organisierten Arbeiter im Aufwind befand. Nichtsdestotrotz lässt sich das, was als ein Anstieg des Einflusses der moderaten Linie der UP innerhalb der Zentrale interpretiert werden kann, nicht als ein bedeutendes Votum zugunsten der »radikalsten« Positionen des Appells an die Arbeiterkontrolle sehen. Die FTR, mit nur einem gewählten Repräsentanten, erreichte weniger als 2 Prozent und konnte sich als kleine Minderheitenkraft halten. Es gelang ihr nicht, trotz einer gewissen lokalen Verwurzelung und der Wichtigkeit ihres auf nationaler Ebene umkämpften Images, den Einfluss der großen Parteien auf die Arbeiterklasse zu beschränken.[48] Von daher ist es wohl übertrieben von einem Aufstieg der MIR bei den Arbeitern zu sprechen,[49] obwohl nicht vergessen werden darf, dass die CUT viele kleine Betriebe, in denen die MIR einen relativ hohen Anklang fand, nicht repräsentierte. Letztlich findet der Versuch eine vertikale Gewerkschaftsfront zu organisieren, die der Führung der MIR untersteht hier seine Grenzen. Diese Taktik, die in den internen Dokumenten der MIR selbstkritisch reflektiert wurde,[50] hielt die außerparlamentarischen Sektoren davon ab, der Leitung einer so wichtigen Institution wie der CUT beizutreten. Dies verhinderte nicht, dass in zunehmender Weise eine heftige Unruhe an der Basis erkennbar wurde und die CUT und die Arbeiterparteien viele Schwierigkeiten hatten, in dem engen legalen Rahmen des UP-Programms Regie zu führen.

Soziale Eroberungen, gewerkschaftliche Institutionalisierung und Überflutung in der Basis

Die progressive Integration des Gewerkschaftsapparats in die Regierung der UP fand seinen Höhepunkt im Januar 1973 mit Eintritt zwei seiner wichtigsten Führer in das bürgerlich-militärische Kabinett: Luis Figueroa (PC) und Roland Calderón (PS) traten neben den Repräsentanten der Streitkräfte in einer Regierung ein, die – vor allem nach der großen sozialen Explosion des Arbeitgeberstreiks im Oktober 1972 – eine Rolle als Schlichter und Moderator der Klassenkämpfe ausüben musste. Bei der Übernahme ihrer Regierungsverpflichtungen behielten die beiden Gewerkschaftsführer ihre Posten in der CUT. Nach den Wahlen vom März 1973 übernahmen sie parlamentarische Posten. Diese Position führte dazu die Autonomie und Selbstbestimmung der Lohnempfänger zu verringen und die politischen Uneinigkeiten innerhalb der Arbeiterklasse zu verschärfen. Schließlich resultierte daraus, dass sich die CUT weit von den sozialen Kämpfe an der Basis entfernte: »Es ist offensichtlich, dass die Gewerkschaftsbewegung in dieser Periode mehr institutionelle Macht erlangte, aber ihre soziale Macht tiefgreifend schwächte«.[51]

Diese Unterordnung wird verständlich, wenn man berücksichtigt, dass die Mehrheit der organisierten Arbeiterklasse für die vorangetriebenen Veränderungen der Unidad Popular war. Dennoch zeigen die Datenanalysen der Arbeiterkonflikte und der Streiks vom Ende der Sechzigerjahre bis zum Jahr 1972 deutlich, dass die Arbeiter die neuen sozio-politischen Konditionen und die Übernahme der Allende-Regierung nutzten, um ihre Mobilisierung und ihre Forderungen zu bekräftigen.[52] Zuerst stieg die Anzahl der Streiks von 977 im Jahr 1969 auf 3.526 im Jahr 1972. Die Tatsache, dass sich zwischen 1970 und 1971 ein Anstieg von 48 Prozent und in den folgenden Jahren von 30 Prozent ergab, beweist, dass die Präsenz von Lohnempfängern in der Regierung der UP nicht als Mäßigung verstanden wurde, sondern sie stattdessen ihre Positionen radikalisierten. Dieser Anstieg beruhte im wesentlichen im Aufkommen von Arbeiterfraktionskämpfen. Diese Fraktionen gehörten sowohl aus ökonomischer Sicht als auch auf die politische Organisation bezogen zu den weniger »entwickelten« Sektoren: In diesem Moment der sozialen Unruhe entschlossen sich die kleinen und mittleren Betriebe, die traditionellerweise unter konservativen Leitung standen und wenig politischen Einfluss besaßen, zur Mobilisierung und zum Streik.[53] Ferner wurde während der ersten Jahre der UP immer häufiger auf illegale Streiks zurückgegriffen, was einer Verzerrung der geltenden Arbeitsgesetzgebung war und zeigte, dass der Ansatz der Regierung die Institutionen zu respektieren, seit Anbeginn im Konflikt mit den Aktivitäten der sozialen Bewegung stand: Legale bzw. anerkannte Streiks machten während des ersten Halbjahres 1972 nur etwa 3,4 Prozent der Gesamtmenge aus.

Zugleich ergab sich in den drei Schlüsselsektoren der Ökonomie (Bergbau, Industrie und Bauwesen) ein Anstieg der Gesamtanzahl der Streiks entsprechend des Anstiegs an illegalen Streiks.[54] Im Fall des Bergbaus war offensichtlich, dass nach der Verstaatlichung zuerst die Forderungen der Arbeiter gebremst wurden, um sich später – angesichts der Lohnkürzungen infolge der Inflation – einer klaren Opposition zur UP zuzuwenden und so den Christdemokraten ein ideales Terrain zu bereiten. Der Höhepunkt der »Nutzung« der Lohnforderungen der Arbeiter gegen die Regierung Allendes war der Streik der Bergarbeiter in El Teniente, der im April 1973 begann und sich bis Juni hinzog. Dieser Konflikt ergab sich aus plausiblen Gründen der Lohnanpassungen, im Kontext der parlamentarischen Kampagne, die im März 1973 endet.[55] Dieser Streik, der von den rechten Parteien manipuliert wurde, beschrieb die heftige politische Teilung der Gewerkschaftsbewegung und die strukturelle Krise, die sich in diesem Moment quer durch die CUT zog. Dies fand in einer Phase zunehmender Vergewerkschaftung statt, welche von der gesetzgebenden Politik der UP begünstigt wurden: im Jahre 1971 waren nur 3,4 Prozent Gewerkschaftsmitglieder und im ersten Halbjahr 1972 stieg die Anzahl auf 18,8 Prozent.[56]

Hintergrund der sozialen Krise waren auch die Flut der Fabrikbesetzungen, die sich als Antwort auf die Praktik der Aussperrung und der Sabotage der Produktion (die vom industriellen Bürgertum organisiert wurde) noch multiplizierten. Auf Druck der Lohnarbeiter die Besetzungen den verstaatlichten Betrieben anzugliedern, umfasste der industrielle verstaatlichte Sektor im Dezember 1972 ca. 202 Betriebe, das heißt viel mehr als die 91 Betriebe, die im Dezember 1971 von der Regierung vorgesehen waren (und von denen nur 74 zur Industrie gehören sollten). Tatsächlich war in dieser Epoche die Mehrheit der Industrien (152 von 202) Teil der APS, die Dank der Mobilisierung der Lohnempfänger und ihrer eigenen Aktivität eingegliedert wurden.[57]

Heute räumt die Arbeitsministerin der Unidad Popular Mireya Baltra (PC) ein, dass die Regierung einer starken Forderungsbewegung begegnete, die sie nicht kontrollieren konnte. In ihrer Eigenschaft als Ministerin, war sie bei mehreren Gelegenheiten mit Arbeitern konfrontiert, die eine klar, feindselige Haltung gegenüber des Mäßigungsaufrufs der PC und Allendes zeigten.[58] Dahingegen weist der Soziologe Manuel Castells darauf hin:

> »Es ist deutlich, dass die freiwillige Mäßigung der Forderungen nur von einem politischen Bewusstsein kommen kann, von einer aktiven Unterstützung der Massen und einer Gesamtstrategie. [...] Das Bewusstsein bildet sich um eine Praxis herum, um konkrete politische Aufgaben, welche die alltäglichen Interessen der Arbeiter, unmittelbar auf einer gesamtpolitischen Linie vereinen. Eine solche Union entsteht nicht nur aus der Umverteilung: dies wäre eine neue Form von Populismus«.59

Im privaten Sektor stellte diese Verbindung von Klasseninteressen der alltäglichen Praxis und einer gesamtpolitischen Leitlinie zur Verteidigung der Regierung im »Produktionskampf« de facto eine Schwäche dar, die größer war als in den APS. Tatsächlich war die fundamentale Aufgabe der CUT mehr zu produzieren und dies war mit der oft vergeblichen Hoffnung verbunden mehr zu verdienen, aber ohne Möglichkeit der Kontrolle im Betriebsverlauf.[60] Gegenüber der schnellen und gewaltsamen Offensive der dominanten Klassen und den steigenden Schwierigkeiten der Allende-Regierung (die heftig inner- und außerhalb des Landes attackiert wurde), suchte die soziale Basis der Arbeiterbewegung neue Formen der kollektiven Mobilisierung: »Der rote chilenische Oktober« ist in diesem Sinn eine echte Feuerprobe.

Der chilenische Oktober, die CUT und die Industriekordone

Der große Arbeitgeberstreik vom Oktober 1972 war ein Schlüsselmoment in der Geschichte der tausend Tage der Unidad Popular. Während der ersten Periode der neuen Regierung versuchten die dominanten Klassen kurzfristig, sich die Risse der Wirtschaftsprogramme der UP zunutze zu machen, um davon finanziell und politisch zu profitieren (Schwarzmarkt, Spekulation, Sabotage und Anstieg der Produktionspreise). Danach gingen sie gegenüber der UP in die Offensive: soziale Konfrontation und genereller Wirtschaftsboykott. Die Oppositionsbewegung vom Oktober, Resultat eines Genossenschaftskonflikts mit den Lkw-Eigentümern, verband nach und nach die Arbeitgebergremien *Sociedad de Fomento Fabril* (SOFOFA) (Konföderation der Produktion und Handel), die selbstständigen Berufe (Anwälte, Ärzte, Ingenieure, Architekten) und die rechten politischen Parteien unter der Flagge der *Confederación de La Democrática* (CODE) (Demokratische Konföderation).[61] Diese Kraftdemonstration im nationalem Maßstab, die vom US-Amerikanischen Imperialismus unterstützt wurde[62], wurde durch Terroraktionen, von Seiten rechtsextremer Gruppen (wie *Patria y Libertad* – »Vaterland und Freiheit«) und dem Druck der Opposition im parlamentarischen Bereich, der zur Entlassung von Ministern und Verwaltungsbeamten führen sollte, potenzierte.[63]

Mit der Absicht im Rahmen der Legalität und im Einklang mit der angenommenen Verfassungstreue der Streitkräfte zu bleiben, appellierte die Regierung an die Militärs, um die Situation unter Kontrolle zu bringen und rief den Notstand aus. Die CUT rief die Arbeiter zur Wachsamkeit und Teilnahme an freiwilligen Versorgungsarbeiten auf, die in Zusammenarbeit mit den nicht streikenden Lkw-Fahrern (die im *Movimiento patriótico de renovación* MOPARE – Patriotische Bewegung der Erneuerung organisiert waren) aufgenommen wurden. Trotzdem kamen Reaktionen auf den Arbeitgeberverband hauptsächlich von der Basis. Die engagierte Sozialistin Carmen Silva erinnerte sich sichtlich bewegt an die Kraft der Selbstorganisation des Volkes in den Industriekordonen Santiagos:

> »Es war eine wunderbare Sache. Fast alle Fabriken in Santiago funktionierten ohne Arbeitgeber! Die Arbeiter trieben die kompliziertesten Dinge voran, entwarfen Schuhe, und letztendlich [...] verkauften wir die Sachen auf dem Markt. Ich habe die Mobilisierung organisiert und eine Liste der Lkws pro Betrieb gemacht, um die Produkte zu transportieren und um zu sehen, wie viele Arbeiter es in den Fabriken gab, sie abzuholen und hinzubringen. Wir gingen mit den Müllarbeitern los, um Gas im Maipú zu holen und wir brachten sie nach ganz Santiago, die Studenten gingen zur Station, um Gemüse zu kaufen und sie verteilten es an die Siedlungen ... in den Siedlungen gab es alles. Und all das dauerte mehr als einen Monat an [...]«.[64]

Eine der originellsten Reaktionen der Arbeiterklasse war die Gründung von einheitlichen und übergreifenden Organisationen, in den industriellen Zonen des Landes, die über eine territoriale Basis funktionierten und die den Zusammenschluss zwischen verschiedenen Gewerkschaften eines bestimmten industriellen Sektors erlaubten. Abhängig von der Größe der vereinigten Fraktionen, vom Grad ihrer reellen Macht und der politischen Orientierung ihrer Aktivisten nahmen sie Namen wie »Industriekordone«, »Kommunalkommando« oder »Koordinationskomitee« an. Diese Gruppierungen besaßen einen horizontalen Charakter und antworteten massiv und in Übereinstimmung mit der Arbeitermobilisierung – in den Hauptbetrieben der Zonen des verstaatlichten Eigentums –, auf den Boykott der Arbeitgeber mit einer Serie von Fabrikbesetzungen. So schafften es die Arbeiter dieses Sektors, mit Hilfe einiger weniger Techniker und komplett neuen Regeln, die Produktion ohne die Eigentümer teilweise aufrechtzuerhalten (Hinterfragen der Aufteilung der Arbeit, der Hierarchie in der Fabrik, der Legitimität der Personalführung). Auch organisierten sie parallele Formen der Versorgung, insbesondere mit der Unterstützung der *Juntas de Abastecimiento y Control de Precios* (JAP) (Räte der Volksversorgung und Preiskontrolle) und verstärkten die Überwachungs- und Verteidigungsbrigaden der Fabriken ...

> »Wir rückten aus, um die Omnibusse mit Waffen und Pistolen zu enteignen«, erinnert sich Mario Olivares, ein organisierter Arbeiter der MIR, »und wir übergaben sie den Arbeitern in den Fabriken. So garantierten wir, dass die Produktion weiterging. Wir gingen auch los, um Arbeiter abzuholen und zu transportierten. [...]. Wie begannen, von einer wirklichen Arbeitermacht zu sprechen. [...] Vielleicht hatten wir vom ideologischen Standpunkt aus nicht die volle Übersicht, aber wir forderten eine hohe Teilnahme an allen Bereichen, nicht nur in der Produktion!«.[65]

Dies zeigte vor allem die Fähigkeit der sozialen Mobilisierung und die weitreichende dezentralisierte politische Aktivität und warf offen die Frage der Arbeitsverhältnisse auf. Deswegen gab es eine klare Tendenz zum Bruch mit den traditionellen Schemen des »Politikmachens«: Der Begriff »Volksmacht«, von einem Teil der chilenischen Linken gefordert, wurde vorübergehend Wirklichkeit. Man kann von der Geburt einer Teilhabermacht sprechen, die an der Basis entstand oder besser aus dem Prinzip des »Dualismus« der Macht herrührte, zwischen einem Staatsapparat, der wie gelähmt wirkte und einer Fraktion der organisierten Lohnempfänger, die einen Teil der Gesellschaftsführung in die Hand nahm.[66] Dieses Phänomen der dualen Macht ist nicht nur kennzeichnend für die chilenische Erfahrung, sondern bildete – verborgen oder offen – eine der universellen Erfahrungen der Arbeiterkontrolle.[67] Nichtsdestoweniger ist das Besondere im Falle Chiles, dass sich diese Ereignisse, die nicht von den politischen Parteien vorhergesehen wurden, nicht gegen die Regierung richteten, sondern ihrer Verteidigung dienten: Trotz ihrer Schwächen repräsentierte die Exekutive von Salvador Allende für die Mehrheit der Arbeiterklasse, auf ideologischer und persönlicher Ebene, die Inkarnation »ihrer« Regierung und ein realisierbares Projekt des sozialen Wandels.

Diese Formen der Arbeitersolidarität existierten schon vor diesem Oktober. Von diesem Datum an kann man jedoch sagen, dass die Industriekordone »als solche«, die in der urbanen Landschaft der Großstädte Chiles als objektive Wirklichkeit existierten, wie Industriekordone »für sich« also als Klassenorganisation erscheinen. Der wichtigste Präzedenzfall war die Gründung des Kordons *Cerrillos-Maipú* im Juni 1972, in einem der am stärksten industrialisierten Sektor Santiagos.[68] Als Folge des »chilenischen Oktobers« breiteten sich die Koordinationskomitees, Industriekordone und Kommunalkommandos im gesamten Land aus (möglicherweise etwas mehr als fünfzig).[69] Zuerst in Santiago (zum Beispiel im Kordon der Fabriken *Vicuña Mackenna*, *O'Higgins* sowie den kommunalen Kommandos *Estación Central* und *Renca*), aber auch in der Region von Concepción, im Hafen von Valparaíso, in den elektronischen Betrieben von Arica oder im südlichstes Gebiet Chiles, in der Stadt Punta Arenas.[70] Wie ein sozialistischer Aktivist aus Santiago bezeugte, war hier die Rolle der Aktivisten, die nicht Arbeiter waren bedeutend:

> »Ich denke, dass das Wichtigste, was wir durch den Kordon Vicuña Mackenna vorantrieben, war die Solidarität von Wand zu Wand, von Fabrik zu Fabrik zu tragen. Das war etwas, obwohl dies ja den Arbeitersektoren ureigen ist, was wir zu dieser Solidarität beitrugen, damit sie in konkreten Situationen sichtbar wurde: Eine Fabrik solidarisierte sich mit einer anderen Nachbarfabrik, nicht wie vorher, wo es Fälle gab, in der ein Betrieb Probleme hatte und die Betriebe drumherum manchmal gar keine Ahnung hatten. Wir trugen dazu bei, diese Solidarität von Arbeiter zu Arbeiter zu verwirklichen. Und, da die Kordone einen sehr umfassenden gesellschaftlichen Ausdruck bekamen, bezog sich die Bevölkerung der Sektoren auch später auf sie, so dass, wenn es in einem Betrieb Problemen gab, er auch die Solidarität der organisierten Bevölkerung der Umgebungen erhielt«.[71]

Das Ziel des Artikels ist nicht, die Details der reichhaltigen Geschichte der chilenischen »Volksmacht« zu spiegeln, sondern zu versuchen, ihr in ihren Beziehungen mit der CUT und der politischen Leitung der Linken gerecht zu werden. Die soziale Mobilisierung vom Oktober offenbarten die Schwäche der UP gegenüber den Herausforderungen der dominanten Klasse und auch die Fragilität der Aktionen von bedeutenden Organisationen wie der CUT. Die Zentrale reagierte von Amts wegen spät, vor allem bei der Abstimmung über eine Resolution, die zu einer Stärkung der Einheit und der Gründung von Koordinationskomitees aufrief.[72] Dieser Aufruf wurde am 21. Oktober ausgegeben, als an der Basis tatsächlich bereits diese Einheit und Komitees existierten. Obwohl unstrittig ist, dass die Initiative der Kordone nicht »spontan«, sondern eher die Frucht gesammelter Kampferfahrungen und mühsamer kämpferischer Arbeit waren, repräsentiert dies im wesentlichen die Krise der historischen Vermittlungs- und Leitungsorganisationen der Arbeiterbewegung. Die Arbeiterklasse stellte eine Klassenautonomie wieder her, die sie teilweise verloren hatte und die vor allem den Willen der politischen Parteien weitreichend übertrug: Der Produktivitätsaufruf der Regierung im Rahmen des »Produktionskampfes«, wird auf die Vermehrung der Fabrikbesetzungen und ihrer Funktionsfähigkeit unter

Arbeiterkontrollen übertragen. So erinnert sich José Moya, Arbeiter der Radio- und Fernseh-Betriebs (IRT) und MIR-Aktivist:

> »Es war eine herrliche Zeit, in der sich viele Leute, die mit der UP sympathisiert hatten, nun gegen sie rebellierten und sich in die Organisation der Kordone eingliederten. Die Organisation der Kordone war nicht gern von der UP gesehen. Ich erinnere mich auf einer Versammlung gewesen zu sein, wo Leute von der CUT zur Diskussion mit den Kordonen kamen und mit eingeklemmten Schwanz wieder gehen mussten...«.[73]

Anders gesagt, wenn diese Bewegung sich im Namen der Regierungsverteidigung mobilisierte, tat sie dies mit Hilfe ihrer eigenen Basis: Zusammenführung der Arbeiter jenseits ihrer unterschiedlichen Produktionszweige; Vereinigung der Sektoren der CUT mit denjenigen kleinen Betrieben, die nicht eingegliedert waren und Verschmelzung ökonomischer Forderungen innerhalb eines politischen Projektes, das radikaler war, als das der Regierung. Von den kommunalen Kommandos und Industriekordonen von Santiago wurde ein Forderungskatalog der *Pliego del Pueblo* (Volksschrift) ausgearbeitet. Dieses Dokument führte verschiedene Forderungen zusammen (Bildung, Gesundheit, Versorgung und Produktion) und demonstrierte den direkten ideologischen Einfluss der MIR Aktivisten. Es wurde gefordert, dass »alle Industrien für das Volk und unter der Kontrolle des Volkes produzieren«, die Einführung der Arbeiterkontrolle in den Betrieben des Privatsektors sowie ihre Verlegung in die ASP-Zonen, die während des Streiks besetzt worden waren. Letztendlich rief die »Volksschrift« zur Konstruktion der Volksmacht und einer Volksversammlung auf.[74]

Diese Überflutungsdynamik seitens der Basis war das, was Autoren wie Peter Winn oder Miguel Silva »die Revolution von unten« nannten.[75] Eine solche Dynamik ist eine der wesentlichen Eigenschaften der gesamten vorrevolutionären Periode. In diesem Sinne bleiben die Reflexionen Antonio Gramscis, über die italienischen Arbeiterräte der zwanziger Jahre und die Überwindung der Beschränkungen der Gewerkschaftsbewegung durch die Arbeiterkontrolle, ein Mittel um den chilenischen Prozess zu verstehen.[76] Die äußerst effektive Orientierung der Industriekordone zeigt deutlich, dass eine Reihe entscheidender Probleme bezüglich des Transitionsprozesses zum Sozialismus – die bereits innerhalb der Linken debattiert worden waren – insbesondere die Frage nach der »Volksmacht« und der Rolle des Staates während des revolutionären Prozesses angegangen wurde.[77] Nach Gramscis ist für linke Parteien das zentrale Problem zu wissen, bis zu welchem Punkt sie »bewusste Kraft« – und nicht »Tutoren von oben« – bei der Gründung der neuen Organisationen der Volksmacht sein sollen. Oder ob sie vielmehr der Volksbewegung vorschlagen, »die allgemeinen äußeren (politischen) Zustände zu organisieren, in denen der Revolutionsprozess am schnellsten vorangetrieben werden würde«.[78] Die Beziehungen zwischen der CUT, der Regierung und den Industriekordonen war Gegenstand einer langen Polemik zwischen unterschiedlichen politischen Tendenzen. Dabei existieren viele organische Verbindungen zwischen den zwei Organisationen, da die Mehrheit der Gewerkschaften, die an den Versammlungen der Kordone teilnahmen auch Mitglieder in der CUT waren.[79]

Die kommunistische Partei betrachtete anfänglich die Industriekordone und die neuen Organisationen der Volksmacht mit offener Feindschaft. Mit harten Worten verurteilte Luis Corvaláns, des Generalsekretärs der Partei, die Industriekordone, da sie sich autonom von der Regierung Allendes organisieren würden. Sie wurden als Organisationen dargestellt, die nur im »erhitzten Geiste« der MIR existierten.[80] Die PC beharrte bis zum Putsch auf ihrem traditionellen Misstrauen gegenüber den sozialen Basisbewegungen, die ihre direkte Kontrolle umgingen und versuchte permanent, diesen neuen Ausdruck der Arbeitervolksmacht unter die Kontrolle der CUT zu bringen (in der die PC die stärkste politische Kraft bildete).[81] Für die PC bestand die Gefahr der Kordone letzten Endes darin, dass sie in der Gewerkschaftsbewegung zur Bildung einer Parallelorganisation hätte führen können, was die CUT geschwächt hätte.[82] Mit diesem Argument lässt sich die Ablehnung der Kommunisten, gegenüber jeder Bewegung erklären, die die steuernde Rolle der Regierung in Bezug auf soziale Bewegungen hätte in Gefahr bringen können. Diese Position wurde einige Male öffentlich von Salvador Allende unterstützt.[83] Die PC versuchte, unterstützt von der Textilfabrik *Progreso* des Kordons Vicuña Mackenna, Kordone mit direkter Verbindung zur CUT zu organisieren. Diese Initiative wurde von der Leitung des Kordons als »Spaltungsmanöver« öffentlich verurteilt.[84] Guillermo Rodríguez war MIR-Aktivist innerhalb des Kordons *Cerrillo* und beschreibt dies:

> »Man muss hervorheben, dass während der letzten Wochen vor dem Militärstreich radikalere Positionen in der PC zu sehen sind, insbesondere bei den JJCC [Juventudes Comunistas de Chile – Kommunistische Jugend], dem Regionalzentrum Chile und den Leuten von ›Puro Chile‹, einer Zeitung, die begann das Problem der Volksmacht aus einem anderen Blickwinkel zu beleuchten. Diesem Prozess gelang es nicht zu reifen und letztendlich

hatte er keine große Bedeutung. Die PC blieb am Rande der Entwicklung des Kordons Cerrillo. Sie war – so wie auch bei ihrer Politik auf nationaler Ebene – unfähig sich in die Kraft der alternativen Macht, an der sie mitarbeitete, zu integrieren«.[85]

Im Gegenzug dazu unterstreicht Neftalí Zúñiga, Arbeiter und Gewerkschaftsführer der PC und Ombudsmann des großen Textilbetriebs *Pollak*, die Unverantwortlichkeit vieler Führer der Kordone und die »Unart des Nicht-Erscheines«, die sie durch ihre wiederholten Straßenmobilisierungen begünstigten: »Wenn die Führer dieser Industriekordone weitsichtiger gewesen wären, hätten sie ihre Rolle mit mehr Ernsthaftigkeit eingenommen und die Produktionspapiere der Betriebe des Sozialen Bereichs eingefordert.« Er fügt hinzu: »Was machten die Kordone? Sie gingen zur Fabrik und sagten: ›Genossen, wir müssen eine Demonstration machen, um Druck auszuüben, denn wir wollen kämpfen!‹ [...] Aber die Betriebe zu verteidigen hieß nicht, die Leute zum Marschieren auf die Straße zu bringen, weil wir so die Maschinen anhielten!«[86] Diese Meinung teilten auch Teile der organisierten Sozialisten und der MAPU, die gegen die Parole »Schaffe, Schaffe, Volksmacht« waren, wie sie in den Straßen des Landes ausgerufen wurde. Sie betrachteten diesen Ausruf als »hohle Losung« und Irreführung.[87]

In deutlicher Weise stand das Aufkommen der organisierten Industriegürtel mit ihren Aufrufe zur Besetzung der Fabriken oder zum Barrikadenbau – um die Ausbreitung des nationalisierten Sektors zu verhindern – der Versöhnungs- und Mäßigungstaktik der kommunistischen Partei offen entgegen. Als Folge der Entscheidungen der UP in den Versammlungen von Lo Curro y Arrayán versuchten Allende und die PC die These von der Einführung einer Art »NEP chilena« (Neuer Wirtschaftspolitik, *Nueva Política Económica*, Anm. d. Übers.) um jeden Preis zu verteidigen, da es der einzig mögliche Weg sei um eine Pause im Reformprozess einzulegen. Ohne parlamentarische Mehrheit, setzte diese Strategie – trotz ihrer feindseligen Haltung – auf eine Aufrechterhaltung der Gespräche mit der DC, vor allem um Garantien für die Achtung des Eigentums an Produktionsmitteln im privaten Sektor zu gewähren. Orlando Millas (PC) war in Zusammenarbeit mit den Militärs, die von nun an in die Regierung eingebunden waren, der Beauftragte dieser Mission: Der Prats-Millas-Plan sah die Rückgabe von 123 – im Oktober besetzten oder beschlagnahmten – Betrieben vor und die Reduzierung der verstaatlichten Betriebe auf 49. Diese Vorhaben verstärkten die Spannungen zwischen der Regierung und den Kordonen, die ihren Unmut mit einer großen Mobilisierung ausdrückten. Die PC und die »reformistischen Sektoren« der UP handelten laut der Kordone gegen den revolutionären Prozess.[88]

Hier erscheint wieder die Opposition der berühmten zwei Pole der chilenischen Linken (»Rupturistas« versus »Gradualisten«)[89], welche sich in zwei Mottos wiederfindet: »Konsolidieren, um voranzukommen« gegen »Vorwärts, ohne Kompromisse einzugehen«.[90] Tatsächlich war es so, dass die Aktivisten, die am meisten Einfluss innerhalb der Kordone besaßen, vor allem die Linken der PS, der MAPU und der MIR waren. Aber paradoxerweise teilte die MIR (wenn auch von Historikern als »Rupturista« klassifiziert) in dieser Debatte zahlreiche Punkte mit den Kommunisten: Die PC und die MIR waren beide Gegner der Koordinierung und Zentralisierung der Industriekordone und riefen zur Integration der Kordone in die CUT auf. Für Miguel Enríquez, Generalsekretär der MIR, wäre eine effiziente Form der Demokratisierung der Zentrale, die Industriekordone in territoriale Organe der Basis umzuwandeln. Es war die gleiche Argumentation, die während eines Forums über die Volksmacht, auch von der MIR und der PC gegenüber der Position der Sozialisten verteidigt wurde.[91] Die MIR rechtfertigte diese Position, da die Industriekordone auf die zentralen Forderungen des kommunalen Kommandos nicht antworteten, die theoretisch einen breiteren sozialen Sektor zusammenführen als die Arbeiterklasse allein. Wie unter anderen auch Nelson Gutiérrez erklärte, sollte nach Vorstellung der MIR das kommunale Kommando zu dem Organismus der dualen Macht, welche die arme Land- und Stadtbevölkerung mit dem Proletariat und im Kampf um die Machteroberung einen könnte.[92] Von dieser Analyse ausgehend, weigerte die MIR sich, die Kordonen als »Ausgangspunkt der Macht-Dualisierung« zu sehen (da sie andere Bevölkerungsschichten außer Acht ließen), um sie eher als eine einfache klassizistische Gewerkschaftskoordination einzustufen. Anscheinend war dies Folge einer konfusen Position der Organisation, in Bezug auf die Arbeiterbewegung, was zum Teil Produkt ihrer geringen Eingliederung in die industrielle Arbeiterklasse war. So wie die MIR, die ein aktiver Organisator der Volksmacht und der Industriekordone war und die zur Gründung einer »alternativen Macht zum Bürgerstaat« (aber nicht zur Regierung) aufrief – die auf kommunalen Kommandos der Arbeiter basieren sollte – bremste sie zur gleichen Zeit die Zentralisierung der politisierten Fraktionen der Arbeiterklasse im Umfeld der Industriekordone.

Die Koordination der Industriekordone in den Provinzen verweigerte sich einer gewerkschaftlichen Parallelorganisierung und akzeptierte die CUT als »die höchste Organisation der Arbeiter in ganz Chile«, reklamierte aber zur gleichen

Zeit die »notwendige Autonomie, um die führende Rolle der unterschiedlichen verbündeten sozialen Sektoren, des Proletariats im Kampf für den Sozialismus«.[93]

In einer Erklärung wird die Haltung der Sozialisten oder genauer der Aktivisten des linken Flügels dieser Partei zusammengefasst (so wie die Haltung eines Teils der linken Christen). Es waren diejenigen, die den größten Einfluss in der Leitung der Kordone behielten: Im Jahre 1973 waren alle Präsidenten der Industriekordone Santiagos Sozialisten.[94] Die starke Flexibilität dieser Partei und die Tatsache, dass sie die Partei mit dem größten politischen Fortschritt innerhalb der Arbeiterklasse war, erklärt ihre Empfänglichkeit für den Druck ihrer radikalen Arbeiterbasis.[95] Zahlreiche sozialistische Gewerkschafter verteidigten die These der Klassenautonomie der Kordone gegenüber der CUT und der Regierung. Auch diese Fraktionen, genauso wie die MIR, kritisierten die wachsende Teilnahme von Aktivisten an der Regierung oder an den Aufrufen die besetzten Fabriken zurückzugeben. Einige Wochen vor dem Staatsstreich erklärte Armando Cruces, Präsident des Kordons *Vicuña Mackenna*: »Der Genosse Allende, Präsident der Republik, Reformist und Mitglied meiner Partei, geht die ganze Zeit Kompromisse mit dem Feind ein. Es gibt zahlreiche Unschlüssigkeiten. Außerdem hat die PC gezeigt, dass sie geschlossen für den ›sozialen Frieden‹ in Chile war und das hat selbst auf den Präsidenten der Republik übergegriffen«.[96] Diese Kritik findet sich in Erklärungen vieler sozialistischer Gewerkschafter, wie bei Hernán Ortega, dem letzten Präsidenten des Kordons *Cerrillo* und Präsidenten der Koordination, die sich 1973 gründete oder bei Manuel Dinamarca, dem sozialistischen Generalsekretär der CUT 1973.[97] Dementsprechend erinnerten Zeitschriften wie *la Aurora de Chile* oder *Tarea Urgente* (die von regionalen Sektionen der PS herausgegeben wurden) daran, dass »die Kordone nicht in die bürgerliche Gesetzmäßigkeit eingebunden sind«.[98] Dessen ungeachtet übernahm der Generalsekretär Carlos Altamirano und die PS-Führung der Kordone eine oft doppeldeutige Position im Bezug auf das Verhältnis von CUT und Regierung. In vielen Fällen waren es sozialistische Gewerkschafter der CUT, die in der Provinz (zum Beispiel in Valparaíso) zur Gründung der Industriekordone aufriefen. Kaum einen Monat vor dem Staatsstreich wiederholte Hernán Ortega seinen Vorschlag, die CUT in die Leitung der Kordone einzubinden. Er räumte ein, »durch die Maßnahme, dass die CUT sich eine neue Struktur gibt und sich neue Aufgaben stellt, hätte unsere Koordination keinen weiteren Grund mehr zu existieren.«[99]

Zweifellos zeigte diese Kontroverse innerhalb der Linken über die Rolle der CUT und der Kordone, die Schwierigkeit auf einen Raum für Selbstorganisation und Volksmacht innerhalb des UP-Projektes des »institutionellen Übergangs« zu finden. Ein zentrales Problem war, dass die Gründung der Kordone und diversen Koordinationskomitees im Wesentlichen die Frage des Verhältnisses zum chilenischen Staat, die Haltung zu den Streitkräftes und die Frage der »Volksmacht«, als eine mögliche alternative Kraft der chilenischen Revolution, aufwarf. Die selben linken Sektoren der UP (PS, MAPU, IC und aktive Mitglieder der MIR innerhalb der Industriekordone) verweigerten der MIR die Umwandlung in Kordone in Organisationen der »dualen Macht«, welche die Regierung und ihren Verhandlungswillen mit der DC auf Parlamentsebene und mit bestimmten Fraktionen der dominanten Klasse hätte destabilisieren können. Diese Absicht erklärt auch die wachsende Integration der CUT und die Rolle als Schlichter im Klassenkonflikt, was die Regierung, in der problematischen Situationen, mit der Einbindung der Militärs in die Exekutive erreichen wollte. Im Februar 1973 warnte Clotario Blest weiterhin vor den vielen Gefahren dieser Taktik und kritisierte die Gewerkschaftsbewegung, die immer stärker von den Regierungsrichtlinien und den Parteien-Gipfeltreffen abhängig waren.[100]

Als Konsequenz der Ereignisse vom Oktober 1972 konnte die Regierung – durch die Gründung eines zivil-militärischen Kabinetts – wieder die Kontrolle übernehmen. Trotz der Proteste der Kordone blieb die Leitung des Kabinetts in den Händen der UP-Aktivisten, die sich damit begnügten Zweifel über den von der Regierung eingeschlagenen Kurs zu äußern ohne jedoch zum Bruch mit dieser aufzurufen. Am 29. Juni 1973 fand der Militärputsch »Tanquetazo« statt, der von Oberst Souper angeführt wurde und als Probelauf für den Staatsstreich angesehen werden kann. Bei dieser Gelegenheit war der Widerstand der Industriekordone, wie im Oktober, für die Gegenoffensive ausschlaggebend. An diesem Tag gab die CUT einen Aufruf an die Industriekordone heraus und sandte sogar jedem einzelnen Kordon Delegierte.[101] Im Juni 1973 erkannte die PC die Kordone offiziell an und rief ihre Aktivisten dazu auf sich ihnen anzuschließen. Der Vorschlag der Kommunisten, dass die Kordone einen Teil der CUT bilden und von dieser gelenkt werden sollten, blieb bestehen. Dabei wäre ihnen das Recht anerkannt worden, ihre eigene Struktur zu behalten.[102] Die Absicht, die Kordone und die Volksmacht zu kanalisieren, hatte sich schon im Oktober gezeigt, als die PS und die PC die kommunalen Kommandos einluden, um sie unter die Autorität der Verwaltungsbeamten oder der Gouverneure der Provinzen zu stellen.[103]

Letztendlich blieb – trotz der großen Beteiligung – der Erfolg auf dem Gebiet der Produktionskontrolle; der Selbstverwaltung bei der Versorgung und bei der

Verteidigung der Fabriken; der Volksmacht und der Industriekordone im embryonalen Zustand. Die heftige und manchmal widersprüchliche Beziehung zwischen der Regierung unter Allende und den stärker organisierten Fraktionen der Arbeiterbewegung erlaubten, dass der Prozess voranging und dass der für nur 91 Betriebe vorgesehene Soziale Bereich schließlich mehr als zweihundert umfasste. Aber auch der Einfluss des buchstabengetreuen Gesetzesverständnisses einer Mehrheit der Linken erklärte, dass die UP-Militanten die Aufrechterhaltung der »Volksmacht« unter dem Schutz und der Kontrolle der staatlichen Verwaltung suchten. Diese Kontrolle »von oben« als »Revolution von oben« von Peter Winn und als »Reform von oben« von Miguel Silva beschrieben, erklärte auch, dass die Kordone keine großen, dauerhaften Versammlungen von Betriebsdelegierten waren, die direkt von der Arbeitergemeinschaft gewählt wurden, sondern in jedem Moment widerrufen werden konnten.[104] Im Endeffekt bedeuteten sie vor allem eine Koordination der revolutionären Gewerkschaftsführer, die es in Krisenlagen oder temporär erreichten einen Teil der Lohnempfänger ihrer Zone zu mobilisieren. Unter diesen Bedingungen hatten die Industriekordone auch keine militärisch-politische Kapazität, um einem Staatsstreich zu widerstehen und ihren Widerstand gegen die dem Putsch positiv gesinnten Soldaten zu formieren. Mit dem vom Parlament verabschiedeten Waffenkontrollgesetz hatten die Militärs schon Anfang 1973 mit der Repression gegen die Kordone, begonnen: Durch eine Vervielfachung der Hausdurchsuchungen wurde es möglich, die existierenden Kräfte zu erfassen. Am 11. September waren nur einige kleine Gruppen der Militanten vorbereitet sich dem Putsch entgegenzustellen, während die Mehrheit der Arbeiterklasse sich ohne Waffen und ohne Vorbereitung wiederfanden. »Die Arbeiter forderten von mir Waffen«, erinnert sich die ehemalige kommunistische Arbeitsministerin Mireya Baltra, die sich am Tag des Staatsstreichs zum Kordon Vicuña Mackenna begab. José Moya beschreibt wie er in seiner Fabrik wartete: »Wir warteten die ganze Nacht des 11. Septembers 1973 auf Waffen, die nie ankamen. Wir hörten Schüsse, die vom Kordon San Joaquin kamen; dort hatten sie Waffen – wenigstens die des Textilbetriebs *SUMAR[-Algodón]*. Unser Traum war, dass in jedem Moment Waffen kommen könnten und dass wir genau das Gleiche machen würden wie sie. Aber es passierte nichts«.[105] Im Gegensatz zur Propaganda von General Augusto Pinochet existierte nie eine Armee der »Kordone des Todes«. Wenn man ein paar isolierte Aktionen des Widerstands beiseite lässt (zum Beispiel die des Kordons *Cerrillo*), kapitulierte die »Volksmacht« schnell vor den unerbittlichen Stiefeln der Repression. »Am Tag des Staatsstreichs gab es Tote in den Straßen, die sie sogar von anderen Orten herbeischafften und sie hier abluden«, erzählt Carlos Mujica, MAPU-Arbeiter der Metallfabrik *Alusa*.

> »Und ich konnte nichts machen! Ich glaube, der schlimmste Zeitraum war 1973–1974. Danach im Jahre 1975 kamen die Geheimdienstler, um mich in Alusa zu suchen. Sie nahmen mich fest und brachten mich zur berühmten Villa Grimaldi: dort legten sie die Leute auf den Grill, das heißt auf ein Metallbett, wo sie die Beine unter Strom setzten [...] Sie wussten, dass ich Delegierter des Sektors war [...]«.[106]

Versuch einer allgemeinen Bilanz: »Die Vergangenheit ist immer wichtig«

Kennzeichen dieser Periode und ihr großer historischer Reichtum war in erster Linie die Destrukturierung des Komplexes der sozialen Kontrollmechanismen, die bis zu diesem Moment existierten (einschließlich der Gründungen der Arbeiterparteien durch die Lohnempfänger). Nachfolgend ist die Erschöpfung des so bezeichneten »Estado de Compromiso « (»Kompromissstaat«), die Weiterführung des etablierten oligarchischen Staates, der in den zwanziger Jahren errichtet worden war, zu nennen. Die Zeit der Unidad Popular war eine Zeit der Krise der Hegemonie, in der jeglicher Konsens vergänglich war. Die sich im Kampf befindlichen Klassen und sozialen Akteure versuchten der Gesamtgesellschaft ein globales alternatives Projekt vorzuschlagen. »Die These der Klassenversöhnung« (wie sie der Ökonom Héctor Vega nannte) erschien, wenn auch von der UP und der CUT unterstützt, in der Phase der endgültigen Erschöpfung als sozialpolitisches Projekt des sozialen Wandels. Die Analyse der strukturellen Schwäche, bezogen auf die politische Durchführbarkeit der etappenweisen und »institutionalistischen These« des politischen Projekts der Transition zum Sozialismus von Allende, erlaubt die Tatsache zu verstehen, dass sich die UP und die CUT bemerkenswerterweise von den Kämpfen der Arbeiter- und Volksbewegung besiegt sahen.[107] Die längste Zeit verblieb die Arbeiter- und Gewerkschaftsbewegung in einer Abhängigkeitsbeziehung zum chilenischen Staat und den Regierungsinitiativen. In der ersten Zeit wusste die Regierung die kollektiven Mobilisierungen der Lohnempfänger zu unterstützen und voranzutreiben. Aber in der Absicht die Kräfte der Arbeiterbewegung – bezogen auf das Projekt der Unidad Popular – zu kanalisieren, versuchten die linken Parteien sich in der CUT gegenseitig zu unterstützen und sie immer mehr in den Staatsapparat zu integrieren. Diese Integration verstärkte die organischen Defizite der Zentrale und ihre Schwierigkeiten eine führende Rolle in dem sich entwickelnden Klassenkampf zu übernehmen. An dieser Stelle finden wir den großen Widerspruch des »chilenischen Wegs« wieder, der von der UP vorgeschlagen wurde, wie der bolivianische Soziologe René Zavaleta Mercado schrieb, zur selben Zeit vom alten oligarchischen Staat (der jedes Mal mehr an seine Forderungen gebunden war) aus die Gesellschaft zu reformieren und gleichzeitig Teil einer Basis, einer »Revolution von unten« zu sein, die in ihrer Prozesshaftigkeit die geltende bürgerliche Gesetzgebung komplett überwand.[108] Präzise lässt sich schlussfolgern, dass die UP ein Moment der dialektischen Kombination zweier widersprüchlicher Phänomenen war: Auf der einen Seite eine Integration und Unterordnung der Arbeiterbewegung unter den chilenischen Staat und die politischen Projekte der traditionellen Arbeiterparteien, und auf der anderen eine nie dagewesene Teilnahme und soziale Kreativität, was dazu beitrug, dass alle alten Formen sozialer Organisation und Dominanz obsolet wurden. Im Bereich der Arbeitersektoren und der Gewerkschaftsbewegungen drückten sich diese alternativen Formen – des Gemeinschaftssinns und demokratischer Kontrolle der Ökonomie (genannt »Volksmacht«) – in der Gründung der »Industriekordone« aus.

Die Geschichte der »Volksmacht« und der Industriekordone muss auch der Mythologisierung entkommen: es handelte sich weder um »Sowjets chilenischer Art«, noch um eine gefährliche »Parallelarmee«, wie es uns die Diktatur glauben machen wollte. Sie waren »Keime« einer zukünftigen Gesellschaft im Aufbau, denen es nicht gelang sich Anfang der sechziger Jahre im chilenischen Kontext zu entwickeln. Diese Erfahrung muss dem Vergessen und dem historischen Reduktionismus entkommen. Die Erzählungen aus einer Zeit, die von der Hoffnung auf eine bessere Welt gekennzeichnet war, sind ein Teil des »Kampfes um die Erinnerung«, der momentan in Chile stattfindet.[109] Als Produkt der erzwungenen Amnesie der Militärjunta (1973–1990) wurde diese Geschichte weitgehend ignoriert und das kollektive Gedächtnis zerstört. Ferner kann dies kaum in einem »schlechten demokratischen Übergang« rekonstruiert werden, der auf wirtschaftlicher und institutioneller Ebene viele Aspekte des Pinochet-Regimes legitimiert. Aber die Erinnerungen und die Herzen der Überlebenden bleiben rot. Das Gedächtnis des Kampfes, der sozialen Eroberungen, der Partizipation und der Selbstorganisation kann zu einer großen Lehre des Lebens und der Hoffnung für diejenigen werden, die sie hören wollen. »Die Vergangenheit ist immer wichtig«, folgert Luis Pelliza, ein Arbeiter, der seine Aktivität innerhalb der Gewerkschaftsbewegung nach siebzehn Jahren der Diktatur und mehr als zwanzig Jahren des Neoliberalismus weiter führt. »Sie ist Teil einer Geschichte, die wir leben. Es ist notwendig, die Erfahrung unserer Niederlagen zu kennen, um zu verstehen, wie wir der Zukunft die Stirn bieten können.«[110]

Anmerkungen

1 Doktorand der Politikwissenschaften der Universität Paris VIII – Autor eines Buches über Zeugen der urbanen Volksmacht (Gaudichaud, F.: *Poder Popular y Cordones Industriales. Testimonios sobre el poder popular urbano: 1970–1973,* Santiago 2004) – Koordinator der Sektion Chile der elektronischen Zeitschrift Rebelión.org.

2 Diese Analyse basiert auf einer ersten Studie: Gaudichaud, F.: »La centrale unique des travailleurs, le mouvement ouvrier et les cordons industriels durant l´Unité Populaire (1970–1973)«, in: *Dissidences (Blerm),* Nancy, Nr.14–15, Januar 2004, Seite 57–74. Die ersten Ergebnisse dieser Untersuchung wurden auf Spanisch auf dem internationalen Seminar präsentiert: »A treinta Años de la Unidad Popular. Balance de un Proceso«, organisiert durch die Universität Diego Portales vom 1. bis zum 3. September 2003 in Santiago. Sie wurden ebenfalls durch die elektronische Zeitschrift www.rebelion.org publiziert.

3 Milos, P.; Garcés, M. (Taller de Nueva Historia): *Cuadernos de historia popular: serie Historia del movimiento obrero,* Nr. 1, Santiago 1983.

4 J. Barría, *Trayectoria y estructura del movimiento sindical chileno,* INSORA, Santiago, 1963 und P. Frias F., *Construcción del sindicalismo chileno como actor nacional,* VOL. I, Santiago 1993.

5 Pedro Milos und Mario Garcés benutzen in ihren Heften über die Volksgeschichte als Periodisierungskriterium die Beziehungen zwischen den Arbeiterbewegungen und dem chilenischen Staat. Von diesem Gesichtspunkt aus werden diverse fundamentale historische Perioden unterschieden: Gründungsperiode (1820–1880), Ausgrenzungsperiode (1880–1920), Integrationsperiode (1920–1970), Partizipationsperiode (1970–1973) und schließlich die Periode der neuen Ausgrenzung, die zu der Diktatur des Generals Pinochet gehört (1973–1990). Siehe: Milos, P.; Garcés, M.: *Cuadernos de historia popular. Serie Historia del movimiento obrero,* Nr. 1, Santiago 1983.

6 Angell, A.: »*Politics and the Chilean labor movement*«, in: Oxford University Press, Oxford 1972: In diesem Artikel benutzen wir die spanische Version.

7 Silva, M.: *Los partidos, los sindicatos y Clotario Blest,* Santiago 2000.

8 Am Ende der fünfziger Jahre repräsentierten die Christlichen Demokraten die Hauptopposition gegen die Kommunisten in der Gewerkschaftsbewegung. In diesem Sinn ersetzten sie die Anarchosyndikalisten, die sich 1957 zurückzogen (Angell, A.: a. a. O., Seite 177–214).

9 Siehe insbesondere: Barria, J.: *Historia de la CUT,* Santiago 1971; Mesias, Augusto Samaniego: *Las stratégies syndicales de la »Central Unique des travailleurs« et l´action socio-politique des salariés (1953–1973),* Paris, Universidad Paris VIII, Doktorarbeit der Geschichte 1998 (insbesondere Seite 118–141).

10 Es handelt sich um den Syndikalisten Leandro Moreno (Barria: *a. a. O.*, Seite 62).

11 Barrera, M. »Perspectiva histórica de la huelgaobrera en Chile«, Nr. 9, Santiago, September 1971; Pizarro, C.: *La huelga en Chile. 1890–1970,* Santiago, Ed. SUR, Col. Estudios Históricos, 1986.

12 Wegen diesem Wiedererlangen der Kontrolle und der Absetzung von Clotario Blest ist die Erzäh-

lung von Humberto Valenzuela (Trotzkistischer Führer der CUT) besonders interessant: *Historia del movimiento obrero chileno,* Santiago, POR, 1972.

13 Nach der Chronologie von Alberto Cuevas handelt es sich um eine Periode der »Opposition« der CUT (Cuevas, Alberto: »La experiencia de la CUT (1953–1973): una visión crítica«, in: *Chile-América*, Nr. 84–85, Brüssel, Januar-März 1983, Seite 27–34).

14 Mac-Clure, O.: »La acción reivindicativa sindical de Chile«, *Proposiciones*, Nr. 17, Santiago 1989, Seite 110–123; Pizarro: *a. a. O.* Und für eine synthetische Sichtweise: Magasich, J.: »Les mouvements sociaux au Chili: 1967–1973«, in: *Chili, un pays laboratoire*, Coloquio organizado en Bruselas, Maison de l´Amerique Latine, 1998, Seite 37–46.

15 Angell: a. a. O., Seite 65; Barrera, M.: *La participación social y los syndicates industriales en Chile*, Ginebra, International Institute For Labour Studies, internes Arbeitsdokument 1970.

16 Angell: a. a. O., Seite 67–91; Barria, J.: *Las relaciones colectivas de trabajo en Chile,* Santiago 1967. Über die gültige Gesetzgebung zwischen 1970 und 1973 siehe die Zusammenfassung der internationalen Arbeiterorganisation in: OIT: *La situación sindical en Chile: Informe de la Comisión de Investigación y de Conciliación en materia de Libertad Sindical*, Ginebra 1975.

17 Barrera, M.; Landsberger, H.; Toro, A.: *El pensamiento del dirigente sindical chileno: un informe preliminar,* Santiago 1963.

18 Blest, C.: »Organización de la clase trabajadora«, in: *Punto final,* Santiago, 22. April 1969, Seite 22–25.

19 Mit einem Anstieg von 6 Prozent 1972 in Bezug auf das vorherige Jahr, laut des statistischen Büros des Ministeriums für Arbeit (zitiert von Wallon, A.: »Perspectives actuelles du mouvement ouvrier«, Seite 1990); Siehe Blest, C.: »La clase trabajadora organizada en Chile« , in: *Punto Final,* Nr. 165, Santiago, 29 August 1972, Seite 22–24.

20 In seiner Gesamtheit gruppiert sich der sekundäre Sektor der Ökonomie auf 53 Prozent der Syndikate und auf 63 Prozent der Beitritte (Ziffern basierend auf 1968). Und alles mit einer Schätzung der höheren Vergewerkschaftung in den wirtschaftlich konzentrierten industriellen Sektoren. Siehe Zapata, F.: *Estructura y representatividad del sindicalismo en Chile,* Santiago 1968; Barrera: *a. a. O.,* Seite 19.

21 Smirnow, G.: *Le développement de la lutte pour le pouvoir oendant l´Unité Populaire,* Paris, Universidad de Paris VIII, Dissertation 1977, Seite 32.

22 Angell: a. a. O., Seite 66.

23 Castillo, F.; Echeverría, E.; Echeverría, R.; »Las masas, el Estado y el problema del poder en Chile«, in: *Cuadernos de la Realidad Nacional,* Nr. 16, Santiago, April 1973, Seite7.

24 Silva, A.; Santa Lucia, P.: »Les Cordons industriels: une expression de pouvior populaire au Chili«, in: *Les Temps Modernes,* Paris, Januar 1975, Seite 710. Wie Ernest Mandel hinweist, ist es diese Abwesenheit berufsunabhängiger Gewerkschaftsstrukturen an der Basis, die die Schaffung von Industriekordonen als potentielle Organe doppelter Macht erleichterten. (»Clases sociales e crise politique en Amérique Latine«, in: *Critique de l´économie politique,* Nr. 16–17, Seite 6–41, Paris, April–September 1974).

25 Wir benutzten nochmals die Chronologie von Alberto Cuevas: a. a. O., Seite 32.

26 Daire, Alonso: »La política del Partido Comunista desde la post-guera a la Unidad-Popular«, in: Varas, A. (Hrsg.): *El partido comunista de Chile: estudio multidisciplinario*, Santiago 1988, Seite 141–239.

27 Garcés, Mario: »Vía insureccional y vía política: dos tácticas«, in: *Revista de la Universidad Técnica del Estado*, Nr. 13/14, Santiago, März-Juni 1973, Seite 7–39; Allende, Salvador: *Nuestro Camino al Socialismo. La Vía Chilena*, Buenos Aires 1974.

28 In Bezug darauf ist der nächste Artikel des kommunistischen Ökonomen José Cademartori sehr explizit: Cademartori, José: »Perspectivas y tareas revolucionarias en el frente económico«, in: *Revista de Universidad Técnica de Estado*, Santiago, Spezialausgabe, Februar 1973.

29 Blest, C.: »Limitaciones de los sindicatos chilenos«, in: *Punto Final*, Nr. 100, Santiago, 17. März 1970, Seite 22.

30 CUT: »la clase trabajadora y la lucha por los cambios: balance y perspectivas«, in: *Resoluciones de la novena conferencia nacional,* Documento de estudio y trabajo para las organizaciones sindicales y sus dirigentes del país, Santiago, Juni 1971.

31 CUT: *Normas básicas de participación de los trabajadores en la dirección de las empresas de las áreas social y mixta*, Publicación del departamento de trabajadores de Chile, Santiago, November 1971.

32 Comité ejecutivo CUT-Gobierno de participación: *La participación de los trabajadores*, Santiago 1971.

33 Raptis, M.: *Quel socialisme au Chili? Etatisme ou autogestion. Dossier de la participacion des travailleurs au processus révolutionnaire de pays*, Paris 1973; Espinosa, Juan G.; Zimbalist, Andrew S.*Economic Democracy: Workers' Participation in Chilean Industry, 1970-1973;* Studies in social discontinuity, Academic press inc., London 1978.

34 Ebenda.

35 Moulian, Tomás: *Conversación interrumpida con Allende*, Santiago 1999, Seite 86.

36 Castillo, F.; Larraín, J.: »poder obrero-campesino y transición al socialismo en Chile«, in: *Cuadernos de la Realidad Nacional*, Nr. 10, Santiago, Dezember 1971, Seite 161–198.

37 Espinoza; Zimbalist: a. a. O.

38 CUT (Luis Figueroa): »Los trabajadores construyen el Chile nuevo« in: *Memoria del consejo directivo al 6. congreso nacionalde la CUT*, 8.–12. Dezember 1971, Santiago.

39 Oficina de Información y radiofusión de la Presidencia de la República, in: *El pensamientoeconómico del gobierno de Allende,* Santiago 1971. Trotz des Anstiegs der Kaufkraft fällt diese schnell einer heftigen Inflation zum Opfer, welche die Regierung zu einer konstanten Anpassung der Löhne zwingt, woraus wiederum Konflikte mit den Arbeitern und ein erhöhtes Haushaltsdefizit entstehen.

40 Bewegung der Linken Revolutionäre, geführt während der Periode der UP von Miguel Enríquez.

41 Die Anfänge der gewerkschaftlichen Arbeit der MIR finden in Santiago statt, im Wesentlichen in kleinen und mittleren Betrieben der Industriekordone von Macul und Santa Rosa. Parallel erreicht diese Organisation eine gewisse Ebene der Durchdringung in Concepción, der kohleführenden Zone der Provinz, trotz der heftigen kommunistischen Präsenz. Bis Mitte 1971 gründet die MIR die revolutionäre Arbeiterfront (FTR), die zu einem konvergenten Punkt der radikalsten Arbeiter innerhalb der Gewerkschaftsbewegung wird. Siehe: FTR/MIR: »*Concepción, organización, funcionamiento y desarollo orgánico del Frente*« Juni 1972, in: Farías, V. (Hrsg.): *La izquierda chilena (1969–1973): documentos para el estudio de su línea estrategica*, 6 Bände 2000–2001, Berlin, Seite 2611–2621.

42 FTR: *Declaración de principios,* Santiago, Dezember 1971 (Archive BDIC – Paris – F delta 652).

43 Die MAPU und die christliche Linke sind zwei Bewegungen, die zum Teil aus der DC entstanden sind.

44 So erinnert Hugo Cancino, dass die Akte der Gewalt auf den Demonstrationen seitens der organisierten Kommunisten gegen die Aktivisten der »extremen Linken«, insbesondere gegen Trotzkisten, Maoisten und Anarchisten, Teil der historischen Tradition des CUT sind (Cancino, Hugo: *La problematica del poder popular en el proceso de la vía chilena al socialismo 1970–73*, Aarhus 1988, Fußnote 22, Seite 237).

45 Consúltese: Anka, »La CUT: primeras conclusiones«, in: *Chile Hoy,* Nr. 1, Santiago, 22. Juni 1972; Zapata, F.: »Las relaciones entre el movimiento obrera y el gobierno de Seite Allende«, in: *Cuadernos del Centro de Estudios Sociológicos*, Nr. 4, Mexiko 1974.

46 Das Potential der Wähler lag annähernd bei einer Million Stimmen, in Wirklichkeit wählten etwas mehr als 560.000 Arbeiter.

47 Gemäß der (umstrittenen) beschafften Ziffern der Wahlprüfungsakte der CUT: *Resultados oficiales*

sobre la elección de la CUT, Juli 1972 (in: Farías: a. a. O., Seite 2862–2868).

48 Weniger noch im Falle der maoistischen oder anarchistischen Tendenzen, die jeweils 3.330 bzw. 673 Stimmen bekommen.

49 Alain Wallon beschreibt zum Beispiel ein »*Schwindelerregendes*« Wachstum der Anzahl der Arbeiter in der MIR (in: Wallon: a. a. O., Seite 1991).

50 Siehe MIR, *Documentos Internos* 1972 – Archivos CEDETIM -Paris.

51 Cuevas: a. a. O., Seite 33.

52 Siehe Marini, R. Mauro: »Antecedentes para el estudio del movimiento de masas en el periodo«, El reformismo y la contrarevolución. Estudios sobre Chile, Mexiko 1976, Seite 152–185.

53 Ebenda.

54 Diese Situation ist offensichtlich, wenn man den Anstieg der Zahl der Streiks im Vergleich mit der Abnahme der Anzahl der Arbeiter, die in alle Streiks eingebunden sind, berücksichtigt, die von 355 auf durchschnittlich 108 sinkt. Nach R. Mauro Marini steigt die Anzahl der Streiks im Jahre 1970 von 1819 auf 2709 im Jahre 1971 (also + 48,9 Prozent), während parallel die Anzahl der Lohnempfänger im Streik von 647 000 auf 292 398 sinkt (also – 54,3 Prozent) (Marini: a. a. O., Seite 166).

55 Bitar, Sergio; Pizarro, Crisóstomo: *La caídade Allende y la huelga de El Teniente,* Santiago 1986.

56 Castells, M. *La lucha de clases en Chile*, Buenos Aires, Siglo 21 Editores, 1974, Seite 215.

57 Sader, E. »Chili: la transition manquée«, *Critique de l´économie politique*, Paris, Nr. 16–17, April–September 1974, Seite 253.

58 Testimonio de M. Baltra in: Gaudichaud: a. a. O., Seite 403–410.

59 Castells, M: *La lucha de las clases en Chile*, Buenos Aires 1974, Seite 215.

60 Tatsächlich wurden die von dem CUT vorgeschlagenen »Überwachungskomitees« für den privaten Sektor nicht mit der Überzeugung der UP unterstützt, weil sie damit riskierten, die Neigung des mittelständischen Arbeitgebersektors zum hohen Bürgertum zu verschärfen und die wiederholten Versuche einer Allianz mit den Christdemokraten im Parlament zu stören. Siehe: Gariano, A.; Hurtado, C.; Reutter, J.: »Los Comités de Vigilancia y el Área Privada«, in: *Chile Hoy*, Nr. 16, Santiago, 5. Oktober 1972.

61 Am 19. und 20. Oktober publizierte *El mercurio* die Liste der korporativen Organisationen, die sich für den Streik aussprachen.

62 Senat der Vereinigten Staaten: *Accion encubierta en Chile 1963–1973: Informe de la comisión designada para estudiar las operaciones gubernamentales concernientes a actividades de inteligencia*, Washington, 18 . Dezember 1975, siehe: http://www.derechos.org/nizkor/chile/doc/encubierta.html.

63 Für eine detaillierte Chronologie des Streiks im Oktober, siehe: Samaniego, A.: »Octubre 1972: triunfo y derrota de la unidad de los trabajadores«, Investigación DICYT-USACH, Mimeo 1996.

64 Zeuge von C. Silva in: Gaudichaud: a. a. O., Seite 341–350.

65 Bericht von Mario Olivares in: Gaudichaud: a. a. O., Seite 161–188.

66 Gaudichaud: a. a. O., in: Dissidences, Seite 3–8; Über das Konzept der doppelten Macht und ihrer diversen theoretischen (marxistischen) Annahmen und Praktiken (insbesondere in Bolivien und Chile), siehe: Zavaleta, Mercado R.: *El poder dual en América Latina*, Siglo 21, Mexiko 1974.

67 Siehe die allgemeine Analyse in Mandel, E.:*Control obrero, consejos obreros y autogestión*, Santiago 1972.

68 Cordero, C.; Sader, E. y Threlfall, M.: *Consejo comunal de trabajadores y Cordón Cerrillos-Maipú: 1972. Balance y perspectivas de un embrión del poder popular*, Arbeitspapier Nr. 67, Santiago, August 1973.

69 Die Zeitschrift *Chile Hoy* platziert in einem Jahrhundert die Koordinatorenkomitees, die sich während des Monats Oktober 1972 im ganzen Land gründen (Nr. 26, Santiago, 8. Dezember 1972). Aber interne – streng geheime – Dokumente der MIR sprechen von 52 Koordinationen diesen Typs im gesamten Land (MIR: *informe de la comisión política al comité central restringido sobre la crisis*

de Octubre y nuestra política electoral, Santiago, 3. November 1972, in: *Documentos internos* 1972 – Archivos CEDETIM – París).

70 Für eine Geschichte der Industriekordone (Cordones Indistriales) und der Volksmacht, siehe: Cancino: a. a. O.; Silva, M.: *Los Cordones Industriales y el socialismo desde abajo,* Santiago 1999; Gaudichaud, F.: *Poder Popular y Cordones Industriales*, Für eine Pionierstudie der Volksmacht am Beispiel der Geschichte des Textilmonopolisten Yarur in: Winn, P.: *Weavers of revolution, the Yarur workers and chile´s road to socialism*, Oxford University Press, New York 1986.

71 Zeuge Luis Ahumada in: Gaudichaud: a. a. O., Seite 305–324.

72 Zeitschrift *Chile Hoy*, Santiago, 27. Oktober 1972.

73 Bericht von José Moya in: Gaudichaud: a. a. O., Seite 121–136

74 *Comando Comunales y Cordones Industriales de Santiago*, Santiago, Oktober 1972 (zitiert aus: Farías: a. a. O. Band 5, Seite 3272–3288). Der Verweis auf die Volksversammlung (Asamblea del pueblo) erinnert an die Versammlung, die von einem Teil der Linken im Juli 1972 in Concepción ins Leben gerufen worden und von Allende als »unverantwortlich« verdammt worden war. (Harnecker, M.: »La asamblea popular de Concepción«, in: Nr. 12, *Chile Hoy*, Santiago, 1. September 1972).

75 Siehe hierzu Verweis Nr. 82.

76 Dies weist darauf hin, dass die Gewerkschaft *»die Arbeiter nicht als Produzenten, sondern als Lohnempfänger organisiert, das heißt als Geschöpfe eines kapitalistischen Regimes des Privateigentums, als Verkäufer der Arbeit Ware«* (»Sindicalismo y Consejos«, in: *Ordine Nuevo*, 8. November 1919, in: E. Mandel, *Control obrero, consejos obreros y autogestión*, Ed. C. Mariategui, Santiago, 1972). Siehe auch: Gramsci, Antonio: *Antología*, Mexiko 1970.

77 Siehe diesbezüglich das von der Zeitschrift »*Chile Hoy*« organisierte Forum: »Foro sobre el Poder Popular«, in: *Chile Hoy*, Nr. 60, Santiago, 9. August 1973; Harnecker, M.: »Los cordones industriales y la CUT«, Nr. 59, Santiago, 2. August 1973.

78 Gramsci, Antonio »El movimiento turinés de los consejos de fábrica«, in: *Consejos obreros y democracia socialista*, Nr. 33, Córdoba 1972, Seite 211–220.

79 In gleicher Weise, auf Eigeninitiative der örtlichen Führer der CUT und häufig Aktivisten der Linken der PS, entstehen zahlreiche Kordone in der Provinz (siehe hierzu zum Beispiel die Versuche ein Betriebskordon in Talca aufzubauen: »¡Los trabajadores de Talca! ¡A la pelea!«, in: *Tarea Urgente*, Nr. 10, Santiago, 27. Juli 1973).

80 Corvalán, Luis: »Carta a Carlos Altamirano, Secretario general del Partido Socialista«, Santiago, 6. Februar 1973 (in: Corvalán, L.: *Chile: 1970–1973*, Sofía 1978, Seite 160–168).

81 Cancino: a. a. O., Seite 380.

82 Siehe die Erklärungen von G. Escorza, am Rande befragter Aktivist der PC und Gewerkschaftsführer von Textil Progreso, die sich weigerten, am Forum über die »Volksmacht« teilzunehmen, in: Zeran, F.: »Los comunistas y los Cordones«, in: *Chile Hoy*, Nr. 61, Santiago, 16. August 1973.

83 Siehe zum Beispiel seine Erklärungen innerhalb der Föderationen der CUT (Diskussion zitiert in: »Allende reitero llamado al dialogo democrático…«, in: *Clarin*, Santiago, 26. Juli 1973).

84 Mackenna, Cordón Vicuña: »Alerta trabajadores: a parar las obras divisionistas«, in: *El Cordonazo*, Nr. 3, Santiago, 12. Juli 1973.

85 Bericht von Guillermo Rodríguez in: Gaudichaud: a. a. O., Seite 363-385.

86 Bericht von Neftalí Zúñiga en, in: Gaudichaud: a. a. O., Seite 287–300.

87 Siehe zum Beispiel den Zeugen Fernando Quirogas, sektionaler Sekretär der PS in der Zone, in welcher der Kordon Cerillo entstand. Sehr kritisch über das Handeln der Industriekordone (in: Gaudichaud: a. a. O., Seite 351–362).

88 Siehe zum Beispiel die Erklärung des Kordons Vicuña Mackenna in: Tarea Urgente, Nr. 1, Santiago, 16. Februar 1973.

89 Ideologische Debatte über den Übergang zum Sozialismus, der nach Meinung einiger graduell, schrittweise stattfinden sollte, während andere sich für den klaren Bruch mit dem Bestehenden aussprachen.

90 Von einer historischen Perspektive aus zeichnet sich in deutlicher Form ab, dass diese berühmten »zwei Pole«, die viele Autoren versucht haben als zwei wesentlich differente Alternativen zu präsentieren, letztendlich zahlreiche Gemeinsamkeiten hatten, insbesondere einen bestimmtes »Angriffsdenken« gegenüber den Initiativen der Regierung. Diese Annäherung erlaubte im Wesentlichen die Gründe zu verstehen, weswegen innerhalb der Linken niemals eine kohärente rationale Alternative zum von Allende vorgeschlagenen »chilenischen Weg« existierte. Die MIR selbst versuchte immer Druck gegen die UP aufzubauen und entschied sich während der Wahlen im März 1973, sich mit ihrem linken Flügel zu verbünden, anstatt den sozialen Bewegungen eine Liste und ein alternatives Programm vorzuschlagen.

91 »Los Cordones industriales y la CUT«, in: Chile Hoy, Nr. 61, Santiago, 10. August 1973.

92 Siehe das Interview mit dem Führer der MIR in: Chile Hoy (»Opina N. Gutiérrez«, Nr. 26, Santiago, 14. Dezember 1972)

93 Erklärung der »provinzialen Koordination der Kordone von Santiago« in: *Tarea Urgente*, Nr. 10, Santiago, 27. Juli 1973.

94 Dieser Einfluss wird deutlich, wenn man bedenkt, dass die Präsidenten der Kordone, welche die Erklärung der »provinziellen Koordination der Kordone Santiagos« unterschreiben, alle Aktivisten der PS sind (in: *Tarea Urgente*, Nr. 10, Santiago, 27. Juli 1973).

95 Sarget, Marie-Noëlle: *Systéme politique et Parti socialiste au Chili: un essai d'analiyse systémique,* Paris 1994.

96 Cruces, A. Presidente del Cordon Vicuña Mackenna: »Habla la revolución chilena: ¡en Chile no debe quedar ningún explotador!«, in: *Avanzada Socialista*.

97 Siehe zum Beispiel »Habla Hernán Ortega«, in: *Chile Hoy*, Nr. 59, Santiago, 27. Juli 1973 oder das Interview mit Manuel Dinamarca, Generalsekretär der CUT (Luvecce, J. Silva: »Los trabajadores no estamos amarados a la legalidad burguesa«, in: *Chile Hoy*, Nr. 52, Santiago, 14. Juli 1973.

98 »A propósito de los Cordones y la CUT«, in: *La Aurora de Chile*, Nr. 33, Santiago, 26. Juli 1973.

99 »Habla Hernán Ortega: no hay paralelismo con la CUT« (Interview mit M. Harnecker), in: *Chile Hoy*, Nr. 59, Santiago, 2. August 1973; »A propósito de los Cordones y la CUT«, in: *La Aurora de Chile*, Nr, 33, Santiago, 26. Juli 1973.

100 »Entrevista a C. Blest«, in: *El Pueblo*, Nr. 28, Santiago, Februar 1973.

101 Entrevista a H. Ortega, in: *Chile Hoy*, Nr. 59, Santiago, 27. Juli 1973.

102 »Cordones Indistriales: la participación del Partido Comunista«, in: *La Aurora de Chile*, Nr. 20, Santiago, 26. April 1973.

103 Partido Socialista und Partido Comunista, »Propósitos de ofensiva política«, Santiago, Oktober 1972 (in: Farías: a. a. O., Band 5, Seite 3.306–3.312).

104 Nur eine Fraktion der organisierten Arbeiter der Linken nahmen an diesen Versammlungen teil, oft ernannt durch die eigenen Parteien oder durch Aufrufe in den Kordones, wie dem von Cerrillos , der nicht mehr als 5.000 Lohnempfänger umfasst, obwohl er mehr als dreißig Betriebe und zehntausende von Arbeitern koordiniert sollte...

105 Zitiert in: Gaudichaud, F: »L'Unité populaire par ceux qui l'ont faite«, in: *Le Monde Diplomatique*, Paris, September 2003.

106 Zeuge C. Mujica in: Gaudichaud: *Poder Popular y Cordones Industriales*, a. a. O., Seite 137–160.

107 Siehe: Rodríguez, F.: »Antecedentes estructurales de la crisis política en Chile«, in: *Critica de la Unidad Popular,* Barcelona 1975, Seite 39–61; Vega Tapia, H.: *L'economie du populisme et le projet de passage au socialisme proposé par l'Unité Populaire*, U. Aix-Marseille II, Doctorado de Estado de economía, 1981.

108 Zavaleta Mercado, R.: *El poder dual en América Latina*, Mexiko 1974.

109 Illanes, M. A.: *La batalla de la memoria*, Santiago 2002.
110 Zitiert in Gaudichaud: in: *Le Monde Diplomatique,* a. a. O.

Raúl Kardinal Silva Henríquez Hernandéz,* 27. September 1907 in Talca, Chile; † 9. April 1999 in Santiago de Chile. Die katholische Kirche stand zu Anfang weitgehend auf Seiten Pinochets. In einer ihrer ersten Stellungnahmen hatte die Ständige Kommission der Chilenischen Bischofskonferenz den Putschisten drei Wochen nach dem Putsch, als bereits Tausende verhaftet, getötet oder verschwunden waren, ihre »hohe Wertschätzung« öffentlich übermittelt. Noch im April 1974 bescheinigte die katholische Kirche der Militärjunta »gerechte Absichten, guten Willen« (SPIEGEL 20/1976). Nach zwei Jahren des »Lavierens zwischen Anpassung und Widerstand« (ZEIT 18/1976) kam es dann zum offenen Bruch. Entscheidend dabei war der katholischen Erzbischof von Santiago, Raúl Kardinal Silva Henríquez Hernandéz, der nach dem Putsch das Nationalstadion aufsuchte und kirchenintern Informationen über die Opfer der Putschisten sammeln liess. Im Mai 1976 ließ er dem Obersten Gerichtshof in Chile eine vernichtende Analyse zur Rechtssituation in Chile übergeben. Damit wurden die Verbrechen des Regimes auch offiziell in den Staatsinstitutionen angeklagt. Hernandéz wurde u.a. mit dem Menschenrechtspreis der UNO, des Jüdischen Kongresses Lateinamerikas und dem Bruno-Kreisky-Preis für Verdienste um die Menschenrechte ausgezeichnet.

Helmut Frenz, * 4. Februar 1933 in Allenstein; † 13. September 2011 in Hamburg. Helmut Frenz war evangelischer Bischof von Chile. Wenige Tage nach dem Putsch gründete Frenz ein Komitee für Flüchtlingshilfe, das vom Hohen Flüchtlingskommissar der Vereinten Nationen (UNHCR) anerkannt wurde. Mit Kardinal Raúl Silva Henríquez zusammen gründete Frenz das »Komitee für den Frieden« (Comité Pro Paz), aus dem später das katholische »Vikariat der Solidarität« (Vicaria de la Solidaridad) hervor ging, das Tausende von Opfern betreute. Helmut Frenz' Kampf um Menschenrechte führte dazu, dass das Pinochet-Regime ihm am 5. Oktober 1975, während seines Aufenthaltes in Genf, »auf ewig« die Wiedereinreise nach Chile verbot. Kirchenintern führte seine Parteinahme gegen die Diktatur zur Spaltung der evangelisch-lutherischen Kirche in Chile und zur Gründung der regimetreuen Iglesia Luterana en Chile (ILCH), die die Mehrheit der deutschstämmigen Lutheraner in Chile vertrat. Frenz wurde nach seiner Verbannung aus Chile Generalsekretär der deutschen Sektion von Amnesty International (1976 – 1985). Nach dem Ende der Diktatur erhielt Frenz die Ehrenbürgerschaft Chiles, die Ehrenmedaille des chilenischen Parlaments und die Ehrendoktorwürde der Universität ARCIS in Chile.

Mario Amorós

Die Kirche, die aus dem Volk geboren wird

Historische Bedeutung[1] der Bewegung Christen für den Sozialismus[2]

> Chile leidet an Geburtswehen. Wird kein neues Vaterland geboren, kann das Volk nicht glücklich werden. Wir Christen versuchen, den Schritten des Herrn Jesus Christus zu folgen. Er lebte und starb für die Freiheit des Volkes. Als Priester, Pastoren, Ordensschwestern und Laien glauben wir, dass Gott Gerechtigkeit und Gleichheit will. Wir nennen uns »Christen für den Sozialismus«. Das ist keine politische Partei. Wir sind Christen, die versuchen, das Leiden und den Kampf der Armen zu teilen. Wir wissen, dass die Zukunft Chiles in den Händen der Arbeiter liegt. Unser christlicher Glaube wird durch die Kämpfe und Hoffnungen der Arbeiterklasse gestärkt.[3]

Eines der eigentümlichsten Merkmale der chilenischen Revolution war die aktive Teilnahme einer breiten Schicht von Priestern, Pastoren, Ordensschwestern und Laien an der sozialistischen Umgestaltung der Gesellschaft. Der umfassendste Ausdruck dieses Engagements war die Bildung und Weiterentwicklung der Bewegung *Christen für den Sozialismus*, da ihre Aktivisten durch ihre Eingliederung in die Welt des Volkes und durch ihr Zeugnis des Lebens und des Kampfes die Dogmen zum Einsturz brachten, die in der Vergangenheit Marxisten und Christen entzweit hatten. Als die Verstaatlichung des Kupfers Chile seinen größten Reichtum zurückbrachte, die Bodenreform den Großgrundbesitz abschaffte, die Arbeiter sich organisierten, um die Volksregierung zu verteidigen; als alle Kinder täglich einen halben Liter Milch erhielten und der Verlag *Quimantú* Millionen Menschen den Zugang zur Kultur ermöglichte, bereicherte die Teilnahme der Christen am Aufbau des Sozialismus jeden einzelnen revolutionären Prozess und trug dazu bei ihn unvergesslich zu machen.

Von der Verdammung zum Dialog

Auch wenn sich schon sehr viel früher einige Christen für die sozialistische Transformation der chilenischen Gesellschaft eingesetzt hatten – bestes Beispiel ist Clotario Blest, ein ehemaliger Seminarist und erster Präsident der Arbeitereinheitszentrale *Central Única de Trabajadores* – war 1965 das entscheidende Jahr für den Dialog zwischen Marxisten und Christen. Während im September 1964 die Gläubigen unter dem Druck einer heftigen Terrorkampagne gegen den »atheistischen Kommunismus« scharenweise für Eduardo Frei stimmten, um den Sieg Allendes zu verhindern, zeigten sich im April und Mai des darauf folgenden Jahres Marxisten und Christen das erste Mal vereint, um die nordamerikanische Invasion in die Dominikanische Republik zu verurteilen, die den verfassungsmäßigen Präsidenten Juan Bosch stürzte und stattdessen das repressive Regime von Joaquín Balaguer einsetzte.

Ebenfalls 1965 gaben zwei führende christdemokratische Aktivisten, Jacques Chonchol und Julio Silva Solar ein wichtiges Essay heraus, in dem sie die Grundzüge des »Wegs der nicht-kapitalistischen Entwicklung«[4] umrissen. Dieses trug dazu bei, einen kritischen Pol innerhalb der *Christdemokratischen Partei* zu schaffen und war ein erster theoretischer Versuch das Christentum und den Marxismus in Einklang zu bringen.

Im selben Jahr endete das bedeutende Zweite Vatikanische Konzil, das ein »aggiornamento«[5] der Kirche vorantrieb, das Fernández Fernández wie folgt beschreibt: »Ein Dialog mit der Welt, mit der Kultur; das humanistische und das protestantische Antlitz gegen den Legalismus; soziale Gerechtigkeit; die Rolle des Laien, der beginnt als vollwertig angesehen zu werden; die Kirche als Volk Gottes in der Geschichte; die Ökumene; die liturgische Erneuerung [...]«. Das Konzil präsentierte die Kirche als die »Kirche der Armen«, so wie es Johannes XXIII. am 11. September 1962 ausgedrückt hatte.[6]

Im Einklang mit den Ansätzen des Konzils gingen in Chile während der zweiten Hälfte dieser Dekade viele Priester und Nonnen in die kleineren Ortschaften. Sie reihten sich durch Arbeit in die Welt der Arbeiter ein, mit der Sehnsucht sich zuerst von der bürgerlichen Gesellschaft zu distanzieren, um dann mit ihr zu brechen, von der sie spürten, dass sie aufs Innigste mit der Hierarchie verbunden war. Das Wissen um die harte Existenz der unteren Bevölkerungsschichten und ihre Beteiligung an den sozialen Bewegungen beschleunigten einen Prozess, der – mit großer Wirkung auf nationaler Ebene – seinen ersten öffentlichen Ausdruck am Sonntag, den 11. August 1968 fand.

An diesem Morgen besetzte eine Gruppe von zweihundert Laien, sieben Priestern und drei Schwestern, die in den Ortschaften von Santiago arbeiteten, die Kathedrale. Sie nannten sich *Movimiento Iglesia Joven* (Bewegung Junge Kirche) und befestigten an der Vorderseite der besetzten Kathedrale ein Plakat, das lautete: »Für eine Kirche gemeinsam mit dem Volk und seinem Kampf«. In ihrem Manifest äußerten sie, dass sie wieder eine Kirche des Volkes sein wollten, so »wie im Evangelium« und nicht nur seine Armut leben und teilen wollten, sondern auch seine Kämpfe. Deshalb würden sie die traditionelle Verbindung der Kirche mit der Bourgeoisie und auch die gesellschaftlichen Versöhnung zurückweisen.

Mehr noch, sie trauten sich die »Gewalt« öffentlich zu verurteilen, die »die Reichen und die Mächtigen« hervorrufen; die Ausbeutung und selbst »den Betrug einer falschen Demokratie, die von einigen wenigen gesteuert wird«; »die Unterwerfung des Gewissens durch die Monopole, die Eigentümer der Informationsmedien«; die »Rassen-, kulturelle und ökonomische Trennung«; die »Instrumentalisierung der Bildung zum Vorteil der herrschenden Klassen« und »die Teilung des Volkes, um seine Beherrschung zu rechtfertigen«. Letzten Endes wollte sich die *Bewegung Junge Kirche* »für eine neue Gesellschaft, die den Menschen Würde verleiht und dort, wo es möglich ist, für die Liebe« einsetzen.[7] Auch wenn diese Bewegung nicht die Kategorien der marxistischen Analyse verwendete oder den Sozialismus zum Ziel erklärte, so stärkte sie doch die Debatte über eine tiefgreifende Erneuerung der Kirche und brachte eine heftige Kritik an der kapitalistischen Gesellschaft vor.[8]

Die Besetzung der Kathedrale endete um sechs Uhr abends, der Uhrzeit die Frei bewilligt hatte, bevor ihre gewaltsame Räumung angeordnet werden würde. Von diesem Zeitpunkt an zögerten die Rechten und ihre Medien nicht, die »kommunistische Infiltrierung« der Kirche öffentlich zu verurteilen. Andererseits nahm die Reaktion Kardinals Raúl Silva Hernandez, der die sieben Priester, die an der Aktion teilgenommen hatten »a divinis« suspendierte, was er später widerrief, die Streitigkeiten vorweg, die zwischen 1971 und 1973 die *Christen für den Sozialismus* und das Episkopat (*Bischofsamt)* entzweien sollten.[9]

Nur dreizehn Tage nach der Besetzung der Kathedrale von Santiago fand in Medellín die 2. Generalkonferenz des Lateinamerikanischen Episkopats statt, deren Ziel es war, die Vereinbarungen zur Aussöhnung an die Realität der kontinentalen Kirche anzupassen und die zum ersten Mal auf amerikanischen Boden vom Bischof in Rom, dem Papst Paul VI., besucht wurde.[10] Am 6. September 1968 zogen die Prälaten[11] eine unerbittliche Diagnose:

> »Lateinamerika scheint unter dem tragischen Zeichen der Unterentwicklung zu stehen, die nicht nur unseren Brüdern den Genuss der materiellen Güter vorenthält, sondern auch den ihrer eigenen menschlichen Verwirklichung. Es vereinen sich der Hunger und das Elend, die massenhaft auftretenden Krankheiten und die Kindersterblichkeit, der Analphabetismus und die Marginalität, die tiefen Ungleichheiten der Einkommen und die Spannungen zwischen den sozialen Klassen, die Gewaltausbrüche und die beschränkte Beteiligung des Volkes an der Verwaltung des Gemeinwohls.«[12]

Auch wenn Medellín den »liberalen Kapitalismus« und das »marxistische System« verdammte, wurde die vorrangige Option für die Armen gestärkt, die die Befreiungstheologie ins Leben rief und die zu einer täglichen Referenz für die Christen wurde, die danach strebten Kirche und Welt zu verändern. Ergebnisse dieses Konklave waren auch, dass die christlichen Basisgemeinschaften »der erste und grundlegende kirchliche Kern« wären. Diese Gemeinschaften wurden in Santiago de Chile seit Beginn der sechziger Jahre durch die Vorgesetzten vorangetrieben – aufgrund der endemischen Knappheit der Priester und der Notwendigkeit, das gesamte Territorium einer rasant anwachsenden Stadt abzudecken. Dabei wurde den Laien die Rolle als kirchliche Verbindung zu der Gemeinschaft zugewiesen.

Trotzdem nahmen die christlichen Basisgemeinschaften seit Medellín und im Fahrwasser der entstehenden Befreiungstheologie und des gesellschaftlich-politischen Aufruhrs eine eigene Dynamik an und erschufen eine neue Art der Kirche. Unter der einzigartigen Leitung der Laien und der Neuinterpretation des Evangeliums, im Licht der brutalen Realität der Armen, erfuhren sie Jahre des Wachstums und der Entwicklung und sie wurden zum natürlichen Raum der Priester und der Christen, die sich dem gesellschaftlichen Wandel verpflichtet sahen.[13]

Während die *Bewegung Junge Kirche* von Priestern, Schwestern und Laien aus der Mitte des Volkes gebildet wurde und Medellín für den Einfluss der befreiungstheologischen Positionen – einschließlich innerhalb der Prälate – stand, war der erste politische Ausdruck dieses Prozesses die Gründung der Bewegung *Einheitliche Volksaktion – Movimiento de Acción Popular Unitaria* (MAPU), die durch die Krise der *Partido Demócrata Cristiano* (PDC) (Christdemokratische Partei) und das Scheitern seines reformistischen Programms begünstigt wurde.

Nach dem sich bereits zuvor angekündigten Abstieg in den Parlamentswahlen im März 1969 und dem Mord an acht Bewohnern von Pampa Irigoin (Puerto Montt) durch die Mobile Militärpolizeigruppe verschärften sich die ideologischen Streitigkeiten innerhalb der PDC bis hin zum Bruch, als die Regierung im Mai die Allianz mit der Linken zurückwies (»der Weg der Volkseinheit«, der durch ein Dokument befürwortet wurde, was von den Abgeordneten Julio Silva Solar und Alberto Jerez präsentiert wurde).[14] Daraufhin widerriefen Senator Rafael Agustín Gumucio (einer der Begründer der *Falange Nacional* 1937) und Silva Solar, Jerez, Jacques Chonchol und Vicente Sotto ihre Mitgliedschaft.

In dem Brief, den diese vier Letztgenannten an den Parteipräsidenten Jaime Castillo richteten, äußerten sie ihr Unbehagen über die Bilanz von fünf Regierungsjahren, die den Kapitalismus in Chile gefestigt hätten. Sie teilten ihm mit, dass sie den PDC verlassen würden, um für die »Volkseinheit« zu arbeiten und um sich »dem Kampf des Volkes für Gerechtigkeit, Demokratie, die Revolution und eine neue sozialistische gemeinschaftliche Gesellschaft anzuschließen«.[15]

Sie wurden von einer großen Anzahl von Mitgliedern und Anführern – was für eine von Rodrigo Ambrosio angeführte *Juventud Demócrata Cristiana de Chile* (JDC) (Demokratische Jugend Chiles) sehr aussagekräftig war – Intellektuellen und Professoren begleitet. Tage später wurde die MAPU im Theater der Gewerkschaft der staatlichen Personentransportgesellschaft ins Leben gerufen und Jacques Chonchol zu ihrem Generalsekretär gewählt. Am 9. Oktober nahm die MAPU an der Gründung der Unidad Popular (UP) teil. Sie stärkte den Pluralismus in der neuen Koalition der Linken in Chile, da gemeinsam mit Marxisten, Radikalen, Sozialdemokraten und Unabhängigen das erste Mal eine Kraft christlicher Ausrichtung beteiligt war.

Deshalb hatte Salvador Allende in den Präsidentschaftswahlen von 1970 die Unterstützung (die bei seinem knappen Sieg unbedingt erforderlich war) einer Vielzahl von Priestern, Schwestern und Laien, die 1964 auf die »Revolution in Freiheit« vertraut hatten. In einem Teil der sozialen Basis zerbröckelte daraufhin die alte kirchliche Verdammung des Marxismus, um einen sehr viel fruchtbareren Dialog hervorzubringen. Einige Priester nahmen sogar aktiv an der Kampagne der Unidad Popular teil, um der ständig wiederkehrenden Propaganda entgegenzuwirken, die zum Beispiel die Jungfrau von Carmen anflehte, Chile vom »atheistischen Kommunismus« zu befreien, der zum vierten Male in der Kandidatur eines marxistischen und freimaurerischen Doktors leibhaftig geworden wäre.

So schrieb der valencianische Priester Antonio Llidó, der nach Quillota berufen worden war, am 17. September 1970 voller Ironie an seine Familie: »Wir überzeugen die alten Betschwestern Allende zu wählen, da sie sonst rettungslos verdammt werden würden.«[16]

Nach den Präsidentschaftswahlen intensivierten die Priester die in den Volkssektoren arbeiteten ihre Zusammenarbeit, um Erfahrungen mit dem Ziel auszutauschen, ihr soziales Engagement zu verstärken und zu entscheiden, wie sie eine Regierung unterstützen könnten, die vorhatte weitreichende strukturelle Veränderungen voranzutreiben, um gemeinsam mit der großen Mehrheit ein gerechteres Land aufzubauen. Viele Christen, die den christdemokratischen Kandidaten unterstützt hatten, entschieden sich ebenfalls die Unidad Popular zu unterstützen, wie der jesuitische Priester José Aldunate erklärte:

> »Ich hatte für Tomic gestimmt, aber am Tag als Allende gewann ging ich auf die Alameda und sah dort, wie große und immer größere Gruppen der Ärmsten von Santiago ankamen: Sie waren froh, sangen und tanzten, da sie das erste Mal in ihrer Geschichte einen Präsidenten hatten, der für ihre Sehnsüchte und Rechte einstehen würde. Hier konnte ich die Hoffnung dieses Volkes sehen und entschied mich dafür zu arbeiten, dass sie nicht enttäuscht werden würden.«[17]

Im Gegenzug vermied es die Bischofskonferenz, den Sieg Allendes bis zu seiner Bestätigung durch das Abgeordnetenhaus anzuerkennen und verbreitete am 24. September eine Erklärung, in der sie ihre Unterstützung für Änderungen ausdrückte, die die Ärmsten begünstigen würden. Gleichzeitig verbreitete sie allerdings die »Terrorkampagne« weiter, indem sie »die Angst vor einer Diktatur, vor einer Zwangsindoktrinierung und dem Verlust des geistigen Erbes des Vaterlandes«[18] schürte.

Bei einem Treffen von mehr als zweihundert Gläubigen erwähnt Aldunate, dass die Unruhe über die bevorstehende Übernahme der Unidad Popular so schwer auf der Regierung lastete, dass Kardinal Raúl Silva sie dazu aufrief, selbst zum Märtyrertod bereit zu sein.[19] Nicht einmal der ökumenisch ausgerichtete »Te Deum«[20], dem

Salvador Allende am Tag seiner Einführung ins Präsidentenamt am 3. November beiwohnte, konnte diese Ängste der Machthabenden bannen.

Die Option des Sozialismus

Nach dem deutlichen Sieg der Unidad Popular bei den Gemeindewahlen versammelten sich zwischen dem 14. und dem 16. April 1971 in einem Haus in der Süd-Zone von Santiago achtzig Priester, um über die Beteiligung der Christen beim Aufbau des Sozialismus zu diskutieren.[21] Die Arbeit begann mit einer politischen Analyse der Entwicklung der chilenischen Arbeiterbewegung und des Programms der Unidad Popular, anschließend debattierten sie über die Beteiligung der Christen am revolutionären Prozess und schließlich wurden die praktischen Probleme angesprochen, die diese in ihrer Arbeit als Pastoren hervorriefen sowie über die Zweckmäßigkeit für eine organisierte Gruppe zu sprechen.[22] Die Abschlusserklärung dieser Konferenz wurde am 16. April verbreitet und als »Declaración de los Ochenta« (Erklärung der Achtzig) bekannt. Sie bestätigte, dass der Kapitalismus der wesentliche Grund für die soziale Ungerechtigkeit sei, die das Volk zu erleiden hätte, und unterstrich die Hoffnungen, welche die Regierung unter Präsident Allende in den sozialen Klassen durch sein festes Vorhaben, mit dem Aufbau des Sozialismus zu beginnen, geweckt hatte.

> »Wir fühlen uns diesem laufenden Prozess verpflichtet und möchten zu seinem Erfolg beitragen. Der tiefere Grund für diese Verpflichtung ist unser Glaube an Jesus Christus, der sich wie die historischen Umstände weiter vertieft, erneuert und Gestalt annimmt. Ein Christ zu sein bedeutet, solidarisch zu sein. Zu diesem Zeitpunkt in Chile solidarisch zu sein bedeutet, an diesem historischen Projekt, das sein Volk vorgezeichnet hat, teilzunehmen.«[23]

Diese Priester widerlegten die gepredigte Wahrheit der Inkompatibilität von Marxismus und Christentum und nahmen sich vor die Vorurteile, auf denen diese fußte, zu zerstören. Sie sahen die Volksmobilisierung als notwendig an, um die Opfer, welche die Überwindung der Unterentwicklung und der Aufbau des Sozialismus bedeuten würden, zu bewältigen und um den Widerstand derjenigen sozialen Schichten, die ihre Privilegien verlieren würden, zu brechen. Folglich unterstützten sie die Maßnahmen, die zu einer Verstaatlichung der Produktionsmittel führen würden, wie die Verstaatlichung des Bergbauwesens, die Verstaatlichung der Banken und der Monopolindustrien sowie die Intensivierung der Agrarreform.

Die Abschlusserklärung wie auch die Presseerklärung fanden in den Medien ein großes Echo und die Tragweite seiner Entsagungen entfachten eine Polemik mit den Machthabenden, die erst mit dem Staatsstreich beendet wurde.[24]

Die »Versammlung der Achtzig« fand zum selben Zeitpunkt wie die jährliche Bischofskonferenz statt. In einer hastigen Antwort versicherten die Bischöfe, dass die Priester zwar eine politische Vorliebe haben, allerdings nicht öffentlich Parteipositionen beziehen könnten.[25] »Die politische Option eines Priesters, wenn sie, wie in diesem Fall, als logische und unumgängliche Konsequenz aus seinem christlichen Glauben gegeben sein sollte, verdammt implizit jede andere Option und jeden Verstoß gegen die Freiheit der anderen Christen«, versicherten die Prälaten.[26]

Wenige Tage nach der ersten Antwort der Priester auf die Achtzig nahm der Kardinal Raúl Silva an der Demonstration zum 1. Mai teil, zu der die *Central Unitaria de Trabajadores* (CUT) aufgerufen hatte. Er lief im Block der *Katholischen Arbeiterjugend* mit und nahm sogar neben Präsident Allende und dem Innenminister José Tohá González auf der Tribüne Platz.[27]

Am 27. Mai übergab das Episkopat sein Arbeitspapier *Evangelium, Politik und Sozialismus*, das Wichtigste, das es in diesen tausend Tagen verabschiedet hatte.[28] Die Bischöfe waren aufgrund der Beschlüsse der Achtzig besorgt und erarbeiteten einen dichten Text, der einen deutlich mahnenden Ton bezüglich der Risiken anschlug, mit den sozialistischen Kräften zu kollaborieren. Die Hauptaussage des Textes bestand darin, dass es für jeglichen offiziellen Repräsentanten der katholischen Kirche unmöglich wäre, sich offen für eine bestimmte politische Partei oder Gruppe zu entscheiden.[29]

Im Juli legte das *Koordinationskomitee der Achtzig* seine Überlegungen über den Text des Episkopats dar. Sie bestätigten nicht nur ihre Verpflichtung für den Aufbau des Sozialismus, sondern versicherten, dass die Priester, indem sie für die Humanisierung des kapitalistischen Systems eintreten und den Marxismus verdammen, sich indirekt für eine konkrete politische Option, nämlich die christdemokratische, aufstellten, obwohl sie selbst auf Unparteilichkeit beharrten.[30]

In diesem Sommer 1971 geschahen auch zwei weitere relevante Ereignisse. Auf der einen Seite trafen sich im Juli in Santiago zweihundert Priester, um über ihre Unterstützung für den Prozess der sozialen Umgestaltung und die Notwendigkeit, die kirchlichen Strukturen zu erneuern, zu diskutieren, ohne jedoch eine offene Unterstützung für die Regierung auszusprechen oder sich dem Sozialismus anzuschließen, wie es später die Bewegung *Christen für den Sozialismus* tun sollte.[31]

Andererseits begann die Einheit der PDC nach ihrer Allianz mit der *Nationalpartei* in den ergänzenden Wahlen von Valparaíso wieder zu zerfallen. Als Ende Juli ihre Leitung den Vorschlag von Bosco Parra zurückwies, jedweden Pakt mit der Rechten zu verbieten, entzog sie ihm seine Mitgliedschaft. Anfang August quälte sie sich zu einer neuen Teilung, bei der acht Abgeordnete, einige Anführer und ein Sektor der JDC die *Izquierda Cristiana* (IC) (Christliche Linke) bildeten.

Ihre Gründungsmitglieder kritisierten den Widerspruch zwischen dem progressiven Diskurs der PDC und ihrer neuesten Allianz mit der Rechten. In ihrer Versammlung am 3. August entschieden sie am Aufbauprozess des Sozialismus teilzunehmen und drei Tage später verkündeten sie ihre Unterstützung für das Programm der Unidad Popular. Auch die drei Parlamentarier der MAPU (Rafael Agustín Gumucio, Alberto Jerez und Julio Silva Solar) sowie der Landwirtschaftsminister Jacques Chonchol schlossen sich der IC an. Sie waren mit der Übernahme durch diese Partei der versammelten Marxisten-Leninisten nicht einverstanden und überzeugt von der Notwendigkeit den christlichen Sektoren ein eigenes politisches Vorgehen anzubieten, das die Regierung unterstützte oder hätte unterstützen können.[32]

In ihren Tagungen im April weigerten sich die Achtzig eine Bewegung zu gründen, wie sie zu der Zeit in Argentinien (Priester der Dritten Welt) und Kolumbien (Golconda) existierten, um ein Nebeneinander von Politik und Kirche zu vermeiden. Sie wählten deshalb nur ein Koordinationskomitee, das sich aus Delegierten der verschiedenen Zonen Santiagos und einiger Provinzen zusammensetzte.[33]

Um die Gefahr zu vermeiden eine mehrdeutige Bewegung ohne Abgrenzungen und Repräsentanten zu werden, entschied das Koordinationskomitee in seiner Sitzung am 1. September 1971 ein Exekutivkomitee, den Posten des Generalsekretärs (gewählt wurde der Jesuit Gonzalo Arroyo, Professor der Katholischen Universität) und ein Sekretariat zu schaffen, das durch die Basisgruppen finanziert und mit einem ausführenden Sekretär und einer Sekretärin besetzt wurde, die beide Vollzeit arbeiteten. In dieser Versammlung wurde dem Sekretariat der Name »Priesterliches Sekretariat der Christen« gegeben, obwohl in der chileweiten Konferenz vom Dezember das Adjektiv »priesterlich« abgeschafft und später nur noch von der Bewegung *Christen für den Sozialismus* gesprochen wurde.

Dieses Jahr schloss am 29. November mit dem historischen Treffen von fast hundert Priestern der Bewegung *Christen für den Sozialismus* mit Fidel Castro in den Gärten der kubanischen Botschaft. Während fast zwei Stunden und in kameradschaftlichem Klima brachte der kubanische Kommandant seine Überraschung angesichts der Stärke der christlichen Unterstützung für den revolutionären Prozess zum Ausdruck und versicherte, dass die Allianz zwischen Marxisten und Christen »strategisch« und nicht »taktisch« sei.[34]

Bei der Abschiedsveranstaltung im Nationalstadion, die ihm das chilenische Volk am 2. Dezember widmete, erwähnte Fidel Castro in seiner Rede die Empörung, die sein Interview mit dem Kardinal Silva Henríquez und sein Zusammentreffen mit *Christen für den Sozialismus* bei der Rechten hervorgerufen hatte. Über das Treffen gab er bekannt:

> »Wir hatten mit der christlichen Linken und den chilenischen Priestern viel zu bereden, es waren weitläufige Themen, die sich nicht auf Opportunismus, sondern auf Grundsätze gründeten; [...] auf der Überzeugung der Zweckmäßigkeit, der Möglichkeit und der Notwendigkeit, die marxistischen und die christlichen Revolutionäre in dem Feld dieser lateinamerikanischen Gemeinschaft zu vereinen. [...] Denn viele wollten die Religion benutzen, um etwas zu verteidigen – was? Die Ausbeutung, die Armut, die Privilegien. Um das Leben des Volkes in dieser Welt in eine Hölle zu verwandeln, vergaßen sie, dass das Christentum die Religion der Bescheidenen war.«[35]

Fidel Castro lud eine Delegation der *Christen für den Sozialismus* nach Kuba ein; die Reise wurde im März 1972 von zwölf Priestern unternommen, unter ihnen befand sich der Katalane Ignasi Pujadas, Mitglied des Sekretariats.[36] In seinem Pfarrbezirk in Forestal Alto (Viña del Mar) schob Pujadas im Oktober 1971 die Gründung der Gemeinde der Christlichen Revolutionäre Néstor Paz an, im Gedenken an den bolivianischen Guerillero, der einige Jahre zuvor gestorben war und in der Absicht den christlichen Glauben aus der chilenischen Revolution heraus zu leben. Von Barcelona aus erinnert sich Pujadas an seine Beteiligung an dieser Bewegung:

> »All diese Priester, wir alle trugen diesen Samen in uns und machten als erstes einen persönlichen Prozess durch, der durch die tägliche Lebenserfahrung bestimmt wurde und fanden heraus, dass die Kommunisten nicht die Kinder aßen, sondern dass sie ganz normale Menschen mit einem großen gesellschaftlichen Anliegen und fortschrittlichen Lösungsvorschlägen waren. Später bildeten wir einen Kreis zum Gedankenaustausch, der sich durch die Schaffung von ›Christen für den Sozialismus‹ konkretisierte. Es gelang uns, dass die Kirche nun nicht mehr der Rechten und der PDC zugeordnet wurde und wir schufen eine befreiende und notwendige Bewegung.«[37]

Francisca Morales, eine Schwester der Kongregation der Barmherzigen Liebe, zieht in Betracht, dass es »eine sehr wichtige Gruppe war, die uns vielen Priestern und Schwestern half den Glauben mit den Augen der Armen zu verstehen und ein klareres Einfühlen in die Welt der Armen zu erleben.« Nach mehreren Jahren Arbeit in einer Gemeinde von Santiago hat ihr Vorgehen ihr die Antworten auf ihre Fragen verschafft und sie wurde sich der großen Ungerechtigkeit bewusst, die »die Armen« zu erleiden hatten, als eine Konsequenz der kapitalistischen Gesellschaftsstruktur die sie transformieren mussten.[38]

Einige Prälaten sympathisierten mit den Ansätzen dieser Bewegung, aber bevorzugten es sich nur an ihren Rändern zu bewegen. Helmut Frenz, Bischof der Evangelisch Lutherischen Kirche, nahm sogar an zwei ihrer Treffen teil, trotzdem berichtet er: »Ich habe mich nicht getraut, meine Einschreibung öffentlich zu machen, weil meine Kirche sehr konservativ war, sogar reaktionär und ich wollte nicht diese politisch-ideologische Front innerhalb der chilenisch-deutschen Gemeinde eröffnen.«[39] Carlos Camus, der damalige Bischof von Copiapó, betont seine Freundschaft mit vielen Aktivisten der *Christen für den Sozialismus*, »allerdings schien es mir eine klare politische Option, die sich nicht mit dem Charakter des Priesters vereinbaren ließe«.[40]

Von Medellín nach Santiago

Der Streit zwischen dem Episkopat und *Christen für den Sozialismus* verschärfte sich innerhalb der ersten Monate des Jahres 1972 aufgrund der Vorbereitung eines lateinamerikanischen Treffens der Bewegung in Santiago. Die Diskussion wurde am 12. Januar durch ein Schreiben an die Bischofskonferenzen Lateinamerikas von Monsignore Carlos Oviedo eröffnet, in der er erklärte, dass er diese Versammlung missbilligte.[41] Einige Wochen später setzte sich der Kardinal mit Gonzalo Arroyo in Verbindung, der es nach dem Lesen des Arbeitsdokuments abgelehnt hatte das Treffen zu unterstützen, da er der Meinung war, dass es eine politische Versammlung mit dem Ziel sei, die Christen und die Kirche in den Kampf für die »marxistische Revolution«[42] einzubinden.

Arroyo antwortete ihm mit einem weiteren Schreiben, dass wenn eine breite Gruppe Christen (Katholiken, Protestanten, Priester, Schwestern und Laien) sich treffen würden, um über die ungerechte Situation in Lateinamerika, die Befreiung der Unterdrückten, das Verhalten der Gläubigen im politischen Kampf und die Auswirkungen des Glaubens auf diesen Prozess zu reflektieren, dass dieses Treffen eine enorme politische Wirkung habe – vergleichbar mit dem von Medellín. Er erklärte ihm auch, dass das Ziel des Treffens nicht die Verbreitung marxistischer Ideologie oder die Stärkung der Parteien dieser Ausrichtung sei, sondern das Nachdenken über die Befreiung des Volkes als Glaubensanspruch.[43]

So empfing zwischen dem 23. und 30. April 1972 und wenige Tage nach der III. Konferenz der *United Nations Conference on Trade and Development* (UNCTAD) (Konferenz der Vereinten Nationen für Handel und Entwicklung) die *Arbeitergewerkschaft der Textilindustrie Hirmas* im Gebäude »Gabriela Mistral« (das durch die chilenischen Arbeiter in Rekordzeit gebaut worden war) das erste Lateinamerikanische Treffen der *Christen für den Sozialismus* unter der Teilnahme von vierhundert Delegierten aus allen amerikanischen Ländern, eingeladenen Europäern und der Präsidentschaft des einzigen anwesenden Bischofs, Sergio Méndez Arceo, den Amtsinhaber der mexikanischen Diözese von Cuernavaca.

Zu einem Zeitpunkt, an dem sich die Allianz zwischen der *Christdemokratischen Partei* und der *Nationalpartei* verfestigt hatte durch die Verfassungsklage gegen den Minister José Tohá, ihre gemeinsame Kandidatur für zwei Teilwahlen in Linares, Colchagua und O'Higgins und die Annahme des Verfassungsreformprojekts für die Festlegung der Wirtschaftsbereiche, die durch die Senatoren Juan Hamilton und Renán Fuentealba Moena gefördert wurde sowie den »Marsch der Demokratie« vom 12. April 1972[44], bestätigte Präsident Salvador Allende in seiner Botschaft an die Delegierten des Lateinamerikanischen Treffens:

> »Die politische Kraft, die heute Chile regiert und die ich die Ehre habe zu repräsentieren, ist der Höhepunkt einer beständigen Allianz, eisern und unerschütterlich, zwischen Christen und Nichtchristen, zwischen Menschen unterschiedlicher ideologischer Vorzeichen, die genau verstanden haben, dass der wahre Konflikt unserer Zeit und so die große Linie die uns teilt, nicht in der Religion oder in den philosophischen Ideen, sondern zwischen dem Imperialismus und den abhängigen Ländern und innerhalb dieser zwischen der ausbeutenden Großbourgeoisie und der unermesslichen Masse der Ausgebeuteten verläuft.«[45]

Das Abschlussdokument des Ersten Lateinamerikanischen Treffens der *Christen für den Sozialismus* erklärte, dass sie sich als Christen sahen, die ihren Glauben vor dem Hintergrund des Prozesses der Befreiung der Völker und ihrer Verpflichtung gegenüber dem Aufbau einer sozialistischen Gesellschaft verstanden, der einzigen Form dem Imperialismus gegenüber zu treten und die ökonomische Abhängigkeit zu brechen. Und konstatierte, dass sich das Bewusstsein für eine notwendige strategische Allianz zwischen den revolutionären Christen und den Marxisten erhöht hätte, was bedeute, »zusammen in einer gemeinsamen politischen Aktion in Richtung eines historischen Befreiungsprojekts zu marschieren«.[46]

Am Schluss wiederholen sie die bekannten Worte Ernesto Che Guevaras, die sie allzu gern in eine Prophezeiung umgesetzt hätten: »Wenn die Christen sich trauen eine vollkommen revolutionäre Erklärung abzugeben, wird die lateinamerikanische Revolution nicht aufzuhalten sein, denn bis jetzt haben es die Christen erlaubt, dass ihre Religion von den Reaktionären instrumentalisiert wurde.«

Einer der Priester, die an dem Treffen teilnahmen, war der Holländer Francisco Weijmer, der gemeinsam mit zwei Landsleuten seiner Kongregation »Heiliges Herz Jesus«, Gilberto de Jong und Enrique Diels, in die Gemeinde La Calera berufen worden war. In dieser Arbeiterstadt, dessen Leben um die Zementfabrik *El Melón* (einer der ersten, die durch die UP verstaatlicht wurde) kreiste und in der die *Kommunistische Partei* einen sehr großen Einfluss besaß, verpflichtete sich Weijmer gemeinsam mit seinen beiden Genossen dem revolutionären Prozess. Mit Enthusiasmus nahmen sie an *Christen für den Sozialismus* teil: »Für den Großteil der Menschen von La Calera war Allende ein Traum, der Wirklichkeit geworden war.«

Unter seinen Erfahrungen mit der Bewegung sticht besonders hervor, dass er durch seine Teilnahme an den chileweiten Versammlungen in Santiago und den Provinzen von Valparaíso lernte die politische Situation des Landes und seiner Stadt mit neuen Werkzeugen zu analysieren, die sich stark von denen des Kirchenjargons unterschieden. »Hier verabschiedete ich mich definitiv von der christlichen Sprache. ›Klassenkampf ist Klassenkampf und Punkt‹ nichts von ›Sünde oder so etwas‹, sagten sie. Es war eine andere Sprache und vor allem eine andere Art zu sein und zu handeln. Nach jeder Versammlung ging ich voller Motivation, Mut und der Lust, das zu teilen was ich gelernt hatte, nach La Calera zurück.«[47]

Angesichts der nationalen und internationalen Wirkung der Beschlüsse des Ersten Lateinamerikanischen Treffens von *Christen für den Sozialismus*, koordiniert vom Privatsekretär des Kardinals[48], unterschrieben im Mai mehr als sechshundert chilenische Priester eine ablehnende Erklärung, in der sie ihre Gemeinschaft mit den Bischöfen bekräftigten und »die Versuche den Klerus zu politisieren« beklagten.[49]

Niederlage, bischöfliche Verdammung und Martyrium

Zwischen dem 24. und dem 26. November wurden die letzten Jahrestagungen von *Christen für den Sozialismus* in der Gemeinde von Padre Hurtado gefeiert. Sie zeigten die Stärke, die die Bewegung in dieser kurzen Zeit erlangt hatte. Auch diesmal hatten sie landesweite Resonanz, ausgelöst durch die bissige Diskussion zwischen der kommunistischen Anführerin Mireya Baltra und Miguel Enríquez im politischen Forum, an der auch Hernán de Canto (Minister Generalsekretär der Regierung und sozialistischer Führer), José Antonio Viera-Gallo (Justizsubsekretär und Leiter der MAPU) und Bosco Parra (Generalsekretär der Christlichen Linken) beteiligt waren. Radomiro Tomic Romero hatte die Teilnahme abgelehnt.[50]

Es nahmen 350 Delegierte aus achtzehn Provinzen (140 Priester, zwanzig evangelische Pastoren, sechzig Schwestern und 130 Laien), sieben Beobachter aus Peru, Brasilien, Venezuela, der Schweiz und Frankreich sowie drei als Gäste eingeladene Bischöfe teil.[51] Seit Mai hatten alle Basisgruppen dieses landesweite Treffen vorbereitet. Im September und Oktober wurden in verschiedenen Provinzen regionale Konferenzen über vier Texte abgehalten, die zur Debatte standen: *Etappen und Perspektiven des ideologischen Kampfes in Chile*; *Das »christliche« am nationalen Kreuzweg*; *Kritik des Sozialchristentums gegenüber Christen für den Sozialismus und Die Christen und die historischen Interessen der Arbeiterklasse.*

In diesen Konferenzen erarbeitete eine der Arbeitskommissionen eine Definition für *Cristianos por el Socialismo* (CPS) (Christen für den Sozialismus), die uns sehr plausibel erscheint:

> »CPS ist ein Ort des Zusammentreffens von Christen, die in verschiedenen linken Parteien politisch aktiv sind und solchen, die es nicht sind, die sich aber ebenso gegenüber der Arbeiterklasse und ihrem Kampf für den Sozialismus verpflichtet fühlen. Sie übernehmen die marxistische Analyse und haben als unmittelbares Ziel, die Arbeiterklasse bei der Eroberung der Macht zu unterstützen. CPS ist ein Podium, um das Sozialchristentum und Gruppen, die das Christentum benutzen, um das Volk zu unterdrücken, zu verurteilen; und CPS zeigt durch seine Taten, dass es nicht unvereinbar ist, Christ und Revolutionär zu sein. Darüber hinaus leistet CPS einen Beitrag zur Einheit der Revolutionäre, ohne in Segnungen von Parteien und Regierungen zu verfallen. Als letzter Punkt vereint CPS die Christen, die ihren Glauben auf revolutionäre Weise leben wollen.«[52]

Währenddessen geben auch die Basisgruppen dieser Bewegung ihr Möglichstes, den Gläubigen die Realität in Chile und die entscheidenden Herausforderungen, denen sich die Bewegung im darauf folgenden Jahr stellen werden muss, bewusst zu machen. Im Laufe des Jahres 1972 wurde zum Beispiel in Quillota die Quillotanische Gemeinde *Christen für den Sozialismus* geschaffen, angeleitet von Antonio Llidó, der im Mai von seiner Funktion als Priester durch den Erzbischof Emilio Tagle Covarrubias[53] suspendiert worden war und im Dezember desselben Jahres in der Provinz Valparaíso die politische Führung des »Comité Local Interior« der MIR (Bewegung der revolutionären Linken) übernommen hatte.

Es war genau zu diesem Zeitpunkt, als die Gemeinde ein Flugblatt veröffentlichte, das besagte:

> »Die Geburt Christus war ›keine‹ glückliche Weihnacht, sondern die bescheidene Geburt eines Gottes der Mensch wurde und der sich ganz der Rettung der Armen widmete. Wird es für die Eltern der Kinder, die an Unterernährung sterben eine ›Fröhliche Weihnacht‹ sein, für die Familien der 300.000 Arbeitslosen, die es in Chile gibt, für die tausende von Mädchen, die sich prostituieren um für ihren Lebensunterhalt zu sorgen, für die 700.000 Alkoholiker und ihre Familien, für die vielen Menschen ohne Dach über dem Kopf, ohne Schulen und ohne Krankenhäuser? Wird 1973 ein glückliches Jahr für die Chilenen werden, wenn die Yankees uns einer immer brutaleren Blockade unterwerfen und die Mächtigen unseres Landes sich zusammenschließen, um noch mehr die Unterdrückten zu zerstören? Die Christliche Weihnacht ist der Aufruf die Mission weiterzuführen die Christus begonnen hatte und die wir für uns dahingehend auslegen, uns bedingungslos dem Kampf zu verpflichten, den die Arbeiter für ihre Befreiung führen.«[54]

Nach dem überraschenden Wahlergebnis von 43,4 Prozent der Stimmen für die Unidad Popular in den Parlamentswahlen am 4. März 1973[55], das eine Verfassungsklage gegen Präsident Allende verhinderte, wechselte die politische Schlacht auf das Feld der Bildung. Ein Feld, auf dem die Regierung eine effiziente Verwaltung vorweisen konnte, da sich in kaum zwei Jahren die Zahl der 60.000 Kinder, die in die Vorschule eingeschrieben waren verdoppelt hatte und 259.300 Kinder mehr als zuvor die Grundschule besuchten. Die Anzahl jener, die die Sekundärstufe besuchten, erhöhte sich von 302.000 auf 464.200. Die Anzahl der Studenten der Universität von

Chile und der Technischen Staatsuniversität hatte sich von 50.867 auf 96.000 verdoppelt, einschließlich einer beträchtlichen Zahl von Arbeitern, die an letzterer aufgrund einer Übereinkunft des Rektors Enrique Kirberg mit der CUT (Zentrale Arbeitereinheit) studierten. Zudem hatte die Regierung allein im Jahr 1972 4.205.000 Textbücher unter den Schülern verteilt.[56]

Als in der zweiten Märzhälfte die Regierung ihr Bildungsreformprojekt präsentierte, traf trotz allem das erste Mal die *Escuela Nacional Unificada* (ENU)[57], deren zentrale Ansätze von allen repräsentativen Sektoren des Ersten Nationalen Bildungskongresses im Dezember 1971 beschlossen worden waren, mit der katholischen Hierarchie zusammen, die auf die *Nationalpartei* und die PDC ausgerichtet war. Darüber hinaus löste der Rückzug aus der Armee von General Carlos Prats, tiefgreifende Kritik an namhaften Offizieren der Streitkräfte aus.

Am 28. März bat der Kardinal Präsident Allende um einen Aufschub bei der Umsetzung des Gesetzes, um der Gesellschaft und besonders dem Bildungswesen Zeit zu geben, das Gesetz zu diskutieren und zu verbessern. Silva Hernández hebt einige positive Aspekte hervor, wie die Universalisierung der kostenfreien öffentlichen Bildung und der Vernetzung von Studium und Arbeit, aber sie kritisiert auch seinen sozialistischen und nicht-christlichen Geist.[58] Am nächsten Tag gab die Nationalleitung von *Christen für den Sozialismus* eine öffentliche Erklärung heraus, in der sie dazu aufrief über die Bildung zu diskutieren die ihre Kinder bekommen sollten und plädierte »für eine befreiende Bildung zum Nutzen der großen Mehrheit unseres Volkes«.[59]

Die Aktivisten dieser Bewegung arbeiteten wochenlang, um den Vorschlag der Bildungsreform zu verteidigen, besonders die, die wie María Elena López (Mitglied der Gemeinde Quillota der *Christen für den Sozialismus*) Lehrerinnen waren: »Wir veranstalteten Treffen mit Lehrern, Universitätsstudenten, Schülern und Erziehungsberechtigten, um die ENU bekannt zu machen; Aktivitäten, die nicht einfach waren und uns viele Probleme einbrachten. Wir wurden sehr schlecht angesehen und als ›Kommunisten‹ bezeichnet.«[60] Im April schließlich entschied die Regierung die Durchführung der ENU aufzuschieben.

Am 11. April 1973 traf sich die Vollversammlung des Episkopats in Punta de Tralca und schickte einen Unterstützungsbrief an Priester Raúl Hasbún, dem Direktor des Fernsehsenders *Canal 13*, die ihn gegenüber den Beschuldigungen der Unidad Popular verteidigte am Mord an einem Arbeiter in Concepción beteiligt gewesen zu sein.[61] Dieses Schreiben begann mit einem vertrauten »Lieber Raúl«, dem die Worte folgten: »Wir haben Dir bereits unsere Unterstützung im Hinblick auf die

Angriffe, derer Du in letzter Zeit Opfer wurdest, gezeigt. Es war ein Ausdruck unserer Freundschaft und der Wertschätzung eines Priesters, der leidenschaftlich sein kann, der aber immer ein Diener unserer Kirche war, loyal und verbunden und in den wir vollstes Vertrauen haben.«

Diese Unterstützungszeilen für einen Priester, der bei seinen täglichen Kommentaren in der zweitgrößten Fernsehstation des Landes einen Feldzug gegen den Marxismus führte, enthüllen unserem Urteil nach die Heuchelei des Episkopats, das hartnäckig die »politische Option« der *Christen für den Sozialismus* verurteilte.[62]

Im Winter 1973 mobilisierten sich *Christen für den Sozialismus* als ein Teil der sozialen Bewegung zur Verteidigung der Regierung gegen die politische, wirtschaftliche und soziale Destabilisierung, die durch die Opposition betrieben wurde. Am 5. Juli erarbeitete ihr Nationalsekretär ein kleines zweiseitiges Flugblatt: »Jetzt Freund Christ [...] bist du für das Volk oder gegen das Volk?«, das in Ortschaften, auf Farmen, in Fabriken und Schulen verteilt wurde. Darin wird, nach einer flüchtigen Analyse der politischen Situation nach dem Militäraufstand »El Tancazo« vom 29. Juni, eine Liste der Anweisungen und Aufgaben erstellt wie die Arbeit in den Organisationen, die die Versorgung mit Lebensmitteln und Produkten des täglichen Bedarfs sicherstellen; die Unterstützung der Leitlinien, die die CUT auszeichnen; die Gemeindekommandos und die Organisationen der Bewohner; das Achten auf die linken Radios und außerdem der Aufbau von brüderlichen Verbindungen »mit unseren Klassenbrüdern, der Militärpolizei und den Soldaten, die in unseren Ortschaften wohnen«.[63]

Am Sonntag, den 9. September 1973, fand die letzte öffentliche Aktion der Bewegung statt. Ihr Generalsekretär wandte sich über das Nationale Fernsehen an das ganze Land, um Raúl Hasbún zu widersprechen, der von seiner täglichen Tribüne auf *Canal 13* den Rücktritt von Präsident Allende gefordert hatte. Zwei Tage später vernichtete der Militärputsch die gesamten Einrichtungen dieser tausend Tage der Revolution, darunter die *Christen für den Sozialismus*.

Die Bischofskonferenz verurteilte niemals den Sturz der verfassungsmäßigen Regierung von Präsident Salvador Allende und der Demokratie. Am 13. September billigte ihr ständiger Ausschuss eine Erklärung, die ihren unermesslichen Schmerz über »das Blut, das unsere Straßen rot gefärbt hat« zum Ausdruck brachte und um »Respekt für die im Kampf gefallenen« und um »Mäßigung gegenüber den Besiegten, dass ihr aufrichtiger Idealismus bedacht werde«, bat. Auch wenn sie die Bevölkerung dazu aufrief, mit der Militärjunta bei »der Aufgabe die institutionelle Ordnung und das ökonomische Leben des Landes wiederherzustellen« zu kooperieren.[64] Dessen ungeachtet gab es Prälate wie Emilio Tagle oder Augusto Salinas, die dem Staatsstreich und der Vernichtung der sozialen Bewegung applaudierten[65] und Monsignore Alfredo Cifuentes stiftete sogar seinen Ring des Episkopats der Militärjunta.[66]

An diesem selben 13. September 1973 verabschiedete der ständige Ausschuss des Episkopats auch das Dokument *Christlicher Glaube und politische Betätigung*, eine inquisitorische Verurteilung der *Christen für den Sozialismus* auf ganzer Linie: »Daher und im Hinblick auf die von uns aufgezeigte Vorgeschichte, verbieten wir Priestern, Mönchen und Nonnen die Zugehörigkeit zu dieser Organisation [...]«.[67]

Dennoch traf *Christen für den Sozialismus* während einer Vielzahl von geheimen Versammlungen, die nach dem Staatsstreich stattfanden, die Entscheidung, als Bewegung zu verschwinden, um die Eingliederung seiner Mitglieder in die kirchlichen Basisorganisationen zu erleichtern. Von dort aus wollten sie die Repression bekannt machen, Solidaritätsarbeit für die Verfolgten betreiben sowie versuchen die Hoffnung zu beleben und den Widerstand gegen die Diktatur innerhalb der sozialen Klassen zu bestärken.[68]

Ihre Mitglieder erfuhren das gleiche Schicksal wie der Rest der Aktivisten aus den sozialen Bewegungen, die die Regierung Allende unterstützten. Nach Pablo Richard wurden mindestens 120 katholische Priester, dreißig protestantische Pastoren, 35 Mönche und zweihundert Laien die *Christen für den Sozialismus* angehörten aus Chile ausgewiesen. Ein Großteil von ihnen war zuvor verhaftet und gefoltert worden. Mindestens 32 wurden ermordet, unter ihnen Joan Alsina[69], Miguel Woodward, Etienne Pesle, Gerardo Poblete, Omar Venturelli und Antonio Llidó – der einzige unter ihnen, der in die Liste der Verhafteten-Verschwundenen aufgenommen wurde.

Trotz der unzähligen Aussagen, die sie über den durch die Junta entfesselten Genozid erhielten und trotz ihrer Verpflichtung durch das *Comité de Cooperación para la Paz* (Ökumenisches Komitee der Zusammenarbeit für den Frieden), den Opfern der Menschenrechtsverbrechen und ihren Familien zu helfen, verschickten die Bischöfe an Bischöfe in aller Welt einen privaten Bericht über die »Situation in Chile«, der jedoch kaum zitiert wurde.[70]

Dieses Dokument, das weniger diplomatisch als ihre gemäßigten und vieldeutigen öffentlichen Erklärungen war und das dem berühmten Brief ähnelt, den Eduardo Frei am 8. November 1973 an Mariano Rumor (dem Präsident der Weltweiten Vereinigung der christlichen Demokratie, der *Unión Mundial de la Democracia Cristiana* (UMDC)) schickte[71], zeigt die authentische Position der katholischen Hierarchie gegenüber dem Staatsstreich bis hin zu seiner Legitimation. Es verlieh zudem dem Plan Z[72] Glaubwürdigkeit und widmete nicht ein einziges Wort der Repression:

»Der Schritt den [die Streitkräfte] am 11. September unternahmen war wie die Antwort auf eine nationale Aufforderung und […] eine Konsequenz aus ihrer Pflicht die Ordnung in Chile zu garantieren. […] Es gibt ein bürgerliches Recht in diesem Land, das es erlaubt alle bürgerlichen Aktivitäten auf normale Weise auszuführen. Es gibt nun sicherlich mehr Ordnung als in den vorhergehenden politischen Perioden, in denen Streiks, Demonstrationen, Straßenschlachten… die Städte erschütterten. […] Die Zeiten sind schwer, besonders wegen der wirtschaftlichen Folgen die noch aus der Zeit der UP stammen. Es wäre wünschenswert, dass der Staat den internen Krieg beenden, die Militärjustiz den Weg für die gewöhnliche Justiz freimachen und das Land möglichst bald zu einer institutionellen Normalität zurückkehren würde. […] Aber all diese Beschränkungen und Bestrebungen müssen in einem vergleichenden Rahmen gesehen werden mit dem, was in dem Land vor dem 11. September 1973 passierte.«

Verfolgung, Inqusition, Verdammung

Christen für den Sozialismus war eine der authentischsten Einrichtungen des revolutionären Prozesses, den Chile zwischen 1970 und 1973 durchlebte. Auch wenn in diesen Jahren die Arbeiterpriester in Italien, Frankreich oder Spanien bereits gemeinsam mit den Arbeitern in den Gewerkschaften kämpften oder sogar ihren Dienst in den Klassenparteien leisteten, hatte bis dahin noch keine sozialistische Revolution die dezidierte Unterstützung breiter christlicher Gruppen erhalten. Diese Bewegung, die sich sehr schnell kraftvoll auf viele andere Länder ausbreitete, zeigte, dass Christen und Marxisten in den politischen und sozialen Kämpfen den Schützengraben teilen konnten, wie sich später bei der Sandinistischen Revolution oder bei der Guerilla in El Salvador bestätigte. Dies ist heutzutage kein Streitpunkt mehr in Chile.

Die Gründung der *Christen für den Sozialismus* im September 1971 in Chile bedeutete den Höhepunkt eines historischen Prozesses dessen Beginn wir auf 1965 datiert haben, als die Kirche anfing sich der Welt zu öffnen und Mönche, Schwestern und Laien, die durch das Zweite Vatikanische Konzil und später durch die Konferenz von Medellín und die entstehende Befreiungstheologie für sich beanspruchten das Leben, die Utopien und die Kämpfe der sozialen Klassen zu teilen. Der Sieg der Unidad Popular in den Präsidentschaftswahlen verlieh der Verpflichtung der Christen zum sozialen Wandel einen konkreten Sinn. In den Konferenzen vom April 1971 fing die Bewegung an sich weiterzuentwickeln, was Priester, Mönche und Schwestern, protestantische Pastoren, Laien und Gläubige aus allen sozialen Schichten anzog. Ihr Interesse an der ideologischen Auseinandersetzung spiegelt sich in verschiedensten öffentlichen Erklärungen und Dokumenten wieder, von denen wir jahrelang die Kopien im großartigen Archiv der Stiftung CIDOB in Barcelona[73] bearbeitet und die wir kürzlich in dem Buch von Pablo Richard systematisiert vorgefunden haben. Sie zeigen ihre Bedenken die Gläubigen an diesem einzigartigen revolutionären Vorgang zu beteiligen, um einmal mehr zu verhindern, dass die Kirche wieder eine konterrevolutionäre Rolle einnehmen würde, die sich als Diskurs des Kreuzzugs tarnt, um die Interessen der Bourgeoisie zu schützen. Die Berichte der Mitglieder von *Christen für den Sozialismus*, die wir während unserer jahrelangen Forschung über den Kampf von Antonio Llidó in Chile eingesehen haben, bestätigen die Aufrichtigkeit dieser Absicht.

Die Niederlage vom 11. September 1973, die Verfolgung ihrer Mitglieder als Angehörige der sozialen Bewegung, die inquisitorische Verdammung des Episkopats und ihre Auflösung konnten nicht die Spuren der *Christen für den Sozialismus* aus der chilenischen Geschichte tilgen. Ihr Vermächtnis lebt in unterschiedlichen Basisbewegungen weiter, die gemeinsam mit dem Volk die Hoffnung wieder aufbauen.

Viele seiner alten Weggefährten stimmen mit Antonio Sempere überein, einem valencianischen Priester, der 1967 an die Diözese von Copiapó versetzt wurde, wo er Mitglied der CUT, Präsident der Arbeitergewerkschaft der Kupfergießerei von Paipote und Gründer der *Christen für den Sozialismus* wurde: »Es war die schönste Zeit meines Lebens, wir waren davon überzeugt eine neue Gesellschaft aufzubauen.«[74]

Anmerkungen

1 Mario Amorós (Alicante 1973) hat an der Universidad de Barcelona Geschichte und an der Universidad Complutense de Madrid Journalistik studiert. An erster schrieb er seine Doktorarbeit über den Priester Antonio Llidó, einen Anführer der MIR und der Christen für den Sozialismus, der 1974 durch die DINA »verschwunden« wurde.

2 Cristianos por el Socialismo (CPS) (Christen für den Sozialismus)

3 Erklärung des Nationalministers der Christen für den Sozialismus am 20. Oktober 1972. *Pastoral Popular* Nr. 132, November–Dezember 1972, Seite 60.

4 Silva Solar, Julio; Chonchol, Jaques: *El desarollo de la nueva sociedad en América Latina*. Universaria. Santiago de Chile, 1965. In den Jahren zuvor hatte der kommunistische Anführer Orlando Millas verschiedene Artikel und ein Buch publiziert (Die Kommunisten, die Katholiken und die Freiheit), in dem er das Zusammengehen von Marxisten und Christen verteidigte.

5 Aggiornamento: Anpassung an heutige Verhältnisse. Eine von Papst Johannes XXIII. eingeführte Bezeichnung für die notwendige Öffnung der katholischen Kirche.

6 Fernández Fernández, David: *Historia oral de la Iglesia Católica en Santiago de Chile desde el*

Concilio Vaticano II hasta el golpe militar de 1973. Universidad de Cádiz. Cádiz 1996, Seite 170.

7 Pujadas, Ignasi–Agermanament: *Joan Alsina. Chile en el corazón.* Sígueme. Salamanca, 1978. Anhang 4, Seite 424f.

8 *Los cristianos y la revolución. Un debate abierto en América Latina.* Quimantú. Santiago de Chile, 1972, Seite 117.

9 In den letzten Monaten des Jahres 1968 hatte die Bewegung Junge Kirche verschiedene Treffen veranstaltet und mehrere öffentliche Erklärungen herausgebracht. Im März 1969 gab sie sich eine minimale Organisationsstruktur. Trotzdem trugen die intensive Wahlkampagne von 1970 und die Bildung von Christen für den Sozialismus im Jahr 1971 dazu bei, das diese Bewegung verkümmerte, so dass ein Großteil ihrer Mitglieder sich den verschiedenen linken Parteien anschloss und sie sich auflöste.

10 Siehe auch: *Iglesia y liberación humana.* Los documentos de Medellín. Nova Terra. Barcelona 1969.

11 Der Prälat: (aus dem lateinischen für »Vorstehen«) hat eine Leitungsaufgabe, deshalb werden Bischöfe, Äbte und Kardinäle auch insgesamt als Prälaten bezeichnet. Eine Prälatur ist ein kirchlicher Bezirk, vergleichbar einer Diözese, die noch im Aufbau zu einem Bistum ist.

12 *Los cristianos y la revolución. Un debate abierto en América Latina.* Quimantú. Santiago de Chile, 1972, Seite 57.

13 In seiner mit Hilfe von mündlichen Quellen durchgeführten Untersuchung über die chilenische Kirche gibt Fernández an: »Die Gemeinschaften verändern sich in eine ‚vertraute Instanz'; der Glaube materialisiert sich in einem Erleben von Brüderlichkeit, das nach Tee und kleinen Broten schmeckt.« Im Laufe dieses Prozesses interpretierten die unteren Klassen das Evangelium neu, so wie Francisca Morales, späteres Mitglied der Christen für den Sozialismus, erklärt: »Die Leute bekommen Zugang zu einer Schrift, die direkt mit ihrem Leben zu tun hat und die für sie neu ist, da sie entdecken, dass Gott eine Vorliebe für die Armen hat [...], dass die Armen die Fähigkeit und die historische Kraft haben, nicht nur die Kirche sondern auch die Gesellschaft aufzubauen.« Fernández, David: *La »Iglesia« que resistó a Pinochet.* Iepala. Madrid, 1996, Seite 52, 69.

14 Quezada Lagos, Fernando: *La elección presidencial de 1970.* Santiago de Chile 1985, Seite 41.

15 Pujadas, Anhang 5, Seite 426–428.

16 *Antonio Llidó. Epistolario de un compromiso.* Tàndem Edicion, Valencia 1999, Seite 90. Über den Kampf dieses Priesters in Chile siehe auch unsere Arbeit: »Antonio Llidó, un sacerdote revolucionario«. In: Gracía Jordán, Pilar: *Estrategias de poder en América Latina.* Universidad de Barcelona. Barcelona 2000, Seite 297–311.

17 Ebenso: Associació Cultural Antoni Llidó y Martí Ferrandiz, José J. (Hrgs.): *Antoni Llidó Mengual. Unes mirades retrospective* Universidad de Valencia. Valencia 2002.

18 *Documentos del Episcopado. Chile 1970–1973.* Mundo. Santiago de Chile 1974, Seite 28–30.

19 Aldunate Lyon, José: *Un peregrino cuenta su historia.* Ediciones Ignaciana. Santiago de Chile, ohne Jahresangabe, Seite 105.

20 *Te deum* ist der Anfang eines feierlichen lateinischen Lob–, Dank– und Bittgesangs der christlichen Kirche. Anm. d. Übers.

21 Sergio Torres, einer der Priester, die an diesen Konferenzen teilnahmen, erinnert sich: »Wir kannten uns fast alle bereits vorher, teilten ähnliche Erfahrungen und dachten auf eine ähnliche Art. Chile ist ein kleines Land mit einem nicht besonders großen Klerus, deshalb waren viele von uns bereits gemeinsame Seminarschüler gewesen. Andere von uns kannten sich seit Jahren, da sie bei verschiedenen Versammlungen und Konferenzen aufeinander getroffen waren. Es gab auch viele ausländische Priester, die an dem Thema interessiert waren. 1964 hatten wir fast alle Frei unterstützt, waren aber von dem Resultat seiner Regierung sehr enttäuscht. Wir glaubten alle, dass eine Alternative zu den Christlichen Demokraten nötig sei, etwas Radikaleres. Der Marxismus war sehr attraktiv.« Smith, Christian: *La teología de la liberación.* PaidóSeite Barcelona 1994, Seite 236.

22 Unter den Vortragenden dieser Konferenzen befand sich Óscar Guillermo Garretón, der Wirtschaftssubsekretär und Anführer der MAPU, Franz Hinkelammert, Forscher des Centro de Estu-

dios de la Realidad Nacional de la Pontificia Universidad Católica (dem großen akademischen »Einflussgebiet« der MAPU) sowie der peruanische Theologe Gustavo Gutiérrez, der 1969 das wichtige Buch *La teología de la Liberación* geschrieben und die Konferenz »Marxismus und Christentum« abgehalten hatte, die in *Cristianos latinoamericanos y socialismo.* CEDIAL. Bogotá 1972, Seite 15–35 veröffentlicht wurde. Seltsamerweise ist die beste Quelle darüber, wer an diesen Konferenzen teilgenommen hat, eine Streitschrift, die gegen sie von einer Journalistin geschrieben wurde: *El Mercurio*: Donoso Loero, Teresa: *Historia de los Cristianos por el Socialismo en Chile.* Vaitea. Santiago de Chile 1976, Seite 81–86.

23 *Cristianos por el socialismo. ¿Consecuencia cristiana o alienación ideológica?* Editorial del Pacífico. Santiago de Chile 1972, Seite 151–154.

24 El Mercurio veröffentlichte die Erklärung in seiner Ausgabe vom 17. April 1971. Zwei Tage später widmete ihr El Siglo einen lobenden Leitkommentar: »Der Dialog zwischen Marxisten und Christen ist eröffnet. Und es handelt sich um einen brüderlichen Meinungsaustausch, der eine echte Möglichkeit bietet, gemeinsam Aufgaben in Angriff zu nehmen, die bedeuten würden, die wirtschaftliche Entwicklung des Landes anzukurbeln, die ungerechten Formen des sozialen Zusammenlebens zu beenden, das demokratische Gemeinschaftsvermögen unseres Volkes zu verbessern und zu bereichern und unseren Sinn für die nationale Unabhängigkeit zu verfestigen.« González Pino, Miguel y Fontaine Talavera, Arturo (Hrgs.): *Los miles días de Allende.* Band 1. Centro de Estudios Públicos, Santiago de Chile 1997, Seite 100f. Claudio Orrego disqualifizierte seinerseits die Verpflichtung der Christen zum Aufbau des Sozialismus durch das bewährte Verfluchen des Totalitarismus.

25 Zumindest der Bischof Carlos González, Amtsträger der Dioszöse von Talca, befürwortete öffentlich die Erklärung. In einem Brief mit dem Datum vom 21. Juni 1971 an seine Gemeindemitglieder teilt er mit, dass es »für einen Christen legitim ist, den Aufbau des Sozialismus in Chile zu unterstützen.« Pujades, Ignasi: *Vida, comiat i mort de Joan Alsina.* Proa. Barcelona 2001, Seite 41. Übrigens wird in der Wiederauflage seiner Biografie, die vom katalanischen Priester Pujades, der auf der Brücke Bulnes am 19. September 1973 exekutiert wurde und der Mitglieder der landesweiten Leitung von Christen für den Sozialismus seit ihrer Gründung bis zu seiner Rückkehr im Mai 1972 nach Spanien war, beschwört ebenfalls seine Entwicklung als junger Priester aus Barcelona, der 1963 zur Dioszöse von Valparaíso gelangt, wo durch seine öffentlichen Reflexionen über die dringende Erneuerung der Kirche auffällt, was ihm beständige Ermahnungen seines Priesters Emilio Tagle einbrachte, der ihn 1972 von seinen Funktionen in der Gemeinde von Forestal Alto (Viña del Mar) enthob.

26 *Mensaje Iberoamericano*, Nr. 68. Madrid, Juni 1971, Seite 13.

27 Die Fotografie, die den Kardinal zusammen mit Allende auf der Tribüne zeigt, schmückte die Titelseite des voluminösen Buchs, das von der integralistischen Organisation Fiducia herausgegeben worden war, um vermeintliche Verbindungen zwischen katholischen Hierarchie und der Regierung Allendes zu bezeugen: *La Iglesia del silencio en Chile.* Sociedad Chilena de Defensa de la Tradición, Familia y Propiedad. Santiago de Chile, 1976.

28 *Evangelio, justicia y socialismo.* Propaganda Popular Católica. Madrid 1972, Seite 95–151.

29 Für eine Verteidigung dieser Positionen siehe auch: Pacheco Pastene, Luis: *El pensamiento sociopolítico de los obispos chileno* 1962–1973. Salsiana. Santiago de Chile 1985, Seite 153–203. Wir stimmen auf jeden Fall mit Roberto Celedón überein, dass die offizielle Position des Episkopats sich vom Extremismus der Rechten und den integristischen Sektoren distanzierte, die, wie wir bereits erwähnten, die »marxistische Infiltration« der Kirche verurteilten. Celedón, Roberto: »Los cristianos y el Gobierno Popular de Salvador Allende«. *Plural* Nr. 2. August–Dezember 1983, Seite 33–52. Instituto para el Nuevo Chile de Rotterdam.

30 Vollständiges Dokument nachgeschlagen im Archiv der Stiftung CIDOB von Barcelona. Eine Zusammenfassung lässt sich einsehen in: Richard, Pablo: *Cristianos por el socialismo. Historia y documentación.* Sígueme. Salamanca 1976, Seite 221–231. Richard, einer der wichtigsten chilenischen Befreiungstheologen, war Leitungsmitglied dieser Bewegung.

31 Siehe auch: Bolton, Roberto: »Los 200«. In: *Crónicas de una Iglesia Liberadora.* LOM Edicione

Santiago de Chile 2000, Seite 101–106.

32 Corvalán Marquéz, Luis: *Los partidos políticos y el golpe del 11 de septiembre.* CESOC. Santiago de Chile 2000, Seite 104–108.

33 Richard, Seite 54f.

34 Siehe auch eine vollständige Version des Treffens zwischen Fidel Castro und den Christen für den Sozialismus in: *Cuba–Chile. Encuentro simbólico entre dos procesos histórico* Ediciones Polica Comisión de Orientación Revolucionaria del Comité Central del Partido Comunista de Cuba. La Habana 1972, Seite 412–429.

35 Ebenda, Seite 484f.

36 Im Anschluss an ihre Reise verbreiteten die zwölf Priester eine »Nachricht an die Christen von Lateinamerika«, in der eine neue Front im Streit zwischen Christen für den Sozialismus und dem Episkopat eröffnet wurde. Die Deklaration ist nachzulesen in: Richard, Seite 242–244.

37 Interview des Autors mit Ignasio Pujadas.

38 Fernández, Seite 99–101.

39 Interview des Autors mit Helmut Frenz. Der heutige Vorsitzende des Komitees der Kooperation für den Frieden ist gemeinsam mit Monsignore Fernando Ariztía Teil der Christen für den Sozialismus in Deutschland.

40 Interview des Autors mit Carlos Camus.

41 *Cristianos latinoamericanos y socialismo*, Seite 201–203.

42 El Cardenal nos ha dicho. 1961–1982. Salesiana, Santiago de Chile 1982, Seite 142–148. Ein Jahr später widmete der Erzbischof von Santiago in einem seiner Bücher einen breiten Abschnitt darüber, dass der Klassenkampf und das Evangelium nicht miteinander vereinbar seien. Silva Henríquez, Raúl: *La misión social del cristiano: conflicto de clases o solidarid humana.* Ediciones Paulinas, Santiago de Chile 1937, Seite 56–72.

43 Farías, Victor (Hrsg.): La izquierda chilena (1969–1973) Documentos para el estudio de su línea estratégica. Centro de Estudios Públicos, Santiago de Chile 2000, Bd. 3, Seite 2.157–2.160.

44 Während der heftigen öffentlichen und parlamentarischen Debatte im Zusammenhang mit dem Konflikt über den Bereich des Gemeinschaftseigentums verteidigte die PDC ihren Vorschlag des »gemeinschaftlichen Sozialismus« gegenüber dem »marxistischen Sozialismus«, dessen nach ihrer Meinung unvermeidlicher Endpunkt ein stalinistisches Regime wäre. In diesen Wochen brachte der *Punto Final* eine seiner fantastischen Vignetten heraus, um die PDC zu kritisieren. Gezeigt wurden vier sehr nachdenkliche Gesichter, die sich die »4 Fragen stellten, die die Menschheit beunruhigen«: »Wer sind wir?«, »Woher kommen wir?«, »Wohin gehen wir?«, »Was ist der gemeinschaftliche Sozialismus?«. *Punto Final*, Nr. 154, 28. März 1972, Seite 25.

45 Farías, Bd. 3, Seite 2.222.

46 Girardi, Giulio: *Cristianos por el socialismo.* Laia, Barcelona1977, Seite 203–223. Siehe auch: *Los cristianos y el socialismo. Primer encuentro latinoamericano.* Siglo XXI, Buenos Aires 1973. Im Hinblick auf die Christen für den Sozialismus, siehe auch diese beiden Artikel, die in jenen Monaten erschienen sind: Zu einen der Leitartikel der Nummer 209 der *Mensaje* (Juni 1972, Seite 301–308), zum anderen der des kommunistischen Anführers Miguel Castillo Didier, der in Nummer 144 von *Principios* (einer theoretischen Zeitschrift des Zentralkomitees der Kommunistischen Partei Chiles) im März–April 1972 (Seite 37–59). Aus gänzlich anderer Sicht siehe auch die Streitschrift von Jaime Guzmán: »La iglesia católica y el debate político«. In: *Visión crítica de Chile.* Portada, Santiago de Chile 1972, Seite 295–329. Offensichtlich disqualifizierte Guzmán den Dialog zwischen Marxisten und Christen mit den abgedroschenen vorkonziliaren Argumenten, die den »atheistischen Kommunismus« als die Wurzel allen Übels beschreiben. Auch ist es interessant, eine andere zeitgenössische Arbeit des herausragenden brasilianischen Theologen Hugo Assmann zu betrachten: »Das Christentum, sein ideologischer Mehrwert und die sozialen Kosten der sozialistischen Revolution«. *Cuadernos de Estudio de la Realidad Nacional* Nr. 12, April 1973, Seite 154–179. Aus den Reihen der PDC und unter hervorstechender neuerlicher Beteiligung von Claudio Orrego wurden verschiedene Analyseartikel in »*La Prensa y Política y Espíritu* herausgege-

ben, um auf ideologische Weise die Beschlüsse des Treffens zu bekämpfen. Eine Auswahl siehe in: *Cristianos por el Socialismo. Consecuencia cristiana o alienación ideológica?*

47 Interview des Autors mit Francisco Weijmer.

48 Eine Woche später vertrat der italienische Theologe Giulio Girardi in einem Artikel in *Le Monde*, dass das Erste Lateinamerikanische Treffen der Christen für den Sozialismus in Santiago die christliche Basis des gesamten Kontinents repräsentiert hätte, und setzte es mit Medellín gleich. Girardi wies darauf hin, dass während in Medellín über die Ungleichheit zwischen den Menschen gesprochen wurde, es in Santiago um den Klassenkampf ging, und während Medellín schnelle und mutige Reformen forderte, Santiago sich mit Entschiedenheit für die sozialistische Revolution aussprach. »Santiago erklärte, dass die christliche Liebe sich nur in eine historische Kraft verwandeln würde, wenn sie den Klassenkampf annehme. Tatsächlich wird die Freiheit der Menschen und der Völker niemals bewilligt werden: Die Bourgeoisie Chiles und der nordamerikanische Imperialismus verzichten nicht auf die Macht, außer, wenn sie ihnen durch die Volksklassen entrissen wird.« »Los cristianos y el socialismo: De Medellín a Santiago«. *Le Monde*, 7., 8. Mai 1972. In: Girardi, Seite 225–228.

49 Velásquez Almonacid, Marlén: *Episcopado chileno y Unidad Popular*. Universidad Católica Cardenal Raúl Silva Henriquez, Santiago de Chile 2003, Seite 112f.

50 Siehe auch die vorbereitenden Dokumente dieser Tagungen und die Rede von Gonzalo Arroyo. In: Fierro, Alfredo und Mate, Reyes: Cristianos por el Socialismo. Verbo Divino. Estella 1977, Seite 245–258 sowie Seite 367–391.

51 Richard, Seite 136–147.

52 Richard, Seite 136–146.

53 Erzbischof Emilio Tagle Covarrubias war Bischof von Valparaíso von 1961–1983

54 Dokument eingesehen im Archiv der Asociación Cultural Antonio Llidó (Valencia, España).

55 »Das unterdrückte Volk zeigt mehr Stärke, Bewusstsein und Organisation, um die Bestimmung Chiles zu leiten. Die Arbeiter werden den Produktions– und Verteilungsprozess der Güter des Landes kontrollieren. Die authentische Kraft, die aus dem Volk erwächst, bringt die Mächtigen und Zögerlichen zum Zittern. Die Macht des Volkes und der proletarischen Parteien sind für die Armen eine Hoffnung und für die bürgerliche ‚Ordnung' und den Kapitalismus ein Erdbeben. Als Christen erkennen wir in der Stärke des Volkes die Stimme Christus«, erklärte die Nationalverwaltung von Christen für den Sozialismus über das Resultat der Wahlschlacht vom März 1973. Richard, Seite 267f.

56 Silva, Alberto: »Chile 1970–1973: La política educativa de la Unidad Popular (I)«. *Cuadernos de Pedagogía* Nr. 4. April 1975, Seite 19–23.

57 Name der hier genannten Bildungsreform, Anm. d. Übers.

58 *Mensaje* Nr. 209, Juni 1972. In: Chile visto por Mensaje. 1971–1981, Aconcagua, Dantiago de Chile 1981, Seite 60ff.

59 Richard, Seite 269–271.

60 Interview des Autors mit María Elena López.

61 Im März 1973 ermordeten mehrere Mitglieder von Patria y Libertad einen Arbeiter in Concepción, unter ihnen Michael Townley, während einer von Hasbún und Pablo Rodriguez, dem Chef dieser faschistischen Splittergruppe, angeordneten Aktion. Am 20. Dezember 2004 wurde Hasbún vom Richter Alejandro Solís befragt, um seine Beziehung zur DINA und seine Besuche in Villa Grimaldi zu klären, als dieses Gelände sein Hauptzentrum für Festnahme, Folter und Verschwindenlassen war.

62 Documentos del Episcopado, 158f. Hasbún, der ebenfalls eine außergewöhnliche Leserschaft in Medien wie dem El Mercurio besaß, hatte (und hat) gewöhnlich Wutausbrüche, wie diesen vom 1. April 1973 im Canal 13, im dem er General Leigh mehrere Monate zuvorkommt: »Dem Kommunismus ist die Lüge wesensgleich, er muss sich wie die Insekten vom Schmutz, vom Müll ernähren [...] er ist wie ein Krebs, der einen gangränösen Organismus braucht.« *Chile, una esperanza aplastada.* Verbo Divino, Estella 1975, Seite 207.

63 Richard, Seite 187–189.

64 *Chile, una esperanza aplastada*, Seite 241f. Siehe auch den ersten Te Deum des Kardinals in der Gegenwart der Militärjunta, der ein ökumenischer Akt des »Gebets für das Vaterland« war: Cavall, Ascanio: *Los Te Deum del Cardenal Silva Henríquez en el régimen militar*. Copygraph, Santiago de Chile 1988, Seite 15–18. Für eine sehr kritische Analyse der Position der Hierarchie vor dem Putsch, siehe auch: Hinkelammert, Franz J.: *La ideología de sometimiento. La iglesia católica chilena frente al golpe: 1973–1974*. EDUCA. Costa Rica 1977.

65 Lira, Elisabeth und Loveman, Brian: *Las ardientes cenizas del olvido. Vía chilena de reconciliación política (1932–1994)*. LOM Ediciones, Santiago de Chile 2000, Seite 425. Silva Solar, Julio: *Carta abierta a monseñor Medina*. Planeta, Santiago de Chile 1999, Seite 64. Tagle wusste ganz direkt von den Menschenrechtsverletzungen, die auf dem Gebiet seiner Diözese verübt wurden, da Francesc Puig, ein anderer Priester aus Barcelona, der zu den Christen für den Sozialismus gehörte und seit 1963 in Quilpué arbeitete, zwanzig Tage lang in verschiedenen Einrichtungen und dem Schiff *Lebu* festgehalten und gefoltert wurde. Als er durch die Streitkräfte freigelassen wurde, um des Landes verstoßen zu werden, brachte ihn der Vikar zu Tagle, welcher, als er seinen ausgemergelten Körper sah, ihm nur eine Hand auf den Rücken legte und flüsterte: »Erinnerungen an deine Mutter.« Puig i Busquets, Francesc: *Què m'ha passat? En la fe, en la política, en l'amor*. Mediterrània, Barcelona 2004, Seite 244.

66 Cruz, María Angélica: *Iglesia, represión y memoria. El caso chileno*. Siglo XXI, Madrid 2004, Seite 6.

67 Conferencial Episcopal de Chile: »Fe cristiana y actuación política«. *Contacto* Nr. 1–2, Mexiko Januar–April 1975, Seite 14–39.

68 Im November 1973 wurde in Chile heimlich ein vervielfältigtes Schreiben herausgegeben; das letzte Dokument der Christen für den Sozialismus trug den Titel »El Reino de Dios sufre violencia, y en Chile ...«, aufgenommen in: *Chile, masacre de un pueblo. Cristianos frente a los hechoSeite* Resistencia y Solidaridad, Lima 1974, Seite 66–97. Dieser Text wurde auch in Spanien publiziert: *Desde Chile*. Sígueme, Salamanca 1974. Siehe auch zwei Arbeiten Gonzalo Arroyos: »Nota sobre la iglesia y los cristianos de izquierda a la hora del putsch en Chile«. *Latin American Perspectives* Nr. 1, Frühjahr 1975, Seite 89–99. *Golpe de estado en Chile*. Siglo XXI. Buenos Aires 1974.

69 Über das Leben von Joan Alsina in Chile und sein Martyrium, siehe auch unsere Arbeit über die ersten fünf Jahre der zivilen und militärischen Diktatur, die den unveröffentlichten Bericht seiner Schwester María enthält: *Después de la lluvia. Chile, la memoria herida*. Cuarto Propio, Santiago de Chile 2004, Seite 89–101.

70 Dokument eingesehen in der CIDOB Stiftung in Barcelona.

71 Pinochet de la Barra, Óscar (ausgew.): *Eduardo Frei M. Obras EscogidaSeite* Centro de Estudios Políticos Latinoamericanos Simón Bolívar, Santiago de Chile 1993, Seite 500–519.

72 Plan Zeta war ein von Seiten der Militärs in Umlauf gebrachtes Gerücht über einen Selbstputsch der Allenderegierung, um die von ihnen eingesetzte Repression zu rechtfertigen. Anm. d. Übers.

73 Die Stiftung Centre for International Information and Documentation in Barcelona (CIDOB) ist die Erbin des Agermanament (»Verbrüderung«), einem Zusammenschluss, der im Erzbistum von Barcelona Ende der sechziger Jahre ins Leben gerufen wurde, um die Arbeit der Priester, die in die Länder des Südens gingen, vor allem Kamerun und Chile, zu unterstützen. Vom Sekretariat der Christen für den Sozialismus in Chile aus schickten sie Kopien aller Texte, die sie erstellten, besonders der, die in Verbindung mit dem Ersten Lateinamerikanischen Treffen der Christen für den Sozialismus standen.

74 Interview des Autors mit Antonio Sempere. Der Staatsstreich überraschte Sempere in Santiago, im Sitz der Staatlichen Minengesellschaft. Aus Zufall sah er aus anderthalb Häuserblocks Entfernung die Bombardierung der La Moneda. »Es gab eine rote Rauchwolke, denn sie war aus Ziegelstein, wir sahen, wie die chilenische Fahne verbrannte [...] Wir waren drei oder vier Unbekannte und ich. Als das Bombardement aufhörte, sind wir gegangen, wir versteckten uns in einer halboffenen Tür, weil die Soldaten wiederkamen.« Drei Tage später, als sie die Ausgangssperre aufhoben, kehrte

er zurück nach Copiapó. In der Gießerei hatten die Militärs bereits nach ihm gefragt. Ende des Monats wurde er gemeinsam mit einem Genossen im Bistum festgenommen und im Regiment eingesperrt. Sie wurden am 16. September aus Chile ausgewiesen, einige Stunden bevor die *Todeskarawane (Caravana de la Muerte)* das Regiment von Copiapó erreichte.

Pavel Eichin

Der Klang der Utopie

Lieder und Gemeinschaft im Chile der Unidad Popular

> *»Un país con canciones así no necesita Banderas«*
> *(Ein Land mit solchen Liedern braucht keine Fahnen)*
> Milton Nascimento

Die Lieder der »Nueva Canción Chilena« (Neues chilenisches Lied, fortan nueva canción) sind eine der wichtigsten Ausdrucksgestalten des kulturellen Schaffens in der Zeit der Unidad Popular. Teil der »Nueva Canción Latinoamericana« und ausgehend von der Transzendenz der Arbeit Violeta Parras, erlebte die Popularmusik[1] Chiles Ende der sechziger Jahre eine explosive Entwicklung, in der die Grundlage für einen neuen Klang geschaffen wurde. In ihm artikulierten sich die Hoffnungen und Träume von vielen, die sich im weitesten Sinne als Teil einer Bewegung verstanden und sich zur Aufgabe machten, die chilenische Gesellschaft zutiefst zu verändern.

Der Titel dieses Textes ist also ganz wörtlich zu nehmen[2] und meine Absicht ist es, anhand der Diskussion einzelner Werke der »Nueva Canción«, sowohl grundlegende Aspekte dieser Musik zu verstehen, wie auch einen Einblick zu geben in die Selbstverständlichkeiten und Überzeugungen, die Motivationen und Sensibilitäten sowohl der AutorInnen wie der Menschen, die Auslöser, Gegenstand und Rezeptoren der Lieder waren und sind.

Bevor wir mit der Analyse dieser Lieder – und der Rekonstruktion ihres Eingebunden-Seins in der Welt und den gesellschaftlichen Erfahrungen und Kräften die ihre Entstehung ermöglichen – beginnen, müssen wir jedoch einige Punkte klären, die mit der Verwendung bestimmter Begriffe und mit den Vorgehensweisen dieser Arbeit zu tun haben.

Zunächst eine Entwarnung: Ich habe mich bemüht, prinzipiell so einfach wie möglich zu schreiben und insbesondere die musikalischen Analysen so zu gestalten, dass keine musiktheoretischen Kenntnisse notwendig sind, um sie nachzuvollziehen. Wo es sich nicht vermeiden lässt, auf bestimmte Begriffe zurückzugreifen, habe ich diese erklärt. Allerdings kann dieser Text eine Qual für jemanden sein, der keinerlei Interesse an Musik hat. In diesem Fall ist dies vielleicht der geeignete Moment, um nicht mehr weiterzulesen. Ich denke jedoch, dass das Phänomen der »Nueva Canción« Teil eines weltumfassenden Prozesses ist, der die kulturelle Gegenwart prägt. Die Entwicklung der Popularmusik des 20. Jahrhunderts ist eng mit Kämpfen verbunden, die im Zuge der Dekolonisierungswelle ausgetragen wurden und werden. In vielen emanzipatorischen Bewegungen verschiedenster Ausprägungen spielt die Musik eine zentrale Rolle im Kampf um Hegemonie und Eigenständigkeit. Die Lieder, die wir hier betrachten werden, stehen in diesem Kontext.

Apropos Betrachtung und Kontext: es hat sich mittlerweile herumgesprochen, dass es keine Betrachtung gibt, bei der die BetrachterIn nichts Eigenes der Betrachtung beifügt. Da dies unvermeidbar ist, müssen einige Vorkehrungen getroffen werden, um damit umzugehen. Hier ist nicht der Ort, um sich über wissenschaftliche Methoden auszulassen, aber um das Prinzip der Nachvollziehbarkeit zu bewahren, soll gesagt sein, dass ich hier mit einer Art von Analyse arbeite, die sich sehr detailliert[3] mit dem einzelnen Werk auseinandersetzt, dass ich als verdichtete Ausdrucksgestalt einer bestimmten historischen Konstellation verstehe. Erst *danach* (darin liegt Absicherung) und bedingt durch die so gewonnenen Erkenntnisse wird deutlich, welche die Thematiken grundlegend für unseren Kontext sind.

Anders ausgedrückt: wenn ich sie bei der Erkundung einer Stadt von A nach B führe, dann gibt es verschiedene Wege, wie wir dorthin gelangen können. Dabei werden wir zwangsläufig bestimmte Dinge sehen während andere verborgen bleiben. Es ist klar, dass das Bild der Stadt hochgradig von meiner Wahl der Wegstrecke abhängt und dass dabei bestimmte gesellschaftliche Aspekte zur Sprache kommen können, während andere verborgen bleiben. Übertragen wir dies auf unser Bild – die Karte, wenn sie so wollen –, das ich von einem wichtigen Teil der Kultur der Unidad Popular zeichnen werde, dann bedeutet der Rückgriff auf die verwendeten Methoden, dass der Weg nicht überwiegend von mir vorgegeben wird, sondern sich durch die Auseinandersetzung mit den Liedern ergibt.

Zuletzt möchte ich, angesichts der vielen Dinge auf die man sich beziehen kann, wenn man von »Kultur« spricht, deutlich machen, was in diesem Text damit gemeint ist. In Anlehnung an den Literaturwissenschaftler und Kulturkritiker Edward Said, verwende ich den Begriff sowohl für »jene Praktiken der Beschreibung, Kommunikation und Repräsentation, die relative Autonomie gegenüber dem ökonomischen, sozialen und politischen Sektor genießen und sich häufig in ästhetische Formen kleiden, die unter anderem Vergnügen bereiten« (Kulturdefinition 1) wie auch als Bezeichnung für eine »Quelle der Identität«, eine »Art Theater, bei dem verschiedenartige politische und ideologische Kräfte ineinander greifen, (…) bisweilen geradezu ein Schlachtfeld, auf dem Faktoren gegeneinander wirken.« (Kulturdefinition 2)[4]

Beginnen wir damit dieses »Schlachtfeld« abzustecken, wofür wir etwas weiter ausholen müssen. Wie schon angedeutet, müssen wir als ersten Schritt auf unserem Weg, die Entwicklung eines gewichtigen Teils der kulturellen Produktionen Lateinamerikas[5] im 20. Jahrhundert (Kulturdefinition 1), in Zusammenhang mit den weltweiten Unabhängigkeitsbestrebungen der ehemaligen Kolonialländer gegen europäische und US-amerikanische Herrschaft, verstehen. Dies bedeutet, dass auf kultureller Ebene (Kulturdefinition 2) die große Erzählung der Kolonialmächte von ihrer »zivilisatorischen Überlegenheit« und der damit verbundenen Rechtfertigung und Reinwaschung des Kolonialismus als »mission civilisatrice«, herausgefordert werden muss. Besagter Zivilisierungsauftrag, der gerade auch in der scheinbar unpolitischen und von weltlichen Interessen losgelösten Sphäre der Hochkultur gefestigt und entwickelt wurde, sollte aber nicht nur in den europäischen Metropolen für eine einhellige Unterstützung des Kolonialprojekts sorgen, sondern auch die Herrschaft in den Kolonien erleichtern. Denn es ist erheblich einfacher und ökonomischer zum Beispiel dreihundert Millionen Inder zu beherrschen, wenn diese davon überzeugt sind, dass das beste was ihnen passieren kann, die englische Herrschaft ist. Selbstverständlich haben nicht alle Inderinnen und Inder daran geglaubt, aber doch genug, denn immerhin wurde so etwas nicht nur in der Literatur Europas, sondern auch in der Wissenschaft und Politik, als modernste Erkenntnis vertreten. Europäische Romane, die als universelle Glanzleistungen der Menschheit (die sie *auch* sind – aber nicht *nur*) über Generationen hinweg von Schülerinnen und Schülern weltweit gelesen werden mussten, vertreten solche Ansichten meistens auf der Ebene der Selbstverständlichkeit, auf der sich dann die spezifischen Handlungen und Romanfiguren entwickeln. Ihre Funktion als »Waffe« in dem erwähnten Schlachtfeld besteht in der Vermittlung und Entwicklung von solchen Ideen.[6]

Dreh- und Angelpunkt dieses Narrativs über den westlichen Zivilisierungsauftrag, der alles andere als Vergangenheit ist, ist die Dichotomie »Europäer«/»Nicht-

Europäer«, die schon der spanischen Eroberung Amerikas als Grundlage diente (ihrem vorkapitalistischen Herrschaftssystem entsprechend, mussten die »Wilden« der neuen Welt allerdings nicht zivilisiert, sondern evangelisiert werden).

Wenn wir nun von der Herausforderung des kolonialen Narrativs in Chile sprechen wollen, müssen wir der Tatsache Rechnung tragen, dass in Lateinamerika zunächst ein Verwaltungssystem abgelöst wurde, das fast dreihundert Jahre bestand und das eine Bevölkerung hervorbrachte, die in großen Teilen nicht mehr nur europäisch oder indigen (oder afrikanisch oder asiatisch) war. Zu dem Zeitpunkt, in dem der moderne Imperialismus den Wettlauf um Afrika beginnt (1880), haben diese Kolonien ihre Unabhängigkeitskriege schon seit über einem halben Jahrhundert abgeschlossen.

So haben für den Zeitraum, in dem sich die »Nueva Canción« entwickelt, die Völker Süd- und Mittelamerikas mehrere Jahrhunderte spanischer Herrschaft hinter sich und ca. 150 Jahre diverser europäischer und US-amerikanischer Interventionen, die vom offenen Krieg bis zur Beeinflussung interner Angelegenheiten und Staatsstreiche reichte. Die Vormachtstellung der USA auf dem Kontinent war eine Tatsache und spätestens mit dem Roosevelt-Corollary[7] 1904 ein offen vorgetragener Anspruch.

Während sich also auf dem ganzen Globus nach dem Ende des 2. Weltkrieges eine neue Nation nach der anderen aus den ehemaligen Territorien der europäischen Imperien bildete und diese letztendlich zusammenbrachen, machten die Ex-Kolonien Spaniens schon längst die Erfahrung, dass die Abhängigkeit und Unterwerfung durch Europa und die USA auf ökonomischen, politischen und kulturellen Wegen weitergeführt wurden.

Eine zentrale Rolle spielten dabei lokale Eliten, die in einem nationalistischen Duktus die Versprechen der lateinamerikanischen Befreiungsbewegungen in die Vergessenheit regierten. So war es nicht verwunderlich, dass viele emanzipatorische Bewegungen des Kontinents bereits Anfang des 20. Jahrhunderts eine »zweite Unabhängigkeit« anstrebten und dass der Widerstand sich sowohl gegen diese nationalen Eliten wie auch gegen deren Hörigkeit, hauptsächlich den USA gegenüber, richtete (Die Schriften des Kubaners José Martí und des Peruaners José Carlos Mariátegui sind zwei der einflussreichsten Beispiele hierfür).

Die Gegenerzählung, mit der die kolonialen Narrative herausgefordert wurden, trugen diesen Tatsachen Rechnung. Ein grundlegender Aspekt gegen den sie sich wenden mussten, war, dass die prinzipielle Form der Beziehung aus der Kolonialzeit auf der Basis der Dichotomie »Europäer«/»Nicht-Europäer« von besagten Eliten als

Herrschaftstechnik übernommen und de facto gegen die eigene Bevölkerung angewendet wurde. Die Hegemonie europäischer Werte und Vorstellungen überlebte weitgehend problemlos die formelle Loslösung von Spanien und leistete die ideologische Grundlage für eine rassistische Hierarchisierung der neuen Republiken und insbesondere der weitergeführten Unterdrückung der indigenen Völker[8].

In diesem Rassismus südamerikanischer Prägung findet man bis heute das Wirken einer verdrehten Spiegelung der europäischen Fremdenfeindlichkeit. Denn im Gegensatz zur europäischen Feindseligkeit gegenüber »Fremden«, die »anders« sind, liegt das diskriminierte »Andere« Südamerikas in der eigenen Gesellschaft. In diesem Sinne ist der »europäische Fremde« willkommen und steht im Prinzip[9] sofort an der Spitze der Hierarchie, an deren Ende sich die Nachfahren der indigenen Völker und afrikanischer Sklaven befinden (Mestizen und Mulatten sowie die Nachfahren diverser anderer Völker wie Chinesen, Japaner, Koreaner, Libanesen und Araber etc., die nach Südamerika migrierten, bewegen sich irgendwo dazwischen)[10]

Ich werde später noch auf die traditionsreiche Auseinandersetzung und Konfrontation mit dieser auf rassistischen Hierarchisierungen beruhenden Ordnung zurückkommen. Zunächst sei aber nochmal festgehalten, dass sich die emanzipatorischen Bewegungen Südamerikas gegen ihre eigenen, nationalen Eliten richteten, die sie häufig als Kollaborateure und/oder Nutznießer der Abhängigkeit und der Ausbeutung durch den Westen betrachteten. Gegen die bestehenden Verhältnisse postulieren sie Gegenentwürfe von Nation, die eine doppelte politische, ökonomische und kulturelle Befreiung von den nationalen Eliten und dem Imperialismus anstreben.

Die Ablehnung dieser kulturellen Dominanz, die ebenso auf dem Gebiet der sogenannten »Hochkultur« vorzufinden ist wie in der Unterhaltungsindustrie, mit der Gleichgültigkeit oder Verachtung gegenüber dem Lokalen und Populären einerseits und der Orientierung an kommerziellen Modellen und Schablonen aus den USA andererseits, besteht in dem, was wir »die Wendung nach Innen« bezeichnen können. In Literatur, Film, Theater und Musik, den bildenden Künsten und sonstigen kulturellen Ausdrucksformen wurden lokale Akteure, eigene Geschichten und Thematiken entdeckt, die bis dahin als wertlos oder zweitrangig angesehen wurden.[11]

Warum wir uns hier aber vor allem auf die Musik konzentrieren, hat mit der Tatsache zu tun, dass die Lieder der »Nueva Canción« im »Mittelpunkt« der Auseinandersetzung – also dem »kulturellen Schlachtfeld« – stehen. Zwar wird in diesem Zusammenhang in vielen neueren Analysen[12] die Entwicklung einer Literatur der Ex-Kolonien betrachtet. Und in der Tat: es wurde zurückgeschrieben. Die Menschen, die in vielen Romanen, die zum europäischem Bildungskanon gehören, nur

Kulisse für die Entwicklung europäischer Protagonisten waren, wurden unter der Feder der Ex-Kolonisierten selbst zu Akteuren ihrer eigenen Geschichten. Die Frage ist jedoch, unter welchen Bedingungen dieses »Zurückschreiben« stattfand. Ende des 19. Jahrhunderts lag, um ein Beispiel zu nennen, in Brasilien der Anteil derjenigen, die nicht lesen und schreiben konnten bei 82,6 Prozent, während die Chileninnen und Chilenen Ende 2011 zu 84 Prozent nicht begreifen was sie lesen.[13] Pablo Neruda, zentrale Figur der iberoamerikanischen Dekolonisation, formulierte das Problem folgendermaßen:

> »In unseren amerikanischen Völkern gibt es Millionen von Analphabeten; Unbildung wird als vererbter Umstand und Privileg des Feudalismus aufrechterhalten. Wir könnten sagen, angesichts unserer siebzig Millionen Analphabeten, dass unsere Leser noch nicht geboren sind. Wir müssen diese Geburt beschleunigen damit sie uns und alle anderen Dichter lesen können.«[14]

Neruda stellt die Frage, für wen man eigentlich schreibt und spricht damit einen entscheidenden Aspekt jedes gegenhegemonialen Projekts aus. Für Victor Jara, der vor seiner Konsolidierung als Musiker ein international anerkannter Theaterregisseur war, führte die Antwort auf diese Frage zum Wechsel vom Theater in die Musik.

Ich möchte klarstellen, dass es mir hier nicht darum geht, den unbestreitbaren, im Falle der Literatur fundamentalen, Einfluss der anderen künstlerischen Ausdrucksformen zu verkennen. Ich denke aber, dass bei der Entstehung von »Solidarität« auf einer »wesentlich imaginären Basis«[15] Musik und Lieder, die die Verschmelzung von Literatur und Musik darstellen, eine zentrale Rolle spielen.

Wir wollen nun dazu übergehen, uns mit einem konkreten Lied auseinanderzusetzen. Dabei liegt der Schwerpunkt der Analyse auf dem Verhältnis zwischen Autoren und den Protagonisten ihrer Lieder. Aus diesem Grund ist das gewählte Lied auch nicht eines der emblematischen Lieder wie etwa die Hymnen *Venceremos* oder *El pueblo unido*, die für einen anderen Aspekt der »Nueva Canción« stehen, sondern das eher unscheinbare *Juanito Laguna remonta un barrilete* der Argentinier Hamlet Lima Quintana und Iván René Cosentino in der Version von Inti-Illimani. Es führt tief in die Welt der »Nueva Canción Latinoamericana« und – gerade weil es ein argentinisches Lied ist – direkt zu wesentlichen Aspekten der »Nueva Canción Chilena«. Dies mag zunächst etwas verwirrend anmuten, ist aber der Tatsache geschuldet, dass sowohl die politischen wie auch die künstlerischen Bewegungen auf dem Kontinent nicht nur in einem sehr intensiven Austausch standen, sondern sich in wichtigen Punkten als Teil einer Gemeinschaft verstanden, die Geschichte, Sprache und Ziele teilte. Der Bezug auf die gemeinsamen Unabhängigkeitskriege gegen Spanien sowie die Einschätzung, ähnlichen Problemen mit gleichen Ursachen gegenüber zu stehen, führte unter anderem dazu, sich mit großer Selbstverständlichkeit auf politische und kulturelle Prozesse und Figuren zu beziehen, die sowohl als kubanische (oder mexikanische, chilenische etc.) Erfahrung, wie auch als eigene empfunden wurden. Dazu ein Auszug aus den Memoiren Nerudas:

> »Es berührt mich zutiefst, dass im Tagebuch des Che Guevara ich der einzige Dichter bin, der vom großen Guerillero-Anführer erwähnt wird. Ich erinnere mich, dass Che mir einmal in Anwesenheit des Sergeants Retamar erzählt hat, wie er viele Male meinen ›Canto General‹, den ersten, einfachen und glorreichen Bärtigen der ›Sierra Maestra‹ vorgelesen hat. In seinem Tagebuch notierte er, in einer Art Vorahnung, eine Zeile aus meinem ›Gesang für Bolívar‹: ›sein kleiner Leichnam eines mutigen Hauptmanns[...]‹«

Es sind diese Wahrnehmungen von Kontinuitäten zwischen verschiedenen Kämpfen und Epochen und die Verbindung von Rollen und Figuren, die einen wichtigen Teil des historischen Selbstverständnisses der »Nueva Canción« und ihrer Zeit ausmachte. Ein sich selbst befreiendes Lateinamerika[16] und ein überall (und bis heute anzutreffender) expliziter Bezug auf Simón Bolivar und die »Libertadores« (die »Befreier«) als eine Art Überväter, die als erste den Weg in die Unabhängigkeit eingeschlagen haben, sind eine der Grundlagen für eine ästhetische Suche, die im Falle der »Nueva Canción« mit Abstand am dezidiertesten ist und die danach strebt einen »lateinamerikanischen« Klang zu entwickeln.

Wenn wir uns also nun *Juanito Laguna*[17] zuwenden, müssen wir die Tatsache, dass Inti-Illimani ein argentinisches Lied aufnimmt bereits als politisch-kulturelle Positionierung verstehen, die ein lateinamerikanisches Empfinden in den Vordergrund rückt. Dies um so mehr, wenn man bedenkt, dass das 1968 aufgenommene Stück zusammen mit dem Instrumentalstück *Huajra* – das der sehr bedeutende Atahualpa Yupanqui (ebenfalls Argentinier) in Anlehnung an rituelle indigene Tänze komponiert hatte – die ersten Lieder waren, die Inti-Illimani überhaupt aufnehmen konnte. Dass die Gruppe, die schon sehr bald eine feste Größe der »Nueva Canción« sein sollte, für die LP *Una Voz para el camino*[18] keine Stücke aus der chilenischen Tradition auswählten, ist aber nicht nur im Hinblick auf den Lateinamerikanismus bezeichnend. Ebenso wichtig sind die Themen, die die Lieder ausmachen: die Solidarisierung mit einem Kind aus den ärmsten Verhältnissen der Gesellschaft und ein Instrumentalstück, das auf indigene Kulturen zurückgeht. Beide Stücke können als Vorgabe für den Stil angesehen werden, den Inti-Illimani später entwickelt hat.[19]

Betrachten wir nun den Text des Liedes[20]

***Juanito Laguna remonta un barrilete* Juanito Laguna lässt einen Drachen steigen**[21]
Si Juanito Laguna llega a la nube (Wenn Juanito Laguna die Wolke erreicht)
es el viento que viene, lo ama y lo sube, (ist es der Wind, der kommt, ihn liebt und hebt,)
es el nombre Juanito en la cañada (ist es der Name Juanito im Schilf)
es el nombre Laguna, casi no es nada. (ist es der Name Laguna, es ist fast nichts.)

Corazones de trapo sueñan la cola. (Herzen aus Lappen träumen den Schwanz.)
Palomita torcaza su cara sola, (graues Täubchen dein Gesicht allein,)
si Juanito Laguna sube y se queda (wenn Juanito Laguna aufsteigt und oben bleibt)
es, tal vez, porque puede, (ist es, vielleicht, weil er kann)
puede que pueda. (Womöglich wird er können.)

¡Ay! Juanito Laguna (Ach! Juanito Laguna)
Volará el barrilete con tu fortuna. (Der Drachen wird mit deinem Glück fliegen)

Con el viento la caña silba una huella (Das Rohr pfeift eine Huella mit dem Wind)
y la huella se pierde, Juanito en ella. (Und die Huella verliert sich, Juanito in ihr.)
Si Juanito Laguna le presta un sueño (Wenn Juanito Laguna ihm einen Traum leiht)
es el canto que sube hasta su dueño. (ist es der Gesang, der zu seinem Besitzer emporsteigt.)

Es un ojo en el aire, es carta y sobre: (Es ist ein Auge in der Luft, ist Brief und Umschlag)
Barrilete Laguna, Juanito Pobre. (Drachen Laguna, armer Juanito)
Si Juanito Laguna sueña conmigo (Wenn Juanito Laguna mit mir träumt)
volveré en barrilete para mi amigo. (werde ich für meinen Freund als Drachen zurückkehren)

¡Ay! Juanito Laguna (Ach! Juanito Laguna)
Volará el barrilete con tu fortuna. (Der Drachen wird mit deinem Glück fliegen.)

Inhalt und Form des Liedes, das an den Stil einer Huella[22] angelehnt ist, verorten Juanito Laguna als ein Kind einfacher Menschen.[23] Er steht in einer Beziehung zu seiner Umwelt, in der er ihr nicht gegenübersteht, sondern viel mehr in ihr aufgeht und ist »fast nichts« im Spiel der Wolken und seines Papierdrachens. Seine Verwundbarkeit, wie auch Sanftheit und Zerbrechlichkeit, werden in der Figur des Drachens, der den Elementen ausgeliefert ist, betont.

»Fast nichts« ist aber auch der Name Laguna und als solche macht diese Aussage nur Sinn, wenn wir sie als gesellschaftliche Einordnung Juanitos lesen. Der Name Laguna ist »fast nichts« im Vergleich zu Namen die »ein wenig«, »viel« oder »fast alles« sind.

Neben dieser Konstatierung der Armut ist aber auch die des Erfindungsreichtums und der Entschlossenheit zu finden. Juanitos Fähigkeit zu träumen ist ein Ausgangspunkt, um widrigen Umständen zu trotzen, eine Figur die wir in vielen Liedern Südamerikas finden. Das Träumen und die Vorstellungskraft ist dabei eine Strategie, um die Differenz zwischen Zielen und den unzureichenden materiellen Möglichkeiten zu überbrücken, bis sich ein neuer Zustand materialisiert.

Und tatsächlich schafft es der einsame Juanito mit seinem derart vollendeten Drachen nicht nur zur Wolke zu gelangen, sondern auch dort zu bleiben. Die Liebe des Windes und Juanito selbst eröffnen ihm die Möglichkeit, hoch oben, weit weg von seiner Armut und Einsamkeit, zu verweilen. Genau daran wird eine Möglichkeit geknüpft, die wir genauer betrachten müssen.

Dazu müssen wir uns den Text »...Vielleicht, weil er kann, womöglich wird er können« als gesungenes Wort vergegenwärtigen. In der Popularmusik des »Cono Sur« (des südlichen Teils Südamerikas) wird häufig der Text so strukturiert, dass es Wiederholungen gibt, die Zeilen oder Strophen miteinander verbinden, also deren genauen Abgrenzungen aufweichen. Zum Beispiel in dieser »Cueca« aus Uruguay: »Si tú lo sabes dime/ dime por qué sería«[24] (wenn du es weißt, sag mir/ sag mir, warum es so ist). In unserem Lied passiert das selbe – »es tal vez porque puede, puede que pueda« – aber nicht einfach als Wiederholung, sondern, da »puede« beim ersten Mal das Verb »können« meint und beim zweiten Mal »womöglich« bedeutet, als signifikante Erweiterung des Sinngehalts. Wenn Juanito die Wolken erreicht, dann kann er auch die Armut hinter sich lassen, denn dies ist der latente Sinn, der das gesamte Lied durchzieht und der in den nächsten Strophen deutlich wird. Der fließende Übergang von einer Bedeutung »Juanito kann in den Wolken schweben« zur anderen »Juanito kann sein Schicksal verändern«, wird anhand der Musik *in der Sprache Juanitos* ausgedrückt, denn er wird mit der Huella explizit in eins gesetzt: »Und die Huella verliert sich, Juanito in ihr«.

Die gesamte Suggestivität der Aussage liegt in der Nahtlosigkeit, die dieses Stilmittel der Wiederholung, das die Huella besitzt, ermöglicht. »Puede que pueda« ist Feststellung und Frage zugleich und jegliche Skepsis der Aussage gegenüber wird unterlaufen, da sie in ihrer Bedeutung noch nicht explizit ist und demnach keinerlei Abwehrmechanismen mobilisieren kann.

Wir haben bereits gesagt, dass Juanito in der Huella aufgeht, praktisch eins mit ihr wird. Tatsächlich entstammen Juanito und die Huella, stellvertretend für die argentinische Volksmusik, derselben Welt. In der zweiten Hälfte der Strophe verändert sich jedoch das Verhältnis zwischen ihnen. Juanito leiht der Huella oder dem Gesang (das Pronomen »le« ist geschlechtsneutral und kann als »ihr« oder »ihm« übersetzt werden) einen Traum, was ihn zu deren Besitzer oder Herren macht. Es ist also ein Prozess der Aneignung, indem – wie bei der Vollendung des Drachens – erneut die Fähigkeit zu Träumen ausschlaggebend ist. Wir wissen, dass die Huella eine ländliche Welt repräsentiert, ursprünglich die der einfachen Viehhirten und Bauern, später der in die Großstadt migrierten Landarbeiter und ihrer Familien. Wenn wir davon ausgehen – und wir haben keinen Grund dafür es nicht zu tun –, dass Juanito in der zweiten Hälfte des 20. Jahrhunderts lebt und aus diesem Umfeld stammt, weißt die Huella auf eine Kultur der Peripherie und der Marginalität, also der Armut, hin. Sie gehört zu einer Welt, für die die Versprechen des nationalen Fortschritts über die vielen Jahrzehnte nach der Unabhängigkeit nicht eingelöst wurden. Mit ihr zu träumen, seine Hoffnungen mit ihr zu verbinden, bedeutet eine ganz bestimmte Form der Zukunft anzustreben, nämlich eine, die auf der Anerkennung der eigenen gesellschaftlichen Herkunft beruht. Dies ist, in dem Kontext in dem Juanito lebt, eine grundsätzliche Herausforderung der Hegemonie der herrschenden Klassen Argentiniens, für die die Welt Juanito Lagunas einen der Gründe für die Rückständigkeit der Nation darstellt. Hier wird die Ordnung von der wir sprachen, die auf der Dichotomie »Europäer«/»Nicht-Europäer« beruht, herausgefordert, denn in der Sicht der Herrschenden stellen diese das europäische Erbe Argentiniens dar, während Menschen wie Juanito zu viel indianisches Blut in sich tragen, um etwas anderes als der Bodensatz der Gesellschaft zu sein.

Bedenken wir weiterhin, dass »el Canto« (der Gesang) nicht nur als Akt des Singens verstanden werden kann, sondern auch als eine Erzählung. Zahlreiche grundlegende Texte diverser Gemeinschaften und Kulturen tragen die Bezeichnung Gesang oder sind in Gesänge gegliedert und sind Bestandteile identitätsstiftender Narrative. Nicht zufällig trägt Nerudas Gegenentwurf zum kolonialen und postkolonialen Amerika den Namen *Canto General*[25]. Der Gesang, der hier zu seinem Besitzer findet, hat doppelte Qualität: »tatsächlicher Gesang« zu sein sowie die Grundlage für einen emanzipatorischen Zugriff auf eine bestimmte Tradition darzustellen. Denn Juanito, der »fast nichts ist«, besitzt mit ihm nun eine bereits funktionierende kulturelle Ausdrucksform sowie Inhalte für eine Erzählung, die er durch seinen Traum und somit seiner Vorstellungskraft in Bewegung gesetzt hat – in derselben Weise und Richtung wie sein Drachen: aufwärts.

Was hier bestimmt wird, ist der Moment und die Art und Weise des Zusammenfindens eines Menschen mit Elementen »seines« Narrativs. Ein Lied zu besitzen bedeutet, dass man sich auf etwas berufen kann, dass die eigene Position in der Welt erklärt. Die Welt der Huella und der argentinischen Folklore ist in der Lage für Juanito zu einer Erzählung beizutragen, die ihn die Unbilligkeit seiner Situation erkennen lässt und die eine Grundlage für eine »vorgestellte Gemeinschaft« im Sinne Andersons[26] darstellen kann. Dafür sind, dem Text zufolge, zwei Bedingungen zu erfüllen: Die eine ist die bereits erwähnte Vorstellungskraft Juanitos. Die andere Bedingung ist die Existenz einer Instanz, die diese Erzählung artikulieren kann. Dies ist in diesem Fall Inti-Illimani. Welche Beziehung gehen Juanito, mit seinen Träumen und Hoffnungen, Besitzer des Liedes, und die Musiker, die dieses Lied singen, ein?

Bleiben wir dicht am Material: »Es ist ein Auge in der Luft, ist Brief und Umschlag:/ Drachen Laguna, armer Juanito«

Juanito ist nun, da er den Gesang besitzt, explizit der Drachen, dessen Flug Juanitos Schicksal symbolisiert (»Ach! Juanito Laguna/ Der Drachen wird mit deinem Glück fliegen«) und als solcher vor allem eine klare Botschaft, dazu bestimmt, ausgesendet zu werden: Juanito hat die Wolken erreicht, für alle weithin sichtbar. Und so ist für niemanden zu übersehen, dass Juanito Laguna arm ist.

»Wenn Juanito Laguna mit mir träumt/ Werde ich für meinen Freund als Drachen zurückkehren«

Hier wird die entscheidende Bedingung ausgedrückt, um das Verhältnis zwischen Sänger und Juanito zu bestimmen. Erneut ist es das Träumen, das ausschlaggebend ist, um Juanitos Situation zu verändern. Nachdem er die Huella und den Canto mit Hoffnung ausgestattet und sie so an sich gebunden hat, erreicht er nicht mehr allein zu sein, wenn er vom Sänger träumt. »Ach, Juanito Laguna, der Drachen wird mit deinem Glück fliegen« muss nun in seiner Lesart erweitert werden: Das Glück des Sängers, sein Schicksal, wird an die Zukunft Juanitos geknüpft.

Das Versprechen des Sängers, als Drachen wiederzukehren, wird in der Materialität des Liedes, also in seinem Klang, eingelöst: Die Melodie der Eröffnung des Stückes stellt unverkennbar den Drachen im Wind dar. Sie wird allein von zwei

Quenas[27] langgezogen und schwebend, mit langsam ausklingenden Tönen gespielt. Ausschlaggebend im musikalischen Aufbau des Liedes – beziehungsweise im Zusammenspiel von Musik und Text – ist es, dass der Wind, der im Rohr einer Huella bläst, genau das tut was auch Inti-Illimani realisiert: eine Huella spielen. Der Moment in dem die Quenas gespielt werden, also in dem Wind durch das Rohr bläst, bedeutet im Umkehrschluss, dass so wie der Wind die treibende Kraft für den Drachen ist, das Lied die treibende Kraft für Juanito darstellt. Akzeptieren wir den Gesang als Symbol für die eigene Kultur, dann ist es diese, die Juanito in die Lage versetzt sein Schicksal zu verändern. Wenn zum Abschluss des Stückes, nachdem gesungen wurde »Wenn Juanito Laguna mit mir träumt/ werde ich für meinen Freund als Drachen zurückkehren/ Ach! Juanito Laguna/ Der Drachen wird mit deinem Glück fliegen«, die Quenas zum dritten Mal das Motiv des schwebenden Drachens spielen, kann dies nur eine Bedeutung haben: Der Sänger ergreift Partei.

Diese Parteiergreifung muss genauer betrachtet werden, denn sie stellt das Herzstück des Verhältnisses zwischen der »Nueva Canción« und einem Teil ihres Publikums dar, nämlich der Protagonisten ihrer Lieder. Halten wir uns zunächst an Juanito Laguna. Die entscheidende Formulierung, die den Zugang zur kulturellen Welt der Menschen wie Juanito Laguna charakterisiert, ist folgende: »Wenn Juanito Laguna ihm einen Traum leiht / ist es der Gesang, der zu seinem Besitzer emporsteigt.« Wie wir gesehen haben, wird der Gesang als eine treibende Kraft wahrgenommen, die das Schicksal Juanitos verändern kann. Dabei ist die Präsenz der Musiker die natürliche Voraussetzung für die Reproduktion des Gesanges. Worauf es aber in diesem Zusammenhang ankommt, ist die klare Benennung Juanitos als »Besitzer« des Gesanges. Der Zugriff auf eine kulturelle Ausdrucksform, die sich aus der Erfahrung der historischen Schichten entwickelt zu der Juanito Laguna gehört, ist von dieser Deutlichmachung und Anerkennung der symbolischen Besitzverhältnisse (und auf die kommt es in der Schaffung eines Narrativs an) geprägt. Hinzu kommt, dass die Solidarisierung nur unter der Bedingung zustande kommt, dass Juanito sie sich wünscht (»wenn Juanito mit mir träumt«).

Der andere Teil des Publikums der »Nueva Canción« bestand vor allem in seiner Anfangsphase eher aus Menschen, die aus der Mittelschicht kamen, allen voran StudentInnen. Diese identifizierten sich sehr stark mit der Aufrichtigkeit der Solidarisierung ihrer Musiker, weshalb hier ein Dreieck entsteht, dessen vermittelnde Funktion vor allem bei den politischen Massenkundgebungen, bei denen das Publikum der »Nueva Canción« zusammen kam, von großer Bedeutung ist.

Dies ist alles andere als zweitrangig, vor allem wenn man bedenkt, dass – außer Simon Bolívar, Allende und Che Guevara – alle bisher erwähnten Personen[28] Mitglieder der kommunistischen Partei[29] waren, also einer Organisation, die eine ziemlich genaue Vorstellung von ihrer Rolle und ihrem Verhältnis zu den »Massen« hatte. Wir werden noch einmal auf diese Tatsache zurückkommen und halten vorerst fest, dass in *Juanito Laguna* so etwas wie ein Arbeitsbündnis vorgeschlagen wird, das als Chiffre für das Verhältnis zwischen einer bestimmten Gruppe von Menschen und ihren »Intellektuellen«[30] gelesen werden kann.

Die Aufrichtigkeit der Solidarität mit einem Teil der Bevölkerung – der wie angedeutet von der offiziellen Geschichtsschreibung entweder ignoriert oder nur als Hindernis angesehen wurde und der Respekt mit dem ihm begegnet wurde – ist sicherlich einer der Hauptgründe für die Tatsache, dass so viele Menschen diese neue Musik als »ihre« Musik empfanden (ein anderer Grund hat mit der Suche nach einer Ästhetik zu tun, die sich mit einer Musik auseinandersetzte, die zum kulturellen Erbe dieser Menschen gehörte). Doch es genügt nicht, dies nur an der Analyse *Juanito Lagunas* festzumachen. Wie Eingangs gesagt, müssen wir die Strukturen des einzelnen Werks mit den Ideen und Erfahrungen zusammenbringen, mit denen sie verbunden sind.

Dazu wollen wir uns mit der Entstehungsgeschichte Juanito Lagunas befassen. Sie führt uns zu einem zentralen Aspekt, der nicht nur für die Künstlerinnen und Künstler der »Nueva Canción« prägend ist: ihre Politisierung. Juanito Laguna ist das direkte Resultat eines solchen Prozesses, weshalb wir ihn hier weiterverfolgen.

Wie schon gesagt ist *Juanito Laguna remonta un barrilete* ein Lied der argentinischen Autoren Lima Quintana/Cosentino. Die Figur des Juanito Laguna ist jedoch die Schöpfung des Malers Antonio Berni. Bis Anfang der dreißiger Jahre noch einer der Pioniere des Surrealismus in Argentinien, begann er sich unter dem Eindruck des Putsches von 1930 und der nachfolgenden Repression immer mehr zu politisieren. Er trat der kommunistischen Partei Argentiniens bei und begleitete als Photograph den späteren Begründer des *Movimiento Obrero Comunista*[31] (Kommunistische Arbeiterbewegung) Rodolfo Puiggrós ins Landesinnere. Der Kontakt mit dem menschlichen Elend und der Hoffnungslosigkeit der Kleinbauern prägte seine Kunst. In einem Interview in New York erinnert sich Berni:

> »Der Künstler ist dazu gezwungen, mit offenen Augen durchs Leben zu gehen und in diesem Moment, in den dreißiger Jahren, schafften die Diktatur, die Arbeitslosigkeit, das Elend, die Streiks, die Kämpfe der Arbeiter, der Hunger [und] die Volksküchen eine Realität, die die Augen zerriss.«

Ende der fünfziger Jahre, nach einem Aufenthalt im Nordosten Argentiniens entsteht die Figur des Juanito Laguna. Berni erzählt auf einer Schallplatte[32] von 1976 mit Liedern, die von Juanito Laguna inspiriert waren, den Entstehungsprozess:

> »Ich könnte sagen, dass Juanito Laguna, meine Figur, ein wenig meine Persönlichkeit hat, er ist ein wenig wie ich. Juanito Laguna wird ungefähr Ende 1958 geboren, also nach meiner Rückkehr aus Santiago del Estero. Denn die Entstehung Juanito Lagunas begann in dieser Provinz, als ich im Departamento de Figueroa malen sollte, in der Nähe des Dorfes Sabagasta, in den Thermen des Río Hondo. [...]Dort begann ich, die ›Changuitos‹ kennen zu lernen. Aber die ›Changuitos‹, obwohl ich in vielen Zeichnungen ihre eigenen Namen benutze, habe ich nie den ganzen Zyklus von Zeichnungen mit einem Namen identifiziert, ihn nie getauft, mit einer Bezeichnung oder einer Taufe [sic].
>
> Juanito Laguna entsteht in Buenos Aires, im Großraum Buenos Aires,[33] als ich begann, eine Serie von Skizzen über die Armenviertel anzufertigen und als ich diese Gruppe von Jungs sah und merkte, dass ich sie noch nicht genügend personalisiert hatte, da bin ich auf die Idee gekommen, ihr einen Namen zu geben. Der Figur einen Namen zu geben, die so was wie ein Archetyp all dieser Jungs, all dieser Kinder des Großraums Buenos Aires ist.
>
> Wenn es jedoch ein Archetyp des Großraum Buenos Aires ist, könnte es auch ein Archetyp all der Kinder oder all der Changos der Städte Lateinamerikas sein. Er könnte aus Santiago de Chile, aus Lima, Rio de Janeiro, aus Caracas sein. Er ist also eine typisch amerikanische Figur, auch wenn ich ihn in Buenos Aires verorte. [...]
>
> Es ist ein Kind, das arm ist, aber es ist kein armes Kind. Er beugt sich nicht den Umständen, sondern er ist ein Wesen voller Leben und Hoffnung, das sein umstandsbedingtes Elend überwindet, da er erahnt in einer Welt voller Zukunft zu leben.«

Juanito Laguna hatte eine solche Wirkung nicht nur auf die Bewegung des »Nuevo Cancionero«, auf den wir gleich zu sprechen kommen, sondern auch auf konsolidierte Musiker wie Astor Piazzolla, Gustavo »Cuchi« Leguizamón, Eduardo Falú oder Atahualpa Yupanqui selbst, wodurch eine Fülle von Liedern entstanden, die die Figur des Juanito Laguna aufgriffen. Das Stück von Lima Quintana und Cosentino war jedoch das mit Abstand am meisten aufgenommene. Neben den Versionen von

Mercedes Sosa (1967) und Victor Heredia (1968) (ebenfalls eine bedeutende Figur der argentinischen Popularmusik) gehört die Aufnahme von Inti-Illimani zu den frühesten über Juanito Laguna.

Die Entscheidung der Gruppe, das Lied in Chile aufzunehmen hat viel mit der Tatsache zu tun, dass Juanito Laguna eine Realität verkörperte, die überall auf dem Kontinent zu finden war. Die Solidarisierung mit ihm brachte die Erfahrung der Künstler mit dem Elend, in dem große Teile der Bevölkerung lebten und das sich in vielen Liedern vor allem Violeta Parras niederschlägt, auf den Punkt.

Juanito Laguna remonta un barrilete war aber auch eine Schöpfung, die einer gemeinsamen Suche entsprach die in Argentinien explizit ausformuliert wurde. Es handelt sich um die *Movimiento Nuevo Cancionero Argentino* (Bewegung des neuen argentinischen Liederbuchs), zu der Hamlet Lima Quintana gehörte, und die maßgeblich an der Entwicklung der vormals rein deskriptiven und traditionellen Folklore beteiligt ist. Der Ausgangspunkt für diese Bewegung findet sich überall im Kern der Entstehung der »Nueva-Canción«-Bewegungen. Für Chile beschreibt Victor Jara ihn in einem Konzert folgendermaßen:

> »[...]so kam dieser Gesang, der plötzlich von anderen Dingen sprach, anstatt über den Schnee unserer Anden und wunderschönen Flüsse zu erzählen et cetera et cetera und dass unsere Frauen hübsch und wir alle rundum glücklich sind. In diesem Ambiente eines banalen und pittoresken Landlebens, für die Postkarte und den Touristen, erscheint plötzlich eine raue Stimme, grob, lebendig, gewaltig und markierte einen Weg in Chile: Violeta Parra ist für uns die Volkskünstlerin par excellence...«

Im erheblich formelleren Gründungsmanifest[35] der »Nuevo Cancionero« von 1963 (deren wohl später in Europa bekannteste Unterzeichnerin eine damals 28-jährige Mercedes Sosa ist), plädieren die Verfasser unter anderem für eine »Aneignung aller modernen Ausdrucks- und Gestaltungsformen, die die Popularmusik berücksichtigen und erweitern«. Dabei wendeten sie sich sowohl gegen einen orthodoxen Regionalismus, wie auch gegen jede Unterwerfung unter die Produktionsformen des Marktes. Der Akzent dieser neuen Strömung sollte auf der Auseinandersetzung mit dem alltäglichen Leben der Argentinier und seinen Freuden und Leiden liegen. Hier einige Auszüge aus dem Manifest:

> »Die ›Nuevo Cancionero‹ [...] strebt danach, unsere Musik in Form und Inhalt zu erneuern, um sie dem Sein und der Empfindung der Aktualität

anzupassen. [...] Weder die traditionellen Ausdrucksformen noch die volksmusikalischen Quellen der nativen populären Musik werden dabei von der ›Nuevo Cancionero‹ gering geschätzt, viel mehr sucht sie sich an ihnen zu inspirieren und von ihrem Inhalt ausgehend schöpferisch zu sein. Nicht um vom Reichtum des Volkes zu nehmen, sondern um dieses Erbe mit dem kreativen Tribut der neuen Generationen zu vermehren. [...]

Die ›Nuevo Cancionero‹ ist offen für alle Künstler, die sich mit ihren Bestrebungen, die populäre Kunst wertzuschätzen, zu vertiefen, schöpferisch zu gestalten und zu entwickeln, identifizieren und in diesem Sinne wird sie die Kommunikation, den Dialog und den Austausch mit Künstlern und ähnlichen Bewegungen im Rest Amerikas suchen.

Sie wird den kritischen Geist in Peñas[36] und kulturellen Organisationen, die unser kulturelles Erbe verbreiten, unterstützen und anregen, damit der Kult um das Unsere aufhört bloße Ablenkung zu sein und sich in eine ernste und respektvolle Auseinandersetzung mit unserer Vergangenheit und unserer Gegenwart verwandelt. [...]«

Sie ist der Überzeugung, dass sich die Kunst ebenso wie das Leben in einer permanenten Transformation befinden muss, weswegen sie danach strebt das populäre Liederbuch in die schöpferische Entwicklung des gesamten Volkes zu integrieren, um es in seinem Schicksal zu begleiten und seine Träume, seine Freuden, seine Kämpfe und seine Hoffnungen zum Ausdruck zu bringen.

Die Übereinstimmung mit den wesentlichen Aspekten des Manifests brachte viele Künstler außerhalb Argentiniens dazu, sich der Bewegung zugehörig zu fühlen. In Chile waren dies Patricio Mans (ebenfalls eine zentrale Figur der »Nueva Canción«) und Pablo Neruda. Das entscheidende Kriterium um Teil der Bewegung zu sein, war laut Armando Tejada Gómez – persönlicher Freund Nerudas und einer der Initiatoren der »Nuevo Cancionero« – die Überzeugung des Künstlers oder der Künstlerin, dass sie mit ihrer Kunst Teil des kollektiven Bewusstseins sind.

In dieser Definition drückt sich erneut die Suche nach dem angemessenen Verhältnis zwischen »Volk« und »Intellektuellen« aus, also denjenigen, die den Gesang artikulieren und Einfluss auf das kollektive Bewusstsein nehmen, weil sie Teil davon sind. Diese Suche impliziert auch ein Verlangen nach einer anderen Form der Anerkennung durch jene, die die Zielgruppe der Künstler mit ihren Werken sind. Wegen seines enormen Einflusses, weit über die Welt der kommunistischen Partei hinaus, und der Prägnanz seiner Worte, soll anhand eines Kommentars Nerudas dieses neue Verhältnis auf den Punkt gebracht werden:

»Alle Empfindungen vom Weinen bis zum Küssen, von der Einsamkeit bis zum Volk durchwehen meine Dichtung, wirken in ihr, denn ich habe für meine Dichtung gelebt, in ihr habe ich meine Kämpfe ausgetragen. Wenn ich manche Anerkennungen gewonnen habe, die so vergänglich sind wie eines Schmetterlings Blütenstaub, so habe ich eine große Anerkennung gewonnen, eine, die viele verachten, weil sie für viele unerreichbar ist. Nach harter Lehre durch die Ästhetik und dem Suchen durch die Labyrinthe des geschriebenen Worts hindurch bin ich der Dichter meines Volkes geworden. Das ist meine Anerkennung, nicht meine übersetzten Bücher und Gedichte, auch nicht die Bücher, die meine Worte beschreiben oder sezieren. Mein Preis ist jener große Augenblick in meinem Leben, als tief aus der Kohle von Lota, unter der prallen Sonne der versengten Salpeterhalde, aus dem lotrechten Stollen wie aus der Hölle ein Mann heraustrat, das Gesicht von der furchtbaren Arbeit entstellt, die Augen rot vom Staub, mir die verhärtete Hand entgegenstreckte, die Hand, die mit ihren Schwielen und Furchen die Landkarte der Pampa war, und mit leuchtenden Augen zu mir sagte: ›Ich kenne dich seit langem, Bruder.‹ Das ist der Lorbeer meiner Dichtung, dieses Loch in der furchtbaren Pampa, aus dem ein Arbeiter tritt, dem Wind und Nacht und Chiles Sterne so oft sagten: ›Du bist nicht allein, ein Dichter denkt an deine Schmerzen.‹«[37]

Ziehen wir an dieser Stelle eine Zwischenbilanz. Die »Nueva Canción« entwickelte sich unter dem Einfluss von historischen Prozessen und Konstellationen, von denen wir einige bereits erwähnt haben. Wir sind an einem Punkt angelangt, an dem sich die Herausbildung einer Kultur konsolidiert hat, in deren Zentrum die Anerkennung der Legitimität des eigenen Selbst steht. Denn das Verweigern einer menschenwürdigen Position im vorherrschenden nationalistischen Projekt, das mit biologistischen-kulturalistischen Argumenten die Lebensbedingungen großer Teile der Bevölkerung nicht nur für die Vergangenheit und Gegenwart, sondern auch für die Zukunft rechtfertigte (und wann immer nötig mit nackter Gewalt durchsetzte), machte es unumgänglich, die Existenz einer eigenen Geschichte und Identität zu beanspruchen. Dass dieses »eigene« dabei gleich mit definiert wird ist klar. Aus diesem Grund findet sich in den Liedern der »Nueva Canción« immer wieder das Thema gesellschaftlicher Kämpfe und ihrer Protagonisten sowie der Infragestellung der bestehenden Ordnung.

Der zentrale Aspekt der Solidarisierung, den wir mit *Juanito Laguna* sehen konnten, geht Hand in Hand mit dieser Infragestellung und gibt Auskunft über Zustand und Breite der linken Bewegungen. Wie bereits erwähnt, müssen diejenigen, die sich hier solidarisieren – damit dieser Akt, so wie er im Lied angelegt ist, überhaupt Sinn ergibt – einer anderen gesellschaftlichen Position zugehören als die der am meisten benachteiligten Schichten aus denen *Juanito Laguna* stammt. Inti-Illimani – deren Mitglieder damals Anfang Zwanzig, Mitglieder der Jugendorganisation der kommunistischen Partei waren und überwiegend Ingenieurswesen an der staatlichen Technischen Universität von Santiago studierten – waren gemeinsam mit der damals bereits sehr bekannten Band Quilapayún Ausdruck eines Phänomens, das einer der Motoren der »Nueva Canción« war. An allen Universitäten des Landes (inklusive der katholischen Universität, an der traditionell die rechten Eliten des Landes studierten) gab es eine Vielzahl von Amateur-Gruppen, die diese neue Musik spielten und die auf eine begeisterte Hörerschaft in den bereits erwähnten universitären *Peñas* zählen konnte. Zentral dabei jedoch bleibt die Vorarbeit von Figuren wie Violeta und Victor, die beide aus bäuerlichen Familien stammten und die dem Empfinden der Solidarität eine kulturelle Ausdrucksform zugänglich machten, indem sie in ausgedehnten Forschungsreisen chilenische Musiktraditionen aufzeichneten und weiterentwickelten. Die Verwurzelung dieser Musik in der musikalischen Tradition der Landbevölkerung ermöglichen die Identifikation verschiedener Gruppen und Schichten, die die Basis der Unidad Popular darstellten.

Wenn wir *Juanito Laguna* mit anderen Liedern vergleichen, in denen die Lebensbedingungen eines Kindes thematisiert werden (das iberoamerikanische Liederbuch ist voll davon), können wir wichtige Unterschiede im Verhältnis zwischen Autor und Protagonist feststellen. In den Liedern, in denen nach der Zukunft des Kindes gefragt wird, also nach der Möglichkeit die Lebensbedingungen der Menschen zu verändern, werden aufschlussreiche Antworten gegeben, die vom Vertrauen in den (marxistischen) Lauf der Geschichte, bis zur Beschreibung von konkreten Aktionen reicht.

In dieser Hinsicht stellt das, was wir mit *Juanito Laguna* soeben betrachtet haben, einen entscheidenden Zwischenschritt in der Entwicklung der »Nueva Canción« dar. Die Frage nach der Zukunft der benachteiligten Schichten wird mit einem klaren Bekenntnis zur Gemeinsamkeit beantwortet, in dem auch die sehr realen Gefahren gesehen werden.[38]

Wir wollen uns nun, nach diesem langen Weg über den Norden Argentiniens, in das Herz Santiagos begeben. Vier Jahre sind seit der ersten Auslandsreise »Inti-Illimanis« vergangen, Allende ist zum Präsidenten gewählt worden und Victor Jara hat das Erste Festival der »Nueva Canción Chilena« an der katholischen Universität mit *Plegaria a un Labrador* (Gebet an einen Landarbeiter) gewonnen. Die Künstler der »Nueva Canción« müssen nicht mehr in fast subversiven Verhältnissen arbeiten, sondern finden Arbeitsbedingungen und Kanäle an die sie sich erst gewöhnen müssen.[39] Der fragile Drachen Juanito Lagunas wird von einer überbordenden Energie getragen, die von einer sich auf dem Vormarsch befindlichen Bewegung herströmte. In dieser Phase, in der die Unidad Popular einer so treffenden Charakterisierung Tomás Moulians folgend, als »Fest, Drama und Niederlage« dem Übergang vom Fest zum Drama entsprach, entstand eines der wichtigsten Werke der »Nueva Canción«.

Dieses Werk ist *La Población* (Die Siedlung) und erzählt die Geschichte einer erfolgreichen urbanen Landbesetzung in Santiago. In diesen »Tómas« (eine Wortschöpfung, der die Substantivierung von »nehmen« zugrunde liegt ... neue Praktiken erforderten neue Worte) wurden brachliegende Gelände von Menschen besetzt, die zu den Ärmsten der Armen gehörten. Anfang der siebziger Jahre wurde Victor Jara von Bewohnern einer solchen Población gefragt, ob er nicht etwas über sie schreiben wolle.

Um die Bedeutung dieser Zusammenarbeit fassen zu können, müssen wir zunächst einige der Bedingungen betrachten, die das Leben dieser Menschen ausmachen. Es sind im Wesentlichen dieselben, die auch Juanito Lagunas Familie in die Großstadt geführt haben und die sich in weiten Teilen des Kontinents wiederfinden.

Die Poblaciones wurden zum größten Teil von Familien bewohnt, die zwischen 1930 und 1970 auf der Suche nach besseren Lebensbedingungen vom Land in die Stadt gezogen waren. Sie flohen dabei vor quasi feudalen Arbeitsbedingungen, die sie in völliger Abhängigkeit der Großgrundbesitzer hielten.

Bis Mitte der sechziger Jahre bekamen die sogenannten »Inquilinos« für ihre Arbeit auf den Latifundien lediglich eine Landparzelle für den eigenen Bedarf sowie eine prekäre Unterkunft zugewiesen. 25 Prozent der Landbevölkerung lebte in diesen Verhältnissen, was dazu führte, dass die Gesamtheit der Landarbeiter weder ihre Löhne noch ihre Arbeitsbedingungen aushandeln konnte und einen Teil ihres Erwerbs in Waren ausgezahlt bekam.[40] Hatten sie den Schritt in die Stadt gewagt, mussten sie sich dort oft in Elendsvierteln einrichten. Ihre Unterkünfte wurden notdürftig aus allen möglichen Materialien zusammengezimmert und hielten so lang, bis der Fluss im Winter über die Ufer trat oder sie von der Polizei vertrieben wurden. Ebenso schnell wie sie dem Erdboden gleichgemacht wurden, wurden diese Baracken an anderen Stellen wieder aufgebaut, was ihnen die Bezeichnung »Poblaciones callampa« (Pilz-Siedlungen) einbrachte. Ohne Anschluss an Strom und Trinkwasser und völlig ausgeschlossen von allen Bereichen des öffentlichen Lebens, bildeten sie die ärmste Schicht der Bevölkerung Santiagos. Die andere Alternative, die von vielen

Poblador@s als »noch schlimmer«[41] betrachtet wurde, waren die sogenannten »Conventillos« (Gebäudekomplexe), in denen sich entlang großer Flure einzelne Zimmer aneinanderreihten, die jeweils von einer Familie (die oft über zehn Personen zählte) bewohnt wurden. 36 Prozent der Bevölkerung Santiagos lebte 1952 unter diesen Bedingungen.[42]

Um dieser Situation etwas entgegenzusetzen, organisierten sich viele Poblador@s in diversen Gruppen, von denen die wichtigsten die *Comités de Sin Casa* (Ausschuss der Obdachlosen) waren. Schon 1947 besetzten sie ein brachliegendes Gelände innerhalb Barrancas (einem Stadtteil Santiagos), auf dem sie die Población La Legua Nueva errichteten. Knapp zehn Jahre später fand die Besetzung des Gebiets Población *La Victoria* durch 1.200 Familien statt, das richtungweisend für die Kämpfe ähnlicher Gruppen in ganz Lateinamerika wurde.[43] Zur Zeit der Entstehung von *La Población*, also 1972, hatte es in den letzten drei Jahren 312 Besetzungen gegeben, die Santiago radikal veränderten. Unter den bekanntesten gab es einschlägige Namen: Violeta Parra, Pablo Neruda, Patria Nueva (Neues Vaterland), allesamt im Jahr vor der Präsidentschaft Salvador Allendes und kurz darauf im November 1970 *Nueva Habana*.[44]

Ein wenig vorher, im Jahr 1967, fand eine Besetzung statt, aus der die Población Herminda de *la Victoria* hervorging. Juan Araya, einer der Anführer der Besetzung erinnert sich:

»Wir haben die Besetzung am 16. März 1967 in Barrancas mit 648 Familien gemacht. Sie hat um zwei Uhr morgens begonnen, wir besetzten ein Gelände das ›Invica‹ genannt wurde. Am Kampf mit den Repressionsorganen beteiligten sich Männer und Frauen, es wurde von sechs Uhr morgens, als sie kamen um uns zu vertreiben, bis dreizehn Uhr gekämpft. Die Polizisten schleiften die Frauen an den Haaren, rissen ihnen die Kinder aus den Armen und warfen sie durch die Luft; die Zelte und Unterkünfte, die wir in der Nacht aufgerichtet hatten wurden in Stücke gehauen und verbrannt. An diesem Ort starb ein kleines Mädchen, zu Tode geknüppelt von den Repressionskräften, Herminda war ihr Name.«[45]

Es waren Menschen dieser Población, die sich an Victor wendeten, damit er ihre Geschichte erzählt. Das »Arbeitsbündnis« um *Juanito Laguna* vertieft und erweitert sich. Betrachten wir also dieses Werk, in dem es der Einschätzung des chilenischen Komponisten Gustavo Becerra-Schmidt nach, Victor Jara gelingt die »Grenze zu überschreiten, die die Aufnahmefähigkeit des Hörers sprengt; ihn in Stücke reißt; aus dem Gleichgewicht bringt; ihn in Bewegung versetzt.«[46]

La Población ist eine große Erzählung, die in drei Sektionen konzipiert ist. Jeweils aus drei Liedern bestehend, führt sie von der Welt der Poblaciones Callampas über die Besetzung des Geländes und die Errichtung der ersten Unterkünfte bis zur Konsolidierung des Kollektivs. Die musikalische Grundlage der Lieder ist eine Weiterentwicklung ländlicher Musikstile, die der Welt entsprechen, aus der die Menschen der »Tóma« stammten. In und zwischen die Lieder eingearbeitet sind theatralisierte Szenen und Originalaufnahmen der Recherchen Victors zu hören, in denen Frauen von ihren Motivationen und ihren Erfahrungen während der Besetzung sprechen. Bei der Entwicklung dieses Konzepts greift Victor auf seine Erfahrung als Theaterregisseur zurück. In *La Población* sucht er nach Möglichkeiten, die Themen, die aus seinen Forschungen und Gesprächen hervorgegangen waren, in einer größeren Tragweite zu behandeln, als dies mit den herkömmlichen Mitteln eines einfachen Liedes möglich ist. Die Verbindung von Poesie, Musik, Theater und der direkten Sprache der Beteiligten, innerhalb eines klaren dramatischen Konzepts, war ein Experiment, das die Entwicklung der »Nueva Canción« zu einem Höhepunkt führte.[47]

Die politische Dimension dieser Arbeit Victor Jaras ist außerordentlich groß. Über die ProtagonistInnen einer Besetzung zu singen war ein absolutes Novum innerhalb einer Bewegung, die vor allem in der organisierten Arbeiterschaft die Grundlage für die sozialen Veränderungen sah. In *Venceremos* (Wir werden siegen), der Hymne der Unidad Popular, heißt es (Auszug, meine Übersetzung):

Venceremos, venceremos, (Wir werden siegen, wir werden siegen,)
mil cadenas habrá que romper, (tausend Ketten müssen wir sprengen,)
vencermos, venceremos, (wir werden siegen, wir werden siegen,)
la miseria sabremos vencer. (das Elend werden wir zu besiegen wissen.)

Campesinos, soldados, mineros, (Bauern, Soldaten, Bergarbeiter,)
la mujer de la patria también, (auch die Frau des Vaterlandes,)
estudiantes, empleados y obreros, (Studenten, Angestellte und Arbeiter,)
cumpliremos con nuestro deber. (werden wir unsere Pflicht erfüllen.)

Von den Pobladoras keine Spur, was vermutlich auch damit zusammenhängt, dass in der eher traditionellen Auslegung des Marxismus die Poblador@s einer Art Subproletariat angehören, das als unzuverlässiger Verbündeter der Arbeiterklasse im Kampf gegen das Bürgertum betrachtet wird.[48]

Das soll nicht bedeuten, dass die Unidad Popular und mit ihr vor allem die kommunistische Partei die Bewegung der Poblador@s ignoriert hätten. Das Gegenteil ist der Fall. Um die Diskrepanz zwischen Doktrin und Realität unter einen Hut zu bekommen und im Bewusstsein der tiefgreifenden Veränderungen in den sozialen Strukturen Chiles, definierte die kommunistische Partei schon Ende der fünfziger Jahre die Poblador@s als verarmte Arbeiterklasse oder als junge Bauern, die gerade vom Land in die Stadt gezogen waren und als politisch Rückständige der pädagogischen Aufmerksamkeit der Partei bedurften.[49] Dadurch war sie, ohne das Phänomen theoretisch fassen zu können, in der Lage relativ früh eine wichtige Rolle bei den Besetzungen zu spielen, indem sie sowohl bei der Organisation wie bei der Durchführung der zuweilen tausende Menschen umfassenden Aktionen mitwirkte. In den ersten Stunden der gewaltsamen Auseinandersetzungen wurde versucht die Repression durch die Anwesenheit von Parlamentsabgeordneten und Berichterstattern der Presseorgane der Partei zu mildern. Auch bei den anschließenden Verhandlungen über eine staatlich getragene Lösung, die im Aufkauf der besetzten Territorien und der anschließenden Übertragung auf die Siedler bestand, spielten sie, gemeinsam mit der katholischen Kirche und den Christdemokraten, eine wichtige Rolle. Doch obwohl die Poblador@s selbst überwiegend Mitglieder der Partei (oder Christen oder beides) waren, gab es in Teilen der Unidad Popular gemischte Gefühle gegenüber einer Art von Selbstorganisation, die immer stärker und selbstsicherer wurde. Während die Regierung Allendes um einen extremen Legalismus bemüht war, stellte die Bewegung der Poblador@s eine Machtverschiebung innerhalb der Stadt dar, die die bestehenden Verhältnisse ebenso herausforderte wie die Verstaatlichungen der nationalen Ressourcen durch die Unidad Popular. Tatsächlich war Ende 1960 ein Drittel der Bevölkerung Santiagos in den Poblaciones organisiert und entwickelte selbstverwaltete Stadtviertel mit kollektiv erbauten Schulen, Häusern und Gesundheitszentren (das gemeinschaftliche Bauen wird im 8. Lied von *La Población* dargestellt). Für den Historiker Mario Garcés veränderten die Menschen der Poblaciones in den sechziger Jahren »auf relevante Weise die sozialen Beziehungen in der Stadt, indem sie sich als kollektiver Akteur etablierten, der vom Staat als legitimer Gesprächspartner anerkannt wurde«.[50]

Victor Jaras Werk, weit entfernt von den Ambivalenzen innerhalb der Unidad Popular, ermutigt und bestärkt die Option der Poblador@s, ihre Lebensbedingungen eigenständig substanziell und sofort zu verbessern und bringt dieses neue Selbstbewusstsein zur Sprache. Statt von vergangenen Massakern zu sprechen, wertet *La Población* die gegenwärtigen Kämpfe und die Menschen, die sie führen, enorm auf. Sie ist der Höhepunkt der Suche der »Nueva Canción« nach dem »Wir«, das die Utopie ist.

Der grundlegende Schritt, der die materielle Basis für die Entwicklung dieser Gemeinschaft darstellt, ist die organisierte Landbesetzung. Dem entspricht auch die musikalische Sonderstellung, die das Lied *La Toma* (Die Besetzung) innerhalb des Werkes einnimmt. Betrachten wir es also näher.

Im Gegensatz zu dem, was wir in *Juanito Laguna* getan haben, wollen wir den Fokus direkt auf den Klang des Liedes richten. Dabei soll nicht der gesamte kompositorische Aufbau von *La Toma* rekonstruiert werden, vielmehr wollen wir Aspekte betrachten, die uns Aufschlüsse über Faktoren ermöglicht, die ausschlaggebend für den Klang der »Nueva Canción« sind. Wir werden uns deshalb mit den Klangfarben des Stückes und ihrer Organisation befassen. Betrachten wir dafür zunächst kurz den Anfang des Liedes, um anhand seiner Entwicklung das entstehende Klangbild nachzuzeichnen.[51]

La Toma beginnt mit der Aufnahme einer Pobladora, die von der Besetzung berichtet. Unmittelbar nach ihrer Erzählung setzen Cascabel und Bombo Legüero[52] ein. Es passt nichts zwischen das letzte Wort der Frau und der Perkussion, als solle die Kontinuität zwischen realer Erzählung und Musik unterstrichen werden. Zwei Takte lang hören wir nun nur den Puls des 6/8 Taktes. Sodann erklingt Victors Gitarre und schafft mit einem ebenfalls konstanten, rhythmischen Spiel unmittelbar eine dramatische und angespannte Atmosphäre. Diese Spielweise ist tief in der chilenischen Tradition verwurzelt und wird als Toquío bezeichnet. Wieder zwei Takte später setzen Tiple[53] und eine zweite Gitarre ein, die gemeinsam mit zunächst einer und dann zwei Quenas ein Thema entwickeln, das den epischen Charakter der Besetzung zum Ausdruck bringt. Dies ist das klangliche Gerüst, zu dem dann noch die einzelnen Stimmen der Solisten und des Chors hinzukommen.

Toquío, Cascabel und Bombo Legüero sind die rhythmisch-harmonische Basis des Stückes, sie spielen unbeirrt dasselbe rhythmische Muster mit wechselnden Akkorden das gesamte Lied hindurch. Man kann sich ihre Funktion so vorstellen, dass es durchaus möglich wäre, den Text nur zu ihrer Begleitung zu singen.

Dazu kommen zeitgleich eine zweite Gitarre und ein Tiple, ein Saiteninstrument aus der Andenregion Kolumbiens, das einen hellen, metallischen Klang hat und zuweilen an ein Cembalo erinnert. Gemeinsam mit den uns schon aus *Juanito Laguna* bekannten Quenas, bilden sie eine Einheit, die auf der Grundlage der rhythmischen Basis das erste musikalische Thema des Stückes entwickelt (von Minute 01:07 bis 01:47).

Was uns nun vorrangig interessiert, ist das Verhältnis zwischen diesen beiden Klanggruppen innerhalb des Stückes. Denn während Toquío und Perkussion von ihrem Klang her völlig in der Tradition der Folklore stehen, beruht die progressive rhythmisch-harmonische Struktur der anderen Gruppe, die sich auf der Grundlage einer einfachen Phrase entwickelt, auf Kompositionstechniken, die der europäischen sogenannten »ernsten« Musik entstammen.[54]

Ebenso von diesem Wissen geprägt ist die Organisation der einzelnen musikalischen Themen, in der sonatenhaft einzelne Motive wiederholt und in verschiedenen Kombinationen verbunden werden.[55] In der komplexen Struktur von *La Toma,* die weit über die noch heute gängigen Formate von Liedern hinausreicht, finden sich drei Ebenen der Erzählung, die sich in wechselnden Reihenfolgen ablösen. Sie stellen kollektives Handeln, einzelne Gedanken und Erfahrungen sowie zwei gesprochene Szenen dar, die die Geschichte des Mädchen Herminda[56] aufgreifen. In passgenauer Abstimmung mit der Musik sind sie nach einem Montageprinzip angeordnet, was das Epische der Unternehmung herausstreicht und die HörerInnen mitreißt.

Doch obwohl die Kompositionstechniken der »ernsten« Musik das Stück derart strukturieren, ist das Verhältnis zwischen den beiden Klanggruppen, die wir definiert haben, keineswegs eines der Dominanz. Vielmehr ist zu beobachten, dass sich aus der Gruppe, die aus Tiple, zweiter Gitarre und den Quenas besteht, die Instrumente immer wieder aus ihrem eine Einheit bildenden Zusammenspiel lösen, um sich in die Klanggruppe des Toquío zu integrieren.[57] Am interessantesten jedoch sind die Momente, in denen die klanglichen Einheiten weniger eindeutig markiert sind. Diese finden wir kurz vor den Wechseln des Instrumentalparts (Thema 1) in die gesungenen Passagen (Thema 2 und Thema 5). Ab dem Zeitpunkt in dem die Quenas aufhören wie Bläser in einem Orchester Töne in Funktion der Progression zu setzen (ab 01:30) und beginnen kurze Melodien zu spielen, verändert sich der stilistische Charakter der Progression. Von der strengen, schmucklosen Formalität, die in Funktion des dramatischen Aufbaus stand, wendet sie sich dem Toquío zu, was sehr deutlich an den Variationen und Verzierungen im Spiel des Tiples zu hören ist. Dort angelangt transportiert jedoch der konstante Arpeggio[58], in den der Tiple verfällt (ab 01:47), wieder etwas von der Klangqualität des ersten Themas.

In diesen Passagen, in denen die Kompositionstechniken die Ausdruckskraft des Toquío erweitern und vergrößern, kristallisiert sich ein langer Prozess der kollektiven Suche nach einer neuen musikalischen Ausdrucksform heraus.

In diesem Sinne ist *La Toma* eine doppelte Besetzung. Sie schildert nicht nur die Inbesitznahme städtischen Raumes durch die Poblador@s, sondern bringt auch die Aneignung eines Wissens durch die »Nueva Canción« zum Ausdruck, das bis zu diesem Zeitpunkt überwiegend der Musik der herrschenden Klassen vorbehalten war.[59]

Dieser Zugriff ist jedoch nicht das einzige Merkmal dieses neuen Klanges. Ein sehr wichtiger Aspekt ist die spezifische Rolle von Quena und Tiple innerhalb des gerade besprochenen Verhältnisses zwischen Toquío und »ernster« Musik.

Wie wir gesehen haben, übernehmen sie in der Instrumentierung von *La Toma* eine vermittelnde Funktion zwischen der Tradition der Poblador@s, die im Toquío ausgedrückt ist, und den neuen Erfordernissen der Musik der »Nueva Canción«. Während Victor Jaras Spiel eine Weiterentwicklung der chilenischen Gitarre ist, sind Tiple und vor allem Quena so gut wie losgelöst von ihrer musikalischen Vergangenheit.

Um dies zu verstehen, müssen wir etwas weiter ausholen. Im Gegensatz zu den meisten Bewegungen der »Nueva Canción Latinoamericana«, die sich auf klangliche Ensembles aus ihrer unmittelbaren Tradition berufen[60], finden die in Chile entstandenen Formationen in der »Nueva Canción« keine wirkliche Fortführung. Viel mehr werden neue Klangformationen entwickelt, die sich aus Instrumenten verschiedener Kulturkreise zusammensetzen. Quena und Tiple sind solche Instrumente.

Ausschlaggebend für die Selbstverständlichkeit, mit der schon Violeta Parra Mitte der sechziger Jahre das Cuatro Venezolano zu einem charakteristischen Instrument ihrer letzten Schaffensphase machte (und sich dabei wenig um die traditionelle Spielweise des Cuatro sorgte), ist meiner Ansicht nach ein Selbstverständnis, das wir auf einer anderen Ebene schon erwähnt haben. Es handelt sich um den »Lateinamerikanismus«, der wie gesagt – ausgehend von der Erfahrung der Befreiungskriege gegen Spanien zu Beginn des 19. Jahrhunderts und den Gemeinsamkeiten der Völker »Lateinamerikas« – als Grundlage für einem gemeinsamen Kampf gegen die Abhängigkeit von Europa und den USA angesehen wird. Das ist der Hintergrund für die Aussage im »Nuevo Cancionero« Argentiniens, die Bewegung würde »die Kommunikation, den Dialog und den Austausch mit Künstlern und ähnlichen Bewegungen im Rest Amerikas suchen«, oder wenn einer der Mitglieder »Inti-Illimanis« eine bestimmte nationalistische Entwicklung innerhalb der chilenischen Folklores ablehnt, weil sie sein lateinamerikanistisches Empfinden verletze.[61]

Die Verwendung des Tiples – das von Inti-Illimani 1971 aus Kolumbien gebracht wurde und Victor Jara sofort zum Charakteristikum seiner neuen Kompositionen machte – beruht auf diesem Verständnis. Ein kolumbianisches Instrument ist aus dieser Sicht auch ein »lateinamerikanisches« und wird als Teil der eigenen Identität verstanden. So verband Victor Jara den Tiple mit »chilenischen« Traditionen wie den »Trote Nortino«[62] oder der Spielweise des »Guitarrón chileno« (Großes Saiteninstrument, gehört zu den ältesten Instrumenten Chiles).[63]

Die Verwendung der Quena stellt ein weit komplexeres Phänomen dar. Wir können hier nicht besonders detailliert die verschiedenen Kräfte beschreiben, die darin eine Rolle spielen. Ich denke aber, dass es möglich ist bestimmte Strömungen auszumachen, die, in ihrem sorgfältig bestimmten Verhältnis, wesentlich für das Verständnis des Klanges der »Nueva Canción« sind.

Dazu müssen wir zunächst festhalten, dass die Andenmusik eine besondere Rolle in der Entwicklung der »Nueva Canción« spielt. Sie stellt, neben der argentinischen Folklore, gewissermaßen die erste »Quelle« außerhalb der nationalstaatlichen Grenzen dar. Während der Protagonismus der Gitarre in Argentinien ähnlich ausgeprägt ist wie in Chile, finden sich jedoch in der Andenmusik eine Reihe von Instrumenten wie Charango und Siku[64], die von der »Nueva Canción« übernommen werden und ihren Klang charakterisieren.[65] Darüber hinaus gibt es auch eine Serie von Rhythmen und Formen, die adaptiert werden. Es handelt sich dabei um Musik, die oft Teil von religiösen Zeremonien oder aufwendigen Festen ist und die von einer großen Zahl von Musikern gespielt wird. In den Adaptionen der »Nueva Canción« wird diese auf die Formate kleiner Ensembles gebracht. Statt sechzig Sikus klingen in den Stücken der »Nueva Canción« eine oder zwei.

Bei diesem tiefem Zugriff auf eine musikalische Strömung, die sehr viel mehr mit Peru und Bolivien in Verbindung gebracht wird als mit dem Norden Chiles, dürfte der Lateinamerikanismus – wie im Fall des Tiple – eine nicht unwesentliche Rolle gespielt haben. Im Unterschied zu diesem haben jedoch die Instrumente der Andenmusik eine Geschichte, die unmittelbar mit den indigenen Kulturen des Inka-Reiches verbunden ist. Als solches symbolisieren diese Instrumente die vorkoloniale Vergangenheit auch über die geographischen Grenzen des historischen Inka-Reiches hinaus und stehen, aus einer bestimmten Perspektive, für einen wichtigen Teil der eigenen Herkunft. Denn um sich von Europa abzugrenzen, wie es die emanzipatorischen Bewegungen des 20. Jahrhunderts anstrebten, war es für die Konstruktion des Selbst notwendig, auf diesen historischen Unterschied zwischen sich und Europäern zu bestehen.

Um nun zu verstehen, warum in *La Toma* die indigene Vergangenheit der Quena (also ihre traditionelle Spielweise, ihr Klang und sogar ihre Beschaffenheit, denn um die Quena in solche Klang-Ensemble wie die der »Nueva Canción« zu integrieren, musste ihre Bauweise modifiziert werden) in einer überwiegend von Mestizen[66] durchgeführten Besetzung nicht wahrgenommen wird, ist es notwendig, den Verlauf dieser soeben beschriebenen Konstruktion etwas näher zu betrachten.

Walter Mignolo (2007 [2005]) hat gezeigt, dass der Begriff »Lateinamerika« ursprünglich auf eine Initiative der Kolonialmacht Frankreich zurückgeht, die dem »angelsächsischen Amerika« etwas entgegenzusetzen suchte. Er wurde schnell von den Criollo-Eliten der Karibik und Südamerikas übernommen und spielte eine wichtige Rolle bei der Durchsetzung einer hegemonischen Vorstellung über das »lateinamerikanische Wesen« der neuen Nationalstaaten.

In dieser Vorstellung, auf die sich auf sehr unterschiedliche Weisen praktisch alle Bewegungen – die in nationalstaatlichen Kategorien dachten und denken – beziehen, spielt, wie schon angedeutet, das Verhältnis zum indigenen »Anderen« eine wesentliche Rolle. Enrique Luengo (1998) hat dargestellt, wie sich die verschiedenen Diskurse, die versuchen eine lateinamerikanische Identität zu definieren, zwischen zwei historischen Tendenzen bewegen: Die eine, offen rassistisch, knüpft direkt an die koloniale Spaltung zwischen zivilisiertem Europäer und barbarischen Indio. Für sie steht exemplarisch der argentinische Präsident (1868–1874) Sarmiento, der für eine Ausrottung der indigenen Bevölkerung eintrat, weil er sie als »Hindernis« auf dem Weg zum »Fortschritt« betrachtete.

Die andere Tendenz, die als grundlegend für das Denken des chilenischen Projekts der Unidad Popular angesehen werden kann, vertritt eine klar gegensätzliche Position. Ohne die Entwicklungen dieser zweiten Tendenz, hier im einzelnen nachzuzeichnen, streben Luengo zufolge die emanzipatorischen nationalen Projekte Süd- und Mittelamerikas eine Homogenisierung der Identität an, in der »das Indigene« explizit mit aufgenommen werden soll. Von der Vorstellung der »Auflösung der Rassen« bei Martí über die »kosmische Rasse« Vasconcelos bis zum »Mestizen Amerika« Fernández Retamars ist in diesem Moment des Einschlusses des indigenen Erbes allerdings auch immer die gleiche Bewegung zu beobachten: »das Indigene« soll Bestandteil der lateinamerikanischen Identität sein, um sich in ihr »aufzulösen«.[67]

In den marxistischen Varianten des Lateinamerikanismus finden wir diesen Moment sehr deutlich im Programm der Sozialistischen Partei Perus, das 1928 vom auch in Chile einflussreichen Denker José Carlos Mariátegui verfasst wurde. Dort heißt es zum Abschluss:

> »Und die Massen der Arbeiter in der Stadt, auf dem Land und in den Minen sowie die indigene Bauernschaft, deren Interessen und Bestrebungen wir repräsentieren, werden sich diese Forderung und diese Doktrin [des Parteiprogramms, P. E.] zu eigen machen wissen, für sie beständig und mit großem Einsatz kämpfen und so, durch diesen Kampf, den Weg finden, der zum endgültigen Sieg des Sozialismus führt.
>
> Es lebe die Arbeiterklasse Perus!
> Es lebe das Weltproletariat!
> Es lebe die soziale Revolution!«

Mariátegui lässt in seiner Aufzählung der »Massen der Arbeiter« einen großen Teil der indigenen Bevölkerung aufgehen, die er nur noch als »indigene Bauernschaft« explizit benennt. Auch diese verschwinden, vielleicht weil sie sich »die Doktrin des Programms zu eigen machen wissen«, im Begriff der peruanischen Arbeiterklasse. Im »Indoamerikanischen Sozialismus« Mariáteguis werden die indigenen Völker Perus aus ideologischen Gründen proletarisiert, ähnlich wie es später die kommunistische Partei Chiles mit der in die Stadt gezogenen Landbevölkerung getan hat.

Auch wenn Chile nicht Peru ist und 1928 nicht 1972, sind die Gemeinsamkeiten doch groß genug, um zu vermuten, dass die Abkopplung von ihrer kulturellen Vergangenheit, die wir bei den Quenas in *La Toma* festgestellt haben, mit der Tatsache zu tun haben, dass »das Indigene«, gemessen an den Idealen des sozialistischen Fortschritts, als kulturell rückständig betrachtet wird. Der Lateinamerikanismus, der den MusikerInnen der »Nueva Canción« ermöglicht mit großer Selbstverständlichkeit auf Instrumente und musikalische Formen außerhalb der nationalstaatlichen Grenzen Chiles zuzugreifen, transportiert als Konstante eine Form des Ausschlusses der indigenen Welt, die im Grunde eine Variante der Dichotomie »Europäer«/»Nicht-Europäer« ist und die durch die Orientierung der südamerikanischen Marxismen am westlichen Fortschrittsmythos noch verstärkt wird. In der musikalischen Suche nach dem neuen Selbst findet sich in den Tönen der Quena innerhalb des Klangbildes, das den Moment der Überschreitung der gesellschaftlichen Hierarchien und Grenzen darstellt, das Prinzip gegen das man sich grundsätzlich wendet. In dem utopischen »Wir« der Poblador@s wird »das Indigene« lateinamerikanisch-proletarisch. Die Quena hat keine musikalische Vergangenheit in *La Toma*, weil sie politisch nur Zukunft sein kann.

Um die Analyse von *La Toma* abzuschließen, müssen wir noch auf einen Aspekt eingehen, der mit den Stimmen des Liedes zusammenhängt. Es ist sehr deutlich, dass Victor Jara in *La Población* weiblichen Erfahrungen und Perspektiven einen großen Raum gibt. Wie gesagt sind alle Aufnahmen, in denen von der Besetzung erzählt wird, Erinnerungen von Frauen. Dies entspricht der herausragenden Rolle, die diese in den Besetzungen tatsächlich hatten, sowohl als treibende Kraft bei der Organisation, wie in der gewaltsamen Auseinandersetzung mit den Repressionsorganen.[68]

Die Verwendung ausschließlich männlicher Stimmen in dem Lied, das den Akt der Besetzung darstellt, steht somit im Widerspruch zum tatsächlichen Verlauf der Dinge. Wenn man den Text der einzelnen Strophen untersucht, ist es zwar so, dass sie an keiner Stelle explizit einem Mann oder einer Frau zugeordnet werden können. Durch die männlichen Stimmen der Solisten und des Chors sowie der gespielten

Szenen wird jedoch das Bild erzeugt, dass die Handlung, die die Voraussetzung für die neue Lebensgrundlage der Pobladdor@s darstellt, eine rein männliche Angelegenheit ist. Wenn wir bedenken, dass diese Lieder eine Form der Weiterleitung von Wissen darstellen, können wir hier einen Moment der Reproduktion und Stabilisierung eines wesentlichen Aspekts traditioneller Konstruktion von Männlichkeit – wie es die Eroberung (und Verteidigung) von Territorium ist – erkennen. In der Erzählung des utopischen »Wir« schleichen sich alte Bekannte ein.

Wenn wir bedenken, dass die MusikerInnen der »Nueva Canción« danach streben, die Empfindungen und Träume des Volkes auszudrücken, Teil seines »kollektiven Bewusstseins« zu werden, dann sind die Transformationen und Zuschreibungen, die wir gerade beschrieben haben, mehr als problematisch. Als Waffe in einem Kampf gegen Unterdrückung und kulturelle Dominanz transportieren sie Hierarchien und Zäsuren, die aus dem Arsenal dessen stammen gegen das die Bewegung aufbegehrt.

Entscheidend ist aber, dass eine erneute Etablierung dieser Ordnung keine ausgemachte Sache ist. Es ist die prinzipielle Offenheit von *La Población*, die sie als Instrument zur Schaffung von Gegensubjektivität auszeichnet. Denn trotz der beschriebenen Problematik, ist die Schaffung der Gemeinschaft der Población insofern inklusiv, als sie von der Erfahrung des Ausschlusses ausgeht, um sich zu konstituieren. Im ersten Lied von *La Población* singt Isabel Parra, Tochter Violetas, den Monolog einer Frau, die sich erstaunt fragt, wie es kommen konnte, dass sie sich verliebt hat. Ihre Verwunderung rührt von der Tatsache, dass es für sie »keinen Raum auf dieser Welt gibt«. In diesem in seiner entwaffnenden Einfachheit nur sehr unzureichend zu übersetzenden Text wird ein Ausgangspunkt gesetzt, der treffender die Subalternität und das Ausgeschlossen-Sein nicht definieren kann: Ein Mensch der sich wundert, dass er eine grundsätzliche menschliche Regung verspürt, weil so etwas für ihn nicht vorgesehen ist.

Sehr kurze Zeit nach dem Bekanntwerden von *La Población*, erhielt Victor von der größten Bauernorganisation Chiles die Anfrage, ob er nicht auch ihre Geschichte, die im wesentlichen im Kampf der Mapuche[69] um die Bewahrung ihrer Lebensformen bestand, in Lieder fassen könne. Nach dem, was über das Projekt bekannt ist, sollte die Mapuche Kultur im Zentrum der Auseinandersetzung stehen. Es war sein wichtigstes Projekt bis September 1973.[70]

Mit *La Población* schafft Victor eine Arbeit, die die Empfindungen, Wünsche und Handlungen der Akteure legitimiert. Er stellt ihre Stärke dar, die in der eigenständigen und selbstbestimmten Veränderung ihrer Lebensbedingungen besteht.

Die Pobladores werden zu Akteuren ihrer Geschichte, indem sie die für sie vorhergesehenen Grenzen überschreiten. *La Población* archiviert diese Erfahrung und zwar nicht nur auf sprachlicher Ebene, sondern auch und gerade auf der Ebene der Emotionen. Lieder sind in der Lage beides zu vermitteln, sie fordern sowohl die offiziellen Erzählungen heraus indem sie Anderes zu berichten wissen, wie sie auch Empfindungen und Handlungen für die Hörerinnen und Hörer vorleben. Die Figuren der Lieder werden hier zu Stellvertretern, die durch ihre Handlungen mobilisieren.

La Población ist also nicht nur ein Stück Geschichte der Poblador@s für die Poblador@s, sondern es vermittelt ihre Erfahrung auch an andere Gruppen, die die Musik der »Nueva Canción« hören. Victor verschiebt somit die Grenzen der Bewegung, sowohl im Hinblick auf die Vielfalt ihrer Akteure – indem er die Poblador@s gegen bestehende Zweifel als wichtige Akteure innerhalb der Bewegung etabliert – wie auch indem er ihre Aktionsmöglichkeiten erweitert. Die kulturelle Produktion ist nicht nur aktiv an der Gestaltung der Bewegung beteiligt, sondern nimmt in der Erweiterung ihrer Möglichkeiten eine Vorreiterrolle ein. Auch wenn die vorgestellte Art der Gemeinschaft große Herausforderungen mit sich bringt, die den Altlasten dieser Vorstellungen geschuldet sind, liegt die zentrale Bedeutung von *La Población* in der Deutlichmachung, dass es eine andere Zukunft geben kann. Der Entwurf dieser Zukunft muss beständig in Frage gestellt werden. Aber es spricht sehr vieles dafür, das ein anderer gefunden werden muss. In *La Toma* heißt es:

Por qué el destino nos da (Warum bürdet uns das Schicksal)
la vida como castigo? (das Leben als Strafe auf?)
Pero nadie me acobarda, (Niemand wird mir den Mut rauben,)
si el futuro está conmigo! (wenn die Zukunft auf meiner Seite ist!)

Literatur

Acevedo, Claudio et al.: Victor Jara: Obra musical completa, Santiago de Chile 1996.

Anderson, Benedict: Die Erfindung der Nation. Zur Karriere eines folgenreichen Konzepts, Frankfurt/New York 1996 [1988].

Baker, Geoffrey: Imposing Harmony. Music and Society in Colonial Cuzco, Durham/London 2008.

Cifuentes, Luis: Fragmentos de un sueño. Inti-Illimani y la generación de los 60, Santiago 1998; Zweite Ausgabe für das Internet (1999), siehe: http://www.cancioneros.com/co/3719/2/fragmentos-de-un-sueno, gesehen am 06. Juni 2013.

Córdoba, Luís: »Nunca se podrá evitar que las nuevas generaciones pidan la palabra y la guitarra«, in: Nota Revista Folklore (Juli 1972).

Dijk, Teun A. Van: Racism and discourse in Spain and Latin America, Amsterdam/Philadelphia 2005.

Garcés, Mario D.: Tomando su sitio. El movimiento de pobladores de Santiago, 1957–1970, Santiago 2002.

Garcés, Mario D.: »Construyendo »las poblaciones«: el movimiento de pobladores durante la Unidad

Popular«, in: Pinto Vallejos, Julio (Hrsg.): Cuando hicimos historia. La experiencia de la Unidad Popular, Santiago 2005.
Jara, Joan: Das letzte Lied. Das Leben des Victor Jara, München 2000.
Luengo, Enrique: »La otredad indígena en los discursos sobre la identidad latinoamericana«, in: Anales, Nr. 1, 1998, Seite 37-54.
Mello, Chico: Mimesis und musikalische Konstruktion, Aachen 2010.
Mignolo, Walter D.: La idea de América Latina. La herida colonial y la opción decolonial, Barcelona 2007 (2005).
Moulian, Tomás: Fracturas. De Pedro Aguirre Cerda a Salvador Allende (1938–1973), Santiago 2006.
Neruda, Pablo: Confieso que he vivido, Barcelona 1995 (1974).
Neruda, Pablo: Ich bekenne, ich habe gelebt, Memoiren, Frankfurt 1989.
Ríos, Fernando: La Flûte Indienne: The Early History of Andean Folkloric-Popular Music in France and its Impact on ›Nueva Canción‹, in: Latin American Music Review, Volume 29, Nummer 2, 2008, Seite 145-181.
Said, Edward: Kultur und Imperialismus, Frankfurt am Main 1994.
Tejada Gomez, Armando: Manifiesto del Nuevo Cancionero Argentino, 1963, siehe: http://www.mercedessosa.com.ar/arcon/nuevocancionero.htm, gesehen am 23. August 2012.
Urrutia, Cecilia: »La historia de las poblaciones callampas«, in: Nosotros Los Chilenos, halbmonatige Publikationsreihe, Band 11, Februar 1972.
Zibechi, Raúl: Territorien des Widerstands. Eine politische Kartographie der urbanen Peripherien Lateinamerikas, Siegen 2011 (2008).

Anmerkungen

1 Ich verwende die Begriffe der Popularmusik und der Folklore um mich auf zwei verschieden Etappen zu beziehen. Normalerweise meine ich mit Folklore die anonymen musikalischen Traditionen, mit Popularmusik die moderneren, meist urbanen Fortführungen derselben. Die Grenzen zwischen beiden sind jedoch fließend.

2 Um eventuelle Missverständnisse gleich aus dem Weg zu räumen, möchte ich deutlich machen, dass ich den Begriff der Utopie in einem umgangssprachlichen Sinne benutze, was natürlich nicht bedeutet, dass ich mir nicht über seine Problematik bewusst bin. Hier meine ich im allgemeinen das politische Projekt der Unidad Popular, das zwischen 1970 und 1973 in Chile unter der Regierung Salvador Allendes das Ziel verfolgte, einen friedlichen Weg zum Sozialismus einzuleiten. Ökonomische Hauptpunkte dieses Projekts waren die Verstaatlichung der nationalen Ressourcen, die vor allem in US-amerikanischer Hand waren, um weitreichende soziale Maßnahmen zu finanzieren, eine tiefgehende Agrarreform sowie die Enteignung monopolistischer Betriebe, die für die Grundversorgung der Bevölkerung von hohem strategischem Wert waren.

3 Ich meine damit vor allem eine sequenzanalytische Bearbeitung der Lieder, in der Text und Musik als eine Sequenz aufgefasst werden, die es komplett durchzuarbeiten gilt. Da diese einen Raum beansprucht, der hier bei weitem den Rahmen sprengen würde, muss ich mit Straffungen und Ergebnissen der Analysen arbeiten.

4 Said, Edward W.: »Kultur und Imperialismus. Einbildungskraft und Politik im Zeitalter der Macht«, Frankfurt am Main 1994: Seite 14, 16.

5 Wie wir sehen werden, ist es nicht möglich über die Nueva Canción zu sprechen, ohne weit über die Grenzen Chiles hinauszugehen. Jeder Aspekt, der hier besprochen wird, ist Teil eines langwierigen Prozesses, der konstitutiv für die Nueva Canción ist.

6 Said: a. a. O.

7 Im Dezember 1904 formulierte der damalige Präsident der USA in seiner Jahresbotschaft an den Kongress: »Wenn eine Nation zeigt, dass sie vernünftig und mit Kraft und Anstand in sozialen und politischen Fragen zu handeln versteht, dass sie Ordnung hält und ihre Schulden bezahlt, dann

braucht sie keine Einmischung von Seiten der Vereinigten Staaten zu befürchten. Ständiges Unrecht tun oder ein Unvermögen, welches hinausläuft auf eine Lockerung der Bande der zivilisierten Gesellschaft, mag in Amerika wie anderswo schließlich die Intervention durch irgendeine zivilisierte Nation fordern und in der westlichen Hemisphäre mag das Festhalten der Vereinigten Staaten an der Monroe-Doktrin sie in flagranten Fällen solchen Unrechtstuns oder Unvermögens, wenn auch wider ihren Willen, zur Ausübung einer internationalen Polizeigewalt zwingen.« (Quelle: Univ. Bern 1957).

8 So lässt sich zum Beispiel in der chilenischen Zeitung El Mercurio vom 24. Mai 1859 lesen: Die Menschen wurden nicht geboren, um wie die wilden Tiere des Dschungels nutzlos vor sich hin zu leben, ohne Gewinn für die menschliche Gattung; und eine Verbindung von derart barbarischen Barbaren wie den Pampas oder den Araukanern ist nicht mehr als eine Horde von Raubtieren, die dringend an die Kette gelegt oder vernichtet werden müssen, im Interesse der Menschheit und dem Wohlergehen der Zivilisation (zitiert nach van Dijk, Jan: »The Deepening divide, Inequality in the Information Society«, Thousand Oaks, CA 2005, Seite 125, meine Übersetzung).

9 Das bedeutet natürlich nicht, dass die Kategorien Klasse und Geschlecht keine Rolle spielen. Rasse/Ethnie ist aber eine entscheidende Kategorie, die sich überall in Südamerika findet und strukturell verbunden ist mit Klasse und männlicher Herrschaft und Sexismus. Dieses Prinzip der Hierarchisierung nach Hautfarbe ist ein generelles Prinzip und greift in den meisten Situationen der meisten südamerikanischen Länder. (Vgl. van Dijk: a. a. O., Seite 90).

10 Vgl. van Dijk: a. a. O., Seite 83 ff.

11 Um genau zu sein, gibt es viele Vorläufer dieser Bewegungen. In dieser Massivität, Radikalität und Reichweite jedoch stellen sie zweifelslos etwas neues dar.

12 Ich meine damit vor allem eine Richtung, die in den sehr stark von den Literaturwissenschaften geprägten Postkolonialen Theorie zu finden ist.

13 Quellen: Für Brasilien, Ministério da Agricultura, Indústria e Comércio: Censo Demográfico de 1890 (Volkszählung 1890). Für Chile, »Estudio de Comportamiento Lector« vom 14.12.2011, Consejo de la Cultura y el Centro de Microdatos de la Universidad de Chile (Studie über die Lesefähigkeit, durchgeführt von der chilenischen Staatsuniversität).

14 Neruda, Pablo: »Confieso que he vivido«, Barcelona 1995 (1974), Seite 385, meine Übersetzung.

15 Said bezieht sich dabei auf das Konzept der »Imagined Comunity« von Benedikt Anderson. Die vorgestellte Gemeinschaft ist deshalb vorgestellt, weil ihre Mitglieder »die meisten anderen niemals kennen, ihnen begegnen oder auch nur von ihnen hören werden, aber im Kopf eines jeden die Vorstellung ihrer Gemeinschaft existiert.« (Anderson 1996: 15) Der entscheidende Vorteil dieses Begriffs ist, dass Gebilde wie Nationen bzw. Gruppe die nationale Projekte verfolgen, nach der »Art und Weise, in der sie vorgestellt werden, betrachtet werden können, in: Said: a. a. O., Seite 16, 294.

16 Das Lateinamerika ein Begriff ist, der ursprünglich von Frankreich ausging, um dem angelsächsischen Amerika etwas entgegenzusetzen, ist an diesem Punkt nicht so wichtig. Zentral ist, wofür Lateinamerika für die »Nueva Canción« stand.

17 Um nicht immer den langen Titel des Liedes schreiben zu müssen, verwende ich den Namen Juanito Laguna in kursiven Buchstaben als Kürzel. Andernfalls ist Juanito selbst gemeint. Ebenso verwende ich, wie in Südamerika üblich, oft nur den Vornamen der KünstlerInnen.

18 Eine Stimme für den Weg war eine der vielen LP's, die im Zusammenhang mit politischen Projekten herausgebracht wurden. Inti-Illimani nahm zum Beispiel auch Canto al Programa auf, in dem das Wahlprogramm der Unidad Popular erklärt wurde.

19 Cifuentes, Luis: »Fragmentos de un sueño. Inti-Illimani y la generación de los 60«, Santiago 1998, Kap.5.

20 Es ist hier natürlich in jedem Fall von Vorteil, die Aufnahme des Liedes zu hören. In Zeiten von Youtube ist dies auch kein Ding der Unmöglichkeit.

21 Quintana, H. L.; Cosentino, R.: Version von Inti-Illimani, 1968.

22 Ein Rhythmus aus der südargentinischen Folklore, ursprünglich ein Tanz der Landarbeiter und Viehhirten.

23 Juanito ist die Verkleinerungsform des Namens Juan, ein außerordentlich geläufiger Name in Süd-

amerika. Er wird in vielen Liedern, Redewendungen und Erzählungen benutzt, wenn eine Person aus dem einfachen Volk beschrieben werden soll (Juan-sin-tierra (Juan-ohne-Land), el indio Juan (Juan der Indio) etc.).

24 Cueca del Regreso von Alfredo Zitarrosa.

25 Neruda, Pablo: Canto General, (dt. Der große Gesang, wörtlich jedoch allgemeiner Gesang).

26 Siehe Fußnote 15: Said bezieht sich dabei auf das Konzept der »Imagined Comunity« von Benedikt Anderson.

27 Die Quena ist die wohl am weitesten verbreitete Flöte aus dem Bereich der Andenmusik. Sie wird traditionell aus Rohr gefertigt, demselben Rohr (caña) in dem Juanitos Name der ersten Strophe sich befindet (der cañada). Schilf ist zwar eine treffende Übersetzung, eine Quena wird jedoch aus deutlich stärkerem Material hergestellt, das eher dem Bambus ähnelt.

28 Alle noch zu erwähnenden Personen: Mercedes Sosa, Antonio Berni, Hamlet Lima Quintana, Antonio Tejada Gomez, Patricio Manns.

29 Hierbei ist vielleicht ein Hinweis angebracht, der auch für andere Elemente dieser Arbeit gilt. Da jede LeserIn über eine Erfahrung verfügt, die sie in ihr Verständnis dieses Textes einbringt, möchte ich darauf hinweisen, dass die Unterschiede zwischen den kommunistischen Parteien der verschiedenen Länder beträchtlich sein können. Da dies meiner Ansicht nach gerade auf Chile und Deutschland zutrifft, möchte ich darauf hinweisen, dass die KP in Chile, was ihre Verankerung im kulturellen Leben des Landes und der Breite ihrer Akzeptanz in der Bevölkerung angeht, am ehesten mit Italien verglichen werden kann.

30 Damit meine ich, in Anlehnung an Antonio Gramsci, diejenigen, die die Erfahrungen und das Empfinden einer größeren Gruppe innerhalb der Gesellschaft artikulieren und vermitteln können.

31 Ich bat einmal einen befreundeten chilenischen Soziologen, der in Argentinien gelebt hatte, mir eine bestimmte Position des Peronismo (der einflussreichsten politischen Strömung Argentiniens) zu erklären. Er begann seinen Versuch mit dem Satz »Es gibt komplizierte Dinge und es gibt die argentinische Linke...« Ich werde noch etwas zur kommunistischen Partei Chiles sagen, für einen Einstieg in die argentinische Debatte über Peronismo und der kommunistischen Partei Argentiniens halte ich den Text: »La compleja relación entre el Partido Comunista Argentino y el peronismo (1943–1955)«, von Prof. Andrés I. Gurbanov 2008, für lesenswert.

32 Juanito Laguna. La obra pictorica de Antonio Berni interpretada por Cesar Isella.

33 Der Großraum Buenos Aires (Gran Buenos Aires) ist das Ballungsgebiet um die argentinische Hauptstadt herum. Er erstreckt sich über 100 km am Río de La Plata und ist außerhalb der eigentlichen Stadt und der sie umgebenden Industrie sehr ländlich geprägt.

34 Man beachte, dass das Gemälde nach der Aufnahme des Liedes gemalt wurde.

35 Der vollständige Text befindet sich auf der Internetseite von Mercedes Sosa, siehe: http://www.mercedessosa.com.ar/arcon/nuevocancionero.htm.

36 Peñas waren Orte an denen man, oft gegen Eintritt, Live-Musik hören konnte. Es gab einfache Gerichte und Getränke. Man kann sie sich als eine Mischung aus Kneipe und Fete vorstellen. Peñas gibt es heute noch in Chile, in der Zeit der »Nueva Canción« waren sie jedoch ein zentraler Ort der Begegnung an den Universitäten und fester Bestandteil des Nachtlebens Santiagos. In den bekannten Lokalen wie der Peña de los Parra musste man Schlange stehen, um einen Platz zu ergattern.

37 Neruda, Pablo: »Ich bekenne, ich habe gelebt«, Frankfurt am Main 1989 (1974), Seite 234.

38 Der kubanische Sänger Pablo Milanés, der eine sehr einflussreiche Stimme innerhalb der »Nueva Canción Latinoamericana« war, drückte dies in dem Lied Pobre del Cantor (Weh dem Sänger) (1967–68) so aus: »Pobre del cantor de nuestros días/ que no arriesgue su cuerda/ por no arriesgar su vida« (Wehe dem Sänger unserer Tage/ der seine Saiten nicht riskiert/ um sein Leben nicht aufs Spiel zu setzen).

39 Jara, Joan: »Das letzte Lied. Das Leben des Victor Jara«, München 2000, Seite 215 f.

40 Moulian, Tomás: »Fracturas. De Pedro Aguirre Cerda a Salvador Allende (1938–1973)«, Santiago 2006, Seite 13.

41 Urrutia, Cecilia: »La historia de las poblaciones callampas«, in: Nosotros Los Chilenos, halbmona-

tige Publikationsreihe, Band 11, Februar 1972, Seite 73.

42 Garcés, Mario D.: Construyendo ›las poblaciones‹: el movimiento de pobladores durante la Unidad Popular, in: Pinto Vallejos, Julio (Hrsg.): »Cuando hicimos historia. La experiencia de la Unidad Popular«, Santiago 2005, Seite 57.

43 Zibechi, Raúl: »Territorien des Widerstands. Eine politische Kartographie der urbanen Peripherien Lateinamerikas«, Siegen 2011, Seite 35.

44 Garcés, Mario D.: Construyendo ›las poblaciones‹: el movimiento de pobladores durante la Unidad Popular, in: Pinto Vallejos, Julio (Hrsg.): »Cuando hicimos historia. La experiencia de la Unidad Popular«, Santiago 2005, Seite 59.

45 Urrutia: a. a. O., Seite 69–70.

46 Acevedo, Claudio et al.: »Victor Jara: Obra musical completa«, Santiago de Chile 1996, Seite 50.

47 Vgl. Acevedo: a. a. O., Seite 48 f.

48 Diese prinzipiell negative Sicht auf die Potenziale der Poblador@s in ihren heutigen Bezeichnungen als »Prekarisierte«, »Subalterne«, etc. findet sich auch bis heute in weiten Teilen der Sozialwissenschaften, die sie entweder stigmatisieren oder als Opfer sehen. Ihnen wird die Fähigkeit abgesprochen, autonome Subjekte zu sein, unfähig, einen eigenen Diskurs zu formen. (S. d. Zibechi: a. a. O., Seite 21ff).

49 Vgl. Garcés 2002: a. a. O., Seite 420.

50 Garcés: a. a. O., Seite 424.

51 Ich lege nochmals nahe, sich die Musik, über die wir hier sprechen auch anzuhören. Um dabei eine bessere Orientierung zu ermöglichen, habe ich an einigen Stellen Zeitreferenzen beigefügt. Siehe: Victor Jara: La Toma, 16. März 1967.

52 Cascabel (Schellen) und Bombo Legüero sind zwei relativ einfache Perkussionsinstrumente, die aus der Tradition der Viehhirten kommen. Im Gegensatz zum universellen Cascabel, ist der Bombo Legüero eine Trommel aus dem Norden und Nordosten Argentiniens und wesentlicher Bestandteil der argentinischen Folklore.

53 Saiteninstrument aus der Andenregion Kolumbiens.

54 Ich benutze den Ausdruck »ernste Musik«, um mich auf die größtenteils europäische Musiktradition zu beziehen, die oft als »klassische« Musik bezeichnet wird. Da alle mir bekannten Bezeichnungen für diese Musik auf die eine oder andere Weise problematisch sind, wähle ich die der »ernsten Musik«, da an ihr sehr deutlich der ausschließende Charakter zum Ausdruck kommt, mit dem diese Musik so oft verbunden ist.

55 Für eine bessere Orientierung, werde ich anhand von Zeitangaben die erste Strophe in ihre Themen einteilen:
Thema 1 (Instrumental) 01:06 – 01:48
Thema 2 (Ya se inició...) 01:48 – 02:04
Thema 3 (Instrumental) 02:04 – 02:19
Thema 4 (Ya se inició...) 02:19 – 02:32
Thema 5 (Sujeta bien...) 02:32 – 02:52
Die Gesamte Struktur der drei Strophen ist: 1-2-3-4-5 // 1-5-4-5-2-3 // 1-5-4-3-1 (aus Acevedo 1998: 257).

56 Ebenda., Seite 18.

57 Dies ist besonders deutlich am Ende des ersten Themas (ab 01:31), wenn die zweite Gitarre nur noch die Akzente des Toquío setzt, sowie beim ersten Übergang vom Chor zum Solisten (ab 02:33).

58 Ein Arpeggio ist eine Technik, bei der die rechte Hand nacheinander die Noten eines Akkords spielt, so dass es als ein zusammenhängender Ablauf identifiziert wird. Durch die anhaltende Wiederholung dieses Nacheinander, bei dem die Akkorde gewechselt werden können, entsteht ein charakteristisches Muster, dass in der populären Gitarre sehr protagonisch sein kann.

59 Die »ernste« Musik Europas war eines der wichtigsten Machtinstrumente im Kolonisationsprozess des 16. Jahrhunderts. Auch nach der Unabhängigkeit von Spanien behielt sie ihren Distinktionscharakter zwischen herrschenden Eliten und unteren Schichten bei. (S. d. Baker, Geoffrey: »Imposing Harmony. Music and Society in Colonial Cuzco«, Durham/London 2008; Mello, Chico: »Mi-

mesis und musikalische Konstruktion«, Aachen 2010, Seite 265 f.) Der Zugriff auf dieses Wissen wurde im großen Maße durch die Kooperation mit Komponisten wie Luis Advis und Sergio Ortega ermöglicht.

60 Ich meine damit Klanggruppen, wie zum Beispiel die klassische Formation der Música Llanera in Venezuela, die aus Cuatro Venezolano, Harfe und Perkussion besteht und die von Musikern wie Lilia Vera unverändert übernommen wurde.

61 Cifuentes, Luis: »Fragmentos de un sueño. Inti-Illimani y la generación de los 60«, Kapitel 5, siehe: http://www.cancioneros.com/co/3719/2/fragmentos-de-un-sueno, gesehen am 06. Juni 2013.

62 Tanz aus dem Norden Chiles.

63 Vgl. Acevedo, Claudio et al.: »Victor Jara: Obra musical completa«, Santiago de Chile 1996, Seite 52.

64 Ein Charango ist ein kleines Saiteninstrument, das mit der Mandoline verglichen werden kann. Ein Siku besteht wie die Panflöte aus vielen Rohren, hat aber einen wesentlich raueren Klang.

65 Über diese Tatsache gibt es eine Fülle von Arbeiten (exemplarisch: Ríos, Fernando: »La Flûte Indienne:The Early History of Andean Folkloric-Popular Music in France and its Impact on ›Nueva Canción‹«, in: Latin American Music Review, Volume 29, Nummer 2, 2008), die meiner Ansicht nach zu viel Gewicht auf die Existenz einer lebhaften Musik-Szene im Paris der fünfziger und sechziger Jahre legt, die eine Form von Andenmusik hörte, die an den »französischen Geschmack« angepasst war. Dabei wird außer Acht gelassen, dass im Kontext der emanzipatorischen Bewegungen die Andenmusik die älteste und reichste Musiktradition des Kontinents ist, die für das Überleben einer indigenen Kultur nach der Kolonisation durch Spanien steht und somit für emanzipatorische Bewegungen von besonderem Interesse ist. Im Zuge der bolivianischen Revolution von 1952 erfuhr diese Musik eine Aufwertung, die dazu führte, dass bis zum Staatstreich von 1964 die Andenmusik Boliviens neue Impulse erfuhr und eine zuvor ungekannte Diffusion in Rundfunk und Medien bekam. Es wurden zahlreiche Produktionen aufgenommen, die über die Grenzen Bolivien speziell in linken Kreisen Verbreitung fanden. Ebenso gibt es zahlreiche Dokumente über die Reisen vieler Musiker der »Nueva Canción« nach Bolivien, Peru und den chilenischen Norden, aus denen sie Instrumente und Aufzeichnungen der Musik mitbrachten, die sie dort hörten.

66 Als Mestizen werden Menschen bezeichnet, die sowohl europäische wie indianische Vorfahren haben.

67 Vasconcelos, José: »La raza cósmica«, Madrid 1925, (dt.: Die kosmische Rasse).

68 Vgl. Zibechi: a. a. O., Seite 38 f.

69 Mapuche ist ein indigenes Volk Südamerikas (aus den Regionen Chiles und Argentiniens), sie teilen sich in drei Volksgruppen auf: Picunche, Huilliche und die Pehuenche.

70 Jara: a. a. O., Seite 276 ff.

11. September 1973: Putsch. Der Wahlsieg Allendes war keine sozialistische Revolution. Die Prozesse kamen aus dem Staat heraus und aus dem politischen System und hatten nicht die Zerstörung der bisherigen Staatsform zum Ziel. Die Unidad Popular wollte zum Sozialismus hin – aber ohne Bürgerkrieg. Sozialismus war für die UP eine tiefere Demokratie als die bisherige, die die Produktion mit einschloss.

Verhaftete Mitarbeiter des Präsidentenpalastes.

»Jetzt geht es wieder aufwärts.« DIE WELT am 29. September 1973. »Putsch in Chile ist für Banken positiv – In Südamerika kann wieder investiert werden.« Gerhard Liedtke, Dresdner Bank AG, am 8. Oktober 1973.

»Angesichts des Chaos, das in Chile geherrscht hat, erhält das Wort Ordnung für die Chilenen plötzlich wieder einen süßen Klang.« Franz Josef Strauß, CSU-Politiker und späterer Kanzlerkandidat, im Bayernkurier am 22. September 1973.

Zerstörtes Präsidialbüro.
»[...] Der so lang erwartete Eingriff der Militärs hat endlich stattgefunden [...] Säuberungsaktion ist immer noch im Gange [...] Wir sind der Ansicht, dass das Vorgehen der Militärs und der Polizei nicht intelligenter geplant und koordiniert werden konnte, und dass es sich um eine Aktion handelte, die bis ins letzte Detail vorbereitet war und glänzend ausgeführt wurde [...] Chile wird in Zukunft ein für Hoechst-Produkte zunehmend interessanter Markt sein [...] Die Regierung Allende hat das Ende gefunden, das sie verdient [...]«.
Siebenseitiger Brief der chilenischen Tochtergesellschaft an die Farbwerke Hoechst AG, 17. September 1973.

Oben: Im Nationalstadion von Chile wurden die Gefangenen interniert und gefoltert.
Bruno Heck, Generalsekretär der CDU, nach seiner Rückkehr aus Chile in der Süddeutschen Zeitung vom 18. Oktober 1973 über die Lage der im Stadion von Santiago de Chile gefangenen und gefolterten Chilenen:

»Soweit wir Einblick bekommen haben, bemüht sich die Militärregierung in optimalem Umfang um die Gefangenen. Die Verhafteten, die wir sprachen, haben sich nicht beklagt. [...] Das Leben im Stadion ist bei sonnigem Wetter recht angenehm.«

Rechts: Leiche eines getöteten Revolutionärs die in ein Massengrab versenkt wird.

Verónica Valdivia Ortiz de Zárate

Zusammen werden wir Geschichte sein: Wir werden siegen!

Die Unidad Popular und die Streitkräfte[1]

»Oh koloniale Abhängigkeit, oh nationale Unabhängigkeit
Unerfüllbare Aufgabe, Begegnung mit der Geschichte
Die Rächer, sie werden nicht weichen
Das ist der Fortschritt, Chile im 20. Jahrhundert
Komm mir zu Hilfe, ›Compadre‹
Gute Nacht Santiago
Die Zeitungen aller Welt sind besorgt,
um diesen langen und schmalen Streifen Landes.«

Filmmusik für *Palomita Blanca* der chilenischen Rockband »Los Jaivas«

»Bauern, Soldaten, Arbeiter,
und auch die Frau des Vaterlandes,
Studenten, Angestellte, Bergarbeiter,
erfüllen wir unsere Pflicht.«

»Venceremos«, in Gesang zum Programm

Seit den siebziger Jahren war Lateinamerika eine Zone in der Welt, in der die Streitkräfte mitten in der Zuspitzung des Kalten Krieges – die auch eine Folge des sozialistischen Weges war, den die kubanische Revolution gegangen war – begannen, ihre soziale Rolle neu zu definieren. Wenngleich dies auch der Kontinent war, in dem das Militär seit der Unabhängigkeit von Spanien Anfang des 19. Jahrhunderts stets einen starken Einfluss hatte und dies ein politisch und institutionell instabiles Klima, sowie eine schwache demokratische Entwicklung begünstigte, so standen die Militärinterventionen der sechziger Jahre dennoch im Einklang mit anderen Phänomenen. Sie waren stark gekennzeichnet vom nordamerikanischen Abwehrkampf gegen die Ausbreitung des kubanischen Beispiels auf dem restlichen Kontinent, einem Abwehrkampf, der sich eine antikommunistische Ideologie zu eigen machte.

Diese Bemühungen nahmen bekanntermaßen in der »Doktrin der Nationalen Sicherheit« Gestalt an, eine Doktrin, die alle existierenden kommunistischen Parteien südlich des Rio Bravo als inneren Feind identifizierte. Sie galten als Kräfte, von denen die marxistische Bedrohung für die lateinamerikanischen Regierungen ausging und selbige gehörten im Rahmen einer globalen Frontstellung gegen die Sowjetunion zum US-amerikanischen Einflussbereich.

Die Doktrin der Nationalen Sicherheit oder Aufstandsbekämpfung – wie sie auch genannt wurde – war darauf ausgerichtet, die Streitkräfte gegen den besagten inneren Feind auf Linie zu bringen, indem sie den Antikommunismus zur Norm erklärte und ihre Funktionen innerhalb der entsprechenden nationalen Politiken neu definierte: Den Streitkräften wurde das Überleben von Nation und institutioneller Stabilität als Aufgabe zugeteilt. Dies bedeutete, sie mit Aufgaben zu ermächtigen, die den Rahmen der Verteidigung der Staatshoheit nach außen weit überstiegen.

Diese neue Situation machte aus dem möglichen Aufbau marxistisch orientierter Regierungen in der Region einen interamerikanischen Konflikt und eine direkte Auseinandersetzung zwischen den Vereinigten Staaten und dem fraglichen Land. Um der Anziehungskraft Kubas etwas entgegenzustellen, entwarf Präsident John F. Kennedy die Strategie der Allianz für den Fortschritt, ein Programm, das strukturelle Reformen in Lateinamerika mit Hilfe des Landes förderte und zugleich die Politik der Aufstandsbekämpfung für die Streitkräfte bestärkte. Jedoch war diese Periode auch mit dem glühenden Prozess der Entkolonialisierung in Afrika und Asien und der erreichten Stärke nationalen Denkens in der Dritten Welt verschränkt, was einen Weg der Entwicklung und nationalen Unabhängigkeit aus antiimperialistischer Perspektive sehr begünstigte, der jenseits beider Blöcke in der Bewegung der Blockfreien Staaten Form annahm. Mit anderen Worten, der antiimperialistische Sozialismus nutzte die Gunst der Stunde und verkomplizierte die nordamerikanische Gegenoffensive.

So der Kontext, in dem sich der Triumph des Kandidaten der Unidad Popular, der marxistischen Allianz, im September 1970 zutrug. Das heißt also, es war ein Sieg, der einen möglichen Konflikt mit den Vereinigten Staaten vermuten ließ und angesichts der antikommunistischen Orientierung, in der sich die chilenische Offiziersriege in den Kasernen der Mächte des Nordens geübt hatte, ein äußerst gefährliches Experiment.

Der vorliegende Artikel verfolgt das Ziel, die Militärpolitik des sozialistischen Präsidenten Salvador Allende zu analysieren.

Diese Untersuchung geht nicht davon aus, dass die Unidad Popular von Anfang an zum Scheitern verurteilt war und geht nicht wie andere Forschungen davon aus, dass die Streitkräfte ideologische Gegenspieler der Regierungskoalition waren und den Einfluss der nordamerikanischen Macht sowie die Behauptung vom inneren Feind besonders hervorheben.[2]

Genauso unterscheidet sich die Analyse von denjenigen Beurteilungen, die sich des Nichtvorhandenseins einer eigenen Militärpolitik von Seiten der Unidad Popular versichern. Gemäß dieser Sichtweise wurde innerhalb des Projekts der Allianz von 1970 nicht ernsthaft in Erwägung gezogen, Bedingungen zu schaffen, die die Entfernung des Offizierswesens von ihren repressiven Aufgaben ermöglichte, um den Druck der kontra-revolutionären Kräfte zu neutralisieren. Dieser Mangel führte dann zum Staatsstreich.[3] Zu guter Letzt gibt es noch diejenigen, die versichern, dass das Problem in der Arglosigkeit der Unidad Popular lag, die auf den angenommenen demokratischen Charakter und die traditionelle Unterordnung der Uniformierten unter die zivile Macht vertrauten und die wahre politische Natur ihrer militärischen Institutionen verkannten.[4]

Aus Sicht dieser Arbeit erstreckte sich die Kreativität der Unidad Popular auch auf das Thema der Streitkräfte und somit die Rolle, die sie im revolutionären Prozess erfüllen sollten. Die Thesen von der Nichtexistenz einer Militärpolitik führen überwiegend den bürgerlichen Charakter jener Fachkräfte sowie das Versäumnis der Unidad Popular an, das Machtproblem und die Gewalt der Klassen – die gerade dadurch entfesselt werden würde – anzugehen. Eine Haltung, die nach Meinung anderer – vertreten insbesondere durch die Kommunistische Partei und die Allende nahestehenden Sektoren der Sozialistischen Partei – nicht zutraf, da in diesem Fall der friedliche Weg nicht möglich gewesen sei. In diesem Sinne ist es notwendig, das Thema Militär in die Perspektive eines längerfristigen und nicht unmittelbaren Transformationsprozesses des Staates zu platzieren. Auf der anderen Seite verkennen diejenigen Argumentationen, die nachdrücklich auf jene »Blauäugigkeit« der UP verweisen, da sie an die Verfassungstreue der Militärs glaubte, die Existenz nationalistischer Tendenzen innerhalb der Streitkräfte, deren Mitglieder häufig auch Anhänger der Bewegungen in der Dritten Welt und folglich antiimperialistisch waren und die eben jene Zielsetzung der Unidad Popular die Streitkräfte in den Prozess des revolutionären Wandels einzubinden, nicht als Illusionen betrachteten. Und abschließend: Die Deutung vom militärischen Antikommunismus als alleinige Determinante kümmert sich nicht um die Evolution des militärischen Denkens im Chile des 20. Jahrhunderts.

Die Annahme, die diesem Artikel zugrunde liegt, besteht genau darin, dass die Unidad Popular eine Militärpolitik hatte, die sich an die Etappe anpasste, die im Übergang zum Sozialismus die Regierung dieser marxistischen Koalition zwischen 1970 und 1976 beschäftigte. Im Unterschied zu allen anderen Vorgängerregierungen seit 1932, die die Militärs vom nationalen Leben ausschlossen und sich nicht darum kümmerten, ihnen einen sozialen Ort und einen Auftrag zuteil werden zu lassen, und ihre technische Perfektion ihnen selbst überließen, hat die Verwaltung von Salvador Allende mit dieser Tendenz gebrochen und zum ersten Mal in diesem Jahrhundert versucht, aus ziviler Sicht eine neue soziale Funktion für das Militär zu formulieren. Diese Politik hatte zwei Grundpfeiler: 1. die militärische Unterordnung unter die zivile Befehlsgewalt und damit die Erhaltung ihres verfassungsmäßigen Charakters, und 2. die Einbindung der Streitkräfte in Aufgaben der nationalen Entwicklung und in den Prozess des wirtschaftlichen, sozialen und politischen Wandels. Dabei sollte jedoch nicht der Rahmen der Unterordnung aufgebrochen, sondern den Militärs vielmehr weltanschauliche Grundlagen hinsichtlich der Modernisierung und Entwicklung vermittelt werden.

Diese Strategie basierte auf der Zustimmung der Streitkräfte zum chilenischen Prozess, ging von einer mittel- bis längerfristigen Transformation aus und sah nicht die Gründung einer parallelen Miliz vor, um die existierende professionelle Armee zu ersetzen. Diese Strategie erforderte die Kontrolle des Staatsapparats, um die Integration des Militärs nach und nach voranzutreiben und ihre neue soziale Rolle festzulegen. Allerdings wurde gleichzeitig der Staat umstrukturiert. Diese Inkonsistenz innerhalb des Projekts des Übergangs zum Sozialismus machte eine erfolgreiche Militärpolitik der Unidad Popular unmöglich.

Es ist wichtig zu betonen, dass die Zielsetzung dieses Artikels darin liegt, die Militärpolitik der Unidad Popular zu erklären, und nicht die Verschwörung, die zu ihrer Niederschlagung führte. In erster Linie deshalb, weil dies ein Buch über die Unidad Popular ist – über das Neue, das aus ihren Erfahrungen gelernt werden kann – und zweitens, weil ich der Überzeugung bin, dass eine bedeutende Anzahl der Mitglieder der Streitkräfte – sowohl im Offizierswesen, als auch mehrheitlich bei den Unteroffizieren und in Teilen der Truppe – nicht für ein Ende durch einen Staatsstreich waren, obwohl ein bedeutender Antikommunismus existierte. Der entscheidende Punkt ist vielmehr, dass gerade die Denkwiese des Militärs die Möglichkeit eines Erfolges der Strategie der sozialistischen Allianz eröffnete.

Eine Regierung ohne Militärpolitik?

Nach den Jahren politischer Turbulenzen, die Chile in den zwanziger Jahren und noch zu Beginn des folgenden Jahrzehnts erlebte, trat das Land in eine neue Phase politischer Stabilität ein, die durch einen Minimalkonsens des gesamten politischen Spektrums aufrechterhalten wurde. Der Untergang der oligarchischen Hegemonie und das ungestüme Aufkommen des Reformismus führte nach Alessandri zu einer Neudefinition des Staates, welche mit der Bildung neuer Charakteristika im wirtschaftlichen und sozialen Bereich verbunden war. Dies veränderte seine Beziehung zur Gesellschaft, während gleichzeitig eingeführte Reformen im politischen System darauf ausgerichtet waren all jene Gruppierungen bis hin zu den Marginalisierten aktiv einzubinden. Diese Veränderungen erreichten nicht den notwendigen Konsens und schufen 1924 die Bedingungen für einen Militäraufstand, der in der Durchsetzung einer neuen Verfassung und eines Arbeitsgesetzes mündete, das das Verhältnis zwischen Arbeitern und den Besitzenden regelte, und so zu einem Umdenken in den Entwicklungsstrategien führte. Die Feindschaft zwischen zivilen und militärischen Kräften – verkörpert durch Arturo Alessandri und General Carlos Ibáñez – endete inmitten der dramatischen Effekte, die der Konjunktureinbruch hervorgerufen hatte. General Ibáñez war gezwungen, seine Macht abzutreten und eröffnete damit Raum für neue militärischer Führer. Diese übten Druck auf das Militär aus, sich gegen eine Abkehr von der zivilen Politik zu stellen, und traten selbst für die Aufrechterhaltung der erreichten Reformen der vorangegangenen Etappe ein. Die Wirkung, die durch die sozialistische Republik vom Juni 1932 erzielt wurde, machte schließlich eine Annäherung an die politische Klasse und eine Übereinkunft in Bezug auf zentrale Punkte möglich, was den Rückzug der Streitkräfte in ihre Kasernen und das Wiedereinsetzen einer gültigen Gesetzmäßigkeit erlaubte.

Die Basis des politischen Konsens bestand in der Anerkennung der bürgerlichen Institutionen und ihrer Spielregeln durch sämtliche Parteirepräsentanten – rechts, Mitte und links – der Abkehr von radikalen Optionen wie einem Staatsstreich und revolutionären Umbrüchen, der Aufrechterhaltung der politischen, sozialen und wirtschaftlichen Reformen der Ära Alessandri-Ibáñez und im Rückzug des Militärs vom politischen Leben und der Konzentration auf die fachlichen Aufgaben.[5]

Der Rückzug der Militärs ab 1932 bedeutete nicht nur das Ende ihres Interventionismus und der Einmischung im Gefahrenfall, sondern auch die Wiedereinsetzung einer zivilen Autorität in Form eines Verteidigungsministeriums und die Benennung von institutionellen Befehlshabern, die das Prinzip der politischen Nichteinmischung der Uniformierten sicherten. Diese Strategie wurde durch ein neues Konzept der Professionalisierung erreicht, das auf die strikte Verteidigung der Staatshoheit nach Außen verwies und die Bildung eines nationalen Kontingents in Form einer Wehrpflicht für den Kriegsfall vorsah. Inmitten der sozialen Effekte der Wirtschaftskrise und verursacht durch die Entscheidung, die zivile Autorität zu festigen, wurden diese militärischen Aufgaben nicht als prioritär erachtet, sodass die akzeptierte Begrenzung auf Verteidigungsaufgaben je nach militärischer Periode ständig weiter reduziert wurde.

Es gab kein besonderes Interesse an einer Modernisierung der Kriegsgeräte, so wie es auch Phasen gab, in denen die Zahl der Rekruten beschränkt wurde. In anderen Worten, die zivilen Regierungen konzentrierten sich auf andere Entwicklungsvorhaben und überließen die Streitkräfte ihrem Schicksal, was zu einer Verschlechterung ihres Zustandes und ihrer Abwertung führte. Der strenge Kurs der eigenen Befehlshaber, die nicht die geringsten Anzeichen von Disziplinlosigkeit duldeten, führte zum Ausschluss großer Teile aufrührerischer Elemente aus den militärischen Reihen – wobei auch immer einige kleinere Gruppen zurückblieben. Der Gehorsam unter die zivile Befehlsgewalt festigte sich schließlich ebenso wie die Professionalität, die auf der politischen Nichteinmischung, der zivilen Arbeit des Militärdienstes und dem Leben in den Kasernen basierte. Diese Abkehr vom politischen Konflikt trug zum Mythos von der Besonderheit der Militärs und der chilenischen Demokratie bei, ganz im Gegensatz zu dem, was im restlichen Lateinamerika geschah. Diesen Mythos internalisierten vor allem Parteien und Politiker. Der Soziologe Augusto Varas hat bestätigt, dass diese Kluft so sehr zu einer Art »doktrinärer Verwaisung« (orfandad doctrinaria) wurde, dass sich von Seiten der Zivilen keine Grundsätze herausstrukturierten, die für die Unterordnung bürgten oder dieser einen Sinn gaben. Im Zuge mit der beschriebenen Vernachlässigung gingen jene Institutionen schlicht den Bach hinunter. Diese Verwaisung wurde schließlich durch den Kalten Krieg und das Dogma der Nationalen Sicherheit beendet, das dem Militär nun die Pflicht auferlegte, das Fortbestehen der Nation zu sichern, besonders hinsichtlich des inneren Feindes.[6] Obwohl die Einschätzung hinsichtlich der Bedeutung der Aufstandsbekämpfung in anderen Studien geteilt wird, wird die Tatsache bezweifelt, dass die Abkehr der Regierung zu einem unüberbrückbaren Abgrund zwischen der zivilen und der militärischen Welt geführt hat. Es wird angenommen, dass sich das reformerische militärische Gedankengut der zwanziger Jahre bewahrt habe, und darüber hinaus die Rolle der wirtschaftlichen und sozialen Entwicklung sowie die Öffnung des politischen Systems, um mehr und mehr Staatsbürger zu integrieren, ohnehin dem Staat obliege. In diesem Sinne hatte das Dogma von einst – in Anlehnung an die Ideen des General Ibáñez – weiter Bestand, jedoch mit einer starken Zurückhaltung hinsichtlich eines politischen Aktivismus der Militärs. Der nordamerikanische Antikommunismus landete so nicht im Leeren, vielmehr bildete sich eine Mischung beider Weltanschauungen heraus.[7] Dies könnte erklären, warum sich angesichts der Erfahrung der christdemokratischen Regierung der Sechziger unter den Militärs zwei Lesarten herausbildeten: Auf der einen Seite war ein militärischer Sektor entstanden, der die These von der nationalen Sicherheit bevorzugt im Sinne von Aufstandsbekämpfung auslegte und sich an eine Position annäherte, die mit allen Mitteln die Entwicklung und einen möglichen Aufstieg der populären Kräfte marxistischer Orientierung zu verhindern suchte, indem sie den lateinamerikanischen Guerillas stetig mehr Beachtung zollte. Auf der anderen Seite gab es auch Offiziere, die die nationale Sicherheit – inklusive der Entwicklungsprobleme – globaler und im Rahmen der Kennedy-Strategie auslegten, die, wie sich zeigte, über beide Profile verfügte. Mit anderen Worten gab es für diese Uniformierten keine andere Möglichkeit, den Kommunismus aufzuhalten, als gleichzeitig auch die Armut, die Ungleichheit und die wirtschaftliche Stagnation zu bekämpfen. Deshalb waren sie auch für eine Landreform, die gerechte Besitzverhältnisse schaffen sollte und bestanden im zweiten Schritt auf der Fortführung des Industrialisierungsprozesses. Es waren Offiziere, die das Thema der wirtschaftlichen und sozialen Entwicklung als vorrangig ansahen, quasi als wichtigsten Faktor des sozialen Zusammenhalts.

Dieser doppelte Blick fand seinen Ausdruck im »Tacnazo« im Oktober 1969, dem ersten militärischen Aufstand der zweiten Hälfte des Jahrhunderts. Als sich General Roberto Viaux im Regiment Tacna einkasernierte und die mehrheitliche Rückendeckung der drei bewaffneten Armeen erhielt. Viaux formulierte gegenüber der Regierung Frei Montalva ernste Beschwerden und Forderungen wegen der Vernachlässigung des Militärs und der vollständigen Unterordnung der institutionellen Autoritäten, die aufgrund ihrer einseitigen militärischen Professionalisierung eine aktivere Teilhabe an der nationalen Entwicklung verhinderten.

Hinter dem »Tacnazo« standen nationalistische Bewegungen, die explizit antikommunistisch waren sowie linke Nationalisten, Dritte-Welt-Bewegungen und jene, die den Generals Velasco Alvarado bewunderten, der Vorreiter einer Verstaatlichung der grundlegenden Ressourcen gewesen war und eine Agrarreform auf peruanischen Boden durchsetzt hatte.[8]

Die Präsenz der Strömung innerhalb der Streitkräfte bis zu den Präsidentschaftswahlen von 1970, die sich an den Ideen des General Ibáñez orientierte und Strukturreformen befürwortete, muss – zumindest teilweise – als Grund angesehen werden, warum es nicht naiv von der Unidad Popular war zu denken, die Streitkräfte würden sich in den Prozess des Übergangs zum Sozialismus einbinden lassen. Es ist wichtig anzuerkennen, dass dieser militärische Reformismus enger mit den Strategien der Allianz für den Fortschritt und mit den nationalen Erfahrungen in der Dritten Welt verbunden waren, als mit denen des arabischen Sozialismus und Gammal Abdel Nassers im Besonderen, oder mit einigen Erscheinungen des lateinamerikanischen Populismus und den entwicklungspolitischen Thesen der CEPAL [Anm. der Ü.: Wirtschaftskommission für Lateinamerika und die Karibik], die besonders einflussreich im Falle Perus waren. Die Darlegungen von Raúl Prebisch und der Schule der CEPAL oder auch die von Gino Germani entbehrten keiner Analyse des chilenischen Militärs, aber sie waren nicht hegemonial und teilten ihren Platz in der Debatte mit den Schriften von Gunnar Myrdal, den peruanischen Beispielen und vor allem dem Beispiel von Nasser in Ägypten.

Wir wollen also festhalten, dass die Vermischung der Strömung nach Ibáñez mit dem Dogma der Nationalen Sicherheit einem sozialistischen – nicht marxistischen – Nationalismus den Weg eröffnet hat, der neben der wirtschaftlichen und sozialen Entwicklungen auf die Unabhängigkeit der Staatshoheit abzielte, jedoch ohne sich an einen der beiden Blöcke anzuschließen. Es waren Antikommunisten, die dem strukturellen Wandel nichtsdestotrotz nicht abgeneigt waren, sondern ihn vielmehr als dringend erachteten. Vielleicht deswegen konstatierte General Carlos Prats Ende 1969, dass »das militärische Personal politisch zu 80 Prozent an der Mitte-links ausgerichtet war, nicht aber dem Marxismus zugeneigte.«[9] Insofern waren sie also aufgrund der beteiligten marxistischen Parteien keine Befürworter der Unidad Popular, aber sie teilten den Wunsch nach struktureller Modernisierung, ihren antiimperialistischen Nationalismus und sahen die Notwendigkeit, für mehr soziale Gerechtigkeit sorgen zu müssen. In diesem Sinne waren Allende und die Unidad Popular nicht illusionär, und sie vertrauten auch nicht blind auf den Mythos des konstitutionellen Charakters der Uniformierten, sondern sie hatten eine Verbindung, über die Kommunikation möglich war. Diese Sichtweise wird bestärkt, wenn man bedenkt, dass die sozialistische Partei während des »Tacnazo« eine Erklärung verbreitete, in der sie die aufständischen Offiziere verteidigte und bestätigte, dass sich in dem Vorfall sowohl die wirtschaftliche Lähmung widerspiegelte unter der das Land litt, als auch die Suche der Offiziere nach ihrer Rolle innerhalb des gesellschaftlichen Wandels. Dies war Folge des Fortbestehens einer Spannung zwischen denjenigen, die das Militär hauptsächlich als repressiven Apparat ansahen, und jenen anderen, die es konstruktiv in den Fortgang der nationalen Entwicklung einbeziehen wollten, also ihre Organisation und ihr Bewusstsein in den Dienst emanzipatorischer Ideale stellen wollten.

In der Erklärung hieß es: »Die zweit Genannten [...] bezwecken, dass sich die Streitkräfte für eine Rolle entscheiden, die mit jenen kämpfenden sozialen und politischen Kräften übereinstimmt – so wie es im vergangenen Jahrhundert die Väter des Vaterlandes taten – als sie das Fundament für Unabhängigkeit und Souveränität des Landes legten und Chiles Ressourcenreichtum wiedererlangten [...]«[10]

Die Realisierbarkeit des chilenischen Weges zum Sozialismus muss in diesem Kontext als ein Projekt des Übergangs gesehen werden. Es ging von der Prämisse aus, dass es möglich sei aus dem bürgerlichen Institutionen-System heraus zu agieren, weil es Instrumente bereithalte, um die Produktions- und die Zahlungsmittel zu sozialisieren und die Arbeiter unter ihrer Leitung einzubeziehen, ohne notwendigerweise den Staatsapparat gewaltsam zu zerstören. Der chilenische Weg war die Herausforderung eine humane Grundlage des Sozialismus zurückzugewinnen und dem Verhängnis einer Revolution und damit der Gewalt zu entkommen.

Nach Tomás Moulián litt der gewaltsame Ursprung aller Revolutionen an der Gefahr einer Bürokratisierung der Macht und der Abkehr von den höheren Idealen des Sozialismus.[11] Die Unidad Popular scheint diese Tragödie vorausgeahnt zu haben und suchte deshalb nach einem alternativen Weg, für den sie auf die Gewalt – nicht auf den Konflikt mit denjenigen, die sich dem Wandel widersetzten – verzichten und Kräfte für die Veränderungen zusammenbringen musste. Wie einer der Berater Allendes hervorhob, bedeutete der pazifistische Weg, dass man die sozialen Kontrollmechanismen über die gesamte Dauer des Transformationsprozesses der vorherigen Dominanzstrukturen aufrechterhalten müsse. Nur so könne man sich gegen die gesetzlosen Kräfte durchsetzen und dem gesellschaftlichen Wandel eine Richtung geben. Es war also fundamental, dass der Staatsapparat nicht zusammenbrach, bevor die Arbeiterklasse ausreichend Macht akkumuliert hatte, um zu verhindern, dass die bewaffneten Institutionen – die Träger der Gewalt – gewaltsam eindrangen und die Klassenvorherrschaft wiederherstellten.[12] In alledem spielte der Übergangscharakter der strategischen Bereiche der Ökonomie, die Konsolidierung der Landreform und die Wiederaneignung der Ressourcen aus ausländischem Besitz beinhaltete. Es war jene Phase der Revolution, die sich gegen Imperialismus und Oligarchie richtete und in die weitere radikale Elemente wie die Macht des Volkes und ein Einkammernsystem implementiert wurden.

Das Programm der Unidad Popular zum Thema nationale Verteidigung umfasste – wenngleich auf einfache Art und Weise – diese Richtlinien und Sichtweisen. Dies verdeutlicht ihre Entscheidung, zunächst die externe Staatshoheit aufrechtzuerhalten. Dies beinhaltete Alarmbereitschaft vor jedweder Gefahr an den Grenzen, hervorgerufen durch den Imperialismus, oder den (wie es im Programm heißt) »Oligarchien, die in den Nachbarländern eingesetzt werden und die, neben der Unterdrückung ihres eigenen Volkes, Eroberungslust und Revanchismus anfeuern«. Die Staatshoheit orientiert sich also an einem Verständnis der Streitkräfte als nationale Kräfte, die sich nicht repressiv gegen das Volk wenden oder »an Aktionen teilnehmen, die die Interessen ausländischer Mächte verfolgen.« Das zweite grundlegende Element dieses Konzepts liegt in der Steigerung ihrer technischen Formation und ist damit offen für die Entwicklung einer Militärwissenschaft, die mit der nationalen Unabhängigkeit, dem Frieden und der Völkerfreundschaft konform geht. An dritter Stelle wird ihre Integration in und Partizipation an »diverse[n] Bereiche[n] des sozialen Lebens« als notwendig erachtet. »Dieser Volksstaat wird dafür sorgen, dass die bewaffneten Kräfte an der wirtschaftlichen Entwicklung des Landes teilnehmen und trotzdem ihre wesentliche Aufgabe der Verteidigung der Staatshoheit erfüllen werden.« All dies sei möglich, wenn man nur den Institutionen die materiellen und technischen Ressourcen zur Verfügung stellen, für eine gerechte Besoldung sowie für eine fachliche Förderung sorgen würde, die den Offizieren, Unteroffizieren und Truppenteilen wirtschaftliche Sicherheit und die Chance auf Aufstieg durch besondere Verdienste bieten könne. Aus internationaler Sicht hatte die Unidad Popular die Absicht, ihre Staatshoheit dadurch zu verteidigen, indem sie die interamerikanischen Verbindungen auflöste, entweder, weil sie Instrument des nordamerikanischen Imperialismus waren, oder, wie im Fall des Interamerikanischen Beistandspakt (Tratado de Asistencia Recíproca – TIAR) oder des Paktes zum militärischen Beistand (Pacto de Ayuda Militar, auch Pacto de Asistencia Militar) die Grenzen der Souveränität verdecken würden.[13]

Wenngleich zu beobachten ist, dass das Programm die Notwendigkeit implizierte, eine Strategie für die militärischen Institutionen zu entwickeln, war der Druck, dem die Regierung ausgesetzt war allen bekannt. Diese Haltung zeugt einerseits ganz deutlich von Durchsetzungsvermögen in ihrer Ablehnung des Imperialismus und der interamerikanischen Bündnisse, die die Frontstellung des gesamten Kontinents gegen den Kommunismus verfolgten. Anderseits ist auch erkennbar, dass es notwendig war, die Militärs und die politischen Gegenspieler ruhigzustellen, indem man versicherte, dass nicht die Absicht bestehe einen kontinentalen Kampf für die sozialistische Frage anzuzetteln, sondern darum den Frieden zu sichern. Dies ging einher mit der Anerkennung der »Konflikthypothese«, indem in deutlicher Bezugnahme auf Bolivien und Peru das Problem der Staatshoheit als vorrangig galt. Dies ist insofern wichtig, da die hartnäckigste Kritik der Offiziere an der Regierung Frei ihr übertriebenes Vertrauen in die Diplomatie und die lateinamerikanische Solidarität sowie die Unterschätzung der Kriegsgefahr gewesen war, die das Land in schwacher Position überraschen könnte. Das Programm baute zugleich auf die Überzeugung, dass man die Separation der militärischen Sphäre beenden und sie an die Herausforderungen der Entwicklung anbinden könne, aber eben komplementär zu ihrer zentralen Mission, der nationalen Verteidigung. Darüber hinaus berücksichtigte man die wirtschaftlichen Probleme, die ein ewiger Streitpunkt der Uniformierten waren.

Insgesamt kann man also feststellen, dass die Unidad Popular die erste Regierung des Jahrhunderts war, die den Forderungen der Streitkräfte nachkam: gerechte und faire Besoldung, eine technisch-fachliche Modernisierung, um unter optimalen Voraussetzungen einem möglichen Grenzkonflikt begegnen zu können, und die aktive Einbeziehung in die wirtschaftliche und soziale Entwicklung. Wenn diese Grundlinien vielleicht vor September 1970 noch nicht sehr ausformuliert waren, so nahmen sie doch fast unmittelbar nach der Wahl immer deutlicher Gestalt an, als der Oberkommandierende des Heeres, René Schneider, ermordet wurde. Bekanntermaßen materialisierte sich im sogenannten »Plan Alfa« der Versuch der rechtsnationalistischen chilenischen Sektoren und hoher Offiziere von Armee und Marine, die Verbindungen mit der CIA hatten, den Aufstieg der Unidad Popular zu verhindern. Der »Plan Alfa« sah vor, den Oberkommandierenden des Heeres zu entführen, um einen Militärputsch vorzubereiten. Diese Absicht scheiterte zwar, jedoch verdeutlichte es den sozialistischen Anführern, wogegen sie sich in Zukunft wappnen müssten. Joan Garcés erklärte, dass Allende und seine Mitarbeiter schon vor Regierungsantritt wussten, dass Präsident Richard Nixon und sein Minister Henry Kissinger sowie wichtige Sektoren der chilenischen Rechten angesichts der drohenden Machtübernahme eines Teils der Linken den Plan eines sofortigen Militärputsch verfolgten. Hier nun konzentrierte sich die Unidad Popular darauf, keinerlei Bedingungen für einen gewaltsamen Zusammenstoß zu schaffen. Einerseits war dies die Benennung General Carlos Prats entsprechend der hierarchischen Befehlsrangfolge zum Nachfolger Schneiders, wodurch sich die Gerüchte einer angeblichen Auflösung des Militärs in revolutionärer Absicht nicht bestätigten. Der zweite Grund dürfte in der Entwicklung der Säulen der Militärpolitik liegen: den verfassungsrechtlichen Charakter des Militärs zu stärken und es in die Aufgaben der Transition einzubinden.

Um dieses Beharren auf der Wirksamkeit traditionellen Gehorsams und Respekts gegenüber den verfassungsrechtlichen Normen zu verstehen, darf man nicht den schwerwiegenden Eindruck aus dem Blick verlieren, den die Ermordung Schneiders unter den Offizieren erzeugt hatte, die zwar keine Befürworter Allendes waren, aber auch nicht das Komplott unterstützten und noch viel weniger die Entscheidung der Verschwörer teilten, ihren Oberkommandierenden zu ermorden. Sein Tod stärkte somit die konstitutionelle Einheit und schwächte die Opposition enorm. Man muss sich vergegenwärtigen, dass die Möglichkeiten, die bewaffneten Kräfte zum Staatsstreich zu führen, ab Oktober 1970 wesentlich zurückgingen und sich erst wieder Ende 1972 vermehrten. Dies ist nicht mit dem völligen Verschwinden kleinerer konspirativer Gruppen im Inneren dieser Institutionen gleichzusetzen – wovon der Plan September 1972, angeführt von General Alfredo Canales, zeugte – jedoch bildeten sie eine Minderheit. Diese Realität zeigte, dass Allende von Anfang an auf die Durchführbarkeit seiner Strategie vertraute. Er hatte es sich zur Aufgabe gemacht, in Ansprachen und in Erlassen die soziale Rolle der Militärs neu zu definieren.

Die Militärpolitik der Unidad Popular stütze sich auf die konstitutionelle Tradition, die für die Offiziere Gewicht besaß und dem Respekt gegenüber der zivilen Befehlsgewalt und politischen Unabhängigkeit, der die Offiziere Respekt zollten. Dies wurde nach dem Militärputsch von 1973 sehr in Frage gestellt, hat aber eine reale Basis, denn es existierte die Kritik der Militärs an der institutionellen Vernachlässigung, an der übertriebenen Politisierung der sozialen Organisationen, am Ausmaß das der Marxismus erreicht hatte, an einigen ineffizienten und egoistischen Parteien und es gab den Wunsch nach stärkerer Autorität. Diese bedeutete jedoch nicht, dass der Respekt gegenüber den Institutionen fehlte, sondern ging auf die Notwendigkeit ein angesichts der neuen sozialen Bedingungen die Vereinbarungen neu anzupassen. Die Offiziere von Heer und Luftwaffe sehnten sich nach einer Beteiligung an den nationalen Problemen. Über ihre Arbeit der Ausbildung von Rekruten hinaus wünschten sie sich einen Rückgang der Macht der Parteien und eine Entwicklung der Entpolitisierung der sozialen Organisationen, so wie sie auch für eine Phase der Modernisierung eintraten, um dem Rückstand zu begegnen. Diese Kritikpunkte ließen sich nicht einfach auf den Wunsch nach einer korporativen oder neoliberalen Regierung reduzieren, sondern es ging um einige Anpassungen, in denen die Militärs berücksichtigt werden wollten.[14] Dies erklärt, warum Allende oder andere Vertreter der Koalition in wiederholten Ansprachen auf diesen Konzepten beharrten. Während seiner Rede am 21. Mai 1971 versicherte Allende:

> »Sie haben gesagt, dass die Streitkräfte und die Polizisten es nicht akzeptieren würden, den Willen eines Volkes zu garantieren, der darin besteht, den Sozialismus in unserem Land zu errichten. Sie vergessen das patriotische Bewusstsein unserer Streitkräfte und unserer Polizisten, ihre fachliche Tradition und ihre Unterwerfung unter die zivile Befehlsgewalt [...] Aber ich behaupte, dass das chilenische Militär und der Polizeiapparat sich ihrem Auftrag und ihrer Tradition entsprechend zu Treue verpflichten werden und in den politischen Prozess nicht eingreifen werden. Sie werden einer sozialen Ordnung den Rücken stärken, die mit dem Willen des Volkes einhergeht, so wie es in der Verfassung steht [...] Die demokratische Stärke des Militärs und der Polizei werden erwachen, weil Chile mit sicheren Schritten den Weg der Befreiung entlang schreitet.«[15]

Auch wenn sie dieses Versprechen am Ende nicht einhielten, so ist doch gewiss, dass die Streitkräfte während der ersten beiden Regierungsjahre trotzdem dem enormen Drucke standhielten, die Unidad Popular zu stürzen. Ein Beispiel ist die Politik der Nationalen Partei, die darin bestand, die Regierung von allen Institutionen in ihrer Reichweite (Kongress, Gericht, das Amt für Rechnungsprüfung, die Presse) aus zu delegitimieren und die den »zivilen Ungehorsam« wie auch das Militär unterstützten, um die Regierung zu entfernen. Andererseits waren die nationalistischen Gruppierungen – *Patria y Libertad* (Vaterland und Freiheit) und *Tacna* –von Anfang an für eine militärische Lösung und übten immer mehr Druck auf die Offiziere aus, sich für diesen Weg zu entscheiden.[16] Die Abwehr dieses Drucks bestand in der Aufrechterhaltung der Überzeugung unter den Offizieren, dass die schwerwiegenden Probleme durch zivile Kräfte und nicht durch das Militär zu lösen seien. Wer die Militärzeitschriften liest, findet mehr als einen dementsprechenden Aufruf an die Bürger, sogar noch an den Tagen vor dem Putsch, und ein Drängen auf Einigung zwischen Regierung und Christdemokraten[17]. Die Unidad Popular bestärkte den militärischen Konstitutionalismus, indem sie diesem »Traditionalismus« zustimmte. Während eines Besuchs eines Regiments der Kavallerie Nr. 7 *Guías de Concepción* erinnerte Allende an die Geburt dieses Infanterieregiments durch das Mandat von Bernardo O`Higgins als dessen leibeigene Eskorte auf dem Schlachtfeld. Dadurch nahm er Bezug auf die Verbindungen seit Beginn unserer Geschichte im Kampf um Unabhängigkeit. Die historischen Figuren tauchten häufig in den Ausführungen der Autoritäten auf, da sie auf sie jene Funktion zurückführten, die dem Militär auferlegt war.

Um bestimmte Gerüchte zu dementieren, erinnerte General Prats daran, »dass seit Minister Portales, bekannt für seinen hohen Autoritätssinn, unseren konstitutionellen Weg zeichnete [...] sich die chilenischen Streitkräfte niemals an linken noch an rechten Meinungen beteiligt hatten.«[18] Dieser permanente Appell an das historische Vermächtnis wird im Zusammenhang mit den Prinzipien der militärischen Laufbahn verständlich, den sogenannten »militärischen Werten«, von denen eine die Tradition ist. Nach militärischem Verständnis bildet Tradition den Ursprung des Vaterlandes und die Art und Weise, wie sich dieses zusammensetzt, und von dort die Bedeutung der Geschichte und die Verehrung der Helden und Märtyrer. In anderen Worten, das Vorbild, das O`Higgins, Portales und Montt hinterließen, prägte auch andere militärische Werte wie die »Pflichterfüllung«, den Aufgaben zu genügen und dem Vorgesetzten Treue zu erweisen. Es stützte die »Schneidersche Doktrin«, die für die Unidad Popular hilfreich war, da die unwiderrufliche Entscheidung des Oberkommandierenden, das Wahlergebnis von 1970 anzuerkennen und nicht die Pflicht der politischen Nichteinmischung zu verletzen, genau jene militärische Traditionstugend stärkte, die die Verfassungsordnung sicherte. Seinen Tod gedenkend sagte der Präsident:

> »Gestern wehte in allen Regimentern Chiles die vaterländische Fahne auf Halbmast, um uns zu zeigen, dass ein Märtyrer des chilenischen Militärs ein Beispiel dafür gab, was Euer Bewusstsein ausmacht, was es war und was es sein wird, stolze Soldaten jener Traditionen zu sein, die mit dem Vater des Vaterlandes, O`Higgins, begannen und die sich in dem Beispiel eines General und Kommandanten wie René Schneider Chereau fortsetzten.«[19]

Und so verbindet O`Higgins mit Schneider dieselbe Geschichte und der gleiche Sinn für Ehre.

Das zweite Standbein der Militärpolitik der Unidad Popular war ihr Einsatz für die Verwirklichung einer Vereinigung der Landarbeiter, Soldaten, Arbeiter, Frauen, Studenten und Bergarbeiter, in der alle gemeinsam für ein Neues Chile, ein gerechteres und solidarischeres, eintreten würden. Wenn man das Lied der Unidad Popular im Kopf behalten hat, so dürfte man sich erinnern, dass permanent die Rede von der Einheit ist, und zwar von einer Einheit, aus der lediglich die Monopolkapitalisten ausgeschlossen sind, aber noch nicht einmal die Bourgeoisie in ihrer Gesamtheit.

Zu dieser Einheit gehörten wie uns die Hymne »Wir werden siegen« deutlich macht, auch die Soldaten. Die Forderung der Uniformierten nach mehr Teilhabe an der Gesellschaft ist schon Jahrzehnte alt und wurde lediglich von General Ibáñez in seiner zweiten Amtszeit gehört: Damals schuf er den militärischen Arbeitsdienst, was gleichzusetzen ist mit der Einbindung in Tätigkeiten des Gemeinwohls, Arbeiten an Straßen, Gleisen, im Katastropheneinsatz und anderes. Die nachfolgenden Präsidenten haben diesen Dienst beibehalten, sie maßen ihm jedoch weder Einfluss noch Substanz zu, und im Fall von Frei war es sogar so, dass er ihn als Ersatz für die Politik der Volksförderung (»promoción popular«) und als Handlanger zum Brechen von Streiks nutzte. In den sechziger Jahren gab es unter den Offizieren viel Frustration. Die Unidad Popular hörte den Ruf und entschied sich für die Modifizierung der Bestimmungen des Militärs. Sie gab ihm einen rechtschaffenen Rang im Sinne des Arbeitsdienstes, und verfolgte die Eingliederung des Militärs in Entwicklungsaufgaben. Damit erfuhr der antiimperialistische Charakter des Unabhängigkeitsprozesses eine Stärkung und glich sich mit den antiamerikanischen Vorstößen der Unidad Popular an, denn so verband sich Tradition mit der fortbestehenden Sehnsucht nach Befreiung. Das drückte sich so aus:

> »War nicht der Unabhängigkeitskrieg der unwegsame Feldzug, um Befreiung zu erreichen vom Joch der ausländischen Unterdrücker, von der ökonomischen Leibeigenschaft, von der unakzeptablen Verpflichtung, nur auf der Halbinsel [Spanien, Anm. d. Übers.] einzukaufen, während sich die Halbinsel von unserem Land all die Naturreichtümer nahm, die die Kolonisatoren begehrten, und wodurch wir nicht mit denjenigen Handel treiben konnten, mit denen wir einig geworden wären.«[20]

In einer der Reden vor dem Triumph vom September 1970 hob Allende die Bedeutung der Modernisierung und der Befreiung für das Projekt der Unidad Popular hervor: »Wir sind die legitimen Erben der Väter des Vaterlandes, und gemeinsam realisieren wir die zweite Unabhängigkeit, die wirtschaftliche Unabhängigkeit Chiles.«[21] Das geht einher mit dem antiimperialistischen Tonfall, von dem das Projekt durchdrungen war, der dem Land neue Unabhängigkeit und einen Bruch mit der Unterordnung unter die USA versprach. Denn ging es nicht um »koloniale Abhängigkeit oder nationale Unabhängigkeit«, wie es in dem Lied heißt? Die Mehrheit der Offiziere teilten dieses Streben nach Verstaatlichung der Rohstoffe und dem Entwicklungssprung. Es war die große Aufgabe, zu der sie von Allende eingeladen wurden. Während der Zeremonie der Übergabe des Schwertes von O`Higgins und der Auszeichnungen des Oberkommandos legte der Präsident dar:

> »Ich habe immerzu den Wert der Streitkräfte hervorgehoben, und dennoch müssen sie die vorübergehende Etappe begreifen, die auch in den Institutionen gelebt werden muss. Eine dieser Etappen bedeutet, dass heute derjenige Chile kontrolliert, der im Willen des Volkes seine eigene Revolution macht. Eine Revolution auf legalem und demokratischen Wege, die dennoch tiefgreifende Veränderungen im politischen, wirtschaftlichen, sozialen und kulturellen Feld beinhaltet [...] Deshalb, und wenn wir laut dem überaus professionellen Bewusstsein, das die chilenischen Streitkräfte aufrechterhält, gedenken, so glauben wir, dass sie in diesen Veränderungen nicht fehlen dürfen, da diese gleichbedeutend sind, ich wiederhole noch einmal, mit dem Kampf für eine würdige Existenz der Menschen.«[22]

Tatsächlich war die Aufgabe riesig, denn die Armut war enorm und es bedurfte eines Kraftaktes, an dem sich alle gemeinsam, die Professionellen, die Jugendlichen und eben auch die Uniformierten, mit ihrem Enthusiasmus und ihrer Expertise beteiligten. Frühzeitig hatte die Unidad Popular das verbindende Element zwischen sozialistischer Revolution, Entwicklung und den Streitkräften verstanden. Etwas später in derselben Rede hatte der Präsident das Potential dieser Institutionen mit dem Grad der Entwicklung ihrer Nation in Beziehung gesetzt. Es existiere eine eindeutige Beziehung zwischen Unterentwicklung und machtlosen Heeren, woraus sich für sie auch die Dringlichkeit erschließe, die Stagnation zu überwinden. Allende verdeutlichte ihre neue Rolle:

> »Es kann keine mächtigen Streitkräfte geben, wenn die Völker durch Krankheiten dezimiert oder mit einem Mangel an Bildung gestraft werden. Es gibt keine mächtigen Armeen in Ländern, die wirtschaftlich, kulturell und besonders häufig politisch abhängig sind. Deshalb, ohne jemals den lebenswichtigen Kern zu vergessen, worin Ihre einzigartige Fähigkeit besteht, dass Sie Profis in der höchsten Technik und Wissenschaft sind, in der Hierarchie und der Disziplin – fordere ich kraft meines Verfassungsmandats als oberster Befehlshaber die chilenischen Streitkräfte auf, am Kampf ganz Chiles für ein Chile, in dem Gerechtigkeit, Arbeit, Gesundheitsversorgung, das Recht auf Freizeit und Erholung Allgemeingüter aller Chilenen werden, mitzuwirken.«[23]

»Zusammen werden wir Geschichte sein«: Der chilenische Weg zum Sozialismus

Die Entscheidung der Sozialisten, die Streitkräfte am Prozess zu beteiligen, veränderte die Tendenz der letzten Jahrzehnte und der Periode der christdemokratischen Regierung, die einen Krieg als sehr unwahrscheinlich erachteten und deshalb Budgetkürzungen vornahmen und dem Militär so gut wie keine Bedeutung beimaßen. Die Unidad Popular stärkte die Streitkräfte, indem sie ihre soziale Nützlichkeit demonstrierte, und zwar nicht hinsichtlich repressiver Maßnahmen, sondern in schaffenden Prozessen. Sie bezog sich auf die Ansicht der Militärs, dass es »manifeste« und »latente« Aufgaben gäbe – erstere lägen im Kriegsgeschäft während die »latenten« die sozialen Unterstützungsaufgaben seien, die in dieser Epoche vorrangig wären – da es eine Epoche des Kampfes um Entwicklungszuwachs ist. Man überzeugte die Gemeinschaft davon, dass die Streitkräfte »kein passiver Korps zur Zierde sind, der vom Haushalt bezahlt wird aber keinerlei spürbaren Ertrag bringt, sondern, dass er wichtige Aufgaben erfüllt [...] die unserem Fortschritt dienen.«[24]

Dies bedeutet, dass die Streitkräfte eine spezifische Funktion innerhalb der chilenischen Revolution erfüllten und die lag im Mitwirken an der Wirtschafts- und Sozialentwicklung und in der Verteidigung der Grenzen, die die Grenzen aller Chilenen waren. Ihre Anwesenheit machte den Wandel möglich, ohne dass sie in Auseinandersetzungen abglitten.

Es ist wichtig hervorzuheben, dass eine solche Politik die Entwicklungslinien der Doktrin der Nationalen Sicherheit aufgreift, die ja mit vereinten Kräften die Durchsetzung nationaler Ziele verfolgte. Nicht nur das militärische Potential bedeutete somit Macht für die Nation, sondern genauso ihre wirtschaftliche Kraft, ihr Potential für sozialen Frieden und ihre politische Stabilität. Die zitierten Worte Allendes am Ende des ersten Kapitels spiegelten ein solches Denken wieder. Es war die Überzeugung, dass man die Richtung der Doktrin, so wie sie von den USA beabsichtigt war, umkehren könnte, um die Streitkräfte zu »demokratisieren«. So wiesen auch die Sozialisten darauf hin:

> »Die Veranstaltungen, Foren, Seminare, Spezialausbildungen und vieles mehr haben gefruchtet. Heute beschäftigen sich unsere Streitkräfte mit sozioökonomischen Themen des Landes und der ganzen Welt – gegründet auf das moderne Konzept der nationalen Sicherheit. Sie verkörpern heute kein realitätsfernes Vakuum mehr, sondern sind zu wirksamen Instrumenten für die Erschaffung des Menschen der Zukunft geworden.«[25]

Der stellvertretende Verteidigungsminister José Tohá unterstützte diesen Gedanken; gegenüber den Kritikern der Integration des Militärs verwies er stets auf die Notwendigkeit des nationalen Zusammenhalts, um als Land stark zu sein, sich verteidigen zu können und um effektiv den Staat zu erhalten. Ein Volk braucht »die gemeinsame Erfüllung der Konzepte vom Vaterland, der Nation und dem Staat. Und darum, um einen wahrhaften nationalen Zusammenhalt zu schaffen, bedarf es der einstimmigen und gesamten Teilnahme des ganzen Volkes in allen Aspekten des nationalen Tuns.«[26] Man muss sie also in die strategischen Bereiche der Wirtschaft, der Forschung und der Dienstleistungen einbinden.

Der erste Bereich der sie aufnahm war die Wirtschaft, die ja ihrerseits in den Staat und die öffentliche Verwaltung integriert war. Man gliederte sie an den strategischen Frontlinien der Produktion ein, in den Kupfer-, Eisen- und Salpeterfabriken. Der Brigadegeneral Pedro Palacios Camerón, Ingenieur für chemische Waffen und Professor für Hüttenkunde, wurde zum Direktor der Kupfergesellschaft Chuquicamata S.A. ernannt. Darüber hinaus war er Mitglied der Verwaltungskommission »im Namen des chilenischen Staates«. Auf gleiche Weise der Luftwaffenoberst Claudio Sepúlveda in der Bergbaugesellschaft *El Teniente S.A.* und der Seekapitän Horacio Justiniano in der Kupferfirma *El Salvador S.A.* Und ebenso gab es entsprechende Ernennungen im Bergbau Exótica, Andina und Sagasca. Viele dieser Offiziere hatten, wie im Fall von Pedro Palacios, Chemie im Ingenieursstudiengang studiert. Über Jahre erfuhren sie keine Anerkennung – da es keine Gleichwertigkeit im zivilen Bereich gab – und so konzentrierten sie sich auf rein militärische Aufgaben. Die neue Grundstimmung der Beziehung zwischen Zivilisten und Militärs machte es erst möglich ihre Kenntnisse in einem Bereich einzubringen, den die Volksregierung in größerem Maße ausbauen wollte. Das verstärkte sich noch, als im Juli 1971 das große Kupferbergwerk verstaatlicht wurde und mit ihr andere Naturreichtümer des Landes. Von diesem Moment an nahmen die Streitkräfte nicht nur an der Entwicklung des Landes teil, sondern auch an einer Strategie der Verstaatlichung bzw. der Nationalisierung, die eine Enteignung jener Ressourcen vorsah, die sich in Händen ausländischer Unternehmer befanden. In der Zeitung der Heeresleitung wurde die Verstaatlichung des Kupfers vor allem als wichtiger Schritt in Richtung nationale Unabhängigkeit triumphierend aufgenommen.[27]

Dieses Verfahren der Einbindung erstreckte sich über die ersten zwei Jahre der Unidad Popular, als der Bereich des Gesellschaftseigentums entstand, als die Unternehmen und Finanzinstitute des Handels und der Produktion in die Hände des Staates übergingen. Ein Heeresoffizier wurde zum Leiter der Chemischen Industrie Du-

Pont, die auch verstaatlicht war und zwar mittels Kauf von Aktien über die Corfo[28] sowie die »Petroquímica Nacional« (Nationale Erdölchemie), einem Unternehmen, das 75 Prozent der Sprengstoffe des Landes produzierte und sich für den Abbau von Erz einsetzte. Das Unternehmen blieb unter der Leitung von Oberst Sergio Nuño, der das Amt des Hauptgeschäftsführers übernahm. Wie auch General Pedro Palacios war Sergio Nuño Ingenieur und übte bis dahin das Amt des Leiters des Heeresinstituts für Forschung und Kontrolle aus.

Angesichts der unter den Offizieren herrschenden nationalistischen Tendenzen, teilten sie auch die Forderung nach Verstaatlichung der Chilenischen Telefongesellschaft. Die Nationale Kommission für Telekommunikation, die sich aus Vertretern von Regierung, der Corfo, Arbeitervertretern sowie Vertretern der Streitkräfte zusammensetzte, forderte: »Unter nationaler Verteidigung verstehen wir sämtliche Aufgaben des Landes: wirtschaftlich, sozial, politisch und kulturell. Und nicht nur die Streitkräfte. Diese stehen in enger Verbindung mit allen nationalen Aufgaben. Das ist der Grund, warum ein unzulängliches Kommunikationssystem die wirtschaftliche und soziale Bühne des Landes betrat und infolgedessen die Sicherheit des Landes gefährdet.«[29] Nationale Sicherheit, Autonomie und Entwicklung.

Wie schon verdeutlicht wurde, beschleunigte das Programm der Unidad Popular auch die Landreform – ein produktiver Bereich, in dem auch die Streitkräfte nicht fehlten. Um von dem Grad des Rückstands, der auch die Landwirtschaft betraf, wegzukommen, wurden viele helfende Hände gebraucht, die es verstanden die neuen technischen Maschinen zu bedienen, die in der Feldarbeit eingesetzt wurden. In dieser Beziehung stellte die Heeresfabrik für Kriegsgerätschaften landwirtschaftliche Geräte her, die die Gesellschaft für Landreform kaufte. Das militärische Geografie-Institut arbeitete wiederum an der Entwicklung von Plänen für eine bessere Nutzung von Boden und Ressourcen. Die Generaldirektion für Tiermedizin erteilte Kurse für Hirten und leistete technischen Beistand; und die Forsteinheiten schufen in jeder Abteilung des Heeres Kontingente zur Verteidigung der Waldreichtümer. Insgesamt bestand die Arbeit der verschiedenen bewaffneten Sektoren, die sich an der landwirtschaftlichen Entwicklung beteiligten, vor allem in der Befähigung der Bauern ihre Arbeit zu verbessern. Speziell bezieht sich das auf die Siedler, also jene, die an der Landreform teilnahmen. Diese sogenannten Siedlungen waren Mischgesellschaften, deren Pächter über das *Instituto de Desarrollo Agropecuario* (INDAP) (Institut für Agrarentwicklung) vom Staat Land erhielten, das ihnen Kredite und technische Unterstützung zur Verfügung stellte.

Die Generaldirektion für Rekrutierung pflegte gleichermaßen ein Register der Bauernsöhne, die zum Wehr- oder Werksdienst gingen, um sie bei den Förderungskursen zu bevorzugen, die in der normalen Wehrdienstzeit abgehalten wurden. Einer der wichtigsten Bereiche, in denen die Uniformierten aktiv waren, war der Traktorendienst. Hier wurden sie im Umgang mit Traktoren und in der Mechanik unterrichtet. Diese Kurse gab es auf zwei Ebenen, für die Bauern – die einfach so an den Kursen teilnahmen – und für Rekruten. Obwohl die Offiziere hinsichtlich der Ergebnisse anfangs Zweifel hegten, waren sie am Ende ziemlich stolz – wie Kommandant Gabriel Molina bestätigte: »Da kamen sie an, mit ihrem bisschen Gepäck und keiner hatte Ahnung von Mechanik oder von Traktoren, aber alle haben bestanden. Die zehn Siedler erfüllten ihre Pflichten korrekt, es bedurfte keinerlei Strafen oder Suspendierungen. Nach nur einem Monat im Kurs beherrschten sie den ganzen Stoff. Gemeinsam mit dem Vizepräsidenten der Cora nahmen wir die Prüfungen ab und alle bestanden mit Auszeichnung.«[30] Diese Kurse wurden in anderen Einheiten weitergeführt.

Die im Wehrdienst Eingeschriebenen machten diese Kurse über sieben Monate lang; in Santiago zum Beispiel konnten die Kurse im Regiment »Buin« absolviert werden. Es gab eine Vereinbarung mit dem *Instituto Nacional de Capacitación Profesional* (INACAP) (Nationales Institut für Fachausbildung). Gruppen von Landarbeitern und Mapuche wurden bevorzugt bedacht, um später verantwortungsvollere Aufgaben in der Landwirtschaft übernehmen zu könnten und so das gesteckte Ziel der gesteigerten Produktion und Produktivität auf dem Land zu erreichen. José Catrileo, einer dieser Rekruten aus besagten Zonen, verdeutlichte, dass er zurück auf sein Land gehen würde, denn mithilfe der Traktorenkurse hätte er eine sichere Arbeitsaussicht bei seiner Rückkehr. Hipólito Guajardo, Präsident der Siedlung Coipué de Temuco, schätzte die Initiative besonders für ihren neuen Ansatz – es war das erste Mal, dass so etwas durchgeführt wurde – aber vor allem dafür, dass die Landarbeiter ihre Arbeit professionalisieren konnten und den größten Vorteil aus den Maschinen ziehen konnten. So wie sie gab es 225 Landarbeiter-Rekruten, die im ganzen Land – in Arica, Quillota, Santiago, Chillán, Angol, Temuco, Puerto Montt, Coyhaique und Puenta Arenas – an besagter Instruktion teilnahmen. Die Unidad Popular hoffte, dass durch diese Zusammenarbeit von Streitkräften und der Cora auch eine neue Art zwischenmenschlicher Beziehung zwischen den Uniformierten und den Zivilen, vor allem mit dem normalen Volk, entstehen würde.[31] Eine der wichtigsten Aktivitäten, die in die Zeit der Unidad Popular fielen, war die Durchführung der 3. Konferenz der Vereinten Nationen für Handel und Entwicklung (UNCTAD) in Santiago im April und Mai 1972. Als Vizepräsident dieser Konferenz wurde der General Orlando Urbina ernannt, Hauptkommandant der zweiten Heeresdivision und Militärrichter in Santiago. Wie wir im ersten Abschnitt gesehen haben, korrespondierten die Jahre der Unidad Popular mit einem Boom der unterentwickelten Länder der Dritten Welt – angesichts des Fortschritts der Entkolonialisierung. Dies fand in den Vereinten Nationen seinen Ausdruck durch die Gründung dieser Konferenz im Jahr 1964 als permanentem Organ der Versammlung, um mit Hilfe dieses Programms internationaler Zusammenarbeit den wirtschaftlichen Zielen der UN-Charta Vorschub zu leisten. So versuchte man, den Handel zwischen den Nationen zu steigern und den Fortschritt in unterentwickelten Ländern anzukurbeln. Im Verständnis von Oberst Benjamín Videla:

> »Chile ist sich darüber bewusst, die Aufgaben der Entwicklungsländer zu fördern und zu begleiten, insbesondere in Lateinamerika, um hier die Unterentwicklung zu überwinden, die Millionen von Analphabeten hervorgebracht hat … hoffentlich werden in dieser Konferenz Vereinbarungen zustande kommen, die die wirtschaftliche Entwicklung beschleunigen, die technische Unterstützung gewährleisten und das internationale Handelsregime insofern anpassen, dass es sich in den Dienst der Entwicklungsländer stellt.«[32]

Die Anwesenheit eines hohen Offiziers wie Urbina in der UNCTAD – dritter im Befehlsrang nach Prats und Pinochet – offenbart nicht nur den Wunsch der Autoritäten auf die Unterstützung der Uniformierten zu zählen, sondern auch, dass die Regierung sie mit Situationen des laufenden Prozesses der Revolution konkret in Kontakt brachte. In diesem Fall war es so, das die Arbeiter, die am Bau der Unterkunft für die Konferenzteilnehmer beteiligt waren, das beauftragte Unternehmen »übernahmen«. Eine Tatsache, die die Beziehung des General Urbina zu ihnen nicht beeinträchtigte, denn sie sicherten zu, dass die Arbeiten weitergingen. Der Vizepräsident der UNCTAD drückte es so aus:

> »Die Arbeiter haben in Anbetracht dieses Bauwerkes auf wirkungsvolle Weise gezeigt, wozu sich dieses Land verpflichtet fühlt und dass all dies von internationaler Tragweite ist. Die Arbeiter von SEC Ingenieurwesen erfüllten alle Zugeständnisse, die diese Firma für den Bau der UNCTAD III vereinbart hatte, sie waren sich bewusst, dass Prestige und nationale Interessen auf dem Spiel standen. Seit dem 1. März hatten die Arbeiter die Kontrolle über das Werk übernommen, doch sie vermieden es, dass sich die Arbeitskämpfe

auf die Fortschritte dieses riesigen Bauvorhabens, an dem Tag und Nacht gearbeitet wurde, auswirkten.«[33]

General Urbina schätzte den Beitrag, den dieses Gebäude für die Konferenz darstellte, denn sobald sie vorbei war, sollte es in ein Kulturzentrum verwandelt werden, das alle kulturellen Ausdrucksformen des Landes abdecken sollte. Für General Urbina hatte dieses dritte Treffen, wegen seines zentralen Themas, das sich dem Problem der Entwicklung stellen sollte und mit dem man sich bei den vorangegangenen Konferenzen nicht beschäftigt hatte, eine besondere Bedeutung:

> »Die zweite Zusammenkunft in Neu Delhi beschäftigte nur zwei Arbeitsgruppen. Das zeigt, dass diesmal die Fragestellungen besser voreingestellt und auf den Punkt gebracht wurden und sich so realistischere und konkretere Lösungen umreißen lassen werden. Die Dritte Welt hat in den letzten Jahren viel über Wirtschaft, Entwicklung und Handel gelernt. Im Jahr der Gründung der Vereinten Nationen 1945 tauchte das Wort Entwicklung nirgends auf. Doch mittlerweile zeichnen sich die wirtschaftlichen Probleme ab, die die Welt quälen; und es sind technische Kommissionen entstanden, die nun so fortgeschritten sind, dass sie auf den politisch-technischen Konferenzen Einzug gehalten haben.«

Mit diesen Worten resümiert der General im selben Interview aus dem gerade eben zitiert wurde.

Mit anderen Worten, die Sorge der Militärs um Entwicklung angesichts der Dringlichkeit, Produktion und Produktivität zu steigern, stellte einen Knotenpunkt im Kampf gegen das Elend dar und machte sie zu Kollaborateuren im Transformationsprozess. Es war ein Knotenpunkt, da sich die mangelnde Entwicklung auf dem Gebiet der Produktion und vor allem im sozialen Bereich ansonsten zu einem Hindernis des Wandels herausbilden würde. In ihrer fachlich-professionellen Sichtweise unterstützten sie die Landreform und die produktiven Anstrengungen der strategischen Großunternehmen.

Ein weiterer Bereich, in den sie integriert wurden, war die Forschung, die im Kampf gegen die Unterentwicklung einen substantiellen Anteil hatte. Es reichte nicht, sich der Produktion anzunehmen, sondern in einem sehr viel spezielleren Grad betraf es auch die wissenschaftliche Forschung. Das hatte die Unidad Popular dazu bewogen, die Uniformierten zur Teilnahme an zwei Gremien aufzufordern, die jeweils an Universitäten des Landes angebunden waren: die Kommission für Atomenergie und den Rat für Forschung und Wissenschaftsentwicklung. Diese Institutionen waren im Direktionsrat der Abteilung für Atomenergie vertreten und zwar durch einen Offizier eines der drei militärischen Abteilungen. Der erste war der Brigadegeneral Raúl Contreras Fischer. Man erwartete von dieser Kommission, dass sie Forschungs- und Entwicklungspläne für die Nutzung und Kontrolle von Atomenergie in den verschiedenen Bereichen der nationalen Entwicklung erarbeitete. Über Jahre hatten die Uniformierten eine beachtliche Anzahl der Ingenieure über die polytechnischen Schulen und die Fachausbildungszentren ausgebildet. Hinzu kamen die Offiziere der verschiedenen Zweige. Diese haben sich immer mehr jenen Bereichen angenähert, die genau genommen nicht Teil einer militärischen Ausbildung waren, die sich auf Verteidigungsaufgaben beschränkten und die die technische Revolution der zweiten Nachkriegsphase möglich machten. Dergleichen geschah in Bereichen wie der Kontrolle strategisch wichtiger radioaktiver Materialien oder in der Anfertigung einer nationalen mineralogischen Charta, der »Carta Nacional Mineralógica«. Im Bemühen diese Vorbereitung zu verstärken wurden Abkommen mit verschiedenen staatlichen Universitäten und Institutionen des Landes geschlossen. So konnte das militärische Personal – sowohl Offiziere, als auch Unteroffiziere und Stammpersonal, Soldaten und Gefreite – die Spezialausbildungen und technischen Laufbahnen fortführen. Ein Beispiel dafür war die katholische Universität, die über ihren Direktor, Fernando Castillo Velasco, ein Abkommen mit dem Oberkommando des Heeres schloss, das gewährleistete, dass eine Spezialisierung der Offiziere in den technischen, wissenschaftlichen und humanistischen Bereichen durch eigene stufenförmige Programme erfolgen konnte. Ebenso gab es ein Übereinkommen mit der Luftwaffe, dass die Angehörigen dieses Zweiges über entsprechende Kurse an dieser Universität verfügen konnten, die auf die Themen ihrer Bereiche ausgerichtet waren: Meteorologie, physikalische Geografie und Aerophotogrammetrie. Vergleichbares geschah mit der technischen Universität Santa María für die Streitkräfte und mit dem nationalen Institut für Ausbildung (Inacap), mit dem die Luftwaffe ein Abkommen traf, damit ihre Unteroffiziere Bildungskurse absolvieren konnten. Die ersten Bildungsbeauftragten erhielten ihr Diplom im April 1971[34].

Diese neue Art der Beziehung brachte gleichzeitig die Präsenz von Offizieren in den Leitungsgremien dieser Körperschaften mit sich, wie im Fall des Oberst der Luftwaffe, Carlos Castro, der in den Rat der katholischen Universität eintrat.

Als Ausdruck dieses Beitrags des Militärs bereitete die Armee einen Sechsjahresplan für Entwicklung vor, der die allgemeinen Regierungsprogramme miteinbezog und dessen spezifische Aspekte für das Jahr 1971 in Verbindung mit Industrie, Landwirtschaft und Staatsdienst standen und durch die *Famae*[35] gezielt gelenkt wurden. Dies bedeutete ihre Beteiligung an der Bauindustrie, Automobilindustrie (Achsen für Fahrgestelle zum Beispiel); im Bergbau (Erarbeitung von Rohstoffen für Wägen und diverse Metallstrukturen) und im Bereich von Bewässerungsarbeiten. Vergleichbares erreichte auch *Asmar*[36], die angesichts der guten Aussichten maritimen Transports, dem Zuwachs, den die Handelsmarine erfuhr sowie der Förderung der Fischerei, große Bedeutung erlangte. Für letzteres hatte die Marine einen Zehnjahresplan von 1970 bis 1980 zur ozeanographischen Forschung erarbeitet, mit dem Ziel hinsichtlich der Möglichkeiten, die das Meer mit Blick auf Überfischung bietet, Informationen zu erhalte sowie Fragen nach der Beziehung zwischen geologischen Reichtümern und den Kontinentalplatten nachzugehen.

Wenn man bedenkt, dass die Unidad Popular angesichts dieser vielen neuen Verpflichtungen den Sold des gesamten Militärpersonals erhöhte und außerdem für bessere Versorgung mit Kriegsgeräten sorgte – zumindest bis 1972, als der Import von Teilen schwieriger wurde – kann man das Unbehagen der Rechten und folgenden Kommentar nachempfinden: »Die Streitkräfte haben sich verkauft, für ein neues Auto, für ein Haus und für höheren Sold«[37] Diese Worte bringen zum Ausdruck, wie es der Rechten unmöglich war, die Offiziere für einen Putsch zu gewinnen, und wie erfolgreich gleichzeitig die sozialistische Militärpolitik war.

Der dritte Bereich der Eingliederung war schließlich ein Dienst in all jenen Bereichen, die traditionellerweise am engsten mit dem militärischen Arbeitsdienst verbunden waren. Dieser Dienst widmete sich Arbeiten des Gemeinwohls, unter der Leitung der technischen Agenturen der öffentlichen Verwaltung. Diese Stelle unterstand dem Oberkommandierenden des Heeres, der das technische Personal in den verschiedenen geplanten Arbeiten leitete und dabei mit weiteren interessierten Körperschaften zusammenarbeitete. Die zentralen Aufgaben dieses Dienstes umfassten Straßen- und Gebäudebau, Städtebau allgemein, Forstarbeiten und Bewässerung sowie Reservoirs und Brunnenbau. Eine weitere wichtige Aufgabe von ihnen war der Katastrophenschutz: wie bei den Erdbeben 1960, 1965 und 1971; oder im Fall von Schneestürmen oder Dürren, wie jeweils 1968 und 1971. Allgemein musste der militärische Arbeitsdienst in Notlagen oder an besonders abgelegenen Orten das Fehlen ziviler Arbeiter kompensieren oder auch, im Fall von besser besiedelten Orten, das Fehlen von Fachpersonal: die Uniformierten betätigten sich in medizinischen Bereichen, in der Bildung, bei Forstarbeiten und anderem und wurden zu Achsen von Gemeinden in der Provinz.

Es bestand eine gewisse Spezialisierung, jeder Zweig hatte sich auf einen bestimmten Bereich festgelegt. Die Kriegsmarine beispielsweise hatte als zentrale Aufgabe die Überwachung der ausgedehnten Küsten des Landes und den Unterhalt der wichtigsten Seewege. Diese Tätigkeit lag also durchaus in der Nähe ihrer Funktion der territorialen Verteidigung. Dazu kamen Gemeindedienste, vorbehaltlich in südlichen Gegenden. Zwischen Talcahuano und Punto Arenas entsandte die Marine kontinuierlich Zerstörer, Meeresforschungsschiffe, Patrouillenboote und Lastkähne mit dem Ziel, die Leuchttürme, Bojen, Nebelwarnsysteme und andere Elemente, die bei der Navigation hilfreich waren, zu warten und erhielt dazu regelmäßig Meldung vom hydrographischen Institut über Unregelmäßigkeiten, die zu beheben waren. Ebenso wichtig war die »medizinische« Funktion in den besonders abgelegenen Gebieten, vor allem in den vielen weit verstreuten Inseln im Süden des Landes. Genau dafür gab es seit 1965 die »Chirurg Videla«, ein Schiff, das Jahre vorher von der *Asmar* gebaut wurde und dem Staatlichen Gesundheitsdienst gehörte. Die Mission dieses Schiffes bestand in der medizinischen Versorgung und der Milchlieferung in Abstimmung mit den Notwendigkeiten des chilenischen Gesundheitsministeriums auf dem Festland. Dazu gehörten pädiatrische Kontrolluntersuchungen, Schwangerschaftsvorsorge, Geburten, kleinere chirurgische Eingriffe, Desinfizierungen und die Behandlung dermatologischer Infektionen. Ihr wichtigster Beitrag war die Eindämmung der Tuberkulose und die Gesundheitsvorsorge im Rahmen von Präventions- und Aufklärungsprogrammen, die durch den staatlichen Gesundheitsdienst bereitgestellt wurden. Während der Zeit der Unidad Popular nahmen diese Programme zu, außerdem nahmen sie an einer der »vierzig Maßnahmen der Unidad Popular« teil: die Abgabe von einem halben Liter Milch an jedes Kind. Eine ähnliche Aufgabe erfüllte der Lastkahn »Morel«, der regelmäßig Güter und Passagiere zwischen Punta Arenas und der *Tierra del Fuego* (Feuerland Insel) bis nach Navarino transportierte, also extrem südliche Gebiete Chiles, die wenig Unterstützung und Integration erfuhren. So der Marinekapitän Ismael Huerta: »Wir müssen das Land schützen, damit die Regierenden in aller Ruhe die Entwicklungsschritte entfalten können. Es ist elementar, das was es aufzubauen gilt, zu schützen und wenn der Entwicklungsprozess einer Autonomie bedarf, so müssen die Bedrohungen von außen und von innen abgewehrt werden.«[38] Der extreme Süden war vorrangiges Wirkungsgebiet der Marine.

Die Luftwaffe wiederum war hauptsächlich mit Rettungseinsätzen beauftragt. Dazu gab es einen Flugbetrieb unter ihrem Mandat, der sich der Suche und Rettung verlorengegangener Flugzeugträger widmete: Flugzeugen, die aus dem Radar verschwunden waren und Rettungseinsätze im Meer. Nach Ansicht ihres Hauptbefehlshabers César Ruiz Danyau: »Die chilenische Luftwaffe reichte weit über ihre militärische Rolle hinaus, sie verpflichtet sich der Gemeinschaft in unbegrenzter Weise.« Das hatte ihr Hilfseinsatz beim Ausbruch des Vulkans Huemules (Hudson) gezeigt. Ihre Hubschrauber konnten tausende von Bürgern und verlorenes Vieh aus der Katastrophenzone retten. Genauso wie die Marine war auch die Luftwaffe besonders wichtig für die marginalisierten Gebiete, sie versorgte Bevölkerungen in unwirtlichen oder abgelegenen Ecken, brachte Kranke von dort weg und fungierte als Luftbrücke für den Handel mit Puerto Montt, Ancud oder Castro in Chiloé. Auch im Norden unternahmen sie Rettungsaufgaben, wofür sie die Regierung mit einer neuen modernen Lufteinheit ausstattete, die Mitte 1972 in den Vereinigten Staaten beschafft wurde.[39]

Eine Aufgabe, die alle Waffengattungen miteinander teilten, war die Verteilung des halben Liters Milch täglich an die Kinder, eine Politik die sich der Präsident, Dr. Salvador Allende, ausgedacht hatte und die ein wichtiges Mittel im Kampf gegen die Unterernährung von Kindern darstellte, die weiterhin ein schwerwiegendes Problem im Land war. Da das gesamte Territorium sehr ausgedehnt ist und einige Zonen versorgungstechnisch wenig eingegliedert, bedurfte es der Hilfe genau jener Institutionen, die den Zugang möglich machten und rechtzeitig Nahrungsmittel liefern konnten. Wie wir gezeigt haben, hat sich hierin die Marine betätigt, aber auch die Luftwaffe transportierte mit ihren Hubschraubern Milch in entlegene Gebiete mit indigener Bevölkerung wie den Yaganes und Onas. Die Armee wiederum kam mit ihren Lastwägen und anderem motorisierten Gefährt dieser Arbeit in den ländlichen Zonen nach.

Der Wehrdienst erlangte dadurch neuen Atem, dass man die Dringlichkeit, den Bildungsmangel zu bekämpfen, betonte und so entwickelten die Ausbilder und die Offiziere Alphabetisierungsaufgaben, mit denen die Rekruten betraut wurden. In Concepción war es der General Ervaldo Rodríguez, Befehlshaber der Dritten Division, einer der »vollkommen in den Prozess der geistigen Erneuerung der Streitkräfte eingegliedert war«, der sich mit vereinten Kräften der Alphabetisierung in dieser Zone widmete, neben anderen Gemeindeaufgaben.[40]

Eine der Aktivitäten, bei denen die Streitkräfte in dieser Phase ganz besonders hervorstachen, war die sogenannte »Operation Winter« während des Jahres 1971. Vor Einbruch dieser Jahreszeit beschloss die Regierung den dramatischen Auswirkungen – die der Winter jedes Jahr besonders bei den schlecht ausgestatteten Bevölkerungsschichten hatte, die an Orten ohne städtische Versorgung lebten – vorzubeugen. Darum konzentrierte sich die Maßnahme vor allem auf die Vorstädte Santiagos.

Zugangsstraßen wurden geräumt, Mülldeponien und Abflüsse wurden gereinigt und es wurden Straßen in diesen vernachlässigten Zonen trassiert. Eine zentrale Rolle hierin oblag dem Heer.

Wir wollen einen Aspekt der »Operation Winter« hervorheben aufgrund der vermutlich vor allem mittelfristigen Auswirkungen, die diese hatte. Ein solcher war der Einsatz von Armeeangehörigen in 26 Lagern im Großraum Santiago. Auf Grundlage eines Abkommens – zwischen der Wohnungsbaugesellschaft CORVI, der Chefabteilung der Militäringenieure und dem militärischen Arbeitsdienst – wurde eine Reihe von Straßensicherungsarbeiten in einem räumlichen Umfang von 60.000 m^2 durchgeführt. Der Chef des Arbeiterkorps, der Oberst Luis Arce Moyano, erklärte, dass dies zum zivilen Engagement des Heeres gehörte und über ihre institutionelle Aufgabe hinausreiche. In ihrem Auftrag handelte auch der Major Jaime Bachler. Die Arbeiten erfolgten mit Personal, Gerätschaften und schweren Maschinen des militärischen Arbeiterkorps. Aufgabe war es, Wege zu bauen, um den Zugang der Menschen zu ihren Behausungen zu erleichtern und zu verhindern, dass Matsch und Regen dies unmöglich machten, was ein zentrales Problem dieser randständigen Gebiete darstellte. Major Bachler erläuterte dazu: »Dies ist keine Straße erster Güte, jedoch tut sie dahingehend Genüge, dass sie den Zugang von Personen und Fahrzeugen ins Innere des Lagers ermöglicht ... Sie wird etwa vier Jahre lang halten. Es gilt zu verstehen, dass man dringend dem Notfall begegnen muss, den der Winter in solchen Lagern verursacht.«[41] Nach Information der Presse erleichterten die in diesen 26 Lagern durchgeführten Aktivitäten die Lebensrealität der über hunderttausend Bewohner. Mitte 1971 begann der militärische Arbeitskorps in den Kommunen Conchali und Ñuñoa im Bereich von Lo Hermida tätig zu werden. Dort befanden sich sieben Lager und man wollte 30.000 m^2 Straße bauen. Nach den Verlautbarungen des Major Bachler gab es keinerlei Probleme an diesen Orten und man motivierte die Nachbarschaftsführer Bäume zu pflanzen, indem man die Bedeutung grüner Zonen betonte.

Die Arbeit in den Lagern war überaus wichtig, denn sie verband die Uniformierten mit einem der hinsichtlich der Demokratisierungsprojekte besonders erschütterten sozialen Sektoren des Landes. Der Prozess begann schon während der Amtszeit der Christdemokraten mit der »Promoción Popular«, einem Programm zur sozialen Förderung, und wurde, wie andere Kapitel dieses Buches zeigen, unter der Unidad Popular fortgeführt und verstärkt. Santiago glich einer Stadt im Aufbau und die Bewohner wurden zum wichtigsten Akteur in der chilenischen Revolution. Unter ihnen wuchs der Anteil der Radikalen der Unidad Popular, der Sozialisten und außerhalb erreichte vor allem die MIR (*Movimiento de Izquierda Revolucionaria* (Bewegung der revolutionären Linken)) Zuwachs und Einfluss. Die kommunalen Kommandos bestanden aus Familienmitgliedern von jenen Bevölkerungsteilen, die Wohnungen besetzten, weil sie keine Häuser hatten. Sie brachten emblematische Anführer hervor, wie Victor Toro oder Alejandro Villalobos, alias »Mickey«. In anderen Worten, der militärische Arbeitsdienst unter der Unidad Popular erlaubte den Offizieren die sozialen Realitäten aus der Nähe kennenzulernen, genauso wie die dort vorherrschenden politischen Strömungen und unterstrich all die ideologischen und politischen Vorbehalte im Denken der Militärs.

Wenn man nun die Einbeziehung der Streitkräfte in den Prozess des revolutionären Wandels, wie er durch die Unidad Popular verkörpert wurde, auswertet, so kommt man möglicherweise zu der Erkenntnis, dass sie gut zu den wichtigsten Herausforderungen des 20. Jahrhunderts passte, also zum Problem der wirtschaftlichen Erneuerung und Entwicklung. Es bestärkt, dass die Erfahrung der Unidad Popular auch für jene Offiziere, die später an der Verschwörung zum Staatsstreich teilnahmen (wie zum Beispiel Sergio Nuño oder Ismael Huerta), keinesfalls traumatisch war. Auch war der Sozialismus, der die Anführer ideologisch inspirierte, kein unüberwindbares Hindernis, dessen Ende unvermeidbar war. Andererseits hatten die Offiziere, sicherlich aus ihrem fachlichen Blickwinkel heraus, eine Vorstellung von sozialer Gerechtigkeit, die die Basis für die Zusammenarbeit war. Das verband sich auch mit ihren Vorstellungen vom Volk, sowohl als Nation, als auch als Gemeinschaft, deren Zugehörigkeit sich über Herkunft und Abstammung bestimmte und die mit vereinten Kräften zum Wohl des Vaterlandes und damit für alle Söhne und Töchter eintrat. Diese Idee von sozialer Gerechtigkeit fußte auch auf dem Erkennen von Armut und Not, von der so viele Brüder und Schwestern betroffen waren. Das wurde für sie durch den Wehrdienst spürbar. Die Situation hatte sich schon im Zuge der Landflucht seit den fünfziger Jahren zugespitzt, die zu einem Anstieg marginalisierter Bevölkerungsgruppen führte, die verlassene Gebiete besetzten und aus denen später die Lager hervorgingen. Zu guter Letzt fußte die Idee aber auch auf dem Menschenbild der Offiziere: der mit geistigen und materiellen Rechten ausgestattete Mensch hatte in beiden Bereichen Bedürfnisse, die gestillt werden müssen.[42] Diese Auffassungen treten deutlich in den Absätzen zutage, die im Verlauf dieses Unterkapitels herausgearbeitet wurden: die Gemeinschaft aller Chilenen, zusammen für die Überwindung der Armut als Voraussetzung für ein Land im Entwicklungssprung. Wer dieses Gefühl am besten ausdrückte war der General Prats:

> »Innerhalb dieses verwirrenden Bildes, das aktuell unsere Nation darstellt, bin ich abschließend zu einer Schlussfolgerung gekommen: Es ist für Chile an der Zeit, den Weg einer tiefgreifenden Erneuerung zu beschreiten, auf dem einen oder anderen Weg [...] Es entsprach dem Präsidenten Allende unser Land in Bewegung zu setzen. Als Chilene und als Soldat fühle ich die Verpflichtung, nicht mit der Unidad Popular oder irgendeiner anderen Regierungspartei zu sein, aber sehr wohl, und das möchte ich betonen, Teil des historischen Prozesses zu sein, den wir erleben.«[43]

Das ist die Bedeutung, die man der militärischen Zusammenarbeit und dem Anfangserfolg der Unidad Popular zusprechen muss. Diese Bedingungen hatten es möglich gemacht, die Offiziere trotz ihres Antikommunismus von den Forderungen nach einem Sturz abzubringen.

Wir wollten diesen Abschnitt mit der Darlegung der beiden dringlichsten Sorgen der Offiziere während der Zeit der sozialistischen Erfahrung in Chile abschließen: die wirtschaftliche Modernisierung und die soziale Gerechtigkeit, verbunden mit der Vorstellung, dass die Erlangung dessen ein würdigeres Leben für alle Chilenen schaffen würde und damit die Anziehungskraft des Marxismus gemindert werden könne. Damit sollte die These widerlegt werden, Allende und die Unidad Popular hätten naiv oder arglos gehandelt. Der ehemalige sozialistische Führer Carlos Altamirano hat völlig recht mit seiner Behauptung:

> »Allende hat die bedingungslose Unterstützung des Generals Augusto Pinochet Ugarte, der Köpfe von Marine und Luftwaffe und einer weiteren Reihe von Generälen, die ich nicht einmal benennen will, denn einige von ihnen waren gegen den Militärputsch, andere haben ihre Meinung geändert, die Bradys, Urbinas, Admiräle ... Sagen wir es so, es war ganz und gar nicht verrückt von Allende oder gar ein Verlust von Realitätssinn, an diesem 10. [September 1973, Anm. d. Ü.] an der Forderung für eine Volksabstimmung zu arbeiten, während bereits in entscheidendem Maße die Truppen mobilisiert wurden.«[44]

Was geschah also mit diesem Aufruf an die Einheit, alle gemeinsam für ein würdigeres Chile? Warum haben die Bradys, Urbinas, Nuños und Huertas die Seite gewechselt?

Der Untergang eines historischen Projekts: Partizipation, Politisierung und Aufstand

Wir haben zu Beginn festgehalten, dass der Erfolgt des Projektes der Unidad Popular in entscheidendem Maße davon abhing, ob es gelänge, die Streitkräfte in den Entwicklungsprozess einzubeziehen, damit sie sich beim Übergang zum Sozialismus dem Prozess des Wandels verpflichtet fühlten. Dabei durften sie jedoch nicht die zivilen Befehle in Frage stellen, sondern mussten diesen gehorchen. Dieser Erfolg bedurfte einer Kontrolle des Staatsapparates, um die in Kraft gesetzte Politik zu bestimmen – eine dosierte Integration und zur gleichen Zeit die Einbettung der neuen sozialen Rolle – wie der Staat sich neu strukturieren musste. Wir haben auch gesagt, dass es gleichsam ein Gebot war, den bürgerlichen Staat nicht zu stürzen, solange die Arbeiterklasse noch nicht ausreichend Kraft akkumuliert hatte. Aus unserer Sicht ist das, was seit Oktober 1972 passierte, die Beendigung dieser Bedingungen, die die gleichzeitige politische Neutralität und Partizipation der Streitkräfte an der sozialistischen Erfahrung möglich machten.

Seit dem versuchten Sturz der Regierung der Unidad Popular durch den Streik im Oktober 1972 konnte Allende auf größere Teile des Staatsapparates nicht mehr zählen. Er verlor Handlungsspielraum und er musste auf die Streitkräfte zurückgreifen, jedoch nicht in ihrer Qualität als Mitstreiter, sondern als letzte Ressource, um den Erfolg der Strategie der Opposition, im Hinblick auf einen Putsch, zu verhindern. Der Unterschied zur vorangegangenen Etappe ist, dass seit Mitte 1972 die Annäherung der Christdemokraten mit der Nationalen Partei zu einer Oppositionsmehrheit im Kongress führte, was wiederum verhinderte, dass die Unidad Popular im Parlament Mehrheiten erreichen konnte, um den Fortgang auf dem Gebiet des Sozialismus zu legitimieren. Die aufeinanderfolgenden Gespräche zwischen den Christdemokraten und der Regierung führten nicht mehr zu parlamentarischer Einigung, um die ergriffenen Maßnahmen zu bestärken. In anderen Worten, die Regierung verlor einen der zentralen Machtpunkte des Staates, bzw. dieser verwandelte sich definitiv in ein Instrument der Opposition. Gleichzeitig verwandelte sich die Judikative mehr und mehr in ein Bollwerk jener, die gegen die Unidad Popular waren, und zwar in dem Sinne, dass sie den Anordnungen in den betreffenden Dingen nicht mehr folgten. Das Selbe geschah mit dem Amt für Rechnungsprüfung. Insgesamt verlor die Regierung immer mehr Einflussmöglichkeit in den anderen Machtbereichen des Staates. Sie blieb auf die Exekutive beschränkt, wobei sich ihre Möglichkeiten, den Prozess des Wandels zu kontrollieren, maßgeblich reduzierten. Indem sie die Autoritäten als illegitim wahrnahmen, verhinderte dies eine völlige Neutralität der militärischen Institutionen und erleichterte deren Politisierung.

Diese Distanzierung wurde darüber hinaus durch die natürliche Anwesenheit von Uniformierten in der Regierung ab dem ersten Militärkabinett vom November 1972 und noch viel stärker in dem vom August 1973 begünstigt, als die Streitkräfte voll und ganz in die zentralen Konfliktbereiche zwischen Regierung und Opposition einstiegen: das Problem des Mangels und die notwendige Verteilung, außerdem die Verabschiedung des Waffenkontrollgesetzes. Beide Streitpunkte manövrierten die Offiziere ins Zentrum der Auseinandersetzung und führten derart zu einer Politisierung, dass dadurch ihr Standpunkt sich eindeutig mit einer Seite identifizierte. Es war das Vorspiel zum Staatsstreich.

Wenn auch die Opposition während der sozialistischen Erfahrung keine einzige Strategie oder Haltung zur Regierung hatte, so begannen doch die Christdemokraten und die Nationale Partei seit Februar 1972 immer mehr zu blockieren und starteten das, was Augusto Varas »die Konvergenz der Opposition«[45] nannte. Am Anfang agierten der Unternehmenssektor und der Parteiensektor unabhängig; erstere versuchten den Fortbestand der privaten Unternehmen innerhalb des Prozesses der Sozialisierung auszuhandeln, während die Parteien das Regierungshandeln über die legalen und parlamentarischen Instrumente die zur Verfügung standen, abzustecken versuchten. Beide Strategien scheiterten im Laufe des Jahres 1971, das Jahr in dem die Unidad Popular Fortschritte mit ihrem Programm zur Gründung eines sozialen Bereiches machte. Dies begünstigte eine stärkere Abwehrhaltung gegenüber dem Gebrauch der verfassungsmäßigen Mechanismen durch Allende, nicht nur von Seiten der Parlamentarier, sondern auch der Judikative und des Rechnungshofes. Beides verstärkte das Potenzial für Beschwerden und die Anklagen hinsichtlich überschrittener Rechtmäßigkeit bei einigen Enteignungen. Gleichzeitig begannen Händler und Unternehmer mit ihrer Politik des Aufkaufens bzw. Hortens und mit Aktivitäten auf dem Schwarzmarkt, was zu ersten Mangelsymptomen Ende 1971 führte, jedoch gelang es noch nicht, die Unidad Popular von ihren Plänen der Einführung des Sozialismus abzubringen. Diese Unfähigkeit der Opposition ebnete den Weg für eine agitatorische und gewaltsamere Einstellung, die mit dem Auftauchen paramilitärischer Gruppen wie der Brigade »Rolando Matus« einherging sowie nationalistischer Gruppen, unter denen besonders die *Frente Nacionalista Patria y Libertad* (Nationalistische Front für Land und Freiheit) hervorstach. Außerdem wurde eine zweite Konfrontation in Kraft gesetzt, nämlich Massenmobilisierungen, die Ende diesen Jahres begannen und in der »Demonstration der leeren (Suppen-)Töpfe«

im Dezember ihren deutlichsten Ausdruck fanden. Mit der Verfassungsreform des sozialen Bereiches im Februar 1972 begann die Annäherung der Christdemokraten mit den Nationalen, zu denen sich später der Arbeitgeberverband hinzugesellte – die die Unterstützung des Mittelstandes genossen, weil jene angesichts der staatlichen Interventionen und einer »Verfolgung« des privaten Handels eingeschüchtert waren. Überzeugt durch die Opposition, dass allein Parteienhandeln nicht ausreichte, um die Unidad Popular aufzuhalten oder zu bezwingen, begann man an einer neuen Formel zu experimentieren, dem zivilen Ungehorsam. Man plante den totalen Stillstand mittels des Bestreikens der Produktionsmittel, des Handels, der Transportmittel und später der Berufsverbände (der Mediziner und Anwälte), mit dem Ziel, die Regierung zu stürzen, weil sie unfähig war die drängendsten Probleme des Landes zu lösen[46]. Der »Streik vom Oktober 1972« war der Höhepunkt jener »zivilen« Strategie der Opposition. Man versuchte die Regierung mithilfe des produktiven Sektors sowie der Mittelschicht, die von den Versorgungsengpässen und dem Arbeiterdiskurs der Regierung eingeschüchtert worden waren, zu Fall zu bringen. Bekanntermaßen scheiterte diese Strategie, da es der Unidad Popular gelang, die chaotisierenden Auswirkungen zu drosseln, jedoch blieb ihre Position danach sehr geschwächt, sowohl hinsichtlich ihrer Handlungsfähigkeit, als auch dem fortschreitenden Prozess eine Richtung zu geben. Als schließlich die Kräfte zwischen Regierung und Opposition gleichstanden, musste erstere auf das Militär zurückgreifen.

Es war diese Wiedererlangung von Initiative und Handlungsfähigkeit durch die Opposition, mit der es ihr gelang Druck auszuüben, der schließlich auch die militärische Verschwörung reaktivierte. Bis September 1972 waren diejenigen Soldaten, die einen Militärputsch favorisierten, in der Minderheit und sie standen in direkter Verbindung mit den rechten nationalistischen Gruppen und einigen Offizieren im Ruhestand – wie Viaux oder Labbé. Diese übten zwar von außen Druck aus, scheiterten jedoch am Widerstand der institutionellen Mehrheit. Die Zuspitzung der politischen Krise und die Übereinkünfte zwischen der Rechten und den Christdemokraten entzogen den Autoritäten schließlich die Unterstützung der Militärs. Die Opposition disqualifizierte einstimmig ihr Handeln als illegal, und dies erleichterte die Aushöhlung jener Prinzipien der Nicht-Einmischung und Unabhängigkeit, die die Rechten und Nationalisten betrieben.[47] Der Oktoberstreik war ein Meilenstein innerhalb dieses zermürbenden Prozesses.

Obwohl die Unidad Popular und die gesellschaftlichen Kräfte, die sie unterstützten, den Verlauf des Streiks umkehrten, war sich Allende doch völlig darüber im Klaren, dass es unmöglich war, den Prozess aufrechtzuerhalten, ohne den umstürzlerischen Absichten der Opposition einen Riegel vorzuschieben. Die einzigen, die dazu in der Lage waren, waren die Streitkräfte. Weil der Streik das Überleben der Bevölkerung gefährdete und die nationale Sicherheit bedroht hatte, setzte Allende im Einklang mit seinen Notstandsbefugnissen die Militärs ein, um die Ordnung aufrechtzuerhalten und die Wirtschaft zu retten. Die Streitkräfte standen also gemeinsam mit der Regierung. Gemäß Allende hieß das:

> »Wir verteidigen den demokratischen Weg! Das Volk und die Streitkräfte, die Polizei und die Forschung waren mit der Regierung [...] darum formte sich ein neues Kabinett heraus, an dem Vertreter der Streitkräfte, der Volksparteien und der zentralen Vereinigung der Central Única de Trabajadores de Chile (CUT) (Arbeitergewerkschaften) beteiligt waren [...] Ich wiederhole, dieses Kabinett entstand aufgrund der Ereignisse, die unser Land im Oktober erlebte und die ich im September öffentlich verurteilt hatte.«[48]

Die eingegliederten Offiziere waren: General Carlos Prats im Inneren; Admiral Ismael Huerta im Bereich für öffentliche Bauten und General der Luftwaffe; Claudio Sepúlveda für Bergbau. Die Anwesenheit der Offiziere brachte unterschiedliche Lösungsstrategien mit sich, im Fall von Huerta war es der Weg Allende zum Rückzug zu zwingen oder wie im Fall von Prats und Sepúlveda, den Aufstand der Rechten zu verhindern. Diese konstitutionelle Hoffnung in die Uniformierten war nicht allein die Meinung Allendes, sondern sie wurde auch von weiteren Mitgliedern der Regierungskoalition geteilt, die in einem gemeinsamen Kabinett mit Militärs einen Weg sahen, »die durch den aufrührerischen Streik verursachte politische Krise zu beenden«, denn wenn sie den institutionellen Rahmen stärkten, würden die Programme fortgeführt werden können. Und deswegen lehnte die Opposition die Anwesenheit der Offiziere ab, nach Ansicht des nationalen Senators Francisco Bulnes: »wenn die Minister der Streitkräfte in die Regierung gegangen sind, um den politischen Positionen und dem Programm der Unidad Popular zu dienen [...] so herrscht kein Zweifel, dass sie auf das Schärfste ihren Auftrag verfehlen, den ihnen die Verfassung und die Gesetze zugewiesen haben, denn so mischen sie sich in Parteienpolitik ein.«[49] Dieses Bild verstärkte sich durch die Art und Weise, in der das nationale *Secretaria Nacional de Distribución* (SND) (Ministerium für Versorgung), angeführt durch den General der Luftwaffe, Alberto Bachelet, sich dem Problem der Unterversorgung widmete. Als sich die ersten Demonstrationen gegen den Mangel formierten und das Schlange stehen begann, entstanden als Reaktion die *Juntas de*

Abastecimiento y Control de Precios (JAP) (Räte der Volksversorgung und Preiskontrolle). Das waren Nachbarschaftsorganisationen, die versuchten, die Verteilung von Nahrungsmitteln und grundlegenden Gütern zu regulieren, um so Front gegen die illegale Versorgung auf dem Schwarzmarkt zu machen. Die Familien mussten sich beim Ausschuss in ihrem Stadtteil einschreiben; sie erhielten dann eine Karte, die ihre Versorgung sicherstellte. Da der Streik vom Oktober direkt auf die wirtschaftliche Aushebung zielte, konstituierten sich die JAP als eine der Fronten, mit denen die Unidad Popular diesen Schlag abzuwehren versuchte. Im Januar 1973 kam man zu dem Schluss, dass die Bedingungen nun gegeben waren, um Konsumtionsraten zu gewährleisten, so dass der Markt nicht mehr frei agierte. Es waren Kontrollmechanismen eingeführt worden, die eine minimale Transportauslastung gewährleisteten und so das Versorgungsproblem lösten. Die neue Wirtschaftspolitik sah auch die Gründung per Dekret des nationalen Ministeriums für Versorgung und Handel vor, mit der vier Uniformierte im aktiven Dienst eingestellt wurden und einer (im Ruhestand) in der Chefabteilung der staatlichen Versorgungsunternehmung – dessen Generalsekretär Alberto Bachelet war. Dessen Aufgabe bestand darin, die Versorgung zu organisieren, das heißt konkret bestand sie in der Verteilung und in der Arbeit mit der Bevölkerung. Das zweite Dekret bezog sich auf die Funktionsweise der JAP, was durch den Minister General Prats angeordnet wurde. Es zielte auf die Kontrolle ihrer Lokalisierung und die Regelmäßigkeit ihrer Zusammensetzung ab, entsprechend wurden Inspektoren eingesetzt, die sich auf den Polizeistellen registrieren mussten. Dieses Mittel vermied, so Regierungsquellen, die parallele Gründung der JAP durch die Opposition und es verhinderte Zusammenstöße mit rechten Provokateuren und Gewaltagitationen.[50] Man kann also sagen, dass beide Dekrete darauf abzielten, die wirtschaftliche Auflösung auszuhebeln, was ja die Hauptangriffswaffe der Opposition darstellte. Darum war die Entscheidung, einen Militär an die Spitze der Wirtschaftspolitik zu stellen, auch Folge dieser Problematik. Anfang 1973 gab es Gerüchte über einen erneuten Streik, die sich im Juli diesen Jahres bestätigen sollten. Das dem General Bachelet zugewiesene Amt war das zweitwichtigste nach Prats aufgrund seiner Verortung im sensiblen Bereich der Versorgung. Obwohl die Offiziere versicherten, dass sie nicht als Unterstützer der Regierung da waren, sondern als gehorsame und abhängige Kräfte, so ist doch sicher, dass ihr Handeln eine politische Konnotation hatte, schließlich ging es darum, den Anordnungen der Regierung Folge zu leisten. »Unsere Politik – bestärkte General Bachelet – die uns der Präsident aufgetragen hat, besteht in der gerechten Versorgung von zehn Millionen Chilenen: alle sollen Zugang zur gleichen Menge an Nahrungsmitteln bekommen, proportional zur jeweiligen Familie und zur Ortschaft, in der sie leben, und dass wir, was wir haben, gleichermaßen verteilen können.«[51] Bachelet, als guter Offizier, verpflichtete sich, das Ministerium zu organisieren und sein gutes Funktionieren zu gewährleisten. An allererster Stelle verurteilte er die »Psychose jener Leute, die mehr kauften als sie konsumieren würden.« Andererseits galt es zu erreichen, dass die JAP voll und ganz ihre soziale Funktion erfüllten, die darin bestand, die Bevölkerungsdichte zu bestimmen, gleichzeitig die Bedürfnisse des Handels zu kennen und zu kontrollieren, so dass die versorgenden Unternehmen Produkte in ausreichender Menge, zur rechten Zeit und zu festgelegten Preisen, lieferten. All dies war erforderlich, um die Meinung der Opposition hinsichtlich der Illegitimität der JAP zu widerlegen. Die Rechte hatte eine Hetzkampagne gegen die JAP mit der Forderung nach ihrer Auflösung initiiert, in der sie sie der Willkür und des Missbrauchs beschuldigten und ihnen vorwarfen, illegale politische Druckmittel zu sein. Die verantwortlichen Militärs mussten intervenieren, indem sie die Strategie dieses politischen Sektors blockierten, und statt dessen darauf beharrten, dass die JAP die Interessen der Konsumierenden vertraten und es in dieser komplexen Situation die Pflicht der Regierung war, die Versorgung zu gewährleisten. Es ging sogar noch darüber hinaus, denn nach Informationen des Versorgungsministeriums kontrollierte der gesellschaftliche Bereich nur 30 Prozent der Nahrungsmittelindustrie, während der private Sektor die restlichen 70 Prozent behielt, und deshalb war diese eingesetzte Politik so wichtig. Bachelet rief die Bevölkerung dazu auf, den JAP zu vertrauen und sich eintragen zu lassen. »Die JAP als beratende und partnerschaftliche Gremien spielen eine essenzielle, ja, eine Schlüsselrolle. Ich denke, die gesamte Bevölkerung sollte sich ihnen anschließen, egal ob sie JAP oder CAP heißen [*Comités de Abastecimiento Popular* (Ausschüsse für die Versorgung des Volkes)][52] Da es notwendig war, möglichst die gesamte Produktion zu erreichen, waren die Offiziere auch am Kampf gegen die Profiteure beteiligt, gegen den Schwarzmarkt, die wirtschaftliche Waffe der Rechten. General Prats in seinen Tagebuchreflexionen:

> »Umso näher der März rückt, umso stärker wächst die Propaganda. Alles steht auf dem Spiel. Der hauptsächliche Vorwurf an die Regierung ist die Mangelversorgung, die ihr allein zu Lasten gelegt wird. Dabei vergeht kein Tag, an dem wir keine heimlichen Lagerräume mit Tonnen von Nahrungsmitteln und anderen vom Markt verschwundenen Gütern finden. Allein in der ersten Februarwoche wurden mehr als zehn solcher Lager aufgefunden.«[53]

In anderen Worten, Bachelet, Prats und die anderen Offiziere lieferten eindeutige Beweise für die Machenschaften der Opposition. Dieser Aspekt ist wichtig, will man den Rückhalt verstehen, den die an der Regierung mitarbeitenden Offiziere bis zum Ende aufrechterhielten. Schließlich waren das Horten und die Politik der Unterwerfung durch den Hunger ein Problem für die nationale Sicherheit und auch für den Patriotismus und damit gemäß ihrer geistigen Haltung etwas Undenkbares. Nach den Analysen des General Prats musste die Politik auf ein sehr niedriges Niveau gesunken sein, dass solche Art von Mitteln gewählt wurde. Diese Offiziere und andere, die ihnen ähnlich waren, waren direkt verantwortlich für das Scheitern der politischen Ziele der Opposition und folglich positionierten sie sich damit irgendwie. Auf der anderen Seite gab es auch Uniformierte, die sich in einem anderen Bereich des Gesamtkonflikts befanden und die schließlich auf der Gegenseite der Unidad Popular landeten: es waren diejenigen, die auch die Anwendung des Kontrollwaffengesetzes beanspruchten, das Ende 1972 verabschiedet worden war. Bekanntermaßen übermittelte der Christdemokrat Juan de Dios Carmona einen Gesetzentwurf, aufgrund dessen den Streitkräften die Kontrolle über den Waffenverkehr der Zivilbevölkerung übertragen wurde. Auf diese Initiative folgte eine des Präsidenten, die damit übereinstimmte, diesen Institutionen besagte Funktion zu geben, was im Rahmen des Oktoberstreiks geschah. Das Gesetz trat am 21. Oktober 1972 in Kraft. Jedoch kam es erst im Juli 1973 zur Anwendung, sprich, als die Verschwörung gegen die Regierung der Unidad Popular bereits in vollem Gange war. Ein Meilenstein, der gleichzeitig ein Grenzpunkt war, war der Putschversuch am 29. Juni 1973 (der sogenannte »Tancazo«), mit dem Ziel, die Regierung zu stürzen. Dieser Putschversuch wurde vom 2. Panzerregiment unter Oberst Roberto Souper in Zusammenarbeit mit »Vaterland und Freiheit« und anderen Gruppen der Opposition ausgeführt. Der Oberbefehlshaber des Heeres persönlich stoppte die Verschwörung, jedoch konnte er den Prozess der Politisierung nicht aufhalten, der über seine wie auch andere Einrichtungen Macht gewonnen hatte. Denn sie waren in dem Druck und den Dynamiken des politischen Feldes gefangen. Zu diesem Zeitpunkt konzentrierte die Opposition alle ihre Hoffnungen auf einen Militärputsch, um die marxistische Regierung loszuwerden. Man muss bedenken, dass – auch wenn die Verschwörung im Dezember 1972 in Valparaíso begann – erst nach dem »Tancazo« und zwar nach dem Treffen der »Gruppe der 15« am 1. Juli die Verschwörer ermittelten, dass es ausreichend Rückhalt für einen Putsch gäbe.[54]

Dies hatte wahrscheinlich Auswirkungen auf den Charakter, der die Anwendung der Richtlinie voraussetzte und die sich dann auf Einsätze in und Durchsuchungen von Arbeits- und Wohnstätten konzentrierte. Die Militärs kontrollierten nur selektiv nach Waffen, gegen rechte Organisationen wurde dieses Mittel nicht angewendet, speziell nicht gegen »Vaterland und Freiheit«, die direkt in den Putsch involviert waren. Das Kontrollieren auf Waffen war vielmehr ein Repressionsinstrument gegen Arbeiter und es fanden ständig Durchsuchungen statt. Das (Waffenkontroll-)Gesetz ermächtigte die Militärs, jeden beliebigen Ort nach »Waffenarsenalen« zu durchsuchen, wenn es eine Anzeige gab, dass sich dort Waffen befänden. Dafür brauchte es dann keinen richterlichen Befehl. Die Durchsuchungen entwickelten sich zu immer gewaltsameren Einsätzen – mit einem großen Aufgebot von Soldaten. Obwohl im Allgemeinen in den Fabriken und den Industrieposten [55] keine Waffen gefunden wurden, waren diese Aktionen, aufgrund der rechtspopulistischen Medienhetze, befremdend für die teilnehmenden Soldaten, denn es wurde suggeriert, dass sich ein Bürgerkrieg in Vorbereitung befand.

Mit der Ermordung von Präsident Allendes Feldadjutant, dem Kommandanten Arturo Araya im Juli 1973, begann, laut Prats, eine neue Form des Drucks gegen die Allende-Regierung. Die Stimmung spitzte sich zu, speziell in der Marine, wo die Verunsicherung in hohem Grade anstieg. Die Anwendung des Kontrollwaffengesetzes schien sich in eine Vergeltungswaffe verwandelt zu haben und erweiterte sich um den Gebrauch von Kriegsmitteln: die chilenische Luftwaffe benutzte Hubschrauber und erzeugte noch mehr Gewalt. Sinnbildlich für die Brutalität, mit der bei den Durchsuchungen vorgegangen wurde, war ein Vorfall in Punta Arenas. Dort wurde der Einsatz, durch Luftwaffe und Armee in verschiedenen industriellen Zentren, unter Befehl von General Manuel Torres de la Cruz – einem der Verschwörer – durchgeführt und endete mit »Tod durch Erschießen« des Arbeiters Manuel González. Auch gab es einen Bajonett-Angriff auf den Arbeiter Guillermo Calixto. Es kamen mit Maschinengewehren bewaffnete Panzer zum Einsatz.[56]

Folge all dessen waren direkte Auseinandersetzungen zwischen den Streitkräften und den Arbeiterorganisationen, die harte Stellungnahmen abgaben und nach Verantwortlichen suchten. Die Sozialistische Partei, die CUT und die MIR kritisierten offen die Anti-Arbeiter Einstellung dieser Institutionen. Und so schritt nach dem Frühling 1973 nicht nur die Verschwörung mit riesigen Schritten voran, sondern die Offiziere wurden auch immer stärker in den politischen Konflikt hineingezogen. Es zeichneten sich deutlich zwei unterschiedliche Lager heraus. Die Angst des General Prats vor einem möglichen Bürgerkrieg schien sich immer weiter darin zu konkretisieren, dass sich die Streitkräfte spalteten. Sein für den Putsch wegbereitender Rücktritt, vom Amt des Oberbefehlshaber des Heeres am 22. August 1973, war der letzte

Ausdruck des Niedergangs der Militärpolitik der Unidad Popular. Am Morgen des 11. September 1973 fand die Dualität in der Erwiderung der Uniformierten auf das Experiment des Sozialismus ihr Ende. Von nun an gab es nur noch eine akzeptierte Position.

Die Militärpolitik von Allende und der Unidad Popular unterlag der Umstrukturierung der Opposition ab 1972 und der Art und Weise, wie diese die anderen Machtelemente des Staates – Judikative und Legislative – nutzen konnten. Damit blieb der Regierung nichts mehr, um die sich in der Regierung befindenden Streitkräfte zu kontrollieren. Diese wurden ihrerseits ins Getöse des politischen Kampfes hineingerissen, was ihren Leitsatz der Nichteinmischung schwächte und schließlich dazu führte, dass sie im Konflikt Position ergriffen. Die Übereinstimmung der oppositionellen Gruppen und die heftige Bedrohung, die vom Oktoberstreik ausging, hatten zur Folge, dass die Militärs im Zentrum des Konflikts mit der Opposition gelandet waren: die wirtschaftliche Waffe (die Mangelversorgung) und die Existenz vermeintlich bewaffneter Gruppen. Der Kampf um Verteilung und die Kontrolle der Waffen verunmöglichten die Beibehaltung des Prinzips der politischen Nichteinmischung. Diejenigen, die in den verschiedenen staatlichen Einheiten verblieben, glaubten, dass es »ihre Pflicht« sei, den Erfolg der Oppositionsstrategie zu verhindern – die auf die völlige Zerlegung der Wirtschaft abzielte und damit auf eine Konfrontation. Diejenigen, die das Lager gewechselt hatten, glaubten, »ihre Pflicht« sei es, ein für allemal mit der marxistischen Regierung Schluss zu machen.

Allende und die Unidad Popular konnten ihren Traum von einem modernen, demokratischen und mit den nationalen Entwicklungen gänzlich integren Militär nicht zu Ende träumen. Ein Traum, der auch von vielen Offizieren, Unteroffizieren und Truppenmitgliedern geteilt wurde.

Anmerkungen

1 Dieser Satz ist Teil der Hymne der Präsidentschaftskampagne der Unidad Popular »Vencermos«.

2 Tapia, Jorge, *Terrorismo de Estado* (Ed. Nueva Imagen: 1980); Reiman, Elizabeth; Rivas Sánchez, Fernando: *Las fuerzas armadas de Chile: un caso de penetración imperialista* (Havanna: 1976); Genaro Arriagada; M.A. Garretón »América Latina a la hora de la Doctrina de la Seguridad Nacional«, in: Pérez, María A. (Hrsg.), *Las fuerzas armadas en la sociedad civil* (Cisec: 1978); Arriagada, Genaro: *El pensamiento político de los militares* (Ed. Privada: 1981); Viera-Gallo, José A.: *La Doctrina de Seguridad Nacional y la militarización de la política en América Latina*, Chile-América, Centro de Estudios y Documentación, Roma: 1977. Für einen komplexeren und historisch-soziologischen Blickwinkel siehe: Varas, Augusto; Bustamente, Fernando; Agüero, Felipe: *Chile, democracia, fuerzas armadas,* Flacso 1980.

3 Almeyda, Clodomiro: *Pensando a Chile*, Terranova Ediciones 1986; Corvalán Lepe, Luis: *El gobier-*

no de Salvador Allende, Lom 2003; Alvarez, Rolando: *Desde las sombras. Una historia de la clandestinidad comunista,* Lom 2003.

4 Smirnow, Gabriel: *La revolución desarmada. Chile 1970–1973*, Era: 1977.

5 Zu dieser Etape siehe Verónica Valdivia O. de Z.: *La Milicia Republicana. Los civiles en armas, 1932–1936* (Dibam: 1992), von der selben Autorin, *Marineros, trabajadores y soldados. Chile bajo la Depresión, 1931–1932* (unveröffentlicht); Rojas, Jorge: *La dictatura de Ibáñez y los sindicatos, 1927–1931,* Dibam: 1993.

6 Varas, Agüero; Bustamante, a. a. O.

7 Validivia O. de Z., Verónica: *El golpe después del golpe, Leigh versus Pinochet. Chile 1960–1980*, Lom: 2003.

8 Ebenda; Siehe auch Varas; Agüero; Bustamente: a. a. O.

9 Prats, Carlo: *Memorias. Testimonios de un soldado*, Pehuén: 1985, Seite 141.

10 Declaración del Comité Central del Partido Socialista (Erklärung des Zentralkomitees der Sozialistischen Partei), zitiert nach Casanueva, Fernando; Fernández, Manuel: *El partido Socialista y la lucha de clases en Chile,* Santiago: 1973, Seite 227–228.

11 Moulian, Tomás: *Conversación interrumpida con Allende*, Lom: 1998.

12 Garcés, Joan: *Allende y la experiencia chilena*, Bat: 1990, Seite 136ff.

13 Unidad Popular: »Allende Presidente. Programa básico de gobierno«, Santiago: 1970.

14 Valdivia O. de Z., Verónica: *El golpe después del golpe,* Kap.1 und 2; »Nacionalismo, Ibañismo, fuerzas armadas: el ocaso del populismo militar«, *Contribuciones Científicas y Tecnológicas*, Nr. 116: 1997.

15 *Patria Nueva*, Nr. 3, May 1971, Seite 42.

16 Valdivia O. de Z., Verónica: »Camino al golpe. El nacionalismo a la caza de las fuerzas armadas«, UCBC, Serie de Investigaciones, Nr. 11: 1996.

17 Barriga, Mayor Juan: »Lo que debemos saber de seguridad y defensa nacional«, *Memorial del Ejército de Chile*, Nr. 373, Mai–August 1973.

18 *Patria Nueva*, Nr. 13, März 1972, Seite 26, Nr. 11, Januar 1972, Nr. 12, Februar 1972.

19 *Patria Nueva*, Nr. 8, Oktober 1971.

20 *Patria Nueva*, Nr. 1, Jan–Feb. 1971.

21 TVN, Informe Especial, »Cuando Chile cambió de golpe«, Kap. »El camino de Allende a la Moneda«, 29.07.2003.

22 *Patria Nueva*, Nr. 2, März–April 1972. Die Kursivsetzung ist unsere um den Aufrufcharakter hervorzuheben.

23 Ebenda. Die Hervorhebung ist unsere.

24 *Patria Nueva*, Nr. 1, Juni 1971, Zu den Funktionen des Militärs, siehe Claudio López, »Las fuerzas armadas en el Tercer Mundo«, *Memorial del Ejército de Chile*, Nr. 356, Juli–August 1970.

25 *Noticias de Última ora*, 17.07.1970, Seite 7; siehe auch *Patria Nueva*, Nr. 19, Sep. 1972,

26 *Chile Hoy*, Nr. 55, Juni–Juli 1973

27 *Ahora*, 22.06.1971; Patria Nueva, Nr. 2, März–April 1971; Nr. 14, April 1972, *Memorial del Ejército de Chile*, 1971.

28 Anmerkung der Übersetzerin: Corfo steht für »Corporación de Fomento de la Producción« – in etwa: Gesellschaft zur Produktionsentwicklung, eine staatliche Agentur in Chile, die seit 1939 Unternehmertum fördert und für Innovation und Wettbewerbsfähigkeit eintritt.

29 Departamento de Relaciones Públicas del Ejército (Abteilung für Öffentlichkeitsarbeit des Heeres), *Ahora*, 21.09.1971.

30 *Ahora*, 21.09.1971.

31 *Ahora*, 21. September und 26 Oktober 1971; *Noticias de la Última Hora*, 10. September 1971, Seite 2.

32 Tte. Oberst Benjamín Videla. »UNCTAD«, *Memorial del Ejército de Chile*, Nr. 364, Nov–Dez 1971;

Simon Stanic »Un hogar chileno para la humanidad. Entrevista al general Orlando Urbina«, *Memorial del Ejército de Chile*, Nr. 364, Nov–Dez 1971.

33 *Patria Nueva*, Nr. 13, März 1972.

34 Ahora, 21. September 1971, Patria Nueva, No. 15, Mai 1972.

35 Anm. d. Ü.: Famae bzw »Fábricas y Maestranzas del Ejército de Chile« ist ein Staatliches Unternehmen zur Fabrikation von Waffen für das chilenische Militär.

36 Anm. d. Ü.: Astilleros y Maestranzas de la Armada de Chile – Werften und Arsenale der chilenischen Marine ist ein Service in- und ausländischer Reedereien in den Bereichen Wartung, Reparatur, Umbau, Erweiterung, Modernisierung und Bau von zivilen und militärischen Schiffen.

37 Noticias de *Última Hora*, 5. Dezember 1971.

38 *Ahora*, 21. September 1971.

39 *Ahora*, 21. September 1971 und 26. Oktober 1971; *Patria Nueva*, Nr. 16, Juni 1972.

40 *Patria Nueva*, Nr. 4, Juni 1971 und Nr. 12, Februar 1972.

41 *Patria Nueva*, Nr. 2, März–April 1971.

42 Diese Vorstellungen sind besser ausgearbeitet in Verónica Valdivia O. de Z., *El golpe después el golpe*, Kapitel 4.

43 Prats, Carlos, *Diario del general de ejército Carlos Prats, ex Commandante en Jefe del Ejército Chileno*, Ed. Fundamentos 1984, Seite 10. Das Zitat korrespondiert mit dem Eintrag vom 5. Februar 1973.

44 Informe Especial, TVN »Cuando Chile cambió de golpe«, Kapitel »El origen de golpe«, 12. August 2003.

45 Varas, Augusto: »La dinámica de la oposición durante el gobierno de la Unidad Popular«, Flacso, D.T. Nr. 43, 1977.

46 Moulian, Tomás y Garretón, M.A.: *La Unidad Popular y el conflicto político en Chile* (Santiago: 1983), Moulian, Tomás. »Lucha política y clases sociales«, Santiago 1973; Campero, Guillermo, *Los gremios empresariales en el período 1970–83,* Ilet: 1984.

47 Verónica Valdivia O. de Z: »Camino al golpe«, Abschnitt 3.

48 Rede vom 28. November, in *Patria Nueva*, Nr. 22., Dezember 1972.

49 *Chile Hoy*, Nr. 22, 10. Nov 1972; Nr. 23, 17. Nov 1972; Carlos Prats, Diario, Seite 10–11.

50 *Chile Hoy*, Nr. 31, 12. Jan. 1973 und Nr. 33, 26. Jan. 1973.

51 *Chile Hoy*, Nr. 34, 2. Feb. 1973.

52 *Chile Hoy*, Nr. 39, 9. März 1973.

53 Prats, Carlos, Diario (Tagebuch), Seite 11. Prats gibt auch eine Anweisung von *Patria y Libertad* (die rechte Organisation »Vaterland und Freiheit«) wieder: »12 Empfehlungen an private Großunternehmer« hinsichtlich des Verbergens von Waren.

54 González, Mónica: *La conjura. Los mil y un días del golpe*, Santiago 2000; Pérez, David: »La Fronda Militar. El 11 de septiembre«, Magister-Abschlussarbeit in Politikwissenschaften (Tesis de Magíster en Ciencias Políticas), Universidad de Chile, Santiago: 2000.

55 Jahre nach dem Putsch versicherte General Gustavo Leigh G., dass die Posten am 11. September 1973 nicht bewaffnet waren wie bis dahin immer behauptet worden war. So im Fernsehen TVN »Medianoche« (»Mitternacht«), in einer Spezialsendung zum Tod des General Leigh (September 1999).

56 *Chile Hoy*, Nr. 59, 27. Juli; Nr. 61, 10. August 1973; Carlos Prats, Diario, Seite 25–27.

Biografien

… die sich getraut haben, die Welt neu zu erfinden

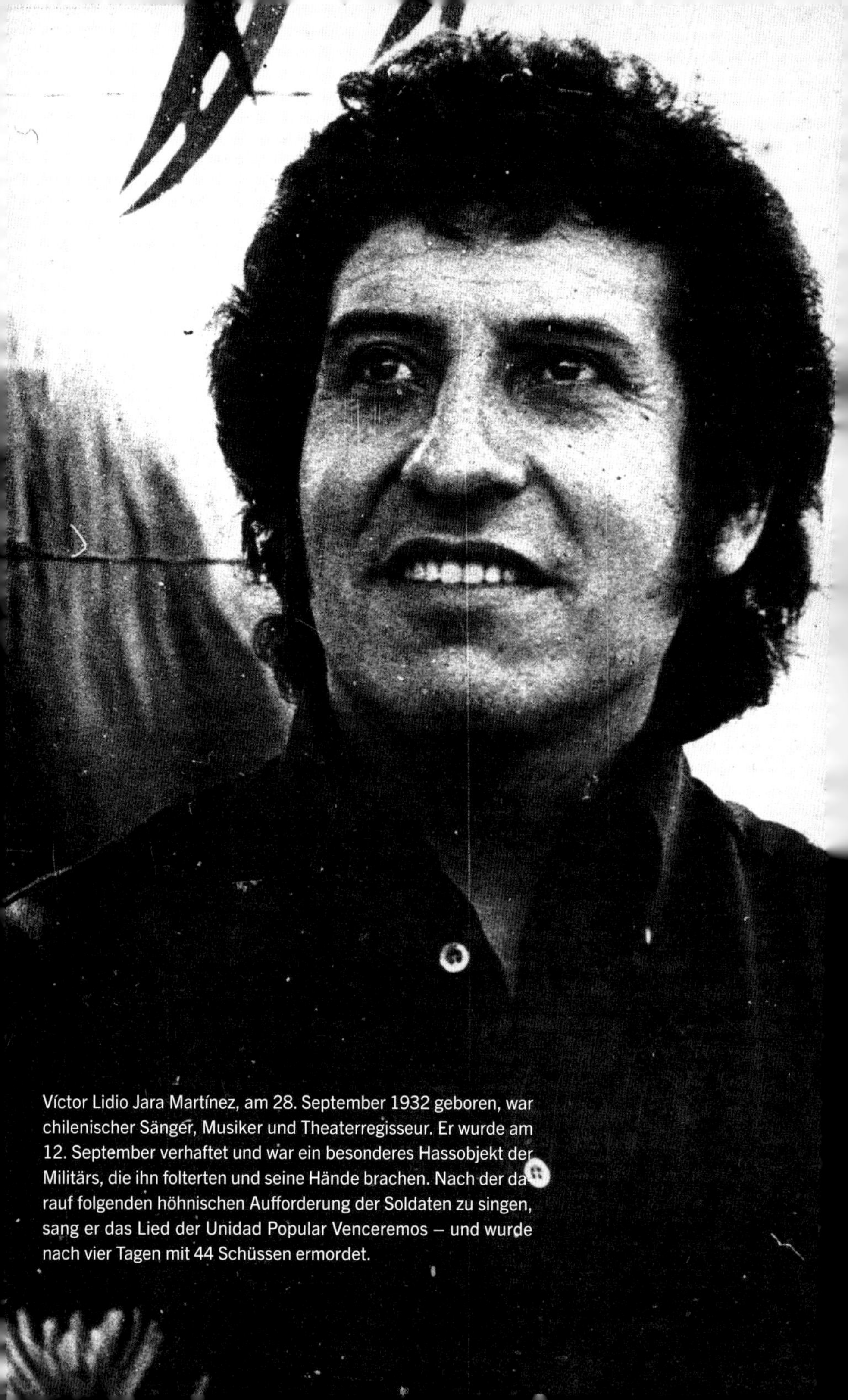

Víctor Lidio Jara Martínez, am 28. September 1932 geboren, war chilenischer Sänger, Musiker und Theaterregisseur. Er wurde am 12. September verhaftet und war ein besonderes Hassobjekt der Militärs, die ihn folterten und seine Hände brachen. Nach der darauf folgenden höhnischen Aufforderung der Soldaten zu singen, sang er das Lied der Unidad Popular Venceremos – und wurde nach vier Tagen mit 44 Schüssen ermordet.

Nationalstadion Chile

Wir sind hier fünftausend,
hier in diesem kleinen Teil der Stadt
sind wir fünftausend.

Wie viele sind wir insgesamt
in den Städten und im ganzen Land?
Wir haben hier zehntausend Hände,
die säen und in den Fabriken arbeiten.

So viele Manschen
mit Hunger, Kälte, Panik, Schmerz,
moralischem Druck, Terror und Irrsinn!
Sechs von uns verloren sich
im All mit den Sternen.

Ein Toter, ein Zusammengeschlagener,
wie ich es nie glaubte,
dass man einen Menschen schlagen könnte.

Die anderen vier wollten ihre Ängste loswerden,
einer sprang ins Leere,
ein anderer schlug mit dem Kopf gegen die Wand,
aber alle mit dem starren Blick auf den Tod.

Welche Schrecken verursacht das Gesicht
des Faschismus!

Sie führen ihre Pläne mit feiger Präzision aus,
ihnen ist alles egal.
Für sie ist Blut wie ein Orden,
das Blutbad ist für sie ein heroischer Akt.

Gott, ist das die Welt, die du erschaffen hast?
Hierfür deine sieben Tage des Staunens und der Arbeit?

In diesen vier Mauern existiert nur eine Zahl,
die nicht fortkommt.
Die langsam in den Tod geht.

Aber plötzlich regt sich mein Gewissen,
ich sehe diese Flut ohne Herzschlag,
den Takt der Maschinen
und die Militärs mit dem süßen Gesicht einer Matrone.

Und Mexico, Kuba und die Welt?
Mögen sie diese Schmach herausschreien.

Wir sind zehntausend Hände, die nichts produzieren.
Wie viele sind es im ganzen Vaterland?

Das Blut des Genossen Präsidenten
ist stärker als Bomben und Maschinengewehre.

So wird unsere Faust wieder zuschlagen.
Gesang, wie schlecht gelingst du mir,
wenn ich Entsetzen singen muss.

Entsetzen wie ich es erlebe, wie ich es sterbe,
Entsetzen.

Wie ich mich in vielen und vielen Momenten der Unendlichkeit sehe,
die Stille und der Schrei sind das Ziel dieses Liedes.

Was ich nie gesehen habe, was ich gefühlt habe und
was ich fühle, wird den Augenblick erschaffen.

Víctor Jara

Víctor Jara – Die Stimme der Unidad Popular

Víctor Jara wurde am 28. September 1932 in San Ignacio in einer Region des Bíobío-Flusses im Süden Chiles geboren und wuchs mit vier Geschwistern in einer bäuerlich geprägten Familie auf. Wie seine Mutter, die gern und viel sang, liebte er die Lieder des einfachen Volkes. Aus wirtschaftlichen Gründen zog die Familie nach Santiago, wo sie ein Speiselokal eröffnete. Dort machte er die Bekanntschaft mit Omar Pulgar, der ihm das Gitarre spielen beibrachte. Weitere musikalische Anregungen und Ausbildung erhielt er im Kirchenchor von Blanco Encalada in Santiago.

Als er fünfzehn Jahre alt war, verließ er die Schule und beschloss nach dem Tod seiner Mutter als Seminarist in den Orden Parroquia Santísimo Redentor in San Bernardo einzutreten. Nach zwei Jahren verließ er den Orden, da er keine Berufung zum Priester verspürte und absolvierte seinen Militärdienst.

1953 trat er in den Chor der Universität von Chile ein, wo er seine künftige Frau kennenlernte, die Tänzerin Joan Turner. Im Alter von 24 Jahren schloss er sich der Theatergruppe *Compañía de Mimos de Noisvander* an und begann an der Theaterhochschule Schauspiel und Regie zu studieren. Neben der sehr fruchtbaren Tätigkeit als Regisseur diverser Theaterstücke wirkte er in dieser Zeit in der Folkloregruppe *Cuncumén* mit.

Als Liedermacher begegnete er Violeta Parra, die ihn in seinem Interesse für die bäuerliche Kultur und der Erforschung derselben bestärkte und ihn als Solist mit festen Auftritten in die *Peña de los Parra* einlud.

Von 1966 bis 1969 betätigte sich Víctor Jara als künstlerischer Leiter der Songgruppe *Quilapayún* und wurde auch damit zu einem der bedeutendsten Vertreter des *Nueva Canción Chilena* (Neues chilenisches Lied). Diese Musikbewegung orientierte sich stark an der lateinamerikanischen Folklore und zeichnete sich durch sozialkritische Texte aus. Die Komponisten und Interpreten dieser Bewegung verstanden sich als politische Aktivisten und unterstützten mit ihrer Arbeit aktiv die Unidad Popular.

1969 errang Víctor Jara auf dem Ersten Festival des *Nueva Canción Chilena* den ersten Platz mit seiner Komposition *Plegaria a un labrador* (Gebet eines Landarbeiters).

Als Mitglied des Zentralkomitees der *Kommunistischen Jugend Chiles* nahm er 1970 aktiv am Wahlkampf der Unidad Popular teil, nicht nur als Künstler, sondern auch durch freiwillige Arbeit in verschiedenen Regionen des Landes. Nach der Wahl Salvador Allendes zum Präsidenten Chiles übernahm Víctor Jara bedeutende Aufgaben – unter anderem wurde er zum Kulturbotschafter ernannt. 1971 war er in der Kommunikationsabteilung der Universidad Técnica del Estado (UTE) (Staatliche Technische Universität) tätig und arbeitete ab 1972 als Komponist für das Staatliche Fernsehen, wo er eine Hommage an Pablo Neruda inszenierte, nachdem dieser den Literaturnobelpreis bekommen hatte. Auch 1973 engagierte er sich mit allen Kräften im Wahlkampf der Kandidaten der Unidad Popular für die Parlamentswahlen und leitete gleichzeitig eine Reihe von Fernsehprogrammen gegen Krieg und Faschismus.

Der Putsch überraschte ihn bei der Eröffnung einer Plakatausstellung gegen den Faschismus und den Bürgerkrieg in der UTE. Zusammen mit weiteren Dozenten und Studenten wurde er verhaftet und ins »Estadio Nacional de Chile« (Nationalstadion von Chile) gebracht, das sich in den Tagen nach dem Putsch in ein Folter- und Vernichtungslager verwandelte. Nach Zeugenaussagen anderer Gefangener richteten die Militärs ihre ganze Wut auf Víctor Jara, folterten ihn stundenlang und erschossen ihn schließlich nach vier Tagen. In dieser Zeit schrieb er sein letztes Gedicht *Somos cinco mil* (Wir sind fünftausend) eher ein Zeugnis der erlebten Schrecken. Sein von 44 Kugeln durchsiebter Körper wurde von Elendsviertelbewohnern am 19. September zusammen mit fünf weiteren Leichen unweit des Hauptstadtfriedhofs im Süden von Santiago gefunden. Seine Frau Joan identifizierte später die sterblichen Überreste und es gelang ihr – allerdings fast im Verborgenen und inoffiziell – sie auf dem Zentralfriedhof von Santiago zu bestatten. Damals lautete die Version der Behörden, Víctor Jara sei bei einer bewaffneten Auseinandersetzung von Freischärlern mit den Streitkräften getötet worden.

Mit Beginn der Regierungszeit der Parteienkoalition *Concertación de Partidos por la Democracia* wurde sein Fall 1991 in den Bericht der *Comisión Nacional de*

Verdad y Reconciliación (Nationale Wahrheits- und Versöhnungskommission) aufgenommen und klargestellt, dass er von Angehörigen der staatlichen Sicherheitsorgane aus politischen Gründen hingerichtet worden war.

2003 wurde anlässlich der Gedenkfeiern zum 30. Jahrestag des Putsches in einem Ehrenakt das Nationalstadion von Chile in »Víctor-Jara-Stadion« umbenannt.

Der Richter Juan Eduardo Fuentes Belmar ermittelte 2007 aufgrund einer Anzeige von Jaras Ehefrau Joan, unterstützt vom Rechtsanwalt Nelson Caucoto, im Mordfall Víctor Jara, um die Verantwortlichen für diese Tat zu finden. Nach Abschluss der Ermittlungen des Gerichts fand 2009 eine Feierstunde in den Räumen der *Fundación Victor Jara* (Víctor-Jara-Stiftung) statt und anschließend nahmen mehr als 12.000 Personen an einem Trauermarsch zum Zentralfriedhof teil.

Ende 2012 fällte der Sonderermittlungsrichter am Berufungsgericht von Santiago, Miguel Vásquez, das Urteil gegen sieben Militärs, die zum damaligen Zeitpunkt für die Gefangenen im Nationalstadion von Chile zuständig waren und sprach Pedro Barrientos Núñez und Hugo Sánchez Marmonti des Mordes an Víctor Jara schuldig; als Mittäter wurden verurteilt: Roberto Souper Onfray, Raúl Jofré González, Edwin Dimter Bianchi, Nelson Hasse Mazzei und Luis Bethke Wulf.

Bibliografie:

Amorós, Mario: Después de la lluvia. Chile, la memoria herida, Santiago 2004.

Coulón, Jorge: La sonrisa de Víctor Jara, Santiago 2009.

Jara, Joan: Víctor Jara. Un canto truncado, Barcelona 1999.

Website Memoria Chilena: Präsentation Víctor Jara (1932–1973) siehe: http://www.memoriachilena.cl/temas/index.asp?id_ut=victorjara(1932-1973).

André Jarlan Pourcel – Aus tiefer Not schrei ich zu dir, Herr Gott!

Geboren im Mai 1941 in Rodez (Frankreich), wurde André Joachim Jarlan Pourcel am 16. Juni 1968 in seiner Geburtsstadt zum katholischen Diözesanpriester geweiht. Anschließend wurde er Vikar in der Pfarrgemeinde Aubin, einem Bergbaugebiet im Norden Frankreichs, wo er das Leben der Arbeiter in all seiner Härte kennenlernte. Später betätigte er sich als Berater der *Christlichen Arbeiterjugend* und der *Katholischen Arbeiteraktion* des Ortes. Durch diese Erfahrung wandte er sich in seiner seelsorgerischen Arbeit den materiell sehr schlecht gestellten Menschen zu und schloss sich den *Sacerdotes del Prado* aus Lyon an, einer Gruppe von Priestern, welche den Ärmsten der Armen Beistand leisteten.

Er beschloss in Lateinamerika tätig zu werden und lernte daher ab 1982 Spanisch an der Katholischen Universität von Leuven in Belgien. 1983 reiste er zusammen mit seinem Priesterkollegen Pierre Dubois nach Chile und betätigte sich eineinhalb Jahre als Vikar in der Pfarrgemeinde *Nuestra Señora de la Victoria* (Unsere Liebe Frau des Sieges) in dem Arbeiterviertel gleichen Namens (Victoria) im südlichen Stadtgebiet Santiagos. In einem Brief an einen Freund schrieb er vor seiner Abfahrt nach Chile: »Ich fühle mich ergriffen von den Arbeitermassen und der unermesslichen

Arbeiterjugend. Jeden Tag entdecke ich mehr Größe in Gott und fühle mich mehr dem fundamentalen Anliegen der Kirche verbunden.«[1]

Die Zeit, in der Jarlan nach Chile kam, war eine Zeit heftiger sozialer Kämpfe gegen die Diktatur Pinochets. Aufgrund der Wirtschaftskrise von 1982 und den systematischen Verletzungen von Menschenrechten war das Regime immer unerträglicher geworden. Ab 1983 wurden regelmäßig Nationale Protesttage organisiert, ursprünglich ausgerufen vom *Verband der Kupferarbeiter Chiles*, die aber bald zu, von der gesamten Opposition unterstützten, Massenmobilisierungen gegen die Diktatur wurden. An solchen Protesttagen verteidigte André Jarlan die Bewohner seines kämpferischen Viertels, vermittelte zwischen »Pobladores« (Bevölkerung) und »Carabineros« (militärisch ausgerüstete Polizei) und versorgte die Verletzten.

Am 5. und 6. September 1984 war wieder zu Nationalen Protesttagen aufgerufen worden und das Armenviertel *La Victoria*, bekannt als Zentrum des Widerstands, wurde von der militarisierten Polizei brutal durchkämmt und unterdrückt. Am Nachmittag des 4. September schossen die Carabineros nach einer intensiven Razzia im Viertel einige Male in die Luft. Eine Kugel traf Jarlan, der im 2. Stock des Pfarrhauses in der Bibel las, am Hals und tötete ihn sofort – im Alter von 43 Jahren. Er wurde von seinem Glaubensbruder, Pater Pierre Dubois gefunden. Unter dem Kopf des Toten lag auf dem Schreibtisch die aufgeschlagen Bibel, Psalm 130:

»Vom Abgrund her rufe ich dich, Herr / erhöre mein Klagen / Der Herr wird Israel erlösen / von all seinen Übeln«.

Jarlan wurde in der Nacht des 4. September in *La Victoria* aufgebahrt und sehr viele Bewohner der Armenviertel hielten die Totenwache. Sein Sarg wurde von *La Victoria* zu Fuß bis zur Hauptstadtkathedrale im Stadtzentrum von Santiago getragen, sein Leichnam wurde am 8. September nach Frankreich überführt. Tausende nahmen von ihm am Flughafen von Pudahuel Abschied. Der ebenso tragische wie bedeutungsvolle Tod von André Jarlan machte ihn zu einer Symbolfigur für die Opfer des Staatsterrorismus in Chile. Die *Nationale Wahrheits- und Versöhnungskommission* nahm seinen Fall als Opfer eines Verbrechens im Jahr 1991 in ihrem gleichnamigen Bericht auf. 1996 wurde das seinen Fall betreffende Verfahren vom Obersten Gerichtshof eingestellt, ohne dass der Täter ermittelt wurde. 1999 wurde in Frankreich auf Antrag der Familie Jarlans ein Gerichtsverfahren wegen »Mordes und Verbrechen gegen die Menschheit« eingeleitet, aber auch dieses wurde 2005 vom Obersten Gericht in Paris eingestellt, da die Untersuchungen nicht weitergeführt werden konnten.

Die Person André Jarlan hat nicht nur in den christlichen Gemeinden, in denen er Dienst tat, tiefe Spuren hinterlassen, sondern in ganz Chile, besonders jedoch unter den Bewohnern des heutigen Stadtteils Pedro Aguirre Cerda, die ihm eine große Anzahl von Liturgien, Wandbildern und Ehrungen gewidmet haben. Er gilt nicht nur als Opfer der Diktatur, sondern auch und vor allem als Verteidiger der Menschenrechte. Ein Park im genannten Stadtteil wurde nach ihm benannt. Von der Katholischen Kirche wurde Jarlan als einer der Märtyrer des kirchlichen Engagements für die Menschenrechte anerkannt.

Bibliografie

Lira, Elizabeth; Castillo, María Isabel: Psicología de la amenaza política y del miedo, ILAS Santiago 1991.

Verdugo, Patricia: André de La Victoria, Aconcagua Ediciones Santiago 1985.

Website Andre Jarlan: Biografie, siehe: http://www.andrejarlan.com/

Website Memoria Viva: André Joachim Jarlan Pourcel hingerichtet, siehe: http://www.memoriaviva.com/Ejecutados/Ejecutados_J/andre_joachim_jarlan_pourcel.htm

Anmerkung

1 Jarlan, André: Auszug aus einem Brief, den er vor seiner Ankunft in Chile verschickt hat, siehe: http://www.iglesia.cl/especiales/canonizacionprensa/comunicados_jarlan.html, gesehen am 10.05.2013.

Luisa Riveros Varas – Offene Worte des Widerstandes

Geboren 1942 im Stadtteil Quinta Normal von Santiago wuchs Luisa Riveros in einer Familie mit fünf Geschwistern auf. Ihre Eltern Ángela Varas und Manuel Riveros arbeiteten hart, um die Familie durchzubringen und ihre Lebensbedingungen waren prekär.

Luisa Riveros verließ die Schule nach ihrem 12. Lebensjahr, um in einer Schneiderwerkstatt zu arbeiten und so zum Unterhalt der Familie beizutragen. Zu dieser Zeit begann sie sich zu fragen, warum es Arme und Reiche und so viel Ungerechtigkeit gibt. Ihr Vater versucht sie zu beruhigen und sagt ihr: »Meine Tochter, so ist die Welt. Gott hat die Welt so geschaffen, es muss Reiche und Arme geben, damit diese für die Reichen arbeiten.«[1] Luisa Riveros gab sich mit dieser Antwort nicht zufrieden und entwickelte ein Bewusstsein und ein Engagement für die Rechte der Arbeiter. 1960 begrüßte sie den Tod des ehemaligen Diktators Carlos Ibañez, da sie der Meinung war, dass seine Regierung die Arbeiter ausgenutzt hatte und sich durch die Erhöhung der Preise für Dienstleistungen die Lebensbedingungen noch weiter verschlechtert hatten. Bei der Totenwache im damaligen Nationalkongress und sagte sie am Sarg: »Endlich bist du tot, verdammter Alter!«[2]

Die Bildung ihres sozialen Bewusstseins führte zu einem Punkt an dem Luisa mit ihrer Familie brach. Sie war es gewohnt, dass der Vater, der sich für einen Demokraten hielt, der Familie vorschrieb, für wen sie stimmen sollte. 1970 wählte Luisa Riveros, entgegen der Anweisung des Vaters, Salvador Allende. Bereits ein Jahr zuvor hatte Luisa geheiratet und lebte mit zwei Kindern in einem Zimmer in der Wohnung ihrer Eltern. Sie nahm an einer Landnahme im Bezirk Barrancas teil und gehört dem Wohnungskomitee an, das von den Kommunisten Gladys Marín und Juan Araya unterstützt wurde. Mehr als 3.000 Familien besetzten ein Stück Brachland, das sich später in die Siedlung *Violeta Parra* verwandeln würde. Sie organisierten sich mit Unterstützung der Regierung der Unidad Popular und begannen ein Projekt zur Besiedlung und zum Selbstbau von Wohnungen, das durch den Staatsstreich zerstört wurde.

Als gläubige Katholikin nahm sie am Aufbau der *Christlichen Basisgemeinden* (CCB) teil, die Suppenküchen, eine Gesundheitsversorgung und Kindergärten organisierten. Alle diese Projekte wurden von der Regierung unterstützt.

Während der Krise der Unidad Popular kam es zur Unterversorgung der Bevölkerung mit Lebensmitteln durch regierungsfeindliche Sektoren, Luisa war zu dieser Zeit die Vorsitzende der *Juntas de Abastecimiento y Control de Precios* (JAP – Räte der Volksversorgung und Preiskontrolle) ihres Wohnblocks, die Waren an die Familien verteilt.

Nach dem Putsch vom 11. September 1973 wurde die Siedlung schnell von Militärs und Polizei besetzt. Riveros sagt, dass die Siedler ab diesem Zeitpunkt doppelt litten, da es ständige Übergriffe und Hausdurchsuchungen gab. Während dieser Zeit verließ der Ehemann die Familie und Luisa Riveros muss mit der Näherei allein für ihre sechs Kinder sorgen.

Trotz der neuen Probleme beteiligt sie sich weiter an den Kämpfen der Nachbarn für bessere Lebensbedingungen, zur Verteidigung der Demokratie und an der Abwehr der Repression der Diktatur. Riveros erzählt, dass eine Form des Nachbarschaftsprotestes darin bestand, an jedem 11. September den »Sammeltag« zu veranstalteten: sie baten die Bevölkerung um Lebensmittel, um eine Suppenküche einzurichten und so gewaltfrei zu protestieren. In einem Jahr, so erzählt sie, beschloss Pinochet den Jahrestag des 11. September in der Siedlung zu feiern. Die Siedler verhinderten dies, indem sie Pinochet nicht aus dem Auto aussteigen ließen. Fünfzig Menschen wurden an diesem Tag durch Schusswaffen verletzt. Luisa war es möglich die Kirche für die Versorgung der Verletzten zu öffnen, da das Gesundheitskomitee glücklicherweise fortbestanden hatte. Auf diese Art hatte sich Luisa Riveros in eine respektierte Anführerin in der Siedlung verwandelt. Anlässlich des Besuches des Papstes Johannes Paul II in Chile im April 1987 wurde sie vom Solidarität Vikariat ausgewählt, als Repräsentantin der nördlichen Zone Santiagos vor dem Papst zu sprechen. Die Aufgab ehrte sie und sie durchstreifte ihren Stadtteil, traf sich mit politischen und sozialen Gefangenen und fragte jeden, der ihr über den Weg lief: »Was soll ich dem Papst sagen?« Ihre Kinder halfen ihr gegen ihre Angst anzukämpfen und sich auf diese Begegnung vorzubereiten. Als sie diese hielt, sagte sie mehr als sie hätte sagen sollen.

Am 2. April 1987 fand die Begegnung in der Siedlung La Bandera statt. Riveros sprach nicht nur öffentlich und energisch die Menschenrechtsverletzungen an, sondern ging ebenso auf die miserablen Lebensbedingungen der armen Bevölkerung ein. »Wir werden die politischen Gefangenen und die Gefolterten besuchen. Wir fordern Gerechtigkeit und die Rückkehr der Exilanten. Wir begleiten die Familienangehörigen der verschwundenen Gefangenen. Und wir wollen, dass man uns anhört und respektiert.«[3]

Nach ihrer Ansprache in La Bandera wurde sie von den Militärs und durch Zivilisten eingeschüchtert. Dank der Unterstützung ihrer Nachbarn und durch Einlegung von Rechtsmitteln durch das Vikariat konnte sie dem Druck begegnen.

Mit den Koalitionsregierungen kam nach Meinung von Luisa Riveros die Demokratie durchaus nicht zurück, denn die Lebensbedingungen der Armen veränderten sich nicht. Luis Riveros hat sich das Ziel gesetzt weiterzukämpfen. Zur Zeit engagiert sie sich als Sekretärin im »Klub älterer Erwachsene« – dem sie selber angehört – und als Schatzmeisterin der »Kommunalen Vereinigung» älterer Erwachsener« von Cerro Navia. Ferner gehört sie dem Wohnungskomitee an und ist Mitglied der *Partido Progresista* (PRO – Fortschrittspartei Chiles).

Bibliografie

Pérez, Arnaldo: »Los pobres siguen esperando«, in: Punto Final, Año 45, Nr. 718, 2010.
Interview mit Luisa Riveros, am 18. Juli 2013 in der Gemeinde Cerro Navia, Santiago von Bárbara Azcárraga.
»El Papa en La Bandera«. Chile Teleanálisis April 1987, siehe: http://www.youtube.com/watch?v=Pdok48NH5rQ.

Anmerkungen

1 Interview mit Luisa Riveros am 18. Juli 2013 in Santiago.
2 Ebenda.
3 Vgl. »El Papa en La Bandera«, Ausschnitt der Rede von Luisa Riveros vor Papst Johannes Paul II im April1987.

Enrique Kirberg Baltiansky – Eine Zukunft, die es wert ist zu leben

Geboren in Santiago am 30. Juli 1915 als Sohn einer jüdischen Familie, lebte er in verschiedenen Orten, unter anderem in Valparaíso.

Ab 1929 besuchte er die Kunst- und Gewerbeschule (EAO) im Zweig Elektrizität und wurde dort bald politisch aktiv. So beteiligte er sich 1931 an den Aktionen der Studenten zum Sturz der Regierung von Carlos Ibáñez del Campo, 1932 an den Räten in der kurzlebigen Sozialistischen Republik Chile und schloss sich mit siebzehn Jahren der *Kommunistischen Jugend Chiles* an.

In dem Text *Kirberg: Zeuge und Akteur des 20. Jahrhunderts – (Testigo y actor del siglo XX)* von Luis Cifuentes erläutert Kirberg, dass sein politisches Interesse wesentlich durch den Einfluss seines Onkels Mauricio Baltiansky geprägt wurde, der in Russland Revolutionär gewesen war. Kirberg widerstrebte es zunächst, ohne vorherige theoretische Schulung in die *Kommunistische Jugend* einzutreten. In der EAO gehörte er der *Spartacus*-Gruppe an, die der Gruppe *Avance* der *Universidad de Chile* nahestand.

Aufgrund dieser Mitgliedschaft und seiner politischen Aktivitäten wurde er 1933 festgenommen und anschließend wegen einiger Flugschriften gegen den damaligen Präsidenten der Republik, Arturo Alessandri, verurteilt. Im Februar 1936 erklärte

Allessandri aufgrund des Eisenbahnerstreiks den Ausnahmezustand und Kirberg wurde in den Räumen des Arbeiterbundes von Chile – dort war auch das Büro der *Internationalen Roten Hilfe* – verhaftet und nach Puerto Aysén (in Westpatagonien im äußersten Süden Chiles) verbannt. 1949 wurde er erneut verbannt – diesmal nach dem so genannten »Verdammten Gesetz« (Ley Maldita) und diesmal in ein kleines Dorf bei Constitución.

Kirberg gilt als einer der Pioniere des technischen Bildungswesens. Da er aus politischen Gründen der EAO verwiesen wurde und dort seinen Abschluss nicht machen konnte, begann er das Elektro-Ingenieursstudium an der Hochschule für Industrieingenieure und war dort einer der Mitbegründer und erster Vorsitzender des Studentenverbandes Bergbau und Industrie von Chile – *Federación de Estudiantes Mineros e Industriales de Chile* (FEMICH). Diese Körperschaft war 1945 von Studenten mit dem Ziel gegründet worden, eine Technische Universität zu errichten. Und tatsächlich ging schließlich die Staatliche Technische Universität – Universidad Técnica del Estado (UTE) aus dem Zusammenschluss von sieben bereits bestehenden technischen Hochschulen hervor. Im Lauf dieses Prozesses wurde Kirberg, zusätzlich zu seinen politischen Aktivitäten, Spezialist und Dozent für Lichttechnik an der UTE und an den Zweigstellen der Hochschule für Architektur der Universität von Chile in Santiago und Valparaíso. Infolge der Reformbewegung an den chilenischen Universitäten in den sechziger Jahren und besonders durch den Beginn der Bewegung für eine Studienreform an der UTE kam es zu einer engen Verbindung zwischen Studierenden, Dozenten und Angestellten. In diesem Prozess spielte Kirberg eine wichtige Rolle als Initiator und Akteur der Veränderungen. So wurde im Jahr 1967 eine Reformkommission ins Leben gerufen, was zum Rücktritt des damaligen Rektors Horacio Aravena führte, und im August 1968 erstmals zu demokratischen Rektorwahlen aufgerufen.

Mit den Stimmen von Dozenten, Studierenden und Angestellten wurde Enrique Kirberg gewählt, wobei er mehr als 80 Prozent der studentischen Stimmen erhielt. Er selbst bezeichnete sich als »Rektor der Studierenden« und wurde dreimal wiedergewählt, das letzte Mal 1972.

Vor dem Hintergrund eines von heftigen Klassenkämpfen und tiefgreifenden Veränderungen geprägten Landes und im Rahmen eines Prozesses der Verankerung eines sozialistischen Projekts zielten die in der UTE unter Kirbergs Leitung initiierten Reformen nicht nur auf die Demokratisierung der Universität, sondern auch auf die Schaffung von Studienmöglichkeiten für die Kinder von Arbeitern und Bauern. In diesem Sinn stützte sich die Reform auf drei Pfeiler: Die Qualifizierung des Lehrpersonals; der Ausbau der Universitäten und die (Weiter-) Bildung der Arbeiter.

Für den Lehrkörper wurde ein Weiterbildungsprogramm an ausländischen Universitäten entwickelt und die Zahl der Dozenten erhöht. Was den Ausbau der Universitäten angeht, versuchte Kirberg die Verbindung zwischen Universität und Gesellschaft zu stärken, wobei er den Schwerpunkt auf die Ausweitung kultureller Aktivitäten legte. Es entstanden Chöre und Theatergruppen, in Fabriken leisteten Studierende freiwillige Arbeit und führten die Arbeiter gleichzeitig an die Universität heran. 1970 wurde ein formeller Vertrag zur Fortbildung gewerkschaftlich organisierter Arbeiter zwischen der UTE und dem Gewerkschaftsdachverband *Central Única de Trabajadores* (CUT) geschlossen. Außerdem wurden neue technisch orientierte Studiengänge zur Bildung eines technisch geschulten Mittelbaus in der Produktion geschaffen, die nur zweieinhalb Jahre dauerten, und Weiterbildungskurse in den Fabriken eingerichtet. Durch ein neues Universitätsstatut erhöhte sich die Zahl der Studierenden von 9.000 im Jahr 1968 auf 33.000 im September 1973 und ein erheblicher Teil der Studienplätze wurde ausschließlich für Arbeiterkinder vorgehalten. Darüber hinaus wurden Stipendien für Studierende mit geringem Einkommen vergeben.

Der Militärputsch vom 11. September 1973 beendete diese Entwicklung abrupt. Die Staatliche Technische Universität war eine der am meisten von Verfolgung und Repression betroffenen Institutionen: Am 12. September wurde sie bombardiert; 62 Universitätsangehörige wurden in der Zeit der Diktatur getötet, 50 Prozent der Universitätsdozenten und -angestellten wurden entlassen, Hunderte landeten in Gefängnissen oder gingen ins Exil. Kirberg war als politischer Häftling für zwei Jahre auf die Isla Dawson[1] verbannt worden und lebte anschließend zwölf Jahre in New York und Montevideo im Exil.

Seiner Rückkehr im Jahr 1987 gingen Todesdrohungen des *Comando 11 de septiembre* voraus, weswegen Kirberg das Solidaritätsvikariat der katholischen Kirche *Vicaría de la Solidaridad* um Rechtsbeistand bat. Gleichzeitig wurde er mit allen Ehren in seiner ehemaligen Wirkungsstätte empfangen, die durch die von Augusto Pinochet 1981 eingeführten Reformen mittlerweile Universität von Santiago de Chile hieß – Universidad de Santiago de Chile (USACH). Ihm wurden zahlreiche Ehrungen von ehemaligen Angestellten, Dozenten und Studenten zuteil, einschließlich jener Vertreter der jüngeren Generationen, die in ihm den »wahren Rektor der UTE« sahen. 1989 konnte er endgültig in sein Land zurückkehren.

Enrique Kirberg erhielt im August 1991 die Ehrendoktorwürde der Universität von Santiago und starb am 23. April 1992.

Bibliografie

Cifuentes, Luis: Kirberg: Testigo y actor del siglo XX, Santiago 2009.
González, César: »Reseña Enrique Kirberg, Los nuevos profesionales, Educación universitaria de trabajadores, Chile: UTE, 1968–1973«, in: Revista Araucaria de Chile, Nr. 18, o. O. 1982, Seite 211-213.
Kirberg, Enrique: »Ejercicio del regreso. Notas de un diario del retorno«, in: Revista Araucaria de Chile, Nr. 39, 1987, Seite 203-206.
Rivera, Francisco: »Reseña Kirberg: Testigo y actor del siglo XX«, in: Revista de historia social y de las mentalidades, Vol. 14, Nr. 1, o. O. 2010, Seite 203-207.

Anmerkung

1 Insel hundert Kilometer südlich von Punta Arenas in der Magellanstraße zwischen Patagoniens Brunswick-Halbinsel und Feuerland – Anm. d. Übs.

Carmen Gloria Aguayo – Familienministerin ohne Ministerium

Die Psychologin Carmen Aguayo Irribarra war seit der Gründung 1969 und in der gesamten Regierungszeit der Unidad Popular (UP) Mitglied der Bewegung der *Movimiento de Acción Popular Unitario (*MAPU) (*Bewegung der Vereinigten Volksaktion).* Sie war die Ehefrau von Vicente Sota Barros, ehemaliger Abgeordneten der *Partido Demócrata Cristiano* (PDC – Christdemokratische Partei) und der der *Partido por la Democrácia* (PPD – Partei für die Demokratie). Aguayo leitete das Frauenkommando der Unidad Popular (*Comando de Mujeres de la Unidad Popular)* und setzte sich in der Zeit des Präsidentschaftswahlkampfes von Allende für den Vorschlag der MAPU ein, ein Ministerium zum Schutz der Familie zu gründen. Dieser wurde von Allende, der sich stets um die Lebensbedingungen der Frauen, Kinder und Greise besorgt zeigte, wohlwollend aufgegriffen. »Es ging uns darum, eine Organisation zu schaffen, die soziale Programme für die Minderjährigen zentralisierte, aus den Mütterzentren produktive Werkstätten machte und Kindern und Familien die Teilhabe an Kultur und Erholung ermöglichte.«[1]

Die Schaffung dieses Ministeriums war wegen der verbreiteten Unterernährung und der hohen Sterblichkeitsrate der Minderjährigen, den schlechten Arbeitsbedingungen und prekären Lebensbedingungen der Frauen und den schlechten Lebensverhältnissen der ärmsten Familien notwendig geworden.

Bei Regierungsantritt der Unidad Popular schlug Allende 1971 die Gründung des Frauen- und Familienministeriums vor und Aguayo sollte als Familienministerin ernannt werden. Das von Allende im Parlament vorgelegte Projekt wurde jedoch, selbst von den Parteimitgliedern der Unidad Popular, ständig aufgeschoben. Trotz drängender Notwendigkeit kam der Widerstand vor allem aus der Nationalen Partei und der Christdemokratie, in denen der herrschende Männlichkeitswahn besonders ausgeprägt war. Das Vorhaben der Gründung eines Familienministeriums erhielt nie Gesetzesrang und Aguayo wurde nicht Familienministerin.

Trotzdem arbeitete Aguayo von Anfang an in der Regierung der Unidad Popular und setzte sich für die auch von Allende angestrebte Gleichberechtigung der Frauen ein. Als Generalsekretärin für Frauenfragen war sie Mitglied des ersten Kabinetts und wurde vom Präsidenten zur Nationalrätin (*Consejera Nacional*) und als Direktorin für Volksförderung (*Directora de Promoción Popular*) ernannt. Damit übernahm sie eine Einrichtung, deren Name in Nationalen Rat für gesellschaftliche Entwicklung (*Consejería Nacional de Desarrollo Social*) geändert worden war. Aufgaben dieser Institution war es, Nachbarschaftsvereinigungen, Sportvereine und Obdachlosenkomitees in den Armenviertel und aus Landbesetzungen entstandenen Siedlungen zu organisieren; Gesundheitsbrigaden zu bilden; die *Juntas de Abastecimiento y Control de Precios* (JAP – Räte der Volksversorgung und Preiskontrolle) und die Mütterzentren zu fördern. Die Mütterzentren bildeten in den Armenvierteln Zusammenschlüsse auf kommunaler Ebene und der erste Provinzverband der Mütterzentren gründete sich in der Provinz Santiago.

Zentrales Anliegen der von Carmen Gloria angeführten Institution war es, die Lebensbedingungen der Familien zu verbessern, solange diese gewissenhaft und tatkräftig und aktiv an der Verbesserung ihrer eigenen Lebenssituation mitwirkten. Die wichtige Rolle, die

Die bedeutende Rolle, die den Frauen während der Regierung der Unidad Popular zukam, war ein überzeugender Beweis wie sich das Klassenbewusstsein entwickelte, was auch den Diskurs über Geschlechterrollen mit einschloss.

Sofort nach dem Putsch vom 11. September 1973 tauchte Aguayos Name auf der Liste der Personen auf, die sich laut militärischer Verlautbarung Nr. 10 umgehend im Verteidigungsministerium zu melden hatten. Dank der Bemühungen ihres Ehemannes konnte sie in das Trappistenkloster der Gemeinde Lo Barnechea flüchten. Der Abt half ihr, sich unkenntlich zu machen. Sie schnitt sich die Haare ab und kleidete sich in eine Mönchskutte. Aguayo wurde noch am 11. September ihres Amtes enthoben. Es gelang ihr das Land zu verlassen – sie ging zusammen mit ihren Kindern nach Frankreich ins Exil. Ihr Ehemann Vicente Sota verbrachte, bevor er sich wieder mit seiner Familie vereinen konnte, einige Monate im Gefängnis.

Dreizehn Jahre blieben sie in Europa und kehrten 1986 zurück, um in dem oppositionellen Parteienbündnis *Concertación de Partidos por la Democracia* und dessen Regierungsprogramm mitzuwirken. In dieser Koalition übernahm Aguayo den Frauenbereich und trat 1987 der im selben Jahr gegründeten *Partido por la Democracia* (PPD – Partei für Demokratie) bei. Diese Partei setzte sich aus ehemaligen linken AktivistInnen zusammen: Mitgliedern der *Sozialistischen* und der *Radikalen Partei*, der *Christlichen Linken* und der MAPU. Ihre ideologische Ausrichtung war sozialdemokratisch. Unter der Regierung von Michelle Bachelet war Carmen Aguayo als Leiterin des Nationalen Rats für gesellschaftliche Entwicklung und als Repräsentantin Chiles vor der UN-Kommission für Frauenbelange tätig.

Bibliographie

Aguayo, Carmen Gloria: »La mujer y la familia entran a La Moneda«, in: Soto, Hernán y Lawner, Miguel (Hrsg.): Salvador Allende. Presencia en la ausencia, Santiago 2008, Seite 341–351.

Congreso Nacional: Parlamentarische Biographien, Vicente Agustín Sota Barros, siehe: http://historiapolitica.bcn.cl/resenas_parlamentarias/wiki/Vicente_Agust%C3%ADn_Sota_Barros.

Corvalán, Luis: El gobierno de Salvador Allende, Santiago 2003.

Ministerio del Poder Popular para la Comunicación y la Información: Salvador Allende. Cien años, todos los sueños 1908–2008, Caracas Publicaciones de la República Bolivariana de Venezuela Ministerio de Comunicación y la Información 2008.

Montecino, Sonia; Rossetti, Josefina: Tramas para un nuevo destino. Propuestas de la Concertación de Mujeres por la Democracia, Santiago 1990.

Videolink auf YouTube: »El rol de Estados Unidos en el Golpe (1980)«. Teil 1/2, Francia Antenne 2 Programa Les dossiers de l´ecran 15 de enero de 1980, siehe: http://www.youtube.com/watch?v=iisgq0CV4DQ.

Anmerkung

1 Aguayo, Carmen: *La mujer y la familia entran a La Moneda*, Santiago 2008, Seite 341.

Carlos Altamirano – Vorwärts ohne Kompromisse …

Am 18. Dezember 1922 in Santiago geboren, entstammt Altamirano einer begüterten Familie der traditionellen Oligarchie des Landes, die sich dem liberalen Bildungsbürgertum zurechnete. Sein Onkel, der Arzt Héctor Orrego Puelma, hatte bezüglich seiner Hinwendung zu sozialistischen Ideen großen Einfluss auf ihn.

Altamirano besuchte die Deutsche Schule in Santiago und nahm später das Studium an der Juristischen Fakultät der Universidad de Chile auf, das er 1947 als Rechtsanwalt abschloss. Während seines Studiums (1942) trat er der *Partido Socialista* (PS) (Sozialistische Partei Chiles) bei.

Seine Laufbahn als Politiker begann in der Regierungszeit von Carlos Ibáñez del Campo (1952–1958), unter dem er 1953 Staatssekretär im Finanzministerium wurde – allerdings nur für kurze Zeit. Die PS distanzierte sich von der Regierung, weil sie ihr Wahlversprechen gebrochen hatte: Ibáñez del Campo hatte angekündigt, das Gesetz zur Dauerhaften Verteidigung der Demokratie abzuschaffen, besser bekannt als »Verdammtes Gesetz« (Ley Maldita), das 1948 verabschiedet worden war, um die politische Beteiligung der *Kommunistischen Partei* zu unterbinden und diese in die Illegalität zu treiben.

1960 wurde Altamirano zusammen mit anderen Mitgliedern der PS von Fidel Castro nach Havanna eingeladen. Dieser Besuch begründete eine jahrelange Freundschaft und prägte in jener Zeit seine Auffassung vom Sozialismus. Von 1961 bis 1965 war er Abgeordneter der Wahlbezirke Valdivia, La Unión und Río Bueno und arbeitete in verschiedenen Ausschüssen mit, so in der Ständigen Kommission für Verfassungs-, Gesetzgebungs- und Justizangelegenheiten sowie im Finanzausschuss.

Von 1965 bis 1973 saß er für den Provinzbezirk Santiago im Senat.[1] In dieser Zeit war er – was seine politischen Reden betraf – eine wichtige Ergänzung von Salvador Allende, beide waren hervorragende Redner, die ihre Gegner scharf angriffen und Ungerechtigkeiten energisch anprangerten.

Aufgrund seiner Unverblümtheit und Scharfzüngigkeit nannten ihn seine politischen Kontrahenten die »schwarze Bestie«. Im September 1967 hob die Regierung des Eduardo Frei Montalva Altamiranos Immunität als Abgeordneter auf und führte einen Prozess gegen ihn wegen »Beleidigungen«, geäußert in einem Artikel in der Zeitschrift *Punto Final*. In dem betreffenden Text hatte Altamirano auf das sozialistische und revolutionäre Gesellschaftsprojekt Kubas verwiesen und Frei als Vertreter der veralteten Politikergarde sowie Verräter des Volkes bezeichnet, der sich an den Imperialismus verkauft habe. Außerdem beschuldigte er die Frei-Regierung, zu den Geheimdienstkoordinationen zwischen den lateinamerikanischen Streitkräften und den USA zu schweigen: »Die Regierung Chiles ist komplett verstrickt in diese monströse reaktionäre und militaristische Verschwörung seitens der Yankees und der Handlangerregierungen, denen es darum geht, die revolutionären und Volksbewegungen in Lateinamerika zu zermalmen.«[2] Ein zweites Verfahren gegen Altamirano kam anschließend von Seiten der Streitkräfte hinzu. Daraufhin wurden ihm am 21. September seine Senatorenrechte aberkannt, er selbst am 22. September festgenommen und nach sechzehn Stunden wieder freigelassen.

Am 1. Februar 1971, seine Tätigkeit als Senator hatte er mittlerweile wieder aufgenommen, wurde er zum Generalsekretär der *Sozialistischen Partei* gewählt. Während der Regierungszeit von Salvador Allende war er ein unerschütterlicher Verfechter des Programms der Volkseinheit Unidad Popular und setzte sich für eine Beschleunigung der Übergabe von Schlüsselindustrien an die Arbeiter, die Nationalisierung des Kupfers und die Agrarreform ein.

Im März 1973 wurde er als Senator für die Amtsperiode bis 1981 wiedergewählt, die jedoch durch den Staatsstreich unterbrochen wurde.

Ende August 1973 führte die Marine ein Amtsenthebungsverfahren gegen Altamirano von der PS und Oscar Garretón von der MAPU durch. Beide wurden beschuldigt, zusammen mit Miguel Enríquez von der *Movimiento de Izquierda Revolucionaria* (MIR) an konspirativen Treffen teilgenommen zu haben, um die »ultralinke

Subversion in den Reihen der Marine« voranzutreiben. Am 9. September prangerte Altamirano in einer öffentlichen Rede im Stadion von Chile an, dass es tatsächlich konspirative Treffen gegeben habe, aber solche gegen die Allende-Regierung und zwar seitens der Admiralität der Marine. Von der Opposition wurde diese Rede als Aufruf zum Aufstand gewertet.

Nach dem Militärputsch vom 11. September 1973 ging Altamirano in den Untergrund und konnte im Dezember 1973 das Land verlassen, versteckt im Kofferraum eines extra dafür hergerichteten Autos, das von einem Geheimdienstagenten der DDR gefahren wurde.

Für kurze Zeit war er in Kuba im Exil, später siedelte er in die DDR über und ließ sich ab 1979 in Paris nieder, von wo aus er sich weiter aktiv politisch betätigte.

Im selben Jahr verlor er auf Betreiben der Mehrheitsfraktion der PS seinen Posten in der Parteiführung; statt seiner wurde Clodomiro Almeyda zum Generalsekretär gewählt. Altamirano wurde außerdem aus der Partei ausgeschlossen, da er nicht willens sei, als Teil einer Avantgardeeinheit des revolutionären Widerstands gegen die Diktatur zu kämpfen. Altamirano akzeptierte diese Situation nicht, verkündete die Reorganisierung der Partei und berief den XXIV. Parteitag der PS ein, der 1980 in Frankreich stattfand. Dort erklärte Altamirano die »Sozialistische Erneuerung« *renovación socialista* zur Alternative für den Wandels, womit er den Grundstein für eine Politik des Dialogs und der Verständigung legte. Dies beförderte das Übereinkommen mit anderen Teilen der gegen die Diktatur gerichteten Opposition in Chile, insbesondere mit der *Christdemokratischen Partei.* Daraus ging dann die Parteienkoalition für die Demokratie hervor, die so genannte *Concertación de Partidos por la Democracia*, welche im Oktober 1988 beim Plebiszit des »JA« oder »NEIN« knapp siegte und in einem weiteren Schritt als Koalition die Regierung stellte. Von 1980 bis 1991 war die *Sozialistische Partei* gespalten in *PS-Altamirano* und *PS-Almeyda*, wobei letztere die linke Strömung der PS darstellte und auf ein Bündnis mit den Kommunisten abzielte.

Carlos Altamirano kehrte 1993 nach Chile zurück und wandte sich von der aktiven Politik ab, ohne jedoch die Reflexion über politische Fragen aufzugeben. Er ist Autor von zwei Büchern.[3] Bisher weigert er sich, seine Memoiren zu schreiben. »Mich nervt es, von mir selbst zu sprechen, deswegen habe ich nie daran gedacht, meine Memoiren zu schreiben. Ich halte es für einen ziemlich hochentwickelten Egozentrismus, wenn jemand denkt, die Welt würde sich für seine Memoiren interessieren.«[4]

Bibliografie

Altamirano, Carlos: »La lucha armada en América Latina«, in Punto Final, Nr. 31, Juli 1967, 1-7, siehe: http://www.archivochile.com/Izquierda_chilena/ps/del/ICHdelps0018.pdf, gesehen am 25.4.2013.

Ders: Interview, in: La Nación, 2. Juli 2002, Seite 8..

Politzer, Patricia: Altamirano, Santiago 1990.

Salazar, Gabriel: Conversaciones con Carlos Altamirano: memorias críticas, Santiago 2010.

Anmerkungen

1 Die zweite gesetzgebende Kammer ist dem deutschen Bundesrat vergleichbar – Anm. d. Übs.

2 Altamirano, Carlos: »La lucha armada en América Latina«, in: *Punto Final*, Nr. 31, Juli 1967, Seite 4.

3 Altamirano, Carlos: *Dialéctica de una derrota* (dt: »Dialektik einer Niederlage«), o. O. 1977; *Después de todo. Conversaciones sobre los cambios de época* (dt. »Nach alle dem: Gespräche über Epochenwandel«), o. O. 2000.

4 Altamirano, Carlos: Interview, in: *La Nación*, 2. Juli 2002, Seite 8.

Luis Nicolás Corvalán

Geboren am 14. September 1916 im Stadtteil Pelluco in Puerto Montt im Süden Chiles, wuchsen Luis Nicolás Corvalán Lépez und seine Geschwister bei der alleinerziehenden Mutter in Tomé auf, nachdem der Vater die Familie verlassen hatte.

Trotz der prekären familiären Situation in seiner Kindheit erwachte sein politisches Bewusstsein erst 1931, als er mit vierzehn Jahren in die Lehrerbildungsanstalt in Chillán eintrat, um Grundschullehrer zu werden. In seinen Memoiren erinnert sich Corvalán daran, dass Manuel Cid, Untermieter im Haus seiner Mutter, ihn einlud auf dem Hauptplatz von Tomé mit ihm das Ende der Diktatur von Carlos Ibáñez del Campo zu feiern. Der Landarbeiter Manuel Cid war kein Kommunist, trug aber an diesem Tag voll Begeisterung ein rotes Halstuch.

In der Lehrerbildungsanstalt schloss er sich einer Zelle der Gruppe *Avance* an, einer 1931 von linken Studenten der *Universidad de Chile* gegründeten Universitätsgruppe. Diese wollte den Studentenverband *Federación de Estudiantes de Chile* (FECH) wiederbeleben, der von Ibáñez del Campo aufgelöst worden war. Corvalán gehörte auch anderen Gruppen an, so der *Unión de Estudiantes Normalistas de Chillán* (UENCH) (Union von Lehramtsstudenten von Chillán), zu deren Protokollführer er gewählt wurde. Diese Organisation setzte sich für die Absetzung des Direktors der Lehrerbildungsanstalt, eine stärkere Vertretung der Studenten im Professorenrat und die Abschaffung der Semesterabschlussprüfungen ein. In beiden Organisationen traf er auf Aktivisten der *Kommunistischen Partei*, was ihn im Jahr 1932 bewog ebenfalls in die Partei einzutreten. Er übernahm Leitungsfunktionen in den Städten Concepción und Iquique. Ferner wurde er Mitglied des Politbüros und des Zentralkomitees.

1934 schloss er sein Studium als Grundschullehrer ab, arbeitete in dieser Funktion aber nur zwei Jahre, bis er sich 1936 in Santiago niederließ, wo er als Sekretär des kommunistischen Abgeordneten Carlos Contreras Labarca tätig wurde.

In diesem Jahr absolvierte er auch die Journalistenausbildung und begann bei der Zeitung *Frente Popular* (Volksfront) in Santiago zu arbeiten. Später arbeitete er für die Wochenzeitschrift *El Siglo* (Das Jahrhundert) der *Kommunistischen Partei* und wurde 1945 deren stellvertretender Chefredakteur bzw. 1948 ihr Chefredakteur. In dieser Zeit betätigte er sich auch als Mitbegründer der *Journalistenunion von Santiago* und des *Lehrerverbandes von Chile*. Während der zweiten Regierung von Ibáñez del Campo verbot das »Gesetz zur dauerhaften Verteidigung der Demokratie« (das so genannte »Verdammte Gesetz«) die politische Betätigung der *Kommunistischen Partei* und trieb die Kommunisten in die Illegalität. Corvalán wurde zweimal innerhalb Chiles verbannt; 1952 nach Pitrufquén und 1956 nach Pisagua, beide Male war er in Lagern inhaftiert.

Nach der Aufhebung des »Verdammten Gesetzes« wurde Luis Corvalán 1958 Generalsekretär der *Kommunistischen Partei* und blieb in diesem Amt bis 1990.

Für die Regierungsperioden 1961 bis 1977 wurde er in den Senat der Republik gewählt[1], aufgrund des Staatsstreichs konnte er die zweite Amtszeit nicht vollenden, da die Militärs die legislative Gewalt außer Kraft gesetzt hatten. In seiner Eigenschaft als Parlamentarier verteidigte er nach einem Besuch in Kuba 1960 in öffentlichen Reden die kubanische Revolution.

In Folge des Militärputsches vom 11. September 1973 wurde Corvalán verhaftet und in verschiedenen Haftanstalten und Folterzentren gefangen gehalten, so in der Militärakademie Bernardo O´Higgins; der Infanterieschule von San Bernardo; auf der Insel Dawson im äußersten Süden Chiles, in Ritoque und Tres Álamos, wo er seine Autobiografie verfasste: *Recuerdos de mi lucha junto al pueblo* (Erinnerungen meines Kampfes an der Seite des Volkes). Sein Sohn Luis Alberto Corvalán Castillo, führender Vertreter des *Federación de Estudiantes de la Universidad de Chile* (FECH) (Studentenverband der Universität von Chile), war im Internierungslager Chacabuco inhaftiert und starb 1975 im Exil in Bulgarien an den Folgen der Folterungen im Alter von 27 Jahren.

Nach großen internationalen Kampagnen und langwierigen Verhandlungen wurde Corvalán 1976 gegen den sowjetischen Dissidenten Wladimir Bukowski ausgetauscht und erhielt zunächst in der Sowjetunion und später in der Deutschen Demokratischen Republik (DDR) Asyl.

Während seines Aufenthalts in Moskau hielt er im September 1980 einen Vortrag und bekannte sich öffentlich zu der Notwendigkeit gegen die chilenische Diktatur eine Strategie des Volksaufstandes (»rebelión popular de masas«) zu entwickeln, eine Taktik, welche alle Formen des Widerstands beinhaltete, einschließlich des bewaffneten Kampfes. Kurz darauf sollte in Chile die *Frente Patriótico Manuel Rodríguez* (FPMR) entstehen, die in der noch verbleibenden Zeit der Diktatur zum bewaffneten Arm der KP wurde.

1983 reiste Corvalán heimlich nach Chile, indem er sich als kolumbianischer Staatsbürger ausgab. 1988 erhielt er offiziell die Aufenthaltserlaubnis in seinem Land und ließ sich dank einer Verfügung des Innenministers vom 1. September 1988, die sein Exil für beendet erklärte, legal in Chile nieder.

Corvalán war Autor zahlreicher Publikationen.[2] In diesen Texten erläuterte er die Politik der KP während der Regierungszeit der Volkseinheit Unidad Popular (UP), die eng mit den programmatischen Postulaten der UP verbunden war: Wirtschaftliche Umstrukturierung im Sinne umfassender Maßnahmen wie der Verstaatlichung von Kupfer und des Bankwesens sowie einer beträchtlichen Zahl von Fabriken und der Modernisierung des Landlebens. Dabei ging es im Grunde um den Kampf gegen den Imperialismus und die Oligarchie, um über die nationale und soziale Befreiung den Weg zum Sozialismus zu eröffnen.

In seinem letzten Werk bezog sich Corvalán auf die Politik der KP während der Regierungen der »Concertación« (breites bürgerliches Parteienbündnis), also die Post-Diktatur-Periode für die *Kommunistische Partei*, deren programmatische Ausrichtung auf den Wiederaufbau der sozialen Bewegung und den Bruch mit den Hinterlassenschaften der Diktatur wie zum Beispiel dem binominalen Wahlsystem zielte, um für eine wahrhaft repräsentative Demokratie zu kämpfen. Luis Corvalán starb in Santiago am 21. Juli 2010 und erhielt wie alle Ex-Parlamentarier eine gebührende staatliche Ehrung.

Bibliografie

Nationalkongress: Parlamentarische Biografie, Luis Corvalán Lépez, siehe: http://historiapolitica.bcn.cl/resenas_parlamentarias/wiki/Luis_Corval%C3%A1n_Lepe, gesehen am 30.4.2013.

Corvalán, Luis: »Tres períodos en nuestra línea revolucionaria«, Berlin (DDR) 1982.

Corvalán, Luis: Camino de victoria, Santiago Edición de homenaje al cincuentenario del Partido Comunista de Chile 1971.
Corvalán, Luis: De lo vivido y lo peleado, Santiago LOM 1997.

Anmerkungen

1 Die zweite gesetzgebende Kammer, dem Bundesrat vergleichbar – Anm. d Übs.

2 Dazu gehören *Ricardo Fonseca combatiente ejemplar* (1952) – (*Ricardo Fonseca, beispielhafter Kämpfer*), die er nach dem Tod des kommunistischen Abgeordneten Ricardo Fonseca verfasste sowie *Tres períodos en nuestra línea revolucionaria* (1982) – (*Drei Phasen unserer revolutionären Linie*); seine Memoiren *De lo vivido y lo peleado* (1997) – (*Vom Leben und Kämpfen*), die zum Teil schon in der früheren Schrift *Recuerdos de mi lucha junto al pueblo* niedergeschrieben worden waren und schließlich sein letztes Buch *Los comunistas y la democracia* (2008) – (*Die Kommunisten und die Demokratie*).

Kommandant Daniel Huerta – Bewaffneter Widerstand und Massenrebellion

Die *Frente Patriótico Manuel Rodríguez* (FPMR – Patriotische Front Manuel Rodríguez) entstand aus der Überzeugung der Kommunistischen Partei, dass alle Formen des Kampfes angewandt werden müssen, um der chilenische Diktatur die Stirn zu bieten. Nach der Erklärung von 1980 des Generalsekretärs der KP, Luis Corvalán, aus dem Exil wird mit der Taktik der »Massenrebellion des Volkes« begonnen, die nicht nur die soziale Agitation, sondern auch der bewaffnete Kampf als legitime Waffe zum Sturz der Diktatur ansieht. Diese Organisation unterstand der militärischen Kommission der Kommunistischen Partei unter der Leitung von Guillermo Teillier.

1983 tritt die Patriotische Front Manuel Rodríguez sowohl als bewaffneter Arm als auch als eine von der Kommunistischen Partei unabhängige Organisation in Erscheinung. In ihren Reihen kämpfte Kommandant Daniel Huerta, über dessen tatsächliche Identität es lediglich die Aussagen einiger Ex-Mitglieder der FPMR gibt, die versichern, dass es sich bei ihm um den Politikwissenschaftler und heutigen Koordinator des *Centro de Estudios Nacionales de Desarrollo Alternativo* (CENDA –

Nationalen Zentrums für alternative Entwicklung), Martín Pascual handelt, der dies, auf Nachfrage der Zeitung *La Nación* 2006, verneinte.

Daniel Huerta war als Mitglied der Nationalen Führung der FPMR. Im Unterschied zu anderen Führern wie Raúl Pellegrin und der »Kommandant José Miguel« – der eine militärische Ausbildung in Havanna absolviert hatte – hatte Huerta lediglich eine kurze paramilitärische Ausbildung im Ausland erhalten. Er galt daher nicht als Offizier, war aber dennoch für den Bereich »politische Unterstützung« und »Agitation und Propaganda« verantwortlich, der von Sympathisanten der FMPR unterstützt wurden.

Für die gesamte Opposition gegen die Militärjunta wird 1986 zum entscheidenden Jahr im Kampf gegen die Militärdiktatur. Damals riefen die *Demokratische Allianz* (Christdemokraten, Radikale Partei, Sozialistische Partei unter Carlos Briones) und die *Demokratische Volksbewegung* (Kommunistische Partei, MIR, linke Fraktion der Sozialistischen Partei unter Cloromiro Alymeda) zusammen zu nationalen Protesttagen auf. Es herrschte die Überzeugung, dass Störangriffe auf das Regime dieses früher oder später stürzen würden. Außerdem gab es bereits Versuche seitens der Christdemokratischen Partei, einen Dialog über den Übergang zur Demokratie zu führen. In diesem Rahmen äußerte sich Daniel Huerta in der Zeitschrift *Análisis*: »Wir benutzen nicht alle die gleichen Methoden und unsere Handlungen sind nicht gleich: Einige beten, andere halten still, wieder andere zahlen ihre Steuern oder Schulden nicht an das Finanzamt und wieder andere machen von ihrem Recht auf Gewalt Gebrauch, um sich zu verteidigen. Alle diese Aktionen und noch viele andere sind notwendig, um dieses Land unregierbar zu machen.«[1]

Trotzdem wurde 1986 nicht das entscheidende Jahr für den Sturz des Diktators. Im Gegenteil begann ein Spaltungsprozess zwischen der Kommunistischen Partei und der Patriotischen Front, da diese schon länger über die Autonomie der Guerillagruppe diskutierten.

Ein dritter Versuch der illegalen Einschleusung aus Kuba stammender Waffen ins Carrizal Bajo wurde von Agenten des *Central Nacional de Informaciones* (CNI – Chilenischer Geheimdienst) entdeckt und markiert den Anfang eines endgültigen Bruchs zwischen der Partei und der FMPR. Im September desselben Jahres fand die »Operation Siglo XX« statt – das fehlgeschlagene Attentat auf Augusto Pinochet. Das Militärregime reagierte darauf 1987 mit der »Operation Albanien« und dem »Blutbad von Pfingsten«. Es wurden zwölf Mitglieder der Front durch den Geheimdienst CNI getötet. Die Milizangehörigen, die es geschafft hatten, aus Chile herauszukommen, erhielten eine militärische Ausbildung in Havanna und El Salvador. Kommandant Daniel Huerta blieb loyal gegenüber der KP und führte diejenige Fraktion an, welche die Linie der Partei fortführte. Die andere Fraktion war der Meinung, dass es keine Übereinstimmung mehr gab und gründete unter Führung von Raúl Pellegrin die »Autonome Front«. Sofort nach dem Bruch mit der Kommunistischen Partei wurden acht Radiosender auf der gesamten Länge des Landes besetzt und eine öffentliche Erklärung verlesen.

Ab diesem Zeitpunkt operierte die FMPR im Untergrund weiter, selbst während der Zeit der ersten Regierungen der Parteienkoalition für die Demokratie. Die Spuren des Kommandanten Daniel Huerta verlieren sich mit der Wiedereingliederung der Kommunistischen Partei in das traditionelle Parteiensystem und der Demokratisierung.

Bibliogafie

Álvarez, Rolando: »Los ›hermanos Rodriguistas‹. La división del Frente Patriótico Manuel Rodríguez y el nacimiento de una nueva cultura política en la izquierda chilena. 1975-1987«, in: Revista Izquierdas Año 2, Nr. 3, 2009, siehe: http://www.izquierdas.cl/revista/wp-content/uploads/2011/07/alvarez_rolando.pdf, gesehen am 13.03.2012.

García, Francisco: »La asonada guerrillera y el otoño de la dictadura en Chile«, in: Tzintzun Revista de Estudios Históricos 17, 1993, Seite 135–171.

Huerta, Daniel: »Políticos tras comando. [FPMR]«, in: Revista Análisis Año IX, Nr. 134, 18.–24. März 1986, Seite 20–25.

La Nación Domingo: Jamás identificados, siehe: http://www.lanacion.cl/noticias/site/artic/20060902/pags/20060902223409.html, gesehen am 15.07.2013.

Peña, Cristobal: Los fusileros. Crónica secreta de una guerrilla en Chile, Santiago Editorial Debate 2007.

Valdivia, Verónica; Álvarez, Rolando; Pinto, Julio; Donoso, Karen; Leiva, Sebastián: Su revolución contra nuestra revolución. Vol. II La pugna marxista – gremialista en los ochenta, Santiago LOM Ediciones 2008.

Anmerkung

1 Huerta, Daniel: »Políticos tras comando. [FPMR]«, in: *Revista Análisis,* Seite 22.

Gladys del Carmen Marín Millie (* 16. Juli 1941 in Curepto, Chile; † 6. März 2005 in Santiago de Chile) war Generalsekretärin der Kommunistischen Partei Chiles.
Bekannt wurde sie, als sie als Generalsekretärin des Kommunistischen Jugendverbandes in Chile die Jugend für die Volksregierung der Unidad Popular mobilisierte. Zu ihren persönlichen Freunden zählten Pablo Neruda, Salvador Allende, Luis Corvalán und Víctor Jara.

Gladys del Carmen Marín – Es ist die Zeit der Revolutionen!

Gladys Marín wurde als Tochter einer Grundschullehrerin am 16. Juli 1940 in Curepto in der Region Maule geboren. Mit ihrer Mutter und ihren Schwestern zog sie nach Talagante in der Hauptstadtregion, nachdem der Vater die Familie verlassen hatte.

In Santiago besuchte sie die Mädchenoberschule Nr. 5 und bekam ein Stipendium für das Studium an der Pädagogischen Hochschule Nr. 2, die sie 1957 mit dem Grundschullehrerexamen, Schwerpunkt Heilpädagogik, verließ. Schon früh wurde sie politisch aktiv, zunächst als Leiterin christlicher Gruppen. Öffentlich bekannt wurde sie als führendes Mitglied und spätere Vorsitzende (ab 1957) des *Studierendenverbands der Pädagogischen Hochschulen*. 1957 trat sie auch in die *Kommunistische Jugend* ein und wurde 1960 in das Zentralkomitee der Kommunistischen Partei (KP) berufen. Außerdem engagierte sie sich in der Lehrergewerkschaft und wurde Frauenvertreterin des Gewerkschaftsdachverbandes *Central Única de Trabajadores* (CUT).

1961 heiratete sie Jorge Muñoz Puteis, ebenfalls Kommunist, mit dem sie zwei Kinder hatte: Álvaro und Rodrigo.

1963 beteiligte sich Gladys Marín als Vertreterin des *Juventudes Comunistas* (JJ.CC.) (Kommunistischer Jugendverband) an dem so genannten *Jugendkommando für die Kandidatur Salvador Allendes* im damaligen Wahlkampf. Die ersten Graffiti-Propagandabrigaden wurden ins Leben gerufen, Vorläufer der 1968 vom *Kommunistischen Jugendverband* geschaffenen *Brigada Ramona Parra* (BRP), die politische Botschaften in Form von großflächigen Wandmalereien verbreiteten. Typisch für die Ikonografie dieser »murales« sind die unregelmäßigen, stark vereinfachten und ganz eigentümlichen Formen von Vögeln, Sternen, Männern und

Frauen. 1965 wurde Gladys Marín zur Generalsekretärin des *Kommunistischen Jugendverbandes* gewählt und trat für diesen auch als Kandidatin für die Abgeordnetenkammer an. Sie beschloss, sich als Vollzeitpolitikerin zu betätigen und ihre Arbeit als Pädagogin aufzugeben. Im Alter von nur 25 Jahren wurde sie ins Parlament gewählt und gehörte ihm über drei Perioden an, in denen sie sich für das Programm der Volksfront *Frente de Acción Popular* (FRAP) engagierte. Die FRAP setzte sich aus mehreren Linksparteien zusammen und stand für eine antiimperialistische, antioligarchische und antifeudale Programmatik, mit dem Ziel der ökonomischen und politischen Emanzipation. 1969 entstand daraus die Koalition der Unidad Popular (UP), deren Programm auf einen gewaltlosen Übergang zum Sozialismus ausgerichtet war.

Nach dem Putsch stand ihr Name auf der Liste der hundert meistgesuchten Personen. Deswegen ging sie in den Untergrund und bat in der holländischen Botschaft im November 1973 um politisches Asyl. Nachdem sie acht Monate in der diplomatischen Vertretung verbracht hatte, konnte sie im Juli 1974 das Land verlassen und als Flüchtling in die Niederlande und später nach Moskau ausreisen.

Ihr Ehemann Jorge Muñoz, Mitglied des Politbüros der *Kommunistischen Partei*, blieb mit ihren Kindern in Chile, wurde 1976 vom Geheimdienst *Dirección de Inteligencia Nacional* (DINA) verschleppt und ist einer von mehreren Tausend Verschwundenen der Diktatur.

In ihren Jahren im Exil wurde Gladys Marín zur Menschenrechtsaktivistin und prangerte die von der Diktatur begangenen Verbrechen an. So sagte sie im Februar 1975 in Mexiko als Zeugin auf der III. Sitzung der Internationalen Kommission zur Untersuchung der Verbrechen der Militärjunta aus.

Anfang 1978 kehrte sie im Rahmen der »Operation Rückkehr« illegal und mit falschen Papieren nach Chile zurück. Sie war das erste Führungsmitglied der *Kommunistischen Partei*, das aus dem Ausland nach Chile zurückkehrte.

In Chile arbeitete sie entsprechend der Taktik der »Massenrevolution« oder des »Volksaufstandes« mit dem Ziel die Diktatur durch den bewaffneten Kampf zu stürzen. In diesem Zusammenhang wurde die *Frente Patriótico Manuel Rodríguez* (FPMR) (Patriotische Front Manuel Rodríguez) formell gegründet.

1984 übernahm sie das Amt der stellvertretenden Generalsekretärin der KP und erst 1987 kam es zu einem Wiedersehen mit ihren Kindern.

1994 wurde sie erneut, wie schon in der Regierungszeit von Eduardo Frei Ruiz-Tagle, zur Generalsekretärin der *Kommunistischen Partei* gewählt und war damit weltweit die erste Frau in diesem Amt.

1996 verklagte Augusto Pinochet sie wegen »Beleidigung und Verleumdung«, nachdem Marín auf dem Zentralfriedhof in Santiago am 11. September an der Gedenkstätte für die verschwundenen politischen Gefangenen und die aus politischen Gründen Hingerichteten eine Rede gehalten hatte, in der sie Pinochet als Verantwortlichen für den Staatsterrorismus und die in der Zeit der Diktatur verübten Verbrechen bezeichnet hatte.

Sie wurde tatsächlich ins Gefängnis gesteckt, erlangte aber durch das Eingreifen des damaligen Verteidigungsministers, Edmundo Pérez Yoma, schnell die Freiheit wieder.

Am 12. Januar 1998 stellte sie ihrerseits Strafantrag gegen Pinochet – damals noch in seiner Eigenschaft als Oberkommandierender des Heeres – wegen des Verschwindenlassens ihres Ehemannes Jorge Muñoz. Marín war überhaupt nicht einverstanden mit der Art und Weise, wie die Regierungen der »Concertación«[1] den Prozess des demokratischen Übergangs handhabten, und verstand ihre Anzeige als Teil ihres Kampfes für Gerechtigkeit im Hinblick auf die von der Diktatur begangenen Verbrechen.

1997 kandidierte sie bei den Parlamentswahlen für den Wahlbezirk Santiago-West, wurde aber aufgrund des binominalen Wahlsystems nicht gewählt, obwohl sie 15 Prozent der Stimmen erhielt. Im Jahr 1998 kandidierte sie für das Präsidentenamt. Es war jedoch Ricardo Lagos Escobar, der die meisten Stimmen und damit die Präsidentschaft bekam.

2002 wurde sie auf dem XXII. Parteitag zur Präsidentin der *Kommunistischen Partei* ernannt. Damit sie diese dritte Amtszeit antreten konnte, mussten die Statuten geändert werden. Diese Situation vertiefte die intern gehaltenen Widersprüche in der Partei: Während die von Gladys Marín angeführte Strömung eher eine Politik verfolgte, die sich an den starken Führungspersönlichkeiten orientierte und einen Dialog mit den Regierungen der »Concertación« ablehnte, forderten andere Teile der Partei eine Erneuerung der Führungsriege. Der damalige Vorsitzende des Lehrerverbandes, der Kommunist Jorge Pavez, wurde 2003 aus der Partei ausgeschlossen, weil er sich öffentlich über die Krise innerhalb der Partei geäußert hatte.

Im selben Jahr wurde bei Gladys Marín ein Gehirntumor festgestellt und sie war nun ständig unterwegs zu Behandlungen in Stockholm, Havanna und Santiago. Sie verstarb schließlich am 6. März 2005. Im Land wurde Staatstrauer verordnet und eine große Menschenmenge nahm von ihr Abschied im Ehrensaal des Nationalkongresses und später anlässlich ihrer Beisetzung auf dem Zentralfriedhof, an der Persönlichkeiten verschiedener politischer Richtungen teilnahmen, wie Ricardo Lagos, alte Parteikader und ehemalige Kämpfer der FPMR. Dieses Ereignis stellte einen Wendepunkt im Prozess des demokratischen Übergangs dar, ausgehandelt und dirigiert von den Parteien der »Concertación« und der Rechten, denn er ließ jene Realität durchscheinen, die von der offiziellen Geschichtsschreibung getilgt wurde.

Bibliografie

Congreso Nacional: Reseña biográfica parlamentaria, siehe: http://historiapolitica.bcn.cl/resenas_parlamentarias/wiki/Gladys_del_Carmen_Mar%C3%ADn_Millie, gesehen am 26.4.2013.

El Mercurio: Biografías Gladys Marín (1942–2005), siehe: http://www.emol.com/especiales/gladys_2004/biografia.htm, gesehen am 10.6.2013.

Fundación Gladys Marín: »Gladys Marín: Luchadora incansable por la democracia y la justicia social«, siehe: http://www.gladysmarin.cl, gesehen am 25.4.2013.

Marín, Gladys: La vida es hoy, Santiago 2002.

Anmerkung

1 Concertación *de Partidos por la Democracia (*Koalition der Parteien für die Demokratie) ist ein *chilenisches Mitte-Links-Bündnis, bestehend aus folgenden Parteien: Partido Demócrata Cristiano, (PDC) (Christlich-Demokratische Partei Chiles); Partido por la Democracia (PPD) (Partei für Demokratie); Partido Socialista de Chile (PS) (Sozialistische Partei Chiles); Partido Radical Social Demócrata (PRSD) (Radikale Sozialdemokratische Partei).*

Salvador Allende – Genosse Präsident

Salvador Guillermo Allende wurde am 26. Juni 1908 in eine politisch und in der Öffentlichkeit aktive Familie hineingeboren.

1926 wurde er an der Medizinischen Fakultät der Universität von Chile angenommen. Im selben Jahr begann er seine politische Laufbahn in der *Federación de estudiantes* (FEU) (Föderation der Studenten) und im *Consejo Universitario* (CU) (Universitätsrat). Außerdem wurde er Vorsitzender der Gruppe *Avance*, einer Vereinigung, die mit der Absicht ins Leben gerufen wurde, bei einer eventuellen Auflösung der FEU – durch den Diktatur Carlos Ibáñez del Campo – an ihre Stelle treten zu können. Im selben Zeitraum schloss er sich den Freimaurern an.

1933 machte er seinen Abschluss als Arzt mit der Dissertation »Psychische Hygiene und Kriminalität«, die sich auf seine Arbeit in der psychiatrischen Abteilung im Krankenhaus stützte und die schon früh sein Engagement für gesellschaftliche Probleme verdeutlichte.

Im selben Jahr beteiligt er sich an der Gründung der *Partido Socialista* (PS) (Sozialistische Partei), bei der er von 1937–1939 die Rolle des Sekretärs der Region Valaparaíso übernahm, um die Gemeinschaft in diesem Gebiet von Grund auf zu organisieren. Im darauf folgenden Jahr wurde er zum Abgeordneten für

Valparaíso und Quillota gewählt und ferner zum Generalsekretär der *Sozialistischen Partei.*

Die *Frente Popular Chileno* (Chilenische Volksfront) organisiert sich zur selben Zeit in einem politischer Zusammenschluss, der durch die europäische Erfahrung beeinflusst war und die fortschrittlichen linken Kräfte – wie die sozialistischen, kommunistischen, radikalen und demokratischen Parteien – zusammenbrachte und sie so zu einem Wahlsieg führte.

Auf diese Weise gewann sie 1938 mit dem Radikalen Pedro Aguirre Cerda die Präsidentschaftswahl. Allende wurde zum Gesundheitsminister ernannt und erhielt aufgrund seines Einsatzes für eine soziale Gesundheitspolitik – zur Verbesserung der Lebensbedingungen der Arbeiterklasse – seinen Beinamen »Minister der Armen«.

1945 wurde er zum Senator gewählt und begann eine lange Laufbahn als Parlamentarier, in der er bis zum Jahr 1969 in verschiedene Positionen gewählt wurde. In seiner Eigenschaft als Kongressabgeordneter besetzte er 1954 den Posten des Vizepräsidenten und 1966 den des Senatspräsidenten. Von dieser Stellung aus gelang es ihm, Gesetze zur öffentlichen Gesundheitsversorgung – zum Schutz der Kinder und der sozialen Sicherheit – zu fördern und Projekte, wie den Aufbau der Kooperation zum Kupferverkauf (*Corporación de Venta del Cobre*) und den staatlichen, chilenischen Gesundheitsservice (*Servicio Nacional de Salud*), voranzutreiben.

Zu Beginn der Regierungszeit Gabriel González Videlas ernannte dieser zum ersten Mal Mitglieder der *Kommunistischen Partei* (KP) zu Ministern, was einen Konflikt innerhalb der *Sozialistischen Partei* (SP) zur Folge hatte, da ein Flügel nicht mit dieser Entscheidung einverstanden war. Mit der Verabschiedung des »verfluchten Gesetzes«, das die Kommunisten ächteten, zerbrach die Sozialistische Partei völlig, da einige das Gesetz befürworteten, während andere es ablehnten. Allende rief hierauf die *Partido Socialista Popular* (Sozialistische Volkspartei) ins Leben, die die Kommunisten unterstützte.

Im Jahr 1952 spaltete sich die Sozialistische Partei aufs Neue. Eine Sektion der Partei entschied sich die Präsidentschaftskandidatur von General Carlos Ibáñez del Campo zu unterstützen, der zuvor eine Diktatur eingeführt hatte. In Anbetracht dieser Situation bildete eine von Allende angeführte Fraktion der Partei ein Wahlbündnis mit der (noch verbannten) Kommunistischen Partei, die *Frente del Pueblo* (Volksfront), die Allende zum Präsidentschaftskandidaten ernannte. Trotzdem verloren Allende und die Volksfront gegen Ibáñez, der die Präsidentschaft in Chile übernahm.

1958 kam es zur Wiedervereinigung der Sozialistischen Partei. Angesichts des »Kalten Krieges« bildeten sie zusammen mit der KP und anderen Fraktionen der Linken die *Frente de Acción Popular* (FRAP) (Front der Volksaktion), in der Allende erneut Präsidentschaftskandidaten wurde. In einem knappen Wahlausgang verlor er gegen Jorge Alessandri, einem Unabhängigen der Rechten. 1964 entschied sich die FRAP abermals, ihn als Kandidaten für die Präsidentschaft der Republik aufzustellen. Dieses Mal verlor er gegen Eduardo Frei Montalva von der Christdemokratischen Partei – der Wahlunterstützung von Seiten der Rechten erhalten hatte.

Während Allende das Amt des Parlamentariers ausübte, bildete sich 1969 im Hinblick auf die nächsten Präsidentschaftswahlen eine neue politische Koalition aus der Sozialistischen, Kommunistischen und Radikalen Partei sowie den Bewegungen der *Movimiento de Acción Popular Unitario* (MAPU – Bewegung der Unitären Volksaktion), der *Acción Popular Independiente* (API –Unabhängige Volksaktion) zur *Unidad Popular* (UP). Allende wurde zum vierten Mal als Präsidentschaftskandidat aufgestellt und gewann am 4. September 1970 die Wahl.

Trotzdem verlief seine Wahl nicht frei von Schwierigkeiten, da er im Kongressplenum bestätigt und verfassungsrechtlich am 3. November als Präsident der chilenischen Republik vereidigt werden musste. Zum Zeitpunkt seiner Bestätigung als Präsiden hatten die Christdemokraten die Mehrheit im Parlament inne und lediglich im Gegenzug für die Unterschrift Allendes unter ein Statut, das demokratische Garantien in der Verfassung verankerte, ließen sie seine Vereidigung zum Präsidenten zu.

Mit Allende als Staatsoberhaupt begann der chilenische Weg zum Sozialismus, der als neue Art des sozialistischen Systems, über die Demokratie hinaus weisen sollte: »Ein neues Staatsmodell, in dem sich die Wirtschaft und die Gesellschaft auf den Menschen, auf seine Bedürfnisse und seine Wünsche ausrichtet.«[1]

Der »Genosse Präsident«, wie er von seinen Anhängern genannt wurde, betrieb eine Synthese aus Berufspolitiker – der ihn bis hierhin geführt hatte – und einer neuen Politik der umfassenden Projekte, in den Bereichen Wirtschaft, Kultur, Gesundheit und Bildung, die die Lebensbedingungen der Arbeiterklasse verbessern sollten.

Auf diese Art und gemäß seinem Regierungsprogramm der »40 Maßnahmen« erwirkte er die Verstaatlichung von Kupfer sowie einen Anstieg der Löhne und Gehälter. Zudem begann er mit dem Prozess der Verstaatlichung der Schlüsselbetriebe im Produktionsprozess und der Nationalbank – er setzte unter anderem eine Bodenreform und die Ausgabe eines halben Liters Milch an jedes Kind durch.

Nichtsdestotrotz gab es andere Maßnahmen, die sich wegen des starken Drucks und dem Boykott der Rechten – mit Rückendeckung durch die Vereinigten Staaten im Rahmen des »Kalten Krieges« – nicht umsetzen ließen. Hierzu gehörte das Projekt *Escuela Nacional Unificada* (UNE) (Einheitsschule) oder Gründung eines Familienministeriums. So eröffnete sich der Weg für Nationalstreiks der Transportunternehmen, Lebensmittelknappheit und ein gewalttätiges Klima zwischen Anhängern und Gegnern.

Trotz der Krise erhielt die Regierung Allende in den Parlamentswahlen vom März 1973 große Unterstützung und die Unidad Popular erreichte 43 Prozent der Wählerstimmen. Dennoch verschärfte sich die Krise, die ihren Höhepunkt im Staatsstreich vom 11. September 1973 fand. Allende wurde im Regierungspalast La Moneda bombardiert. Er entschied sich, gemeinsam mit seinen Wachen und Mitarbeitern in dem Regierungsgebäude Widerstand zu leisten, von wo aus das Radio seine letzte Rede ans Volk übertrug. Er lehnte das Angebot ins Exil zu gehen ab und wählte stattdessen den Freitod.

Nach seinem Tod wurde seine Leiche von den Luftstreitkräften bis zum Friedhof Santa Inés de Viña del Mar überführt, wo er von seiner Ehefrau anonym bestattet wurde. Am 4. September 1990 wurde auf Initiative seiner Familie und mit der Unterstützung der ersten Regierungskoalition – der Parteien für die Demokratie (*Concertación de Partidos por la Democracia*) – ein offizielles Begräbnis Allendes veranstaltet. Inmitten einer großen Menschenmasse wurden seine Überreste in das eigens auf dem Generalfriedhof von Santiago errichteten Mausoleum gebracht.

Bibliografie

Allende, Salvador: Abrirán las grandes Alamedas, Santiago LOM 2003.

Allende, Salvador: La vía chilena al socialismo, Caracas 2009.

Corvalán, Luis: El gobierno de Salvador Allende, Santiago LOM 2003.

Cruz-Coke, Ricardo: »Síntesis biográfica del doctor Salvador Allende G.«, in: Revista Médica Chile, V. 131 Nr. 7 (2003), Seite 809–814.

González, Patricio: Allende y la vía chilena al socialismo, siehe: http://www.archivochile.com/S_Allende_UP/doc_sobre_sallende/SAsobre0033.pdf.

Jorquera, Carlos: El Chicho Allende, Santiago 1993.

Ministerio del Poder Popular para la Comunicación y la Información: Salvador Allende. La vía chilena al socialismo, Caracas Publicaciones de la República Bolivariana de Venezuela Ministerio de Comunicación y la Información 2009.

Fundación Salvador Allende, siehe: http://www.fundacionsalvadorallende.cl/salvador-allende/linea-del-tiempo/#.

Anmerkung

1 Allende, Salvador: *La vía chilena al socialismo,* Caracas Publicaciones de la República Bolivariana de Venezuela Ministerio de Comunicación y la Información 2009, Seite 77.

Pablo Neruda, *12. Juli 1904 in Parral/Chile † 23. September 1973 in Santiago de Chile. Neruda stand als sozialkritischer Dichter sein Leben lang auf Seiten der einfachen Bevölkerung und setzte sich gegen jede Form des Faschismus ein – insbesondere in den dreißiger Jahren gegen den Franco-Faschismus in Spanien und den Faschismus in Deutschland. Sein Werk *Canto General* (Der große Gesang) ist ein umfangreicher Gedichtzyklus über den Kampf Lateinamerikas gegen den Kolonialismus. Mehrfach vertont, wurde dieses Werk in Europa vor allem durch die Teilvertonung des griechischen Komponisten Mikis Theodorakis bekannt, der damit eine kulturelle Antwort gegen die Militärdiktatur in Griechenland setzte. Von der Kommunistischen Partei Chiles als Präsidentschaftskandidat nominiert, verzichtete Neruda zugunsten des vom Wahlbündnis Unidad Popular favorisierten Sozialisten und Freundes Salvador Allende auf die Kandidatur. Krankheit, Alter und internationaler Anerkennung ist es zu verdanken, dass Neruda nicht von den Putschisten verhaftet wurde. Unmittelbar nach seinem Tod, zwölf Tage nach dem Putsch, wurde sein Haus von den Putschisten geplündert und zerstört.

Biografisches

Mario Amorós geboren 1973 in Spanien ist Journalist und Historiker. Sein Forschungsgebiet ist lateinamerikanische und speziell chilenische Geschichte. Als Journalist hat er bei den Zeitungen *El Mundo* (Spanien), *La Jornada* (Mexiko) und *Le Monde Diplomatique* (Chile) gearbeitet. Er war Mitbegründer der Zeitschrift *Voces de la Izquierda*, die zur spanischen Partei *Izquierda Unida* gehört. Seit 1996 ist er Redaktionsmitglieder von *Mundo Obrero*, der Zeitung der Kommunistischen Partei Spaniens. Zu seinen Veröffentlichungen zählen: *Chile, la herida abierta. Paz con Dignidad* (2001), *Después de la lluvia. Chile, la memoria herida* (2004), *La memoria rebelde. Testimonios sobre el exterminio del MIR. De Pisagua a Malloco. 1973–1975* (2008), *Compañero Presidente. Salvador Allende, una vida por la democracia y el socialismo* (2008) und *Sombras sobre Isla Negra. La misteriosa muerte de Pablo Neruda* (2012).

Bárbara Vanessa Azcárraga Gatica ist Geschichtslehrerin in der Mittelstufe und hat an der Universidad Valparaiso Geschichte und Pädagogik studiert. Gerade schreibt sie ihre Magisterarbeit in Geschichte an der Universidad Chile und ist Mitglied in der Gruppe: *Equipo de Educacion de la Corparción Parque por la Paz Villa Grimaldi.* barbara.azcarraga@gmail.com.

Franck Gaudichaud geboren 1975 in Frankreich unterrichtete bis 2005 Geschichte Lateinamerikas an der Universität von La Rochelle. 2005 war er Doktorat in Politikwissenschaften an der Universität Paris VIII, aktuell arbeitet er an der Universität von Grenoble. Zu seinen Veröffentlichungen gehören *Operación cóndor. Notas sobre el terrorismo de Estado en el Cono Sur* (2005) und er ist Mitherausgeber von *Le Volcan latino-américain. Gauches, mouvements sociaux et néolibéralisme en Amérique latine* (2008). Ferner ist er Redaktionsmitglied der Zeitschrift *Dissidences*, welche die zeitgenössischen revolutionären Bewegungen erforscht, siehe: www.dissidences.net.

Mario Garcés ist Historiker an der Pontificia Universidad Católica de Chile. Sein Forschungsinteresse gilt der Erinnerungen und »Oral History« von ArbeiterInnen und Pobladores in Santiago. Zur Zeit unterrichtet er an der Universidad de Santiago de Chile und ist Direktor der Vereinigung ECO (*Educación y Comunicaciones* – Erziehung und Kommunikation). Zu seinen Veröffentlichungen gehören *Crisis social y motines populares* (1991) und *Tomando su sitio. El movimiento de pobladores de Santiago, 1957–1970* (2002).

Pavel Eichin geboren 1974 in Frankfurt am Main. Lebte von 1991 bis 2005 in Santiago de Chile, wo er als Toningenieur und Musikproduzent arbeitete. Ab 2005 wieder in Frankfurt, studierte er Soziologie. In der letzten Phase des Studiums begann er mit Liedanalysen zu experimentieren. Zur Zeit ist er in Chile und Deutschland tätig und versucht tragfähige Verbindungslinien zwischen Kunst und Soziologie zu errichten.

Tomás Moulian Emparanza Geboren am 21. September 1939 ist Soziologe, politischer Wissenschaftlicher und anerkannter Analyst zu Chile in der Post-Diktatur. Er war einer der ersten Schüler der katholischen Universität *Escuela de Sociología de la Pontificia Universidad Católica* (PUC) und war dort als Professor beschäftigt. Geforscht hat er ferner in Belgien und Paris und war Direktor der soziologischen Fakultät und Rektor der *Universidad de Artes y Ciencias Sociales* (ARCIS). Aktuell ist er Direktor des Verlags ARCIS und stellvertretender Direktor von der *Facultad Latinoamericana de Ciencias Sociales* (FLASCO) in Chile zwischen 1990–1991. Ferner gab er Unterricht in den Einrichtungen von FLASCO in Ecuador und Brasilien. Während der Unidad Popular war er Mitglied der MAPU Obrero Campesino. Nach der Rückkehr der Demokratie identifizierte er sich als parteiunabhängiger mit der Kommunistischen Partei Chiles, die ihn zum Präsidentschaftskandidaten 2005 aufstellte, auf die er jedoch zugunsten des Humanisten

Tomás Hirsch verzichtete. Zu seinen bekanntesten Werken gehören: *El consumo me consume* (1999), *Socialismo del Siglo XXII: La quinta vía* (2000), *En la brecha. Derechos humanos, críticas y alternativas* (2002), *Fracturas: de Pedro Aguirre Cerda a Salvador Allende* (1938–1973) (2006), *Contradicciones del desarrollo político chileno, 1920–1990* (2009) und *Chile actual. Anatomía de un mito* (1997).

Veronica Valdivia Ortiz de Zárate Ist Magister Atrium in Geschichte und Archäologie an der Universidad de Santiago de Chile. Sie ist Doktorin der Sozialwissenschaften und Professorin an der Universität Diego Portales. Ihre Forschungsfelder sind die politische Geschichte Chiles des 20. Jahrhunderts, die Geschichte der Streitkräfte und rechten Parteien und nationalen Bewegungen sowie deren Kultur und ihre Verankerung in den populären Schichten Chiles.

Julio Pinto Vallejos ist Historiker und unterrichtet an der Universidad de Santiago de Chile. Sein Forschungsinteresse gilt speziell dem 19. und 20. Jahrhundert. Vor einigen Jahren hat er die Publikationen der Entwicklungen rechter und linker Parteien in Chile mit erforscht: *Historia Contemporania de Chile* (1998; 2002) *Cuando hicmos historia. La experiencia de la Unidad Popular* (2005) und *Su revolución contra nuestra revolución* (Bd. 1–2, 2006; 2008). Aktuell beschäftigt er sich mit Staats- und Nationsbildung in Chile nach der Unabhängigkeit.

Filmografie

Patricio Guzmán ist in Santiago de Chile geboren. Von 1960 bis 1965 studiert er Theater, Geschichte und Philosophie an der Universität von Chile. 1966 reist er nach Spanien, um an der *Escuela Oficial de Cinematografía* in Madrid Filmregie zu studieren. Er widmet seine Karriere dem Dokumentarfilm. Seine Filme werden beständig auf internationalen Festivals ausgewählt und prämiert. Von 1972 bis 1979 arbeitet er an den Dreharbeiten und an der Montage der »Batalla de Chile«, eine fast 5-stündige Trilogie über die Regierung Allendes und ihren Sturz. Ende 1973 verlässt er Chile und lebt in Kuba, dann in Spanien und danach in Frankreich, wo er weitere Dokumentarfilme produziert: »En Nombre de Dios« (1985) über die Verteidigung der Menschenrechte der chilenischen Kirche gegen Pinochet. Die Dreharbeiten werden mit der Festnahme des Toningenieurs und des Regieassistenten durch das Militär beendet. Patricio Guzmán kehrt nach Madrid zurück, wo er den Film 1986 beendet. 1992 dreht er »La Cruz del Sur« über die volkstümliche Religiosität Lateinamerikas. 1997 kehrt er zum zweiten Mal nach dem Militärputsch nach Chile zurück, um »La Memoria Obstinada« über die politische Amnesie seines Landes zu drehen. 2001 filmt er »El Caso Pinochet«, eine Dokumentation über den Prozess gegen den ehemaligen Diktator in London. 2002 dreht er »Madrid«, eine poetische Reise ins Herz der Stadt, 2004 ein sehr persönliches Portrait von »Salvador Allende«. 2005 filmt er »Mon Jules Verne«. Von 2006 bis 2010 arbeitet er am Filmbuch, der Entwicklung und den Dreharbeiten von »Nostalgie de la Lumière« und fünf Kurzfilmen in der Wüste Atacamas, in der er die historische Erinnerung mit der Archäologie und der Astronomie verknüpft. Patricio Guzmán unterrichtet Dokumentarfilm in seinen Seminaren in Europa und Lateinamerika und präsidiert das 1995 von ihm gegründete Dokumentarfilm Festival in Santiago de Chile (Fidocs).

Heute lebt er mit seiner Frau Renate Sachse, Mitarbeiterin und Produzentin seiner Filme, in Frankreich. Webseite von Patricio Guzmán: www.patricioguzman.com.

Filmografie (Auswahl):

2010 Nostalgia de la Luz, 90 min
2005 Mi Julio Verne, 58 min
2004 Salvador Allende, 100 min
2002 Madrid, 41 min
2001 El Caso Pinochet, 108 min
1999 Isla de Robinson Crusoe, 42 min
1997 Chile, la Memoria Obstinada, 58 min
1995 Pueblo en Vilo, 52 min
1992 La Cruz del Sur, 75 min
1987 En Nombre de Dios, 95 min
1983 La Rosa de los Vientos, 90 min (1983)
1972–79 La Batalla de Chile I-II-III, 272 min
1972 El Primer Año, 90 min

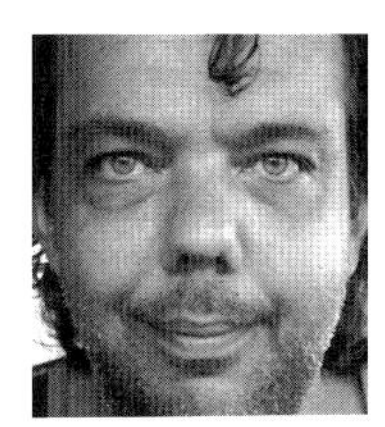

Andrés Habegger wird 1969 in Buenos Aires geboren. Nachdem sein Vater der Militärjunta zum Opfer gefallen ist und er mit seiner Mutter 1977 fliehen muss, wächst er im Exil in Mexiko auf. 1984 kehrt er in seine Heimat zurück und studiert Kommunikationswissenschaft an der Universität von Buenos Aires sowie Filmregie an der Escuela Nacional de Experimentación y Realizatión Cinematográfia (ENERC). 2001 leitet er das Kurzfilmfestival »Hacelo corto« (»Mach's kurz«), das vom Bildungsministerium der Stadt Buenos Aires ausgerichtet wird. 2002 und 2003 ist er verantwortlich für die Abteilung Dokumentarfilm im Filmmuseum Buenos Aires. Von 2009 bis 2011 steht Habegger als Präsident der Asociación de Directores y Productores de Cine Documental Independiente de Argentina (ADN) vor.

Filmografie

2011 D-Humanos, 93 min
2008 Final Image, 96 min
2007 Una vida iluminada, 40 min
2004 Cuando los santos vienen marchando, 87 min
2001 (H) Historias cotidianas, 80 min
2001 La sombra del vidrio, 45 min
1997 Rostro. Rostros, 3 min

Elfriede Irrall, geboren 1938 in Wien, arbeitet ab ihrem 17. Lebensjahr mit zunehmendem Erfolg als Schauspielerin – seit Anfang der sechziger Jahre vor allem in Berlin. Ihren eigenen Angaben zufolge hat die 68er-Bewegung wesentlich zu ihrer Menschwerdung beigetragen, wobei das *Arsenal* – die Urmutter der kommunalen Kinos – eine bedeutende Rolle gespielt hat, weil die dort gezeigten Dokumentarfilme Welterfahrung vermittelt haben. Ende 1972 verabschiedet sie sich vom Großtheaterbetrieb und bricht nach Chile auf – mit einer Super-8-Kamera und einem Uher-Tonbandgerät im Gepäck. Nach ihrer Rückkehr im Mai 1973 beteiligt sie sich an der Gründung des Westberliner Chile-Komitees, für das sie nach dem Putsch am 11. September rund um die Uhr gearbeitet hat. Mit technischer Hilfe der Berliner Filmakademie entsteht der Dokumentarfilm *Chile – Der Kampf geht weiter*. Ab 1977 lehrt Elfriede Irrall an der Hochschule der Künste in Berlin, wo sie ihrem Lebenspartner, dem Autor, Schauspieler und Regisseur Olaf Scheuring begegnet. Beide gründen 1982 die fahrende Theatertruppe *teaterspielwerk*, ein »kammermusikalisches Schauspieler-Duo« (Friedrich Luft). Darüber hinaus hat Olaf Scheuring auch maßgeblichen Anteil am zweiten Super-8-Dokumentarfilm *Ums Freiwerden hätte es ja gehen sollen – Ein Film vom Überleben für Andere auf Kosten eigener Hoffnungen* (1985). Elfriede Irrall lebt in Wien.

Saul Landau ist Filmemacher und Journalist. Sein Werk umfasst mehrere Bücher, über 50 Dokumentarfilme und zahlreiche Aufsätze und Artikel für verschiedene Zeitungen und Magazine. Landau ist Mitarbeiter des Institute for Policy Studies (IPS) in Washington D.C. und des Transnational Institute in Amsterdam. Für sein Werk erhielt Landau zahlreiche Preise, darunter den »George Polk Award for Investigative Reporting« und einen »Emmy« für seinen Film *Paul Jacobs and the Nuclear Gang* von 1980.

Filmografie (Auswahl)

2010 Will the Real Terrorist Please Stand Up?, 65 min
2007 We don't play golf here – and other stories of globalization, 33 min
1996 The Sixth Sun: Mayan Uprising in Chiapas, 60 min
1983 Target Nicaragua. Inside a Covert War, 42 min
1980 Paul Jacobs and the Nuclear Gang, 60 min
1974 Cuba and Fidel, 24 min
1971 Conversation with Allende, 30 min
1969/2012 Fidel!, 95 min

Michael Trabitzsch ist 1954 in Neumünster geboren. Nach dem Studium der Literatur, Philosophie und Soziologie in Göttingen und Berlin, das er mit einer Promotion abschließt, arbeitet er zunächst als freier Journalist und Buchautor. Seine Arbeit beim Film beginnt er als Regieassistent und Produktionsleiter bei Harun Farocki. Ab 1992 realisiert er freie Fernseh- und Hörfunk-Produktionen, bevor er 2000 seinen ersten Kinofilm vorlegt: die viel beachtete Dokumentation *Zeichnen bis zur Raserei. Der Maler Ernst Ludwig Kirchner*. 2002 gründet er die Produktionsfirma Prounen Film.

Filmografie

2012 Max Beckmann – Departure, 93 min
2005 Shoot Back! Leben am Abgrund, 82 min
2004 Der letzte Tag des Salvador Allende, 80 min
2003 Die Verschwörung – Aufstieg und Fall des Salvador Allende, 65 min
2001 Zeichnen bis zur Raserei. Der Maler Ernst Ludwig Kirchner, 86 min

Filmrechte

Interview mit Allende: Saul Landau
Salvador Allende: Patricio Guzmán
Wenn das Volk erwacht: Kollektiv 73
Der letzte Tag des Salvador Allende: Lizenziert durch Piffl Medien GmbH
Chile – Der Kampf geht weiter: Elfriede Irrall
Final Image: Andrés Habegger

Lizenznutzung der DVDs mit freundlicher Genehmigung von Cinemediafilm GmbH & Co. KG, Hamburg.

Bildnachweis

Seite 7-13; 48-49; 84-84; 131-132; 135; 165; 201-203; 238; 379; 393; 410-411: Sergio Marras; Seite 239; 359; 363; 367, 371; 357 Internet oder Screenshots; Seite 401-408 bei den Abgebildeten; Seite 412-415: Getty Images; Seite 78-83; 130; 133-134; 166-167; 198-201; 301-308; 352-353; 386-387; 398-399: Prensa Latina; 401-408: bei den Autoren

Bildauswahl und Bildtexte: Karl-Heinz Dellwo
Auswahl und Redaktion der spanischsprachigen Texte: Pavel Eichin und Evelyn Hevia Jordán
Inhaltliche Beratung und Redaktion: Sherin Abu Chouka

Der LAIKA-Verlag dankt LOM Ediciones für die Überlassug der Texte aus den Büchern Julio Pinto (Hrsg.) Cuando hicimos historia und El golpe en la Legua von Mario Garcés

Impressum

Bibliothek des Widerstands // Band 28 // Salvador Allende und die Unidad Popular // 1. Auflage 2013 // © für die deutschsprachige Ausgabe: LAIKA-Verlag // Hamburg // Alle Rechte vorbehalten // www.laika-verlag.de // DVD-Layout: Martin Bergt, Hamburg // DVD-Authoring and Subtitling: B.O.A. VIDEOFILMKUNST München // Logo und Coverentwurf: Maja Bechert, Hamburg // Satz: Peter Bisping // Druck: Freiburger Graphische Betriebe // 2013 // ISBN: 978-3-942281-64-5

José Tohá, chilenischer Journalist und Politiker, im Kabinett Allende Minister des Innern und der Verteidigung. Hier im Bild links von Allende. Links neben ihm General Carlos Prat bei der Gedenkfeier für den am 25. Oktober 1970 durch die CIA ermordeten General René Schneider. Nach heutigen Erkenntnissen hat Henry Kissinger, der Sicherheitsberater des US-Präsidenten Richard Nixon, die Ermordung Schneiders veranlasst, weil er den Interessen der amerikanischen Konzerne im Wege stand. Als der Präsidentenpalast bombardiert wurde, begab sich Tohá mit den Worten: »Ich komme, um mit dem Präsidenten zu sein, das ist meine Verantwortung« in die Moneda. Von den Militärs verhaftet und gefoltert, wurde Tohá am 15. März 1974 vom Pinochet-Regime durch Strangulation ermordet. Carlos Prat wurde am 30. September 1974 durch die chilenische Geheimpolizei im Exil in Buenos Aires, Argentinien, ermordet.

11. September 1973: Bombardierung der »Moneda«, des Präsidentenpalastes.

Das letzte Bild von Salvador Allende Gossens am Putschtag vor der Moneda.
»Sie haben die Gewalt, sie können zur Sklaverei zurückkehren, aber man kann weder durch Verbrechen noch durch Gewalt die gesellschaftlichen Prozesse aufhalten. Die Geschichte gehört uns, es sind die Völker, die sie machen.«

Inhalt der DVDs

DVD 1

Interview mit Allende

Chile 1971 · 31 min · Regie: Saul Landau

Salvador Allende

Chile/Frankreich 2004 · 100 min · Regie: Patricio Guzmán

Wenn das Volk erwacht

Chile 1973 · 57 min · Regie: Kollektiv 73

DVD 2

Der letzte Tag des Salvador Allende

Deutschland 2004 · 76 min · Regie: Michael Trabitzsch

Chile – Der Kampf geht weiter

Chile/BRD 1973/74 · 48 min · Regie: Elfriede Irrall

Final Image

Argentinien 2008 · 93 min · Regie: Andrés Habegger